AF125244

Ludwig von Hirschfeld

Friedrich Franz II.

Grossherzog von Mecklenburg-Schwerin und seine Vorgänger

Ludwig von Hirschfeld

Friedrich Franz II.
Grossherzog von Mecklenburg-Schwerin und seine Vorgänger

ISBN/EAN: 9783743427075

Hergestellt in Europa, USA, Kanada, Australien, Japan

Cover: Foto ©ninafisch / pixelio.de

Manufactured and distributed by brebook publishing software (www.brebook.com)

Ludwig von Hirschfeld

Friedrich Franz II.

Friedrich Franz II.,

Großherzog von Mecklenburg-Schwerin,

und

seine Vorgänger.

—

Nach Staatsakten, Tagebüchern und Korrespondenzen.

Von

Ludwig von Hirschfeld.

———

Erster Band.

Mit einem Portrait.

Leipzig,
Verlag von Duncker & Humblot.
1891.

Dem Sohn des unvergeßlichen Fürsten

Seiner Königlichen Hoheit

dem Großherzog Friedrich Franz III.

von Mecklenburg=Schwerin

in tiefster Ehrfurcht gewidmet.

Inhalt des ersten Bandes.

Zehntes Kapitel.

Elftes Kapitel.

Erstes Kapitel.

Mecklenburg zu Anfang des neunzehnten Jahrhunderts.

— — —

Der Fürst, deſſen Leben und Wirken dieſe Blätter gewidmet ſind, wurde am 28. Februar 1823 in Ludwigsluſt geboren. Als älteſter Sohn des damaligen Erbgroßherzogs Paul Friedrich und deſſen Gemahlin Alexandrine, zweiter Tochter König Friedrich Wilhelms III. von Preußen, war er durch die hausgeſetzliche Erbfolge berufen, dereinſt den Thron einzunehmen, den zur Zeit ſeiner Geburt ſein Urgroßvater, Großherzog Friedrich Franz I. innehatte. Der Sohn und nächſte Thronerbe dieſes Fürſten, Erbprinz Friedrich Ludwig, war ſchon 1819 geſtorben. So ging denn nach dem Ableben Friedrich Franz' I., 1837, die Regierung auf deſſen Enkel Paul Friedrich und bei deſſen frühem Hintritt — am 7. März 1842 — auf Friedrich Franz II. über. Im Alter von 19 Jahren trat derſelbe das Erbe ſeiner Väter an, am 15. April 1883 endete ſeine irdiſche Laufbahn.

Ein Leben von 60, eine Regierung von 41 Jahren wird an uns vorüberziehen. In dem Zeitraum, den wir überblicken, ragen als bedeutſame Markſteine der vaterländiſchen Geſchichte die Jahreszahlen 1848, 1866 und 1871 hervor. Der Darſtellung eines deutſchen Fürſtenlebens, das dieſe wichtigen Epochen um-

spannt, wird daher ein großer politischer Hintergrund nicht fehlen.
Aber noch ein anderes, in der Geschichte regierender Häuser seltenes Vorkommnis verdient Beachtung. Von der 52jährigen
Regierung Friedrich Franz' I. (1785—1837) war die 41jährige
seines Urenkels (1842—1883) nur durch den verhältnismäßig
kurzen Zeitraum von 5 Jahren getrennt. Die Regierungszeit
dieser beiden Fürsten umfaßt nahezu ein Jahrhundert. Dadurch
wurden dem Lande manche Schwankungen und politischen Ex-
perimente erspart, welche einen häufigen Thron- und Systemwechsel innerhalb eines so ausgedehnten Zeitraums zu begleiten
pflegen. Aber auch eine gewisse Kontinuität der Anschauungen
wurde dadurch begünstigt. Sie war um so wirksamer, als beide
Fürsten ein durchaus persönliches Regiment führten und in ihren
Willensäußerungen durch die Schranken eines modernen Konstitutionalismus nicht gehemmt waren.

Als Friedrich Franz I. die Augen schloß, war sein Urenkel
schon dem Kindesalter entwachsen und vollkommen befähigt, Eindrücke aufzunehmen und zu bewahren, welche von der Person
und Umgebung jenes greisen, aber geistig frischen Fürsten ausgingen. Noch standen an der Spitze der Verwaltung und der
ständischen Körperschaft die Männer, welche die stürmischen Kriegsjahre durchlebt und an der Umwandlung des deutschen Staatenverbands persönlich thätigen Anteil gehabt hatten. Noch lebten
am Ludwigsluster Hofe Erinnerungen und Überlieferungen fort,
die dem vorigen Jahrhundert entstammten. Die traurige Episode
der napoleonischen Fremdherrschaft war in frischem Gedächtnis
der Zeitgenossen. Und der junge Prinz, der unter diesen Eindrücken aufwuchs, war ein Enkel der Königin Luise. Der Bio-
graph wird alle diese Umstände in den Kreis der Beobachtung
rücken müssen, wenn die spätere Charakterentwickelung anschaulich
und verständlich werden soll. Er wird daher diejenigen lokalen
und zeitlichen Zustände zu schildern, dem Leser diejenigen Persönlichkeiten vorzuführen haben, welche auf jene Entwickelung bestimmenden Einfluß gewannen. Als Ausgangspunkt dieser Darstellung
werden wir das Geburtsjahr 1823 betrachten. Aber auch ein

Rückblick auf die demselben vorangehenden Jahre ist nicht zu vermeiden, da gerade in diese Periode manche Umgestaltungen und
Neuschöpfungen fallen, deren Wert erst viel später, unter der
Regierung Friedrich Franz' II., zu Tage trat. So erweitert
sich denn das Lebensbild dieses Fürsten in den einleitenden Kapiteln zu einem Umriß mecklenburgischer Landesgeschichte,
der in dieser knappen Form für das Verständnis der späteren
Darstellung unentbehrlich erscheint.

Wir werden zunächst zu untersuchen haben, wie Mecklenburg
die schweren Krisen überstand, welche die napoleonische Willkürherrschaft begleiteten, wie es sich in die neuen Bundesverhältnisse
einfügte und welcher Art seine politische und wirtschaftliche Lage
war zu der Zeit, als Prinz Friedrich geboren wurde. Wir werden ferner der eigenartigen und bedeutenden Persönlichkeit des
Großherzogs Friedrich Franz I. unsere Aufmerksamkeit zuwenden
und sein Verhältnis zu den Ständen, seine Bundespolitik sowie
das Leben am Schweriner Hofe zu schildern versuchen. Schließlich wird noch eine Charakteristik der nächsten Vorfahren unseres
Helden, des Erbgroßherzogs Friedrich Ludwig und des Großherzogs Paul Friedrich, in den Rahmen dieser einleitenden Vorgeschichte aufzunehmen sein.

Diese Anordnung des Stoffs gewährt die Möglichkeit, später
den Lebensgang Friedrich Franz' II. ohne hemmende Rückblicke
und abschweifende Erläuterungen zu verfolgen.

Versetzen wir uns also in das Jahr 1823. Die deutsche Bundesverfassung bestand erst kurze Zeit. Aber schon machte sich
überall jene politische Ermattung geltend, welche teils auf das
Gefühl der Enttäuschung, teils auf den Druck zurückzuführen war,
den die Karlsbader Beschlüsse ausübten. Daß auf die patriotischen Wallungen der Freiheitskämpfe eine Zeit der Abspannung
folgen mußte, lag in der Natur der Dinge, ebenso, daß das
Interesse aller Stände sich vorzugsweise der Wiedergewinnung
materiellen Wohlstandes zuwandte. Am stärksten zeigte sich dies
Ruhebedürfnis in Norddeutschland. Am Niederrhein, in Hannover, Mecklenburg, in den östlichen preußischen Provinzen, wo

fast zehn Jahre lang die ungeheuern französischen Heereszüge sich
über das Land wälzten, die Kämpfe hin und her wogten, hatten
unerhörte Bedrückungen, schamlose Kontributionen, Kontinentalsperre, Mißwachs und Entvölkerung vereint dahin gewirkt, den
Wohlstand zu zerstören, den letzten Tropfen auszupressen. In
der ganzen Niederung längs der Nord- und Ostsee war daher
das Verlangen der Bevölkerung nach physischer Ruhe, nach Ordnung und Rechtsschutz so erklärlich, daß schon aus diesem Grunde
die Teilnahme an solchen Tagesfragen, welche dem wirtschaftlichen
Gedeihen ferner lagen, vorübergehend erkalten mußte. Man hat
diese politische Indifferenz vielfach als eine bedauerliche Schwäche,
als einen nationalen Charakterfehler gerügt. Man hat das Regie-
rungssystem der 20er und 30er Jahre lediglich als den Ausdruck
selbstsüchtiger, reaktionärer Bestrebungen aufgefaßt. Bis in die
Mitte unseres Jahrhunderts gab es eine historische Schule, welche
die Entwickelung des deutschen Volkslebens nur mit dem Grab-
messer des Konstitutionalismus bewertete und den Fortschritt der
Kultur lediglich an den Etappen abmaß, welche durch die Merk-
male der Verfassungskämpfe in den einzelnen Staaten bezeichnet
wurden. Aber die Kritiker dieser Richtung ließen außer acht, daß
noch ganz andere Faktoren für die staatliche Entwickelung bestimmend,
daß die auf individuelle Freiheit und nationale Einheit gerichteten
Bestrebungen zu verworren, zu sehr zersplittert waren, um einen
gleichmäßig starken Druck auf die Unthätigen oder Andersdenken-
den auszuüben. Die Unzufriedenheit mit den bestehenden Verhältnissen war keineswegs so allgemein, so klar ausgesprochen
oder so einheitlich geleitet, daß die Ungeduld derer, welche die
konstitutionellen Einrichtungen herbeisehnten, durchaus gerechtfertigt
erschien. Galt es doch, sich erst in die neuen, ungewohnten Verhältnisse eines bundesstaatlichen Organismus einzuleben, Handel
und Verkehr auszugestalten und die ungeheuern Schäden zu heilen,
welche die Kriegszeit der Landwirtschaft geschlagen.

Der vielgeschmähte deutsche Bund war ein Notbehelf, ein
durch die Plötzlichkeit des napoleonischen Niedergangs und des
unerwartet günstigen Umschwungs aufgedrungenes Provisorium.
Daß es diesem Organismus an Einheitlichkeit fehlte, daß die

Bundesversammlung, deren Vollmachten anfangs viel ausgedehn-
ter gedacht waren, von einem Ministerconseil zu einem Gesandtenkollegium zusammenschrumpfte, dessen Geschäftsgang durch
ermüdende Umständlichkeit immer mehr erlahmte, daß bei dem
Zusammenwirken der Bundesstaaten die Übermacht der Großen
und die Eifersucht der Kleinen sehr bald zu Differenzen führte,
— alles dies lag so sehr in der Natur der Dinge, war so sehr
in dem enormen Unterschied der Machtverhältnisse begründet, daß
wir uns heute nicht mehr über die Unzulänglichkeit des deutschen
Bundes als vielmehr über seinen langen Bestand verwundern.

Wir haben nicht das Recht, unsere Väter deshalb hart zu
beurteilen, weil sie in der ungeheuern Aufregung der Befreiungs-
jahre und unter der Einwirkung der widersprechendsten Zeit-
strömungen nichts Besseres gefunden. Daß der Einheitsgedanke
nur langsam reifte, hat sich nicht als nachteilig erwiesen. Bei der
Übermacht des österreichischen Primats und der wirtschaftlichen
Ruhebedürftigkeit Preußens war es unmöglich, sich den Wiener
Einflüssen zu entziehen, um so weniger, als dieselben von einem
Staatsmann ausgingen, der mit einer unbestreitbaren Geschicklich-
keit zugleich das entschiedene Bestreben verband, die deutschen
Interessen den österreichischen unterzuordnen. Die Metternichsche
Politik war in dieser Hinsicht genau das Gegenteil der Bismarck-
schen. Metternich wollte zu keiner Zeit ein national geeintes
Deutschland. Österreichs Schwerpunkt lag nicht in den deutschen
Provinzen. Dennoch mochte es seine gebietende Stellung in
Deutschland nicht aufgeben. Es suchte daher dem Bunde den
Weg zu einer organischen Weiterentwickelung zu verlegen. Wie
Ungarn und Italien, sollte das deutsche Land nur ein geographischer
Begriff sein, Preußen in einer untergeordneten Stellung erhalten,
die auswärtige Politik Deutschlands ausschließlich nach dem Wiener
Interesse geleitet werden.

Die Mittel- und Kleinstaaten waren nicht in der Lage, diesem
Druck einen anderen als passiven Widerstand entgegenzusetzen.
Die Opposition am Bundestage, welche Württemberg und die
beiden Hessen eine Zeit lang unter der Führung des schneidigen

Wangenheim betrieben, wurde von Metternich sehr bald nieder-
geschlagen. Mit der Abberufung Wangenheims 1823 endete vorläufig jeder Versuch, die Suprematie Österreichs abzuwehren.
Preußen verharrte in der reservierten, oft allzunachgiebigen Haltung,
welche es seit den Wiener Konferenzen angenommen hatte. Der
Widerstand gegen das absolutistische Regime der Wiener Staatskanzlei ging weniger von einzelnen Bundesregierungen als von
den liberalen Kreisen Deutschlands aus. In dem Niederhalten
dieser Bestrebungen begegneten sich die Wünsche aller Höfe, und
die von Österreich vorgeschlagenen Censur- und Polizeimaßregeln
bildeten das natürliche Bindeglied für ein gemeinsames Vorgehen.
Von einer irgendwie selbständigen Politik der schwächeren Staaten
konnte um so weniger die Rede sein, als diese auch früher in dem
Verband des deutschen Kaiserreichs nicht bestanden hatte. Die
erst mit dem Zerfall dieses Verbands eingetretene Souveränität
war nur ein staatsrechtlicher Begriff, der wohl für die inneren
Landesverhältnisse, für die Beziehungen zwischen Krone und Landständen wirksam werden konnte, nicht aber nach außen eine Machterweiterung bedeutete. Für diese Staaten wies der deutsche Bund
ohne Zweifel Vorteile auf, welche der gelockerte Reichsverband
jedenfalls zuletzt nicht mehr gewährt hatte. Er sicherte den Bestand der Territorien und bot vertragsmäßigen Schutz gegen die
Vergewaltigung durch übermächtige Nachbarn. Ja, durch Zusammenhalten mehrerer kleiner Kurien war eine Einwirkung auf die Abstimmung am Bundestage nicht ausgeschlossen.

Das Großherzogtum Mecklenburg-Schwerin war aus der
erschütternden Krisis, die so viele staatliche Neu- und Umbildungen
in Europa bewirkt hatte, unversehrt, aber auch unvergrößert hervorgegangen. Die Erteilung der großherzoglichen Würde war
wohl eine Rangerhöhung; es sprach sich in ihr die Anerkennung
für die patriotische Haltung des Fürsten, die Thatkraft und Opferwilligkeit des Landes bei dem Befreiungskampfe aus. Sie wies
Mecklenburg einen seiner geographischen Ausdehnung und Wehrkraft
entsprechenden Rang im deutschen Staatenbunde zu. Allein eine
Machterweiterung, ein Gebietszuwachs oder auch nur eine vorteil-

hafte Grenzberichtigung war nicht damit verbunden gewesen. Aus
den Mediatisierungen und Säkularisationen, welche in Mittel=
deutschland und am Rhein so viele territoriale Veränderungen
bewirkten, hatte das mecklenburgische Fürstenhaus keinen Vorteil
gezogen. Die Grenzpfähle seines Landes standen seit Jahrhunderten
unverrückt; die alte ständische Verfassung blieb in Kraft. Ein
starkes Beharrungsvermögen war in den inneren Einrichtungen
unverkennbar, die Anhänglichkeit an das Althergebrachte in der
Eigenart des niedersächsischen Volksstammes tief begründet. Ein
Verlangen nach Gebietserweiterung, das bei manchen kleineren
deutschen Fürstenhäusern noch auf dem Wiener Kongreß in
unwürdiger Weise zu Tage getreten war, hatten die mecklenburgi=
schen Herzöge weder offen bekundet noch auch im stillen gehegt.

Am wenigsten war der in Mecklenburg[1] regierende Großherzog
Friedrich Franz I. der Mann, solchen Velleitäten Raum zu ver=
statten. Er war durch und durch ein Mecklenburger und hing
mit großer Liebe an dem Lande und seinen eigenartigen Ein=
richtungen. Reisen ins Ausland waren nicht nach seinem Geschmack.
Zweimal hatte er dem anbrängenden Feinde weichend Mecklenburg
verlassen und längere Zeit außerhalb seiner Grenzen weilen müssen.
Die unfreiwillige Trennung von der heimischen Erde hatte ihm
diese nur werter gemacht.

Sein ganzes Leben war reich an Belegen für diese tiefein=
gewurzelte Anhänglichkeit an Land und Bewohner. Die ersten
Eindrücke seiner Jugend mochten den Keim dazu gelegt haben;
jedenfalls bestärkten ihn darin die Wahrnehmungen, die eine an
politischen Wandlungen so überaus reiche Zeit seinem klaren Urteil
und unbeirrten Rechtsgefühl darbot. Er hatte in seinem langen
Leben viele Throne wanken, viele stürzen, neue Dynastieen auf=
steigen, glänzen und wieder verlöschen sehen. Er war ein urteils=
fähiger Zeuge der französischen Revolution und der napoleonischen
Herrschaft gewesen. Während seiner Regierung war der entfesselte

---

[1] Es wird im Verlauf dieser Schrift, welche sich mit dem Schwerin=
schen Fürstenhause beschäftigt, der Einfachheit wegen von dem Zusatz
„Schwerin“ Abstand genommen werden.

Sturm politischer Leidenschaften und neuer socialer Ideen von
Westen her über Deutschland hinweggebraust, hatte den Boden
aufgewühlt, manche veraltete Staatseinrichtung erschüttert, vieles
weggefegt, was nicht im deutschen Volksleben fest begründet war.
Aber dieser Sturm hatte sich gelegt; die Leidenschaften waren verraucht; Schwärmerei und Begeisterung hatten einer mehr nüchternen
Anschauung Platz gemacht. Kein Wunder, daß ein heller Kopf
und ruhiger Beobachter, wie Friedrich Franz I., das Unzweckmäßige
übereilter Neuerungen erkennen lernte, daß er den Wert dessen,
was diesem Sturm Trotz zu bieten vermocht hatte, höher anschlug
als manche seiner jüngeren Zeitgenossen. Im Jahre 1823 blickte
er schon auf eine 38 jährige Regierung zurück. Er stand im 68.
Lebensjahre und gehörte zu den Senioren des europäischen Fürsten-
konvents. Am 24. April 1785 war Friedrich Franz, damals
30 Jahre alt, seinem Oheim, dem Herzog Friedrich, in der
Regierung gefolgt. Sein Vater, der Erbprinz Ludwig, war schon
1778 gestorben; seine Mutter, eine geborene Prinzessin von Sachsen-
Koburg-Saalfeld, überlebte ihren Gemahl bis 1810. Die ersten
Regierungsjahre des jungen Herzogs fielen in die bewegteste Epoche
des vorigen Jahrhunderts. Es gelang ihm, noch vor den
beginnenden Stürmen den alten Besitzstand seines Hauses wieder
herzustellen und die letzten vier unter der Regierung Karl Leopolds
verpfändeten Ämter Eldena, Marnitz, Plau und Wredenhagen
von der Krone Preußen einzulösen. König Friedrich II. hatte mit
der ihm im Alter eigenen Hartnäckigkeit die Herausgabe dieses
Pfandobjekts trotz mehrfachen früheren Angebots verweigert. Sein
Tod im Jahre 1786 bot Anlaß zu neuen Unterhandlungen, die
nach persönlichem Erscheinen des jungen Herzogs in Berlin und
namentlich infolge seines Beitritts zu dem von Preußen gestifteten
Fürstenbund bald ein befriedigendes Ergebnis herbeiführten. Der
gute Stand der herzoglichen Kasse ermöglichte die Auszahlung von
172 000 Thlr. Gold, und 1787 verließen die preußischen Besatzungen
ihre bis dahin innegehabten Quartiere in Lübz, Parchim und
Plau. Nicht minder bedeutsam war die Befestigung der Landeshoheit in dem Rostocker Stadtgebiet. Durch einen Vertrag vom 12. Mai

1788 wurde der langjährige Streit der herzoglichen Regierung mit
dem Magistrat der alten Seestadt beendet, die Universität, welche
eine Zeit lang nach Bützow verlegt gewesen war, der Stadt Rostock wieder zurückgegeben und ihr gegen nunmehr unbedingte Anerkennung der herzoglichen Hoheitsrechte eine Reihe alter, wichtiger
Privilegien neu bestätigt.   So war gleich in den ersten drei Jahren
der ursprüngliche Besitzstand wieder hergestellt, und dieser ist später
nach der gleichfalls durch Friedrich Franz I. erfolgten Einverleibung
des Wismarschen Stadtgebiets[1] — kleine Grenzberichtigungen
abgerechnet — bis heute unverändert geblieben.   An vorübergehenden Störungen freilich sollte es nicht fehlen.   Es kamen
die Kriegsjahre, zuerst die Durchmärsche schwedischer, russischer
und preußischer Corps, später nach Jena der Rückzug Blüchers
auf Lübeck und die französische Invasion.   Die verwandtschaftlichen
Beziehungen des Herzogs zum russischen Hofe boten Napoleon den
Vorwand zur Mißachtung der Neutralität und zur schließlichen
Besitzergreifung des Landes.   Der herzogliche Hof begab sich nach

---

[1] Der Verlust Wismars war für die mecklenburgischen Herzöge ein
empfindlicher Schlag gewesen. Diese Wunde war nie vernarbt. Hier wie
in Pommern hielt das ländergierige Schweden seine Beute mit Zähigkeit
fest. Der Besitz guter Hafenplätze an der deutschen Küste war für die nor-
dische Seemacht zu wichtig, als daß bei früheren Friedenstraktaten und
Gebietsveränderungen die Frage einer Ablösung oder eines Austausches mit
irgend welcher Aussicht auf Erfolg hätte verhandelt werden können. Nicht
genug, daß der 30jährige Krieg die mecklenburgischen Lande verwüstet hatte;
im westfälischen Frieden mußte ihr Herzog nun auch noch dem schwedischen
Verbündeten und Glaubensgenossen einen Teil seines Besitztums abtreten
und bei der großen Liquidation von Osnabrück für andere die Zeche zahlen.
Zwar wurde ihm in dem berühmten instrumentum pacis eine Entschädigung
für diesen Gebietsverlust zugesprochen, aber diese war erbärmlich genug und
ging außerdem bald wieder verloren. Sie bestand in der Zuweisung zweier
Kanonikate bei dem Domstift zu Straßburg. Da diese später von Frankreich
eingezogen wurden, so kam es auf dem Regensburger Reichstag zu langen
und verwickelten Reklamationen. Um in den Besitz Wismars zurückzugelangen, sah sich Friedrich Franz I. auf seine eigene Thatkraft und noch mehr
auf die in einer guten Finanzlage beruhenden Hülfsmittel angewiesen. Der
Niedergang der schwedischen Macht kam seinen Plänen zu statten. Die dortige Geldnot begünstigte die Verhandlungen über den Rückkauf Wismars.
So wurde denn am 26. Juni 1803 von dem herzoglichen Gesandten, Ober-

Altona; das Land wurde von französischen Behörden unter einem Militärgouverneur regiert. Kontributionen, Drangsale und Erpressungen aller Art kennzeichneten die unselige Zeit der Fremdherrschaft. Der Frieden von Tilsit brachte Befreiung. Die Freundschaft des Zaren bewirkte, daß die Restauration der mecklenburgischen Dynastie unter die Stipulationen jenes Vertrags aufgenommen wurde.

Am 11. Juni 1807 hielt der Herzog seinen Einzug in Schwerin und zu Ende desselben Jahres hatten die französischen Truppen das Land geräumt mit Ausnahme eines Bataillons, welches zum Schutz der Kontinentalsperre in Rostock zurückblieb.

Um auch den Abzug dieser Truppen herbeizuführen und andere finanzielle Erleichterungen zu erwirken, sandte der Herzog seinen ältesten Sohn nach Paris. Der Erbprinz wurde hierbei von dem Geheimrat von Brandenstein als diplomatischem Ratgeber und seinem Kavalier, dem Kammerherrn von Oertzen, begleitet. Später, als die Verhandlungen in Fluß gekommen waren, folgte auch noch als außerordentlicher Gesandter Baron Bosset nach, welcher im März 1808 einen günstigen Vertrag mit dem französischen Minister Champagny vereinbarte. Günstig insofern, als er die Zurückziehung der französischen Besatzung und den Erlaß einiger noch nicht liquidierter Kontributionen bewirkte, drückend aber in anderer Weise, da er den Beitritt zum Rheinbund erzwang. Das Unterhandlungstalent des Erbprinzen, sein gewandtes Auftreten, seine distinguierte Erscheinung hatten zu dem Erfolg der Mission wesentlich beigetragen. Schon im Herbst 1807 hatte er sich auf der Rückreise von Petersburg — wohin er geeilt war, um dem Zaren für dessen Intervention den Dank seines Vaters auszudrücken — in Elbing dem französischen Sieger vorgestellt und war sehr wohlwollend behandelt worden. Jetzt, bei seinem

---

Hofmeister von Lützow, und dem schwedischen Bevollmächtigten, Generallieutenant von Toll, zu Malmö ein Vertrag abgeschlossen, dem zufolge Schweden die Stadt Wismar nebst den Ämtern Neukloster und Pöl gegen eine Pfandsumme von 1 250 000 Thaler Hamburger Banko für die Dauer von hundert bezw. zweihundert Jahren an Mecklenburg abtrat.

Parifer Aufenthalt, wurde er auch von der Kaiserin Josephine aus=
gezeichnet. Das Erscheinen der Mitglieder so vieler altfürstlicher
Häuser schmeichelte der Eitelkeit des Imperators. Die Demütigung,
die für jene Fürsten darin lag, wurde aufgewogen durch das
Bewußtsein, von dem erschöpften Heimatlande noch schwerere Be=
drückungen abgewendet zu haben.

Der Eintritt in den Rheinbund war eine bittere Notwendig=
keit. Indem er die Beziehungen zu dem übermächtigen Gegner
regelte, schuf er zugleich für Mecklenburg eine neue staatsrechtliche
Grundlage. Durch die Auflösung des Reichsverbands war die
Stellung der Territorialfürsten wesentlich verändert. Mochte
auch die von Napoleon garantierte und gewissermaßen von ihm
verliehene Souveränität ein Danaergeschenk sein und diese Garan=
tie bei der ausgesprochenen Abhängigkeit der Rheinbundstaaten
von dem französischen Protektor wie ein Hohn klingen, so ließ
sich doch andererseits nicht bestreiten, daß durch diese staatsrecht=
liche Veränderung die Machtbefugnisse der Fürsten ihren Unter=
thanen gegenüber eine Erweiterung erfuhren. Durch den Wegfall
der kaiserlichen Suprematie, durch die Auflösung des Reichstags
und des Reichskammergerichts war eine Austrägalinstanz für die
Streitigkeiten zwischen Landesherrn und Ständen aufgehoben wor=
den. Waren auch die Hoheitsrechte durch frühere Verträge mit
den Landständen beschränkt und mußten letztere in Mecklenburg
zweifellos als zu Recht bestehend angesehen werden, so konnte
doch dem Landesherrn eine Initiative zur Anbahnung von Re=
formen nicht wohl bestritten werden. Ja, gegen die eigenmächtige
Einführung solcher Neuerungen bestand kein legales Schutzmittel,
indem eine Reichsinstanz für den Rekurs nicht mehr vorhanden
war. Es ist nicht abzusehen, wie die Stände der Octroyierung
einer neuen Verfassung anders als im Wege des Protestes hätten
begegnen können. Den Schutz des Protektors anzurufen, würde
vergeblich gewesen sein, da eine Stärkung der kleineren deutschen
Fürsten im Interesse Napoleons lag und von ihm geradezu als
nützliches Gegengewicht gegen die beiden deutschen Großmächte
begünstigt wurde. Vergegenwärtigen wir uns ferner die tiefe

Entmutigung, die sich aller Patrioten nach dem furchtbaren Fall
Preußens und der allgemeinen Zerfahrenheit der deutschen Zustände
bemächtigt hatte. Erwägen wir den Eindruck, den der Sieg des
absolutistischen Systems hervorbrachte, das in den beiden allein
noch mächtigen Staaten, Frankreich und Rußland, deutlich verkörpert
schien. Es wird uns dann nicht in Verwunderung setzen, wenn
auch die minder mächtigen deutschen Fürsten die ihnen zugefallene
Souveränität im Sinne einer unbeschränkteren Landeshoheit auszunutzen trachteten.

Jn vielen deutschen Staaten kam diese Tendenz sehr bald und
ohne erheblichen Widerstand zum Ausdruck. Hätte Herzog Friedrich
Franz, gedeckt, wie er war, durch das Bündnis mit Frankreich
und die Freundschaft mit dem Kaiser Alexander, diesen Zeitpunkt
benutzt, um den Erbvergleich[1] aufzuheben und eine seinen persönlichen Interessen mehr entsprechende Verfassung einzuführen, so
würde diese Maßregel zwar das Rechtsgefühl verletzt haben, die
Thatsache wäre aber nicht zu hindern gewesen. Auch an Gründen
hätte es nicht gefehlt, denn die Domänenkammer war wirklich nicht
im stande, die Kriegslasten allein zu tragen, und auch im Justiz-
und Verwaltungswesen waren Reformen ohne Frage geboten.
Allein Friedrich Franz war zu edel gesinnt und vor allem ein
zu klarer Kopf, um nicht die Folgen eines solchen Staatsstreichs
auch in ihrer Rückwirkung auf das fürstliche Ansehen zu erwägen.
Eine durchgreifende Verfassungsänderung lag daher ganz außerhalb
seiner Pläne. Dagegen erschienen ihm Modifikationen geboten,
und in diesem Sinne berief er die Stände zu einem Konvokationstage[2], der am 1. September 1808 im Palais zu Rostock eröffnet

---

[1] Der 1755 zwischen dem Herzog und den Ständen geschlossene Erbvergleich ist das Staatsgrundgesetz für die mecklenburgischen Lande.

[2] Jn den herzoglichen Propositionen wurden die Prärogative des Landesherrn aufgeführt und als solche bezeichnet:

    a. die oberste Gerichtsbarkeit,

    b. die Oberpolizei,

    c. die Gesetzgebung,

    d. das Besteuerungsrecht und

    e. die Militärrekrutierung.

wurde. Die Regierung stellte dort den Antrag, daß die Stände
Deputierte an das Hoflager nach Schwerin entsenden möchten, um
mit ihnen „ohne weitere Referierung oder vorbehaltene Ratifikation
des Corps der mecklenburgischen Landstände die Verhandlungen
zu betreiben und zur Entscheidung, auch zum völligen Abschluß
zu bringen".

Der Protest der Stände war, wie nicht anders zu erwarten
stand, ein sehr entschiedener. Vor allem bestritten sie die Zulässig=
keit, eine so wichtige Frage im Wege deputatischer Verhandlungen
regeln zu können, und verlangten die Einberufung eines allgemeinen
Landtags, in welchem auch der — das Herzogtum Strelitz umfassende —
Stargardsche Kreis vertreten wäre. Die Aufrechterhaltung der
ständischen Union beider Herzogtümer war allerdings eine nicht
preiszugebende Prinzipienfrage. Die herzogliche Antwort lautete
ziemlich ungnädig, schloß aber mit einem Appell an die Treue
und Opferwilligkeit der Stände. Mehr noch als die offizielle
Kundgebung beruhigten die mündlichen Zusicherungen des Ministers
von Brandenstein, der als erster Kommissarius fungierte. Obwohl
Ausländer von Geburt [1], war derselbe doch durch seinen langen
Aufenthalt im Lande und durch vielseitige Erfahrung im Staatsdienst

---

Der § 6 lautete: „Da die Landesverfassung im Ganzen und in ihren
verschiedenen Teilen durch die veränderten Umstände mangelhaft geworden,
so werden in diesem entscheidenden Zeitpunkte mehrere Übel gänzlich vertilgt
werden und manche besondere Einrichtungen eine auf das allgemeine Wohl
abzweckende Verbesserung erhalten müssen, wohin hier namentlich die Verein=
fachung des Kontributions= und Steuerwesens, die Abschaffung der bisherigen
Leibeigenschaft, die Verbesserung der Lehnsverfassung und angemessene Ver=
fügung über die Klöster, zur Erleichterung des allgemeinen Gebrucks, zu
rechnen sind. Se. Herzogliche Durchlaucht erkennen die Notwendigkeit, daß
diese Gegenstände nach gleichförmigen Grundsätzen bearbeitet werden müssen,
um sie mit der jetzt zu regulierenden Verfassung in Übereinstimmung zu
setzen." Die Anregung der Klosterfrage beunruhigte die Stände sehr. Die
Möglichkeit, daß die Regierung eine Einziehung der Landesklöster oder doch
eine Beschränkung der Privilegien des Adels plane, schien nicht ausge=
schlossen.
[1] Er war am 27. Mai 1755 zu Wolfenbüttel geboren, zufällig mit
dem Herzog bekannt geworden und auf dessen Aufforderung 1778 in den
mecklenburgischen Staatsdienst getreten. 1788 Regierungsrat. 1799 in den rezi=

mit ben ständischen Verhältnissen vertraut. Er verkannte nicht die
großen Vorzüge dieser Einrichtung, und da ihm der Ehrgeiz eines
absolutistischen Ministerregiments fern lag, sein staatsmännischer
Blick auch in einer Zeit politischer Zerfahrenheit die Bedeutung
fester ständischer Korporationen würdigte, so wirkte sein persönliches
Auftreten ausgleichend und versöhnlich. Die Verfassungsfrage
wurde späteren Vereinbarungen auf dem nächsten Konvent vorbehalten. Die Stände ihrerseits bewilligten die geforderte Erhöhung
der Kontribution, gaben gewisse Exemtionen von der Verzehr- und
Viehsteuer auf, genehmigten zur Tilgung der 2 Millionen Thaler
betragenden herzoglichen und Landesschulden neue Abgaben und
indirekte Steuern, bei denen das Prinzip einer gleichmäßigen Verteilung auf alle Landeseinwohner vorwaltete, und leisteten aus den
Überschüssen der Klostereinkünfte einen Beitrag von 80 000 Thalern
zur Tilgungskasse. Man trennte sich am 4. Oktober mit einem
Gefühl der Erleichterung. Die Verfassungsreform war vertagt,
die Klosterfrage durch freiwillige Opfer fürs erste beseitigt. Auch
die Regierung hatte allen Grund, zufrieden zu sein. Die namhaften
Bewilligungen entlasteten die herzogliche Kasse.

Die Sanierung der Finanzen würde sich rasch vollzogen haben,
wenn nicht neue Kriegsdrangsale das Land heimgesucht hätten.
Die voreilige That Schills, sein verwegener, aber von der preußischen Regierung sogleich desavouierter Streifzug, der ihn über
Dömitz, Wismar und Rostock führte, war für Mecklenburg von
den bedauerlichsten Folgen. Der Argwohn des Imperators war
nicht ohne Grund rege geworden. Vorstellungen der mecklenburgischen Regierung blieben unbeachtet, und französische Truppen rückten
wieder ein. Die schlimmste Zeit der Bedrückung sollte nun erst
beginnen. Die lange Liste der den einzelnen Orten auferlegten
Kontributionen, die Besetzung der Küste mit Zollwächtern, der
wirtschaftliche Niedergang infolge der Handelssperre, die Pressung
von Strandbewohnern zum französischen Seedienst, dieses ganze

pierten Abel aufgenommen. 1800 Geheimrat und Minister. Als solcher begleitete er den Erbprinzen nach Paris. 1808 an Stelle des zurückgetretenen
Grafen Bassewitz zum Geheimrats-Präsidenten ernannt.

System napoleonischer Willkür, verschärft durch die Übergriffe seiner Organe, erschütterte den nationalen Wohlstand in wenig Jahren derart, daß es Decennien angestrengter Arbeit und peinlichster Sparsamkeit bedurft hat, um diese Wunden zu heilen. Napoleon verstand das saigner à blanc. Die Darstellung dieser Epoche und der sich daran knüpfenden Befreiungskämpfe fällt leider nicht in den Rahmen dieses Rückblicks. Sie bildet ein goldenes Blatt in den Annalen der Vaterlandsliebe, der Anhänglichkeit an das Fürstenhaus und der heldenmütigsten Begeisterung.

Wir müssen es uns hier versagen, den mecklenburgischen Truppen auf ihren Kriegszügen nach Rußland und Frankreich zu folgen, ihren Anteil an dem großen Kampf zu schildern, die Opfer aufzuzählen, welche mecklenburgische Patrioten dem Befreiungswerk brachten. Wieder mußte der Herzog — diesmal jedoch nur für wenige Wochen — sein Land verlassen. Als einer der letzten war er dem Rheinbund beigetreten, als der erste sagte er sich von ihm los. Bereits am 16. März 1813, also zu einer Zeit, wo die politische Lage noch keineswegs geklärt war, ging Minister von Plessen [1] ins russische Hauptquartier nach Kalisch, um den Beitritt des Herzogs zur großen Alliance anzubahnen und mit der Landesverteidigungskommission, deren Vorsitz dem Freiherrn vom Stein übertragen war, über die Stärke des zu stellenden Kontingents Abrede zu treffen. Wenige Tage später gelangten an den Herzog

---

[1] Leopold Engelke Hartwig von Plessen ward geboren am 21. Januar 1769 zu Raden unweit Güstrow, einem der Güter seines Vaters, Hauptmann von Plessen. Er trat 1790 als Referendar in den preußischen Staatsdienst, verließ ihn aber bald, hielt sich längere Zeit in Regensburg auf, um sich im deutschen Staatsrecht und für den diplomatischen Dienst zu bilden, und erhielt 1793 vom Herzog Friedrich Franz eine Anstellung als Auditor bei der Kammer. 1802 Komitialgesandter am Regensburger Reichstag. 1803 Specialmission an den Wiener Hof wegen Erlangung der Kurwürde. Nach Auflösung des Reichstages 1806 kehrte er nach Mecklenburg zurück, begleitete den Herzog nach Altona und wurde am 9. Juli 1807 zum Wirkl. Geh. Rat und Kabinettsminister ernannt. Plessen war seit 1802 vermählt mit Baronesse Sophie von Campenhausen, einer Tochter des kais. russischen Civil-Gouverneurs von Livland, welche als Hofdame der Großfürstin Helene Paulowna mit dieser nach Mecklenburg gekommen war.

bringende Anträge Wittgenſteins um ſofortige Mobilmachung der
mecklenburgiſchen Truppen. Dieſelben ſollten dem bei Hamburg
koncentrierten Tettenbornſchen Corps einverleibt werden. Es galt
dem Andringen Moreaus, der von Bremen vorſtieß, zu begegnen.
Friedrich Franz ſagte ſogleich zu. Die Garde unter Both rückte
ſchon Ende März aus. Neue Bataillone wurden formiert, Frei-
willigencorps gebildet, die älteren Leute zum Landſturm auf-
gerufen. Das ganze Land geriet in kriegeriſche Bewegung.

Am 2. April kehrte Pleſſen von Kaliſch zurück. Das Ergebnis der Verhandlungen war nur relativ befriedigend geweſen.
Die Anſprüche, welche an Mecklenburg geſtellt wurden, waren
weit höher, als man es dort erwartet hatte. Namentlich die Geld-
beiträge, welche für das allgemeine Verpflegungs= und Lazarett-
weſen gefordert wurden, überſtiegen die Kräfte der erſchöpften
Landeskaſſen. Es gelang den Räten des Großherzogs dieſe Laſten
zu mindern. Aber Herr vom Stein bewahrte ſeitdem gegen die
mecklenburgiſche Regierung eine gewiſſe Animoſität, welche ſpäter
bei den Allianceverträgen und namentlich bei den Verhandlungen
über einen Anteil an der Kriegsentſchädigung ſehr unangenehm
zu Tage trat. Der berühmte Staatsmann vermochte beim Ver=
folgen weit geſteckter idealer Ziele ſein reizbares Temperament nicht
immer zu zügeln. Es bedurfte von ſeiten des mecklenburgiſchen
Geſandten großer Ruhe und beſonders unermüdlicher Geduld, um
jener Verſtimmung bei den definitiven Abmachungen keinen für
Mecklenburg allzunachteiligen Ausdruck zu geſtatten. Das ganze
Jahr 1813 verſtrich, ohne daß eine feſte Übereinkunft betreffs der
militäriſchen Leiſtungen oder der Entſchädigungen für Requiſitionen
getroffen wurde. Mit dem Vertreter der Landesverteidigungs=
kommiſſion für die Länder an der Unterelbe, dem ruſſiſchen
Staatsrat von Alopeus, entſpann ſich ein unerquicklicher Schrift-
wechſel. Freiherr vom Stein ging von der Anſicht aus, daß die
minder mächtigen Bundesgenoſſen ſeinen Dekreten für Lieferung
von Geldbeiträgen und Naturalien einfach Folge zu leiſten hätten.
Herzog Friedrich Franz fand indeſſen, daß eine ſolche Unterordnung unter eine weder ſtaatsrechtlich noch hiſtoriſch begründete
Centralgewalt nur auf Grund freier Vereinbarung geſchehen könne.

Man einigte sich nicht. Es blieb somit bei einem faktischen Bündnis ohne vertragsmäßige Grundlage. Bei der anfangs lange bestehenden Ungewißheit über den Ausgang des Riesenkampfes war diese
Unklarheit sehr drückend. Dazu gesellte sich die Sorge, welche betreffs der Neugestaltung der inneren Verhältnisse Deutschlands an
die Fürsten herantrat. Der strelitzische Minister von Oertzen schrieb
darüber im November an den Freiherrn von Brandenstein:

„Sie haben sehr recht, wenn Sie sagen, daß den
mecklenburgischen Höfen nicht zugemutet werden kann, sich zu
denen zu gesellen, die erst après coup für die gute Sache auftreten..... Inzwischen haben wir aus sehr guter Quelle vernommen,
daß leider die Idee einer Trennung von Deutschland in Nord-
und Süddeutschland bei den Hauptmächten zu bestehen scheint, besonders soll das österreichische Kabinett die Beschränkung auf ein
Protektorat der süddeutschen Staaten fast wie eine ausgemachte
Sache annehmen. Dieser wichtige, nicht erbauliche Umstand hat
den Herzog veranlaßt, an den Herzog von Oldenburg zu schreiben
[welcher sich damals in Weimar befand]. Mir scheint, als wenn
die Sache durchaus mit einigem Feuer betrieben werden müßte,
freilich ohne Übereilung, damit die Fürsten zuvorkommen und
nicht etwa der Knoten zerhauen werde.“

Die wohlgemeinte Mahnung fiel bei Herzog Friedrich Franz
auf sehr günstigen Boden. Die Nachricht von einer möglichen
Spaltung Deutschlands, die auch schon auf anderem Wege nach
Schwerin gelangt war, erfüllte ihn mit Unwillen und Besorgnis.
Mit großer Entschiedenheit griff er den Gedanken auf, durch
Verständigung mit befreundeten Fürsten einem solchen Teilungs-
projekt zuvorzukommen. Er beauftragte sogleich seine Minister,
sich mit Herrn von Oertzen in Verbindung zu setzen. Der auf
diese Weise entstandene Vertragsentwurf, welcher zunächst in
Weimar und Oldenburg vorgelegt wurde, begann mit der Erklärung, daß die unterzeichneten Fürsten sich „von allen einseitigen und selbstsüchtigen Interessen lossagten und hiemit einander
gelobten, die Einheit und Selbständigkeit des gemeinsamen deutschen Vaterlands zum Hauptaugenmerk zu nehmen“. In den

folgenden Artikeln wurden nun die einzelnen wünſchenswerten
Punkte näher bezeichnet. Deutſchland ſei in ſeinen geographiſchen
Grenzen zwar nicht genau wieder herzuſtellen, müſſe aber in Zukunft ein Reich bilden, „welches nicht eine Verbindung einzelner
Staaten darſtelle, ſondern in Bezug auf äußere Politik und Mili-
tärkraft als ein einiges, ungetrenntes Ganze erſcheine". Das
Reichsoberhaupt ſolle mit der Befugnis diplomatiſcher Vertretung
im Ausland und dem Beſchluß über Krieg und Frieden ausgeſtattet werden. Jede Teilung in ein ſüdliches und nördliches
oder in ein katholiſches und proteſtantiſches Deutſchland ſei ent-
ſchieden zu bekämpfen. Im übrigen ſollten die Fürſten ihre
Länder ſelbſtändig regieren und zwar nach einem Syſtem, welches
die aus der jüngſten Vergangenheit gezogenen Lehren zur Anwendung kommen laſſe.

Was hier in wenig Sätzen als Wunſch formuliert wurde,
ſollte erſt 58 Jahre ſpäter zur That werden! Aber mit Staunen
und nicht ohne Bewunderung ſehen wir in dieſem Schriftſtück die
Grundzüge einer nationalen Einigung niedergelegt, welche angeſtrebt
und erkämpft zu haben eine ſpätere Generation ſich zum Verdienſt
anrechnet. Nicht die Wallungen der 48er Periode, nicht die Agitation des Nationalvereins haben den Reichsgedanken ins Leben
gerufen. Wie tief mußte derſelbe in unſerem Volke wurzeln, wenn
er ſchon damals, nach dem kläglichen Zuſammenbruch der alten
Reichsgewalt, nach den Wirren einer alle ſtaatlichen Grundlagen
erſchütternden Fremdherrſchaft, ſo klar und beſtimmt in den Worten
eines Fürſten Ausdruck fand, den keine materiellen Vorteile oder
dynaſtiſchen Rückſichten dazu beſtimmten! Der von Herzog Friedrich
Franz angeregte Fürſtenbund kam nicht zu ſtande. Aber wenn
jenes Schriftſtück auch nicht zum wirkſamen Vertragsinſtrument
wurde, ſo bleibt es doch ein ehrendes Denkmal der hochherzigen
Geſinnungen ſeines Urhebers.

Inzwiſchen führte der Siegeszug die verbündeten Heere über
den Rhein. Die Hauptquartiere der Monarchen wurden nach
Frankreich verlegt. Das Ende des Kriegs ſchien nahe. Angeſichts
der bevorſtehenden Verhandlungen über die deutſchen Angelegen-

heiten glaubte der Herzog eine formelle Regelung seines faktisch
längst bestehenden Bündnisses mit den Hauptmächten nicht länger
hinausschieben zu dürfen. Herr von Plessen ging daher in den
ersten Tagen des Januar 1814 über Frankfurt und Basel ins
Hauptquartier der Verbündeten, um mit jedem der Monarchen
besonders einen Alliancevertrag abzuschließen. In Basel traf er
mit dem Strelitzer Minister von Oertzen zusammen, und beide
Diplomaten verhandelten in Troyes und Chatillon gemeinschaftlich
mit Metternich, Humboldt und Anstetten. Trotz mancherlei
Schwierigkeiten, welche der stete Vormarsch und das Lagerleben
noch vermehrte, kamen die Verträge am 22. und 23. Februar
glücklich zum Abschluß.

Nach Mecklenburg zurückgekehrt, fand Plessen bei seinem Fürsten
und nicht minder in den politischen Kreisen des Landes volle Anerkennung. Der Engere Ausschuß sandte ihm durch eine Deputation
ein ehrendes Dankschreiben. Es war demnach natürlich, daß die
Vertretung auf dem Wiener Kongreß auch demjenigen Staatsmann
übertragen wurde, der sich bereits als geschickter Unterhändler
bewährt hatte und den einflußreichen Diplomaten der Großmächte
vorteilhaft bekannt war. Im Juli 1814 ging Plessen nach Wien
ab. Die Instruktion, welche ihm der Herzog erteilte, ist so
charakteristisch für des letzteren politische Anschauungen und deutsch-
patriotische Gesinnung, daß es der Mühe verlohnt, einen Augenblick
dabei zu verweilen. In 21 Paragraphen werden darin die Grundzüge einer Reichsverfassung entworfen, die der heutigen sehr ähnlich ist. Der Herzog wünscht ein erbliches Reichsoberhaupt, einen
ständigen Fürstenrat, ausgestattet mit Befugnissen, wie sie etwa
heute der Bundesrat besitzt, ein Reichsgericht, eine einheitliche
Heeresverfassung mit centralisierter Leitung, Gleichmäßigkeit der
Verfassungen in den Einzelstaaten, Einheit von Münze, Maß und
Gewicht, ja sogar, was der heutigen Reichsverfassung fehlt, eine
Reichseinkommensteuer zur Unterhaltung der militärischen und
sonstigen Reichsinstitutionen. Ein ständiger Reichstag, in dem jedes
Reichsland seine Abgesandten hätte, scheint ihm nicht ratsam. Doch
soll derselbe periodisch zusammentreten, um Abänderungen der Ver-

2*

faffung ober außerorbentliche Reichsbebürfniffe feftzuftellen unb
bei dem Refurs eines Reichsftanbes gegen Verfügungen des
Fürftenrates mit zu entfcheiben. Der Grunbgebanke, der alle biefe
Vorfchläge burchzieht, ift der Wunfch eines feften Gefüges im
Innern unb einer einheitlichen Wehrfraft nach außen. Alles, was
bazu führe, die Machtftellung des Reichs zu förbern, werbe dem
Herzog genehm fein. Andere Paragraphen beziehen fich auf eine
Reform des Stänbewefens[1]. Der barin aufgeftellte Grunbfatz
einer gleichen Verteilung der Militärlaft unb der Steuern auf alle,
felbft auf die bisher privilegierten Stänbe zeugt für das Gerechtig=
keitsgefühl des Herzogs unb feine Fähigfeit, die Forberungen der
Zeit bereits zu erfennen, ehe fie der großen Maffe des Volkes
burch Publiziftif unb Agitation zum Bewußtfein gebracht wurben.

Aber mit biefer felbftlofen Politif, die vor allem ein mächtiges,
einiges Deutfchland im Auge hatte unb der jebe Begehrlichfeit
fern lag, ftanb Herzog Friedrich Franz im Kreife feiner Stanbes=
genoffen ziemlich allein. Es ift befannt, wie wenig der Kongreß
in den erften Monaten zu ftanbe brachte. Le congrès dansait,
mais ne marchait pas. Daß für die Anfchauungen des Herzogs
bort fein günftiger Boben war, erfannte Pleffen balb. Dennoch

---

[1] Sehr bemerfenswert ift der hierbei zum erftenmal auftauchenbe
Vorfchlag einer Vertretung der Bauernfchaft, foweit fie freies Eigentum
befitzt, unb die Vertretung der Ritterfchaft burch Telegierte. „Daß jeber
Gutsbefitzer auf dem platten Lanbe für fich einen Lanbftanb ausmache unb
feine Stimme gezählt werbe, fcheint nicht gut." Die Zahl der ritterfchaft=
lichen Telegierten foll berjenigen der ftäbtifchen gleich fein. Bei außeror=
bentlichen Lanbessteuern follen alle Untertanen gleichmäßig herangezogen
werben. „Hierbei muß den Wirfungen des Egoismus, welcher fich in den
Lanbesverfammlungen bei einzelnen Inbivibuen ober einzelnen Klaffen regen
fönnte, vorgebaut werben, unb es muß feinem Stanbe erlaubt fein unb
einfallen fönnen, folchen Steuern fich zu entziehen, fobalb das Bebürfnis
als unvermeiblich anerfannt werben muß unb nicht mit Grunb behauptet
werben fann, baß die geforberte unb auszufchreibenbe Steuer die notwenbig
erforberliche Summe überfteigt."

Mit der Wieberherftellung unb Totierung des beutfchen Orbens, falls
fie auf dem Kongreß angeregt würbe, erflärt fich der Herzog einverftanben.
„Doch müßte der Orben bann reformiert werben unb nicht bloß eine Ver=
forgungsanftalt für den Abel barftellen, vielmehr auch zur Verteibigung
des Reichs gegen äußere Feinbe herangezogen werben."

vertrat er dieselben mit Entschiedenheit.   Die rechtliche Gesinnung ebenso wie die Sachkenntnis des mecklenburgischen Gesandten er- warben ihm die Achtung seiner Kollegen in einem Grade, welcher die Aufmerksamkeit der leitenden Persönlichkeiten auf ihn lenkte. Fürst Metternich zog ihn auch zu intimeren Konferenzen heran. Als mit der Rückkehr Napoleons die erlauchte Versammlung in Unruhe geriet und unter dem Eindruck der allgemeinen Bestürzung, bei der Hast neuer Rüstungen das Bundeswerk zu scheitern drohte, gehörte Plessen zu den wenigen Staatsmännern, welche mit Energie auf dem Abschluß der Bundesakte bestanden.   Er war Mitglied des Ausschusses für die Redaktion, und seinem unermüdlichen Eifer gelang es, das Interesse der einflußreicheren Minister für die inneren deutschen Angelegenheiten rege zu erhalten.   Fürst Metternich hat dies später rühmend anerkannt.

Daß die Bundesakte unter dem Druck äußerer Umstände übereilt zu stande kam, daß manches darin unklar und unvoll- ständig blieb, war nicht zu ändern.   Was man in langen Monaten versäumt hatte, sollte nun in wenig Tagen durchberaten werden. Das Dokument, welches die Grundlage des deutschen Staatsrechts bilden sollte, trug den Stempel der Eilfertigkeit.   An Stelle eines festen, geeinten Reichsverbands brachte es ein lockeres Föderativ- system.   Von den Gesichtspunkten, die Herzog Friedrich Franz als wesentlich und wünschenswert bezeichnet hatte, war wenig darin zu entdecken.   Für die beiden Herzogtümer enthielt es in- dessen die als billig anerkannte Rangerhöhung.

Am 13. Juni verließ der Gesandte Wien, nachdem er in der letzten Sitzung noch eine Reservation zu Protokoll gegeben hatte. In derselben erklärte Mecklenburg, daß es seine wiederholt geltend gemachten Ansprüche auf Entschädigung für die Opfer der letzten Kriegsjahre nicht aufgebe.   Auch wurde auf den in Lauenburg eingetretenen Besitzwechsel hingewiesen und eine Berichtigung der westlichen Grenze Mecklenburgs in Anregung gebracht.

Inzwischen begannen im Lande selbst die Rüstungen von neuem. Wie vor zwei Jahren hatte der Herzog gleich bei den ersten Anzeichen des Ausbruchs der Feindseligkeiten sein Kontingent mobil gemacht.

Der Erbprinz übernahm wieder den Oberbefehl und ging an den Rhein. Das militärische Bundesverhältnis wurde durch eine Accessionsakte zu der am 25. März geschlossenen Koalition der vier Großmächte geregelt. Dieser Accessionsvertrag war schon in Wien am 27. April abgeschlossen worden. Die Ratifikation erfolgte aber erst im September, nach dem Einzug in Paris, wobei der den Erbprinzen begleitende Hofmarschall von Oertzen als Bevollmächtigter fungierte. Diesem wurden auch die von den Franzosen im Jahre 1806 aus den mecklenburgischen Schlössern entnommenen Kunstschätze jetzt wieder zurückgegeben. Von der Kriegsentschädigung erhielt Mecklenburg-Schwerin die Summe von 2 150 000 Franken, was freilich nur ein unzureichendes Entgelt für die in den letzten zehn Jahren geleisteten Opfer darstellte. Eine territoriale Vergrößerung fand nicht statt. Diplomatische Unterhandlungen über eine Abtretung des Amtes Neuhaus, welche vorübergehend eingeleitet waren, führten zu keinem Ergebnis, zumal der Großherzog auf diese Angelegenheit kein großes Gewicht legte. Sein Augenmerk war weit mehr auf die Heilung der erlittenen Schäden, auf Verbesserungen im Justiz- und Polizeiwesen und auf Befestigung derjenigen staatsrechtlichen Grundlagen gerichtet, die sich in ernsten und kritischen Zeiten bewährt hatten. Das starke Band, das den Landesherrn mit seinen Ständen verknüpfte, war nicht gelockert worden. Mit Recht konnte der Engere Ausschuß in seinem Schreiben vom 15. Februar 1816, welches den Empfang der Kongreßakte bestätigte, darauf hinweisen, wie die treuen Gesinnungen der Ritter- und Landschaft in der Überzeugung noch bestärkt seien: „daß Ew. Königl. Hoheit von dem ebenso weisen als rechtlichen Grundsatze ausgegangen sind, — daß Glück der Fürsten und Völker Deutschlands sei nur dann völlig gesichert, wenn in den deutschen Staaten die althergebrachten ständischen Verfassungen geschützt würden. Möge es den erhabenen Bemühungen der Fürsten Deutschlands gelingen, jenen Grundsatz der Weisheit und deutschen Rechtlichkeit auf dem Bundestage zur allgemeinen Anerkennung zu bringen!"

Auf diesen Bundestag waren nun bald aller Blicke gerichtet. Noch glaubte man, daß die nach Frankfurt berufene Versammlung das Einheitswerk fester gestalten, daß sie eine gesetzgebende Körperschaft mit weitgehenden Befugnissen sein werde. Zum Vertreter der beiden Großherzogtümer war, nach vorheriger Verständigung mit dem Strelitzer Hof, der Geheime Rat von Plessen ernannt und zugleich die Vereinbarung getroffen worden, daß die Wahl des Bundestagsgesandten fortab unter den beiden Fürstenhäusern alternieren sollte[1]. Plessen war für den vorliegenden Fall die in jeder Weise geeignetste Persönlichkeit. Er war mit dem Aktenmaterial des Wiener Kongresses genau vertraut. Als besonnener umsichtiger Geschäftsmann und zuverlässiger Beamter besaß er das volle Vertrauen seines Herrn. Auch verstand er es, durch weltmännisches Benehmen und klares sachliches Urteil bei den Verhandlungen sich im Kreise seiner diplomatischen Kollegen eine geachtete Stellung zu verschaffen. Seltsam genug verband sich mit seinem im Dienst der alten Diplomatenschule anerzogenen Formalismus ein gewisser großdeutscher Zug, der nicht ohne idealen Anflug war und in seinen Gesandtschaftsberichten mehr als einmal zu Tage tritt. Ohne die Wahrung der partikularen Interessen seiner Höfe je aus den Augen zu verlieren, hatte er doch ein unter seinen Amtsgenossen eben nicht sehr verbreitetes Verständnis für die gemeinsamen deutschen Angelegenheiten. Er kam nach Frankfurt mit dem festen Glauben an die Möglichkeit eines einheitlichen Zusammenwirkens und dem entschiedenen Willen, an dem Ausbau der noch ziemlich verschwommenen Bundesorganisation thätigen Anteil zu nehmen. Wie so viele seiner Kollegen, glaubte er noch an die Ehrlichkeit der österreichischen Absichten, hielt den Wiener Hof für den berechtigten und zugleich befähigten Führer des deutschen Bundes und den Fürsten Metternich für den einsichtsvollsten Staatsmann seiner Zeit. Die Täuschung, daß letzterer ernstlich geneigt sei, ein deutsches Gemeinwesen zu unterstützen und der

---

[1] Demnach folgte auf Plessen 1823 der strelitzsche Minister von Pentz und auf diesen, nach interimistischer Vertretung durch den Legationsrat Meyer, der schwerinsche Gesandte von Schack.

Frankfurter Versammlung thatsächlich politische Befugnisse einzuräumen, teilte er nicht nur mit den meisten seiner Kollegen, sondern
auch mit dem vielerfahrenen preußischen Staatskanzler. Daß
Fürst Hardenberg ungeachtet des Ränkespiels während des Wiener
Kongresses und der unverhüllten Feindseligkeit beim Abschluß des
zweiten Pariser Friedens die geheimen undeutschen Ziele der
österreichischen Hauspolitik niemals ganz erkannt hat, ist eines
jener psychologischen Probleme, welche beweisen, daß auch der
Klügste oft einfache Vorgänge nicht zu durchschauen vermag, vielleicht gerade deshalb, weil sie seinem kombinatorischen Verstande
allzueinfach erscheinen.

Herr von Plessen nahm seine diplomatische Mission in Frankfurt
durchaus ernst. Um so peinlicher empfand er den schleppenden
Gang der Vorverhandlungen. Erst 7 Monate nach seinem Eintreffen, am 5. November 1816, wurde die Versammlung eröffnet.

Schon die ersten Beratungen ließen ihn erkennen, wie schwach
und locker die Bande des Föderalismus waren, welche hier zu
einem haltbaren Ganzen verwebt werden sollten. Auch trug die
Haltung des ersten preußischen Gesandten, von Hänlein, nicht wenig
dazu bei, das natürliche Mißtrauen der kleineren Staaten gegen
die Großmächte anzufachen. Bei ihnen wurde die Furcht vor einer
Vergewaltigung von vornherein ein wesentlicher Faktor der Bundespolitik. Auch der mecklenburgische Gesandte vermochte sich solcher
Bedenken nicht zu entschlagen, riet aber doch, Preußens Wünsche
möglichst zu berücksichtigen, „um ihm nicht gleich anfangs alles
Interesse an den Bundesangelegenheiten zu verleiden und ihm vielmehr die Aussicht nützlicher Wirksamkeit zu eröffnen".

In diesem Sinne erteilten denn auch die mecklenburgischen
Höfe ihre Instruktionen. Herr von Plessen blieb mit den preußischen Gesandten von Humboldt und Graf Golz in enger Fühlung,
und da er sich außerdem des besonderen Wohlwollens des Fürsten
Metternich erfreute, so wurde seine Vermittelung von beiden Seiten oft in Anspruch genommen. Erst im Herbst 1817 erlitt das
Einvernehmen mit seinem österreichischen Kollegen eine vorüber-
gehende Störung. Den Anlaß dazu bot das selbständige Vor-

gehen des Schweriner Hofes in der Auslegung des Art. 13 der Bundesakte, welcher bekanntlich die Einführung landständischer Verfassungen in allen Bundesstaaten verhieß. Es dürfte nicht allgemein bekannt sein, daß gerade Mecklenburg es war, von dem die erste Anregung zur Ausführung jener Bestimmungen ausging. Man hat Mecklenburg so oft als den Sitz und Hort feudaler Einrichtungen bezeichnet, daß manchem Leser die nachstehend er- örterte Thatsache einer liberalen und patriotischen Kundgebung des Großherzogs Friedrich Franz I. vielleicht befremdlich erscheinen wird. Dennoch ist es nach dem vorliegenden Aktenmaterial er- wiesen, daß Mecklenburg allein, ohne Unterstützung durch einen anderen Bundesstaat und sogar entgegen der damals bei fast allen Kabinetten herrschenden reaktionären Strömung, einen Bundesbe- schluß anregte und trotz lebhaften Widerspruchs durchsetzte, der die verschleppte Verfassungsfrage wieder in Fluß bringen sollte und der die Einführung der süddeutschen Verfassungen thatsächlich angebahnt hat. Gleich nach seiner Rückkehr von Ludwigslust, im November 1817, brachte Herr von Plessen in einer Plenar- sitzung einen Doppelantrag vor, in welchem 1. die Garantie des Bundes für eine von den großherzoglichen Regierungen publi- zierte, die Beilegung von Streitigkeiten zwischen Landesherrn und Ständen betreffende Patentverordnung [1] nachgesucht und 2. die Ausführung der Bestimmung des Art. 13 der Bundesakte als bringlich und unaufschiebbar bezeichnet wurde. Der mecklenbur- gische Gesandte, der seine Motive in der Sitzung vom 22. De- zember ausführlich zu Protokoll gab, betonte die Notwendigkeit, daß der Bund selbständig, und ohne eine Pression durch die öffentliche Meinung abzuwarten, einen Zeitpunkt für die Einfüh- rung der Verfassungen bestimme. Nur so könne eine Beruhigung der ungeduldigen Bevölkerung erzielt werden [2]. Der mecklenbur-

---

[1] Solche Streitigkeiten sollten durch ein Schiedsgericht geschlichtet werden. Dieses Gesetz bildete später, 1850, die Grundlage für den Freien- walder Schiedsspruch und die Wiedereinführung der altständischen Verfassung.

[2] Plessen hoffte damit der durch einen Justizrat Beck eingeleiteten Massenpetition, welche mit einigen Tausend Unterschriften dem Bundestag

gische Antrag erregte Aufsehen und Verstimmung. Preußen zeigte
sich zwar wohlwollend, aber Metternich erließ eine Instruktion,
welche Plessen als einseitig, absprechend und ganz unausführbar
bezeichnete. Das Gesetz (der Art. 13 nämlich) bestünde, so hieß
es darin, dies müsse für den Augenblick genügen und die Anwendung desselben — die Zeit und Art der Einführung — der
Weisheit jeder einzelnen Regierung überlassen bleiben. Sollten
die Stände am Bunde vorstellig werden, so wären sie an ihre
Regierungen zu verweisen, und brächen Unruhen aus, so hätte
der Bund wohl die Befugnis, das militärische Einschreiten anzu-
raten, nicht aber das Recht, den Grund der Unzufriedenheit zu
prüfen oder gar zu erörtern.

Bereits damals war das von Wien aus geübte System der Ein-
schüchterung soweit gediehen, daß keiner der Mittelstaaten gegen
diese Erklärung, welche der Bundesversammlung jedwede Initiative in den gemeinsamen Angelegenheiten aberkannte, Einspruch
erhob. Die laue Haltung in der Verfassungsfrage war den reaktionären Kabinetten vielmehr sehr willkommen, und es fehlte nicht
an Versuchen, eine Zurückziehung des Schweriner Antrags zu
bewirken. Allein der Mecklenburger blieb fest. Zwar vergingen
einige Monate, bis nach Einholung der Instruktionen die Zu-
stimmungserklärungen abgegeben werden konnten, auch fielen einige
derselben ziemlich gewunden aus. Dennoch erreichte Plessen in
der Sitzung vom 25. Mai 1818 einen Bundesbeschluß, nach

---

vorgelegt werden sollte, die Spitze abzubrechen. „Das Unzeitige und Un-
schickliche einer solchen Demonstration", schreibt er in einem seiner Berichte,
„wird klar erkennbar werden, wenn der Bund unaufgefordert und aus freiem
Antrieb die Erfüllung der eingegangenen Verpflichtungen auf sich nimmt.
Ich habe freilich mit manchem Widerstand und häufig mit Ängstlichkeit
meiner Kollegen zu kämpfen gehabt. Auch glaube ich, daß einige Höfe die
Einbringung meines Antrags nicht gerne sehen. Indessen kann es auf die
Gunst oder auf das Wohlbehagen einzelner Regierungen nicht ankommen,
sobald Pflicht und Ehre der Versammlung, deren Mitglied ich bin, noch
rechtzeitig zu sprechen geboten. Überdies weiß ich mit Bestimmtheit, daß
von einigen, insonderheit süddeutschen Höfen ohne einen solchen Impuls
nichts geschehen wird und die Anführung von Schwierigkeiten nur dazu
dienen soll, um die Verbindlichkeit unbestimmt hinauszuschieben."

welchem sowohl die Garantie des mecklenburgischen organischen
Statuts übernommen als auch die Bestimmung getroffen wurde,
„daß der Art. 13 auf eine angemessene Weise in Vollziehung zu
bringen und der Bundesversammlung binnen Jahresfrist von der
Einleitung, dem Fortgang und womöglich von dem allseitigen
Resultat der getroffenen ständischen Einrichtungen Mitteilung zu
machen sei". Mehr war vorläufig nicht zu erreichen gewesen.
Wirklich bot jener Beschluß denn auch für die süddeutschen Höfe
die Handhabe zur Einführung ihrer Verfassungen, während in
den anderen Bundesstaaten die revolutionären Umtriebe jene Reaktion herbeiführten, die in der Mainzer Untersuchungskommission
und in den Karlsbader Beschlüssen ihre Triumphe feierte.

Daß die Bedeutung der geheimen Verbindungen damals von
den Regierungen vielfach überschätzt und der ganze, zum Niederhalten einer angeblich weitverzweigten Verschwörung in Scene ge-
setzte Apparat von Metternich vorwiegend dazu benutzt wurde,
eine polizeiliche Kontrolle in den kleineren Bundesstaaten auszuüben, ist schon häufig nachgewiesen. Man darf indessen nicht
außer acht lassen, daß es bei der Mangelhaftigkeit des Nach-
richtenwesens für die Staatsmänner jener Zeit nicht leicht war,
die wirkliche Bedeutung der revolutionären Strömungen zu erkennen. Das Bewußtsein eines nichterfüllten Versprechens mochte
auch wohl dazu dienen, den Grad der Unzufriedenheit noch höher
zu veranschlagen, als er thatsächlich bestand, und somit zu Koer-
citivmaßregeln führen, die teils übertrieben, teils gegenstandslos
waren. In Mecklenburg hatte jene Agitation wenig Boden gefunden. Der Tugendbund hatte seine Mitglieder vorwiegend in
Preußen geworben. Traten auch manche der an anderen deutschen
Universitäten studierenden Mecklenburger den Burschenschaften bei,
so verloren sich doch die mit dem Bierkomment eingesogenen unklaren politischen Vorstellungen sehr bald in der nüchternen Be-
haglichkeit der heimatlichen Umgebung. Die Rostocker Universität
war zu schwach besucht, als daß ihre Studentenschaft in der
wohlhabenden Kaufmannsstadt eine politische Rolle hätte spielen
können.

Den Karlsbader Beschlüssen hatte Mecklenburg zugestimmt. Dennoch war der Großherzog nicht gewillt, sich in den Ausführungsbestimmungen über Censur und polizeiliche Überwachung unbedingt den sehr weit gehenden österreichischen Plänen anzuschließen. Der Gesandte von Plessen wurde angewiesen, bei der Verhandlung über diese Bestimmungen Vorbehalte zu machen. Die Frage über die Beschränkung der Preßfreiheit und der Lehrmethode an den Universitäten erfordere „große Vorsicht und ebenso kaltblütige als reifliche Prüfung, da manches, was von größeren Staaten beschlossen werden möchte, für Uns und Unsere Lande und Verhältnisse in der Ausführung lästig und selbst drückend werden könnte".

Indessen vermochte sich die großherzogliche Regierung doch dem von Wien ausgehenden Druck auf die Dauer nicht zu entziehen, und die Censur über politische Tagesblätter und Zeitschriften wurde mit aller Strenge verhängt, ebenso auch der studierenden Jugend die Teilnahme an geheimen Verbindungen und namentlich an der Burschenschaft mit dem Hinweis untersagt, daß kein Student ohne ein Zeugnis seines Wohlverhaltens eine deutsche Universität verlassen bezw. in einer anderen Zutritt erhalten könne.

Im November 1819 begannen die Wiener Konferenzen, die als eine Fortsetzung der Karlsbader Zusammenkunft betrachtet werden können. Dort entwickelte sich das Programm der Beratung unter dem geschäftigen Metternich zu dem einer Art Ausschußsitzung für deutsche Verfassungsangelegenheiten. Plessen, der in Karlsbad das Protokoll geführt hatte, ging wieder nach Wien. Obwohl die Kabinette noch unter dem Eindruck der im Frühjahr verübten Sandschen Bluttat standen und die Gewährung konstitutioneller Freiheiten nicht in der Luft lag, so war doch der Großherzog in der Erteilung seiner Instruktion an den mecklenburgischen Bevollmächtigten sehr bestimmt für das ständische Prinzip eingetreten. Bei der Beratung über die Auslegung des Art. 13 sollte sich Plessen rückhaltlos in diesem Sinne äußern. „Mecklenburgischerseits" — so lautete die Instruktion — „kann nur eine Beteiligung für das allgemeine Bundeswesen in Betracht kommen, da sonst die

auf Grundverträgen, Einrichtungen und Rechten beruhende landständische Verfassung Mecklenburgs wohl Verbesserungen und
Reformen auch auf einem verfassungsmäßigen Wege der Revision
erhalten kann, aber nicht die Grundsätze und der Bestand derselben
eine Abänderung von Bundes wegen erfahren dürfen." Befürchtungen
dieser Art erwiesen sich übrigens als grundlos. Die Bestimmungen
der Wiener Schlußakte vom 15. Mai 1820 enthielten nichts, was
zu einem Eingriff in die ständische Organisation der Einzelstaaten
hätte die Hand bieten können. Die Verfassungsfrage war wiederum
vertagt. Die Teilnahme der mecklenburgischen Regierung an den
inneren Bundesangelegenheiten wurde während der nächsten Jahre
vorwiegend durch die Verhandlungen über die Kriegsverfassung
in Anspruch genommen. Ohne Zweifel war die Organisation des
Bundesheeres und die Herstellung eines wehrhaften Zustandes
eine der wichtigsten Fragen und durchaus geeignet, das Band der
Einigung fester zu schlingen, wenn zu einer solchen Einigung bei
den Einzelstaaten eine Neigung bestand. Leider trat indessen gerade
auf diesem Gebiet sehr bald eine tiefgehende Meinungsverschiedenheit
und daneben eine verhängnisvolle Unklarheit über die Ziele des
Heerwesens zu Tage. Die Akten jener Verhandlungen bilden den
traurigsten Teil der Bundesgeschichte. Wer die Einigung des
deutschen Heerwesens erlebt und Zeuge der letzten Kriegsthaten
unserer Nation gewesen ist, dem wird es schwer verständlich, wie
es möglich war, jene buntscheckigen Armeecorps, mit ihren Duodez-
kontingenten, doch noch derart zu organisieren, daß wenigstens eine
Art von äußerem Zusammenhang auf dem Papier erreicht wurde.
Daß diese Truppenkörper nicht operationsfähig waren, daß ihrer
Ergänzung, Ausbildung und Bewaffnung jener einheitliche Charakter
fehlte, den wir heute als Grundlage jedes größeren Armeeverbands
für unbedingt notwendig halten, daß eine Mobilisierung äußerst
langwierig ausfiel, die Schlagfertigkeit im Ernstfall durch zahllose
kleinliche Sonderinteressen gehemmt wurde, — dies alles kann den
einsichtsvollen Militärs jener Zeit nicht entgangen sein. Wir müssen
die Ausdauer und Geduld bewundern, welche die größeren Militär-
staaten Deutschlands in diesen nie enden wollenden Verhandlungen

an den Tag legten. Das Feilschen um die Höhe der Matrikel,
die Gesuche um Erleichterungen, die persönlichen Wünsche betreffs
der Verteilung der Waffengattungen, die Rücksichtnahme auf die
Finanzen der kleineren Staaten erschwerten die Verständigung
außerordentlich. Während Österreich mit vornehmer Indifferenz
diesem Treiben zusah, trat Preußen von vornherein mit großer
Entschiedenheit und dem ernstlichen Bestreben hervor, die kleineren
Kontingente wenigstens soweit unter sich zu vereinigen, daß die
Verteidigung der deutschen Grenzen nicht wie früher ausschließlich
ihm allein zur Last falle. Die Ausdehnung seines Gebiets und
namentlich die isolierte Lage seiner westlichen Provinzen forderte
eine solche militärische Unterstützung gebieterisch. Als man sich
aber in Berlin überzeugt hatte, daß die früher angestrebte Teilung
in einen norddeutschen und süddeutschen Armeeverband undurch-
führbar war, und der Versuch, auch nur einen Teil kleinerer
Kontingente der preußischen Heeresleitung anzugliedern, an dem
Widerspruch Österreichs und dem Mißtrauen der Mittelstaaten
scheiterte, beschloß Preußen, auf dem Wege der militärischen Reorganisation allein vorzugehen, nicht ohne die Hoffnung, daß sich
später durch Separatkonventionen erreichen lassen werde, was damals in dem Frankfurter Militärausschuß durchzubringen unmöglich war.

Die Großherzogtümer Mecklenburg befanden sich bei diesem
Wirrsal streitender Interessen und Strömungen in der glücklichen
Lage, einen wenigstens einigermaßen abgeschlossenen Truppenkörper,
eine Brigade nämlich, aufstellen zu können. Ihre Truppen hatten
an den letzten Feldzügen bewährten Anteil genommen. Es lag
kein Anlaß vor, die bescheidene Selbständigkeit eines Brigadeverbands
zu beschränken, und die großherzoglichen Finanzen ertrugen unschwer
die nach der Kriegsverfassung gebotene Erhöhung des Kontingents
auf ein Prozent der Bevölkerung. Großherzog Friedrich Franz
hatte, obwohl nicht selbst von besonderen militärischen Neigungen
erfüllt, doch ein klares Verständnis für die Bedürfnisse des Heerwesens. Er war sofort bereit, allen Forderungen der Bundeskriegsverfassung zu entsprechen und alle die baulichen oder zur

Ausrüstung nötigen Einrichtungen zu treffen, welche die Erhöhung des Kontingents erheischte.

Neben dem Gesandtenkollegium in Frankfurt tagte eine Militärkommission, welche die technischen Fragen der Bundeskriegsverfassung beriet. Mecklenburg war in derselben durch einen dänischen Oberst, den Delegierten für Holstein-Lauenburg, mit vertreten. Plessens Gesuch, ihm einen militärischen Ratgeber beizuordnen, konnte aus Sparsamkeitsrücksichten nicht entsprochen werden. Die Verhandlungen nahmen einen sehr schleppenden Gang. Um sie zu beschleunigen und doch zu irgend einem Abschluß zu kommen, traten die Staaten der kombinierten Armeecorps zu Specialvereinbarungen zusammen. Eine solche wurde im Herbst 1822 zu Altona zwischen denjenigen Regierungen abgeschlossen, deren Truppen die 2. Division des 10. Armeecorps bildeten. Zu diesen gehörten die Großherzogtümer Mecklenburg. Militärischer Kommissar war Oberst von Bobbien. Die am 22. Dezember 1822 in Altona unterzeichnete Schlußakte bildete somit das organische Statut für das mecklenburgische Militärwesen. Sie blieb für dasselbe in Kraft bis zum Jahr 1849, wo der Zerfall des Bundes vorübergehend auch den Armeeverband der Kontingente löste. Die Schlußakte teilte die 2. Division in zwei Brigaden (Holstein-Lauenburg und Mecklenburg)[1] und zwei Halbbrigaden (Oldenburg und Hansestädte). Alle diese Kontingente waren verschiedenartig ausgerüstet und hatten eine selbständige Verwaltung. Es bestand nicht einmal ein Divisionsstab. Nur im Fall eines Krieges sollte derselbe geschaffen und sein Kommando zunächst von

---

[1] Die mecklenburgische Brigade bestand aus drei Infanteriebataillonen (Schwerin) und einem Bataillon (Strelitz), jedes zu vier Compagnieen, aus einem leichten Bataillon zu drei Compagnieen (Schwerin), einem leichten Kavallerieregiment und einer Fußbatterie von acht Geschützen. Das Grenadiergardebataillon garnisonierte in Ludwigslust, das erste Musketierbataillon in Wismar, das zweite in Rostock. In Schwerin befanden sich nur die drei Compagnieen des leichten Bataillons und die Artillerie. Das Chevaulegersregiment, das damals nur aus zwei Schwadronen bestand, lag in Grabow; eine Festungscompagnie in Dömitz. In dieser Formation und Garnisonverteilung verblieb die mecklenburgische Brigade bis zum Jahre 1887.

Holstein besetzt werden. Mit der anderen (hannöverschen) Division
hatte man gar keine Fühlung. Von einem eigentlichen Corps=
verband konnte also nicht die Rede sein, ebensowenig von einer
einheitlichen Organisation. Die Gewehre und Geschütze waren
von verschiedenartigstem Kaliber. Ein Austausch von Munition
konnte bei den gemischten Brigaden im Ernstfall nicht eintreten.
Fuhrpark, Ambulanzen und Proviantwesen waren weder einheitlich
geregelt noch ausgiebig vorhanden. Überall trat das Bestreben
der Einzelstaaten zu Tage, ängstlich an der Militärhoheit im
kleinen festzuhalten und lieber einen Bruchteil der unerläßlichen
Militäreinrichtungen selbst zu übernehmen als durch Vereinigung
mit den anderen Regierungen in ein abhängiges Verhältnis zu
geraten. Erst 1825 war die Kriegsverfassung wenigstens auf dem
Papier fertig und zugleich ein Militärkartell zu stande gebracht,
nach welchem die Auslieferung der Deserteure und ausgewanderten
Militärpflichtigen für alle Bundesstaaten verbindlich wurde.

Die Rückwirkung, welche die Neugestaltung der deutschen
Verhältnisse auf Mecklenburg ausübte, blieb nicht ohne Einfluß
auf dessen innere Entwickelung. Politisch belebend war dieser
Einfluß nicht. Aber er gestattete eine ungestörte Entfaltung wirt=
schaftlicher Kräfte. Auch hierin war der Fortschritt kein rascher,
aber doch ein stetiger. Die Verheerungen, welche die Kriegsjahre
gebracht, wurden noch lange nachempfunden. Nur langsam konnte
sich die Landwirtschaft von den erlittenen Schlägen erholen. Es
fehlte an Betriebskapital. Der Wohlstand vieler Familien war
vernichtet, das Verkehrswesen wenig entwickelt. Die erste Kunst=
straße, die von Berlin nach Hamburg führende Chaussee, wurde
auf mecklenburgischem Gebiet erst 1826 in Angriff genommen
Sie führte über Grabow und Ludwigslust und durchschnitt nur
einen kleinen Teil des Landes. Die nächste Chaussee war die von
Schwerin nach Ludwigslust, welche der Kammeringenieur Düste
ausführte.

So war denn in dem ersten Decennium, welches den Kriegs=
stürmen folgte, die Thätigkeit der Regierung wesentlich auf Bele=
bung der wirtschaftlichen Kräfte gerichtet. Ein Bedürfnis nach

politischen Neuerungen wurde nirgends empfunden. Zu der Einführung der gemeinnützigen Anstalten, welche unter der späteren
Regierung Friedrich Franz' I. entstanden, fehlten damals noch
die Mittel. In die Zeit vor 1823 fallen indessen noch zwei Institutionen von Bedeutung: die Reform des Justizwesens und die
Aufhebung der Leibeigenschaft. Als Ausgangspunkt der ersteren
ist die Einsetzung des Oberappellationsgerichts zu betrachten, welches
im Oktober 1818 begründet wurde und seinen Sitz zunächst in
Parchim erhielt, später aber nach Rostock verlegt wurde.
Der vielfach geäußerte Wunsch nach einer besseren Prozeßordnung
und zweckmäßigeren Besetzung der Untergerichte wurde gleichfalls
im Verlauf der nächsten Jahre erfüllt. Klagen über Verschleppung
durch die Advokaten, über die Umständlichkeit des Prozeßverfahrens
und selbst über die Unsicherheit des Rechts, namentlich auf dem
Gebiet des Patrimonialgerichtswesens, waren vielfach laut
geworden [1]. Friedrich Franz I. wandte auch diesem Teil der
Justizpflege seine Aufmerksamkeit zu. Die Stellung der Advokaten
blieb eine sehr einflußreiche, da sie lange Zeit hindurch auch die
Geldgeschäfte der Grundbesitzer, die Beschaffung von Kapitalien
und Unterbringung von Hypotheken besorgten. Ihre Zahl war
unverhältnismäßig groß. (Später, in den 40er Jahren, wurden
von Mitgliedern des Advokatenstandes selbst Vorschläge gemacht,
wie dem übermäßigen Andrang zu wehren sei.)

Auch die Folgen der Aufhebung der Leibeigenschaft machten
sich nur langsam geltend. Die letztere war natürlich kein Hörig-
keitsverhältnis im mittelalterlichen Sinne, allein sie war durch ein
Fehlen des Kündigungsrechtes der Hintersassen dennoch drückend
genug. Indem die neue Verordnung vom 18. Januar 1820 den
Abzug der Tagelöhner nach vorangegangener Kündigung gestattete,
blieb sie doch insofern unzureichend, als diejenigen Familien, welche
kein anderes Unterkommen gefunden hatten, als unterstandslos

---

[1] Hierüber und über einige Mängel der neuen Institution verbreitete
sich eine in Güstrow 1818 erschienene anonyme Schrift: „Betrachtungen über
die Oberappellationsgerichtsordnung".

angesehen und als Ortsarme behandelt wurden[1]. Die daraus sich
ergebenden Mißstände sind erst sehr viel später allmählich beseitigt
worden. Trotz mancher Härten, die ihm noch anhafteten, war
indessen das Gesetz von 1820 ein bedeutsamer Fortschritt in der
Entwicklung der ländlichen Arbeiterverhältnisse. Durch die Frei-
zügigkeit und die Separation der Hufen (1822) wurden in
Mecklenburg die ersten Grundlagen für die Einsetzung eines freien
Bauernstands gelegt. Derselbe hat sich durch Umwandlung der
Zeitpachtbauern in Erbpächter seitdem fortwährend entwickelt. Das
Gedeihen dieses Standes lag den Großherzögen sehr am Herzen.
Sowohl Friedrich Franz I. als seine Nachfolger haben dem 1820
begonnenen Reformwerk, das in dem ausgedehnten Domanium
auch persönliche Opfer erforderte, stets ein besonderes Interesse
zugewendet.

---

[1] Das Unzulängliche dieser Bestimmungen behandelte eine Schrift von
C. von Lehsten: „Die Aufhebung der Leibeigenschaft und ihre Folgen".
Parchim 1834.

Zweites Kapitel.

Das Fürstenhaus. Erbgroßherzog Friedrich Ludwig und seine Kinder.

Unter den vier Söhnen Friedrich Franz' I., welche alle am Hofe ihres Vaters lebten, nimmt der älteste, Friedrich Ludwig, unser Interesse vorzugsweise in Anspruch, nicht nur als Thronerbe und Vorfahr der späteren Großherzöge, sondern wegen seiner eigentümlichen Lebensschicksale und seiner hervorragenden geistigen Befähigung. Obwohl sein Tod schon vier Jahre vor der Geburt seines ältesten Enkelsohnes erfolgte, sein Leben und Wirken also nicht mehr in denjenigen Zeitabschnitt hineinragt, dem dieses Werk gewidmet ist, so müssen wir uns mit diesem Fürsten doch eingehender beschäftigen, weil sein Einfluß auf seine Umgebung, den Hof und die Landesverhältnisse ein großer und nachhaltiger gewesen ist und die Erinnerung an den allzufrüh Heimgegangenen während der Jugendjahre seines Enkels, des Prinzen Friedrich, noch frisch und lebendig war.

Der Lebenslauf dieser beiden mecklenburgischen Fürstensöhne bietet gewisse Analogieen. Die Ähnlichkeit der Charakterbildung ist unverkennbar. Beiden ist ein Zug rein menschlicher Herzensgüte und das Überwiegen einer ernsten, idealen Geistesrichtung gemeinsam, welche auf dem Grund fester religiöser Überzeugung

3·

wurzelte. Ein reges geistiges Streben, große Gewissenhaftigkeit
und Pflichttreue, soldatischer Sinn und das Bedürfnis, für das
Wohl des Landes thätig zu sein, — alles das sind Eigenschaften,
welche Friedrich Franz II. von seinem Großvater ererbte. Beide
waren gleich empfänglich für die Freuden häuslichen Familien-
glücks. Wie später sein Enkel, so war auch Erbgroßherzog Friedrich Ludwig dreimal vermählt und wurde von seiner dritten
Gemahlin überlebt; wie jener führte er zweimal die eigenen
Truppen siegreich in Feindesland. Allein die reichen Anlagen
seines Geistes und die Erfahrungen eines unter schweren Schick-
salsschlägen gereiften Charakters als selbständiger Regent für das
Land nutzbar zu machen, war ihm nicht beschieden. Die Herrscher-
tugenden, die sein Enkel in vierzigjähriger Regierungszeit auszu-
bilden und zu bethätigen Gelegenheit hatte, gelangten bei ihm
nicht zur Entfaltung.

So geht denn durch sein Leben ein gewisser tragischer Zug.
Eine reiche Saat von Hoffnungen, Wünschen und Plänen, aber
keine Ernte. Sein früher Tod im Jahre 1819 war nicht nur
ein schwerer Schlag für das Land, das mit Recht große Erwartungen an den Thronerben knüpfte, sondern erwies sich auch als
verhängnisvoll für die fürstliche Familie. Denn mit ihm schied
das vermittelnde Element aus, welches die ältere Generation mit
den sehr viel jüngeren Nachkommen verknüpfte. In Friedrich
Franz I. lebten noch die Anschauungen und Traditionen des vorigen Jahrhunderts fort, welche die Kinder der neuen Zeit teils
für überwunden hielten, teils nicht mehr verstanden. Er war
eine typische Persönlichkeit, ein Fürst der alten Schule. Obwohl
sein lebhafter Geist die veränderten Bedürfnisse der Zeit vollkommen begriff und ihnen — wie wir im vorigen Kapitel gesehen
haben — mehr Entgegenkommen zeigte, als bei den meisten deutschen Regenten damals zu finden war, so konnte er sich doch
natürlich nicht so leicht in die neuen Verhältnisse einleben, wie
dies bei den jüngeren Geschlechtern seines Hauses der Fall war.

Sein ältester Sohn namentlich war von ihm in Wesen und
Charakter sehr verschieden. Er besaß zwar den klaren Verstand

seines Vaters, auch dessen Gewandtheit, sich auszudrücken, nicht aber dessen heitere Gemütsart, Humor und elastisches Temperament. Die Sturm- und Drangperiode in Politik und Litteratur hatte auch seinem Wesen den Stempel aufgedrückt. Sein für das Ideale empfänglicher Sinn rang nach Befreiung von manchen Fesseln, die ihm sein Stand auferlegte. Er war ganz das Kind seiner Zeit, schnell begeistert, tief entmutigt durch den politischen Druck, etwas zur Schwermut geneigt, nicht ohne einen Anflug von Schwärmerei. Im ganzen mehr ein weiches Gemüt und daher auch schmerzlicher getroffen durch die Enttäuschungen und Verluste, die seinen Lebensweg bezeichneten. Der erste Schlag dieser Art war der frühe Tod seiner ersten Gemahlin, der jugendlich schönen Helene Paulowna.

Diese Verbindung hatte der Prinz im 21. Lebensjahre geschlossen. Im Januar 1799 war er in Begleitung seines jüngeren Bruders Karl und des als Gesandten fungierenden Oberhofmeisters von Lützow nach Petersburg gereist, wo der Werbung um die kaum dem Kindesalter entwachsene Großfürstin sehr bald die Verlobung und im Oktober desselben Jahres auch die in Gatschina stattfindende Vermählung folgte. Bis zum Anfang des nächsten Jahres blieb das junge Paar noch in Rußland. Der Prinz hat später diese Zeit als die merkwürdigste und lehrreichste Epoche seines Lebens bezeichnet. Aus den kleinen Verhältnissen des heimischen Hoflebens plötzlich auf eine der größten Weltbühnen des Jahrhunderts versetzt, gewann der junge unerfahrene Prinz in der That Einblicke in das dortige Staatswesen, die ihn mit Staunen, oft auch mit Entrüstung erfüllen mußten. Das Ränkespiel der Parteien am Hofe, die wechselnden Stimmungen eines unbeschränkten Gewalthabers, die politischen Intriguen der ausländischen Diplomatie, alles das zog an seinem Auge vorüber. Die Korruption des höheren Beamtentums, die moralische Zersetzung der Gesellschaft und die leicht erkennbaren Fäden einer den Kaiser schon damals umgebenden Palastverschwörung erschienen dem deutschen Fürstensohne ebenso befremdlich als verächtlich. Die Pahlen und Bennigsen begannen bereits ihr Werk. Ein Jahr später fiel der unglückliche

Kaiser von ihrer Hand. Aber inmitten dieser ungesunden Atmosphäre hatte sich, unberührt vom Gifthauch ihrer Umgebung, eine der lieblichsten, reinsten Mädchenblüten entfaltet. Alle Zeitgenossen hatten nur eine Stimme über die Schönheit, Anmut und Herzensgüte der jungen Zarentochter, die der glückliche Gatte nun nach dem stillen, friedlichen Ludwigslust entführte. Aber nur drei kurze Jahre währte dieses innige, ungetrübte Familienglück. Im September 1803 verschied Helene Paulowna nach längerer Krankheit und ließ den tiefgebeugten Gatten mit zwei Kindern zurück, dem Prinzen Paul und der Prinzessin Marie.

Der Prinz war geboren am 15. September 1800; er erhielt seinen Namen von dem kaiserlichen Großvater. Gleich nach der Geburt des zweiten Kindes, die am 31. März 1803 erfolgte, zeigten sich bei Helene Paulowna die Anzeichen einer auszehrenden Krankheit, die so rapide Fortschritte machte, daß schon im Juli die Hoffnung auf Genesung ausgeschlossen schien. Die anfänglich beabsichtigte Reise nach Petersburg — das dazu bestimmte russische Kriegsschiff lag schon in Travemünde bereit — mußte unterbleiben. Auch ein Transport der Kranken nach Sanssouci, den die um das Leben ihrer „innig geliebten Base" ängstlich besorgte Königin Luise vorgeschlagen hatte, kam nicht mehr zur Ausführung. Die Königin, welche sich von dem Luftwechsel und der veränderten Umgebung eine günstige Wendung versprach, bestürmte die herzogliche Familie und die behandelnden Ärzte mit Bitten, daß sie diese Reise nach Potsdam bewerkstelligen möchten. Sie erkannte schließlich die Unmöglichkeit [1] und kam am 23. August mit dem König selbst nach

---

[1] Dies Kapitel war schon geschrieben, als im Heft 2 Jahrgang 1888/89 der Zeitschrift vom „Fels zum Meer" ein Aufsatz erschien, der unter dem Titel „Briefe der Königin Luise" eine Schilderung der mecklenburgischen Hofverhältnisse aus dem Jahr 1803 brachte. Die Briefe der Königin nehmen in diesem Aufsatz einen verhältnismäßig geringen Raum ein. Sie bekunden die herzliche Zuneigung der Königin für die Erbgroßherzogin Helene Paulowna und ihren warmen Anteil an deren schwerer Erkrankung. Ihre Publikation kann daher das Gefühl pietätvoller Bewunderung nur verstärken, welches die Nachwelt der unvergeßlichen Fürstin bewahrt. Ganz andere Empfindungen erwecken dagegen die Briefe und Aufzeichnungen des englischen Arztes Dr. Brown, den die Königin dreimal nach Ludwigslust

Ludwigslust. Das Wiedersehen der eng befreundeten Fürstinnen war ergreifend. Wohl ahnte keine von ihnen, daß zwanzig Jahre später ihre beiden Kinder sich am Altar die Hand reichen würden. Helene Paulowna verschied am 24. September, sieben Jahre später folgte ihr die Freundin ins Grab.

Der Enkel dieser beiden unvergeßlichen Fürstinnen ist es, mit dem wir uns im Verlauf dieses Werks hauptsächlich beschäftigen werden. Er hat die liebevolle Zärtlichkeit einer Großmutter nie kennen gelernt.

Das ganze Land trauerte mit seinem Fürstenhause. Friedrich Ludwig ertrug die harte Prüfung in christlicher Ergebung und männlicher Resignation. Auch gestatteten ihm die Wirren der Zeit nicht, sich seinem Schmerz lange hinzugeben. Die Auflösung des Deutschen Reiches und die drohenden Anzeichen der nahen

---

sandte, um den bedrohlichen Fortschritten der Krankheit Einhalt zu thun. Seine Berichte über den Zustand der Kranken machen, wenn auch ihr historischer Wert nicht erheblich ist, den Eindruck wissenschaftlicher Objektivität. Dagegen sind die eingestreuten Bemerkungen über die Mitglieder der herzoglichen Familie und über verschiedene Persönlichkeiten des Hofs so übelwollend, zum Teil beleidigend und — was die Hauptsache ist — der Wahrheit so entschieden zuwiderlaufend, daß die ganze Publikation dadurch den Charakter eines Pamphlets gewinnt und sich dem Leser die Frage aufdrängt, warum der Herausgeber diese Verunglimpfungen des mecklenburgischen Hofes, die der Autor doch in die vertrauliche Form eines Tagebuchs gekleidet hatte, einer von letzterem nicht beabsichtigten Öffentlichkeit preisgiebt. Namentlich ist die Schilderung, welche Dr. Brown von dem Erbprinzen Friedrich Ludwig entwirft und worin er diesen durch den Verlust einer angebeteten Gattin tiefgebeugten Fürsten als roh, herzlos und heuchlerisch darstellt, von empörender Unwahrheit.

Diese Vorwürfe sind leicht zu entkräften. Das vorliegende Werk ist aber kein polemisches. Die Widerlegung der gehässigen Ausfälle des erwähnten Aufsatzes wird sich am einfachsten ergeben, wenn wir der zumeist angegriffenen Person, dem Erbprinzen selbst nämlich, das Wort lassen. Der Leser, dem der Aufsatz der Zeitschrift vom „Fels zum Meer" bekannt ist, wird nach Durchsicht dieses Kapitels beurteilen können, ob der Fürst, dessen Charakter aus den darin wiedergegebenen Briefen deutlich hervorleuchtet, die Vorwürfe verdient, mit denen ihn der englische Arzt belegt. Hiernach wird dann die Glaubwürdigkeit der anderen Bemerkungen und Notizen zu bemessen sein, welche ein so unvorteilhaftes Bild von dem Ludwigsluster Hofleben entwerfen.

Kriegsstürme nahmen Interesse und Thätigkeit des Thronerben in
Anspruch. Mit Eifer widmete er sich den Geschäften der inneren
Verwaltung, an welchen er als Präsident des Kammer- und Forst-
kollegiums direkten und leitenden Anteil nahm. Daß ein Mitglied
der fürstlichen Familie in die Reihe des höheren Beamtentums
eintrat, war bisher nicht üblich gewesen. In weiser Erkenntnis,
daß dem zukünftigen Regenten die Bekanntschaft mit dem Mechanismus
der Administration nicht fehlen dürfe, hatte der Herzog seinem
ältesten Sohn jenes Amt übertragen.

Es kam nun die Zeit der Invasion. Wir finden den Prinzen
1806 in der Begleitung des verbannten Herzogs in Altona, dann
in Petersburg, wo er die Vermittelung seines Schwagers, des
Kaisers Alexander, für die Befreiung seines Landes von der
Fremdherrschaft anrief. Daß dies mit Erfolg geschah, haben wir
schon oben erwähnt, ebenso daß der Erbprinz 1808 am Hofe des
französischen Imperators eine diplomatische Mission mit Geschick
ausführte. Die Petersburger Lehrzeit war nicht ohne Nutzen
gewesen. Sein sicheres gewandtes Auftreten und Unterhandlungstalent wurde durch eine seltene Beherrschung der französischen
Sprache unterstützt. Schon früher einmal, beim Einrücken der
Franzosen in Ludwigslust, hatte er von diesem Ort eine große
Gefahr abgewendet. Der feindliche Commandeur Oberst Ameil
hatte seiner Truppe — wie er später selbst zugestand — die
nächtliche Plünderung des Städtchens versprochen. Der Herzog
befand sich in Schwerin. Erbprinz Friedrich Ludwig, welcher in
Ludwigslust weilte, lud den Obersten zur Tafel und wußte ihn
durch liebenswürdiges Wesen und fesselnde Unterhaltung so einzunehmen, daß derselbe noch während des Diners einen Gegen-
befehl erließ und später ohne Brandschatzung abzog.

Im September 1811 begab sich Friedrich Ludwig als Vertreter seines Herrn Vaters zur Fürstenversammlung nach Erfurt.
Letzterer hatte sich nicht entschließen können, einer Einladung Folge
zu leisten, die einem Befehl ziemlich gleichkam. Er empfand zu
viel Bitterkeit gegen den übermütigen Sieger und traute sich nicht
genug Selbstbeherrschung zu, um diese Empfindungen bei einer

persönlichen Begegnung soweit zu verbergen, als es doch das Interesse seines Landes erfordert hätte. Sein Sohn teilte wohl diese Gefühle, aber er war besser befähigt, sie im gesellschaftlichen Verkehr zu unterdrücken. Er nahm den zehnjährigen Prinzen Paul mit nach Erfurt, um ihn dem kaiserlichen Oheim, Zar Alexander, vorzustellen. Dieser empfing ihn mit der ihm eigenen herzgewinnenden Freundlichkeit. In schmerzlicher Erinnerung an die geliebte Schwester umarmte er deren Sohn, und die Huld des mächtigen Verwandten war für die mecklenburgischen Prinzen ein Trost für manche Demütigungen, die der Erfurter Aufenthalt mit sich brachte. Napoleon rief bei der Vorstellung des noch schüchternen kleinen Prinzen diesem ziemlich herrisch zu: „Eh bien, approchez donc, petit conscrit", — ein Scherz, der wohl auf das Abhängigkeitsverhältnis deutscher Fürstensöhne anspielen sollte. Drei Jahre später war dieses Meteor irdischer Größe erloschen, und Prinz Paul begrüßte den an der Spitze seiner Truppen heimkehrenden Vater an der mecklenburgischen Grenze bei Boitzenburg. Wer hätte damals geahnt, daß wieder nach wenigen Jahren der im kräftigsten Mannesalter stehende Erbprinz im stillen Mausoleum von Ludwigslust beigesetzt werden sollte. Ein kurzes, aber reiches, vielbewegtes Leben. Und doch nimmt noch mehr als dessen äußere Gestaltung das tiefe Gemütsleben dieses Prinzen unser Interesse in Anspruch. Was uns vor allem fesselt, ist die Liebe zu seinen Kindern, die unermüdliche Fürsorge für deren Erziehung und geistige Entwicklung sowie die in solcher Stellung besonders zu rühmende allgemeine Menschenfreundlichkeit und Herzensgüte.

Es liegt ein ziemlich umfangreiches Material von Briefen vor, welche diese Züge deutlich erkennen lassen. Ich kann es mir nicht versagen, einen Teil derselben hier im Auszug wiederzugeben. Sie sind der Mehrzahl nach an den Erzieher des Prinzen Paul, den Legationsrat Schmidt gerichtet. Dieser, ein Sohn des Präpositus Schmidt in Waren, hatte nach Absolvierung philologischer Studien mehrere Jahre hindurch eine Erzieherstelle im Hause eines moldauischen Hospodars bekleidet, in dieser Eigenschaft viele Reisen gemacht und sich eine kosmopolitische Bildung erworben.

Später fand er im preußischen auswärtigen Dienst eine Anstellung. Bei einer Reise nach London, die ihn über Mecklenburg führte, machte der Erbprinz seine Bekanntschaft. Seit 1806 war er Gouverneur des Prinzen Paul. Er widmete sich dieser Aufgabe mit einem Eifer und einer Pflichttreue, welche ihm das besondere Wohlwollen des Erbprinzen erwarben. In den Briefen Friedrich Ludwigs spricht sich ein herzliches, geradezu freundschaftliches Gefühl aus. Der erste der uns vorliegenden Briefe ist zu Paris am 28. Januar 1808 geschrieben, wenige Wochen nach dem in der Sylvesternacht erfolgten Tode der Herzogin, seiner Mutter.

„Je Vous remercie sincèrement Monsieur de Votre toute amicale lettre du 14. de ce mois. Je suis infiniment sensible aux sentiments que Vous me témoignez et je Vous prie de croire, que mon cœur Vous les rend bien. L'affreuse perte, que j'ai faite a répandue une profonde douleur dans mon âme, et je sens que les nouvelles de mes enfants sont la seule consolation, dont je sois capable. Le ciel m'a beaucoup fait éprouver depuis quelques années, je le sens amèrement, mais certes je n'en murmure pas, je me soumets à ses décrets et je tacherai de mériter un avenir plus heureux. Pourvuque celui de mon fils le soit, je me résigne volontiers à souffrir encore. Combien ne désirerais-je pas pouvoir faire une absence pour aller le voir et Vous tous, mais je ne vois pas la possibilité. A l'entrée de celle-ci, Vous serez en possession de tout ce que j'ai écrit, depuis que je connais mon malheur, il ne me reste rien à y ajouter, que de Vous assurer avec vérité, combien je Vous porte une vive reconnaissance pour tout ce que Vous faites pour mon enfant chéri, combien je suis satisfait de le savoir dans Vos mains. La lettre de mon fils m'a fait grand plaisir sous tous les rapports, j'en ai presque pleuré de joie. Cette lettre est si bien écrite que j'en ai été étonné moi, et tous ceux qui l'ont vue; c'est une main faite je Vous assure, elle fait honte à la mienne, en tout j'espère qu'il vaudra mieux que moi. Que Dieu le bénisse et le fasse continuer ainsi. — Je suis fâché de ce qu'il n'a osé accompagner le convoi de son excellente grandmère. Je rends au reste bien justice à la précaution de mon bon M. de Bœcler auquel je Vous prie de faire mes amitiés ainsi qu'à Madame. Assurez M. de Bulow de toute mon amitié et n'en doutez jamais Vous même. Cela sera rendre justice à Votre bon et sincère ami

Frédéric Louis."

Wie tief ihn der Verlust seiner Mutter erschütterte, spricht sich auch in dem nachstehenden Schreiben aus, das der Erbprinz gleichfalls von Paris aus an die Kammerfrau und Vorleserin der Herzogin richtete. Dem Dank für deren treue Pflege hatte er schon in einem früheren Briefe Ausdruck gegeben.

"Beste Demoiselle Schacht!

Nicht genug kann ich Ihnen für Ihren lieben Brief danken und Ihnen sagen, wie tief mich der Inhalt desselben gerührt hat. Meine gute, liebe Mutter hat also sich noch meiner wenige Tage vor ihrem Ende erinnert; ich segne sie dafür. Sie hat wohl recht gehabt zu sagen, mein Sohn wird mich nicht vergessen. Gott weiß, daß ich keinen größeren Wunsch habe, als mich ihrer würdig zu machen und so ihr heiliges Andenken zu ehren. Ich erkenne es wie eine besondere Gnade Gottes, daß ihr Ende so sanft war; es ist mir ein wahrer Trost. Tausend Dank für die mir überschickten Haare, tausend Dank! Ich gestehe Ihnen, daß ich selbige erst einmal angesehen habe, ihr Anblick hat mich in einen unaussprechlichen Zustand versetzt. Das ist also alles, was mir von der teuern, lieben Mutter übrigbleibt. — Daß Sie auch fernerhin auf dem Schlosse leben werden, liebe Demoiselle Schacht, ist mir Trost und Freude, rechnen Sie stets auf mich wie auf Ihren besten und dankbarsten Freund, rechnen Sie stets auf mich. Herzlich sehne ich mich nach dem Augenblicke, Ihnen diese Versicherung mündlich wiederholen zu können. Denken Sie meiner, wenn Sie bei meiner Mutter Ruhestätte zu Gott beten."

Am 1. Juli 1810 vermählte sich der Erbprinz zum zweiten=

mal. Der Wunsch, seine Kinder wieder unter mütterlicher Obhut
zu wissen, hatte diesen Entschluß reifen lassen. Er fand in diesem
Bunde, was er nicht zu erwarten gewagt: die Erneuerung eines
reinen ehelichen Glücks. Seine Wahl war auf die Prinzessin
Karoline Luise von Sachsen-Weimar gefallen, die Tochter des
Herzogs Karl August. Aufgewachsen am Hofe des geistreichen
Fürsten im intimen Verkehr mit den Berühmtheiten der klassischen
Dichtung, verband diese Prinzessin mit einer seltenen geistigen
Bildung alle Eigenschaften des weiblichen Herzens, welche die Erfüllung der übernommenen Mutterpflichten leicht machten. Sehr
bald erwarb sie sich im Herzen ihres Gatten den ihr gebührenden
Platz und im Kreise der neuen Familie die Stellung, die ihr zukam. Mit seinem Takt fand sie sich in einer Lage zurecht, welche
durch den Umstand, daß in Ludwigslust zwei keineswegs gleich-
artige Hofhaltungen nebeneinander bestanden, leicht zu Schwierigkeiten führen konnte. Bald nach der Verlobung schrieb der Erbprinz aus Weimar an seinen Sohn. Die Antwort des letzteren
beruhigte den Vater über den Eindruck, den diese wichtige Entscheidung auf das Gemüt des Knaben gemacht hatte. Er äußerte
sich hoch erfreut darüber gegen Herrn von Schmidt [1].

„Gott segne meinen guten Paul und lohne ihm die Freude,
welche er mir macht. Ich bin zu wortarm, um Ihnen zu sagen,
wie ich mich über den Ausdruck seines Herzens bei dieser Gelegenheit freue. Sie werden mich nicht wieder erkennen, so froh bin
ich geworden. Ich glaubte kein Glück mehr für mich selbst auf
dieser Erde, allein die Vorsehung hat mehr als mütterlich an
mir gehandelt. Ihr sei mein heißester Dank.“

Die Verbindung mit dem weimarischen Hofe ward dem
Erbprinzen überdies zur reichen Quelle geistiger Anregung. Wie
verschieden war das Leben an diesem Mittelpunkt deutscher Gesit-
tung und Kultur von dem äußerlich prunkhaften, aber innerlich
hohlen Treiben der Zarenresidenz, in welches ihn der erste Ehebund eingeführt hatte! Dort große politische Aktion, die Gährung

---

[1] Derselbe war im Jahr 1812 vom Kaiser von Österreich in den
Adelstand erhoben worden.

wilder, kaum bezähmter Leidenschaften, die unvermittelte Begegnung raffiniertesten Luxus mit halbasiatischer Eigenart, — hier der ruhige Glanz des deutschen Dichterkreises, der enge Verein geistig bedeutender Männer, der Hof belebt durch den wechselnden Zuzug aller Freunde der Kunst und Litteratur. Der ideal angelegten Natur Friedrich Ludwigs sagte dieser Verkehr ungemein zu. Oft und gern suchte er in den nächsten Jahren Weimar wieder auf.

Die Erbprinzessin schenkte ihrem Gemahl drei Kinder: die Prinzen Albrecht (geb. 1812), Magnus (geb. 1815) und Prinzessin Helene (geb. 1814). Die Schicksale der nachmaligen Herzogin von Orleans sind mit den wildesten Stürmen der Geschichte unseres Jahrhunderts verflochten. Von ihren Brüdern starb der jüngere schon ein Jahr nach der Geburt, der älteste im jugendlichen Alter von 23 Jahren. Das Glück hat den Kindern Karoline Luisens nicht gelächelt. Und doch hat selten eine Frau ihre Mutterpflichten ernster genommen, über das Wohl der eigenen wie der Stiefkinder mit so rührender Sorgfalt und Hingebung gewacht. Das Einverständnis der beiden Ehegatten in allen Fragen der Erziehung war ein vollkommenes: diejenige des Prinzen Paul als des dereinstigen Thronerben erschien ihnen jetzt besonders wichtig.

Gegen Ende des Jahres 1814 kam der lange beratene Entschluß, ihn, entfernt vom Hofe und von störenden Einflüssen, auf seine spätere akademische Laufbahn vorzubereiten, zur Ausführung. Der Erbprinz blieb bei seiner schon früher getroffenen Wahl, seinen Sohn nach Genf zu schicken, wohin derselbe mit seinen beiden Begleitern, dem Kammerherrn von Bülow und dem Erzieher von Schmidt, am 27. November abreiste. Die väterliche Fürsorge des Erbprinzen für die richtige Leitung und Entwickelung seines Sohnes, wobei er oft in die kleinsten Details einging, spricht aus den zahlreichen Briefen des Jahres 1815, denen ich folgende Citate entnehme:

„Gott lasse meinen Sohn auf dem betretenen guten Wege fortgehen. Die Abnahme der Militärpassion ist mir sehr erwünscht, und ich zweifle gar nicht, daß sie noch mit der Zeit die einzige und für ihn allein wahre Richtung nehmen wird. Entfernt von dem täglichen Beispiele der kleinlichen Spielerei, wird diese Art von Interesse ganz aufhören. Etwas militärischer Geist wird übrigens nichts schaden, denn Deutschland wird doch gewiß für die Zukunft eine militärische Haltung gewinnen, und dann ist es gut, wenn der Fürst mit eigenen Augen das Ding beurteilen kann."

„Es ist mir besonders lieb, daß Sie den Pastor Gerlach bewogen haben, mit meinem Sohne das neue Testament zu lesen; ich war schon im Begriff, Ihnen zu schreiben, daß Sie doch den Religionsunterricht betreiben möchten." — — — — — —

— — — — — — — „Ich stimme ganz Ihrem Vorschlage bei, meinen Sohn erst am ersten Pfingsttage zum heiligen Abendmahle gehen zu lassen. Es soll aber niemand besonders dazu eingeladen werden. Dies würde der Feier einen weltlichen Anstrich geben, der mir für derartige heilige Handlungen nicht passend erscheint. Auch entspricht es meinen Gefühlen nicht, diesen Akt außerhalb des Gotteshauses zu verlegen. Ich dächte, es müßte an heiliger Stätte, in der Kirche geschehen, daß er sich zu Christi Jüngern bekennt. Seine Bekannten werden den Tag, den Sie dafür bestimmen, ohnehin erfahren und von selbst, aus christlicher Liebe in die Kirche kommen. Wäre auch niemand dort wie Sie, Herr von Bülow und meines Paul sämtliche Leute, so genügt das vollkommen. Es ist mir bitterschwer, daß ich nicht zugegen sein kann [1]." — — — — — — „Das eingezogene Leben, welches Sie führen, wird gewiß nützlich für Paul sein. Wie steht es denn mit der Mathematik? Ich wünsche sehr, daß mein Sohn sich diesem Studium besonders widme und auch das Latein gut betreibe, damit er mehr davon lerne wie sein Vater. Übrigens freue ich mich, daß ihm die stille Lebensweise gefällt. Es beweist dies, daß seine Seele ruhiger und einfacher Gefühle

---

[1] Wegen der Kriegsunruhen mußte Prinz Paul Genf für einige Zeit verlassen und sich nach Lausanne begeben, so daß die Konfirmation um mehrere Monate verschoben wurde. Sie fand erst nach erfolgter Rückkehr am 21. Dezember in der lutherischen Kirche zu Genf statt.

fähig ist und der Hang zu Zerstreuungen noch nicht tiefe Wurzel in seinem Herzen gefaßt hat." — — — — — — — —

— — „Gestern Abend meldete mir Oertzen, daß der Kaiser von Rußland meinen Sohn zum 16. Oktober nach Dijon beschieden hat. Das freut mich, da ich daraus sehe, daß er doch Anteil an seinem Dasein nimmt. Ich wünsche Ihnen also Glück zu dieser Reise und daß alles gut ablaufen möge. Ich wünschte nur, daß es keine Revue gäbe, das wird den alten Adam bei unserm Jüngling wieder wecken und Ihnen nachher manche Mühe machen, mais enfin, il faudra passer par là. Daß Paul sich passend benehmen wird, erwarte ich; unterrichten Sie ihn nur zuvor von den nötigen Titulaturen, daß Sire und die Majestät möchten ihm nicht geläufig sein und es ihm vielleicht wunderbar scheinen, den Kaiser nicht Onkel zu nennen. Dies schickt sich aber doch nicht und darf nicht sein. Im Falle er bei der Revue reiten müßte, so bitten Sie doch Bülow, ihn ja nicht aus den Augen zu lassen, damit ihm im Gedränge nichts zustößt. Erlauben Sie nun dem Freunde, daß er Ihnen auch ein Wörtchen sagen dürfe. Lassen Sie gefälligst Ihre angeborene Bescheidenheit in Genf zurück; damit reicht man an diesen Höfen, besonders dem russischen, nicht aus. Erinnern Sie sich, daß Sie die erste Person bei meinem Sohne sind, daß Sie ihn folglich nie verlassen dürfen und die Rolle einzunehmen haben, welche Ihnen von Gott und Rechts wegen zukommt." — — — — — — — — —

„Ganz gewiß werde ich meinen Sohn nicht vor dem achtzehnten Jahre eine Universität beziehen lassen: das Ungünstige des Gegenteils habe ich nur zu sehr an mir selbst erfahren und fühle davon täglich die unangenehmen Folgen." — — — —

— — — „Ihr letzter Brief war mir sehr interessant und erfreulich, da ich daraus sehe, daß Sie mit meines Sohnes Fleiß zufrieden sind. Daß es mit dem Lateinischen guten Fortgang hat, ist mir ganz besonders angenehm. Sie haben recht, nicht mehr Zeit auf die Musik verwenden zu lassen; das ist eine Agrementssache, und die andern Studien sind weit wichtiger für sein künftiges Leben. — Machen Sie sich ja keine Skrupel über die an

Metternich und Capo d'Istria gemachten Visiten. Ich finde es
ganz passend, und die Nichterwiderung derselben mag dem jungen
Herrn zeigen, daß es besser ist, höflich als unhöflich zu sein,
und ihn ahnen lassen, was er in reiferen Jahren schon mehr
einsehen wird, daß es Verhältnisse in der Welt giebt, wo es
Prinzen nicht besser geht wie anderen. Die Zeit der strengen
Etikette wird schon frühe genug kommen. Ein junger Mann
in seiner Lage vergiebt sich nie etwas, wenn er höflich ist, und
gerade bei diesen beiden war es besonders angebracht." — —
— — — — — — "Paul wird Ihnen gesagt haben, daß
ich wieder zum Schwerte greife. Manche Leute sagen, daß ich
unrecht habe, allein es giebt Lagen im Leben, wo man nur dem
eigenen Gefühle folgen muß. Unter uns gesagt, finde ich, daß
alles, was geschieht, so recht geeignet ist, den Völkern eine falsche
Ansicht der gegenwärtigen Krisis zu geben, und sich die Frage
unwillkürlich aufdrängt: für wen wagt ihr Leib und Leben? Darum ist es der Fürsten Pflicht, mit dem Beispiel voranzugehen
und zu zeigen, daß es bloß aus Gefühl für Tugend und Recht
geschieht." — — — — — — — "Am ersten Juli mar-
schieren unsere Truppen aus, und in den ersten Tagen werde
ich ihnen folgen. Wie unsere direkte Korrespondenz einzurichten
sein wird, darüber werde ich Ihnen nächstens schreiben. Fahren
Sie dann aber gefälligst fort, meiner Frau jede Woche genaue
Nachrichten von meinem Sohne zu geben und sich in jeder Sache
während meiner Abwesenheit an meine Frau zu wenden. Alles,
was sie bestimmen wird, unterschreibe ich zum voraus aus ganzer
Seele. In Augenblicken wie die jetzigen ist es wohl für mich ein
doppeltes, Gott nie genug zu dankendes Glück, mir eine solche
Frau geschenkt zu haben, der ich mit so vollem, uneingeschränktem
Vertrauen mein teuerstes Besitztum, meine Kinder, anvertrauen
kann. —

Fräulein von Mecklenburgs [1] Gesundheit flößt uns große

---

[1] Fräulein von Mecklenburg war die Hofmeisterin der Prinzessin
Marie. Neben ihr war seit einer Reihe von Jahren auch Mademoiselle
Andrienne Salomon als Gouvernante angestellt, deren jüngere Schwester

Besorgnis ein. Ihr Verlust wäre hart, denn sicher hat sie viele Verdienste und eine wahrhaft mütterliche Liebe für meine Tochter." — — —

Die Briefe des Erbprinzen, welche er während des zweiten französischen Feldzugs schrieb, verraten oft eine wehmütige Stimmung. Eine schwere Sorge bot der Gesundheitszustand seiner Gemahlin, welche zu kränkeln anfing. Auch der Feldzug selbst befriedigte ihn nicht. Seine Truppen fanden keine Gelegenheit, die zwei Jahre früher erprobte Bravour in neuen Kämpfen zu bewähren. Diese Campagne brachte nur ermüdende Märsche und Verpflegungsschwierigkeiten. Sein Wunsch, nach Beendigung der Feindseligkeiten seinen Sohn auf einige Tage in Genf zu besuchen, ließ sich nicht ausführen. Er schrieb darüber aus Luxemburg am 5. November:

„Ich habe das Kommando über andere deutsche Truppen auf dem Rückmarsch bis zum Rhein erhalten. Ich kann mich dieser Pflicht nicht entziehen. Es nimmt mir das wenigstens zehn Tage, und meine Zeit wird zu einer Reise nach Genf nicht ausreichen. Dringende Angelegenheiten, die ich nur persönlich erledigen kann, fordern meine Gegenwart in Mecklenburg; ich muß durchaus mit dem Minister von Plessen noch konferieren, bevor er zum Bundestag nach Frankfurt reist. Der Hauptgrund aber ist, daß die Gesundheit meiner Frau wieder zweifelhaft scheint und sogar wieder von einer Reise in wärmere Länder die Rede ist. Dies ängstigt mich sehr, und ich muß mit eigenen Augen sehen, was zu thun ist und wie es eigentlich steht!" — — — —

„Ludwigslust, 3. Dezember.

Meine Ahnungen sind nur auf zu traurige Weise bestätigt worden. Ich habe meine Frau in einem sehr leidenden Zustande angetroffen, und die lebhaftesten Besorgnisse erfüllen mein Herz. Doch gebe ich noch keineswegs die Hoffnung auf. Hilft uns Gott nur durch diesen Winter, so ist schon viel gewonnen. Dann

---

Nancy später in gleicher Eigenschaft die Erziehung der Prinzessin Helene leitete. Beide Damen entstammten der französischen Schweiz.

können wir wohl vielleicht an eine Reise in wärmere Länder denken. Bitten Sie doch Gott mit mir, daß er mir mein Glück, meine Frau, meinen Kindern die beste Mutter erhalte." — —

— — — — —

„Ich bedarf sehr des Trostes. Meine Frau ist so schwach, daß ich verzweifeln möchte, wenn es nicht Sünde wäre. Doch Gott ist mächtig und gnädig. Ich hoffe noch immer, daß der Kelch an mir vorübergehen wird. Noch bin ich nicht fähig, den Gedanken zu ertragen. Es ist schwer, sehr schwer, in Gefahr zu stehen, das Liebste auf der Welt zu verlieren."

Auch dieser harte Schlag sollte dem Prinzen nicht erspart bleiben. Karoline Luise verschied am 20. Januar 1816. Der nachstehende Brief schildert in ergreifender Weise die Stimmung des schwergeprüften Gatten:

„Mit tiefer Wehmut, aber auch gerührtem Dank habe ich Ihren Brief erhalten. Wie ich an meinen Sohn den 20. Januar morgens schrieb, dachte ich noch nicht, daß so wenige Stunden nachher mein Unglück sein volles Maß erhalten würde. Sie können sich den Zustand denken, in welchem ich war; nur erst abends spät konnte ich den Mut fassen, den armen Eltern meiner Frau die grauenvolle Nachricht zu geben. Jawohl, lieber Freund, sie ist zurückgekehrt in ihre eigentliche Heimat. Gebe Gott, daß ich es wert werde, ihr einstens dahin folgen zu können! Die irdischen Überreste zweier unvergleichlicher Gattinnen ruhen nun nebeneinander, und ihre Seelen sind auf ewig vereinigt. Ich, der ich mit unendlicher Liebe an beiden hing, stehe aufs neue einsam und verlassen da. Das erste Mal war ich noch jung, die Vorangegangene gleichsam noch ein liebliches Kind. Sieben Jahre der Trauer waren mein Los. Die Vorsehung ließ mich unerwartet (denn Sie wissen es, bei meiner zweiten Heirat dachte ich nicht an mich) der Erbe größtes Glück wiederfinden. Liebe, Verehrung und Bewunderung erfüllten mein Herz gegen die kluge, weise, fromme Gefährtin meines Lebens, die treue, sorgsame Mutter meiner Kinder; kaum daß auch äußerer Friede den inneren zu erhöhen versprach, ward sie mir geraubt in

meinem männlichen Alter, wo Gegenwart und Zukunft mehr
wie jemals häusliches Glück, eine treue Freundin und Ratgeberin
erheischten. Mit doppelten Pflichten gegen meine Kinder läßt
sie mich zurück. Ich fühle in seinem ganzen Umfange, wie
unendlich viel mehr sie wert war als ich, wie sie die Kinder
weit besser und sicherer geleitet haben würde, als ich es zu thun
im stande sein werde; wie manches andere Gute und Nützliche,
auf welches sie im stillen wirkte, wird nun zertrümmert, wie
wird sich alles ändern und wenden! Fürchten Sie nicht für
meine Gesundheit, die scheint unverwüstbar. Stürbe man vor
Gram, ich wäre ja längst nicht mehr. Mein Geist aber ist sehr
herunter, ich hoffe, die Ausflucht nach Weimar soll mir recht
wohlthätig sein." — — — — —

In der nun folgenden Trauerzeit finden wir den Erbgroßherzog hauptsächlich mit der Sorge für die Erziehung seiner Kinder
beschäftigt. Auch in den folgenden Jahren, mitten unter Geschäften,
Reisen und dienstlichen Abhaltungen, wandern die Gedanken immer
zum abwesenden Sohn, dessen geistige Entwicklung und Charakterbildung ihm so sehr am Herzen liegt. Für die jüngeren Kinder
war in der Person des damals in Erlangen dozierenden Professor
Schubert ein sehr geeigneter Erzieher gewonnen. Dieser durch
seine zahlreichen Schriften später so berühmt gewordene Natur-
philosoph zeigte schon früh pädagogische Befähigung. Seine Wirksamkeit am Ludwigsluster Hofe hat er in seinen Memoiren selbst
eingehend geschildert. Sein Urteil über die dortigen Persönlichkeiten
ist oft treffend, leidet aber doch an einer gewissen einseitigen Be-
fangenheit, die bei dem jungen süddeutschen, in den engen Verhältnissen eines Berufsstudiums aufgewachsenen Gelehrten nicht
befremden kann. Der Erbgroßherzog war ihm sehr zugethan;
auch die Kinder, namentlich Prinzessin Helene, hingen an ihrem
Lehrer. Schubert blieb drei Jahre am mecklenburgischen Hofe.
Von seinen Beziehungen zur Prinzessin Helene wird noch weiter
unten die Rede sein.

Inzwischen näherte sich der Genfer Aufenthalt des Prinzen

Paul seinem Ende. Am 8. Februar 1817 schrieb der Erbgroßherzog aus Berlin an Herrn von Schmidt:

„Hier giebt es eine junge Prinzessin, welche ich aus
vielen Rücksichten einst meinem Sohne wünschte. Doch vor
seinem 25. Jahre soll er nach meinen Wünschen nicht heiraten,
und zum unverbrüchlichen Gesetz habe ich es mir gemacht, nie
Heiratsprojekte für meine Kinder zu treffen. Ich überlasse daher auch dieses der weisen Fügung einer gütigen Vorsehung und
meines Sohnes dereinstigen Neigungen." — — — — —

Im Frühjahr 1817 vermochte der Erbgroßherzog der Sehnsucht nach seinem ältesten Sohn nicht länger zu widerstehen und
trat in Gesellschaft seines Schwiegervaters, des Großherzogs von
Sachsen-Weimar, eine Reise nach Genf an. Von hier aus wurde
ein Ausflug nach Oberitalien unternommen, dem sich auch Prinz
Paul anschließen durfte. Auf der Rückkehr nach der Heimat verweilte der Erbgroßherzog einige Zeit am Hofe des Landgrafen von
Hessen-Homburg. Diesem Besuch lag eine besondere Absicht zu
Grunde. Die frühverklärte Karoline Luise hatte ihrem Gemahl
vor dem Scheiden ans Herz gelegt, er möge nicht zu lange ver-
einsamt bleiben, sondern sich und seinen Kindern durch die Wahl
einer Lebensgefährtin wieder ein innigeres Familienleben sichern.
Sie hatte ihm sogar eine ihr teuere Persönlichkeit bezeichnet, ihre
Cousine Auguste von Hessen-Homburg.

Die Prinzessin nahm die Bewerbung günstig auf; ihr Vater
anfangs weniger, doch besiegte der Erbgroßherzog durch den Wert
seiner Persönlichkeit bald alle Schwierigkeiten.

„Der Landgraf hat endlich sein fiat gesprochen" — so
schrieb er aus dem benachbarten Frankfurt unterm 21. September.
„Wünschen Sie mir und meinen Kindern Glück und danken
Sie Gott, der alles wieder so väterlich gefügt hat. — — Sie
teilen gewiß meine Zufriedenheit. Sie ist groß; denn sie ist
wahr. Sie werden glauben meine arme Frau wiederzusehen.
Nie gab es eine so große Ähnlichkeit im Charakter, im ganzen
Thun und Wesen, auch im Äußeren ist sie unverkennbar. Mein
Gemüt ist unaussprechlich beruhigt, denn nun bin ich des Glücks

meiner Kinder gewiß. Gott wolle es mir nur erhalten! Ich
bin der Freude so wenig gewohnt, daß ich nur immer fürchte,
sie wird für mich nicht von langer Dauer sein. — — Sehr
freut es mich, daß sich mein Sohn bei der Feuersbrunst gut
benommen hat. Das war recht. In jeder Lage seines Lebens
wird er wohl thun, zu helfen und zu dienen, wo und wie er
kann. Dazu hat Gott uns in die Welt gesetzt, damit einer dem
anderen diene. Leid thut es mir übrigens, daß man soviel
Wesens davon gemacht hat. Gestern habe ich es sogar in der
Zeitung gelesen." — — — — — — — — —

Der dritte Ehebund des Erbgroßherzogs empfing die kirchliche
Weihe am 3. April 1818. Sehr bald nach dem Einzug der
Neuvermählten in Schwerin nahm ein Unwohlsein, welches den
Erbgroßherzog schon früher öfters befallen hatte, einen bedrohlichen
Charakter an. Die Ärzte rieten zu einer Kur in Karlsbad und
Pyrmont, welche, im Lauf des Sommers unternommen, auch vorläufig einen günstigen Erfolg hatte, den ernsten Verlauf des Leidens
aber nicht aufzuhalten vermochte. Im September traf er mit seinem
aus Genf heimkehrenden Sohn in Berlin zusammen. Die Gründe,
diese Begegnung am preußischen Hofe stattfinden zu lassen, wird
der Leser aus den Andeutungen eines früheren Briefes leicht erraten.
Obwohl es keineswegs in den Plänen Friedrich Ludwigs gelegen
hatte, seinen Sohn schon jetzt durch ein Heiratsprojekt von den
akademischen Studien abzulenken, so sah er sich doch veranlaßt,
diesem Gedanken näher zu treten, als derselbe in einer Weise angeregt wurde, die ihm — abgesehen von dem jugendlichen Alter des
Prinzen — nur hochwillkommen sein konnte. Eine Verbindung
mit dem preußischen Königshause war nicht nur glänzend und vorteilhaft; sie entsprach auch den politischen Interessen des Landes
und der persönlichen Überzeugung Friedrich Ludwigs, der die Erhebung Preußens erlebt, an der Seite seiner berühmten Truppen-
führer gekämpft und die sittlichen Kräfte kennen gelernt hatte, welche
Preußen eine Führerrolle in dem deutschen Staatenbunde zuwiesen.
Auch König Friedrich Wilhelm war einer Verbindung sehr geneigt,
die seine geliebte Tochter, die damals 15jährige Prinzessin Alexandrine,

dem alten, vornehmen Fürstenhause zuführen sollte, und namentlich
der Gedanke, diese Tochter in dem nahen Ludwigslust jederzeit für
sich und seine Familie leicht erreichbar zu wissen, entsprach durchaus seinen Wünschen.

Die ersten Unterhandlungen in dieser Richtung waren von
dem in Mecklenburg begüterten kgl. preußischen Oberhofmeister
von Schilden eingeleitet. Sie führten sehr bald zu voller Verständigung. Der König schätzte den Erbgroßherzog sehr. Die
schlichte Natürlichkeit desselben, sein gerader, fremdländischen
Sitten abgeneigter Sinn war ihm sympathisch. Die Gewissenhaftigkeit, mit welcher der Erbgroßherzog die Erziehung seines
Sohnes und Thronerben überwachte, bot dem Vater der Braut
die denkbar größte Gewähr für die Pflege derjenigen Grundsätze,
die er selbst hochschätzte und in seinem häuslichen Leben bethätigte.
Auch darüber waren beide fürstliche Väter vollkommen miteinander einig, daß die Neigung ihrer Kinder in dieser Sache das
entscheidende Wort sprechen sollte. Und diese Entscheidung fiel
bei der ersten Begegnung in unzweideutiger Weise aus. Eine
förmliche Verlobung wurde vorläufig noch verschoben, um den
Studienplan des Herzogs Paul nicht allzuhäufigen Störungen
auszusetzen. Doch war ein langes Geheimhalten dieses auch die
weiteren Kreise in hohem Maße interessierenden Ereignisses nicht
wohl durchführbar. Im Februar des nächsten Jahres erfolgte
der offizielle Antrag und dessen Annahme. Das Antwortschreiben
König Friedrich Wilhelms an den Erbgroßherzog möge hier Platz
finden.

„Bei den Ihnen bekannten Gesinnungen konnte es mir
nur zum wahren Vergnügen gereichen, zu einer Verbindung
die Hand zu bieten, die, indem sie für meine Tochter eine Quelle
des Glücks zu werden verspricht, zugleich noch das zwischen
Ew. Königl. Hoheit und mir bestehende Band der Freundschaft
fester zusammenknüpfen wird. Dies habe ich Ihnen auf das
gefällige Schreiben, welches Sie in Beziehung auf das freudige
Ereignis an mich zu erlassen beliebt haben, hierdurch zu bezeugen nicht unterlassen wollen und freue mich übrigens ungemein

über Ihre, Ihrer Frau Gemahlin und des Prinzen Paul nahe Ankunft. Sie wird mir eine sehr angenehme Gelegenheit verschaffen, Ihnen die Versicherung der innigen Freundschaft und Hochachtung münblich auszubrücken, mit der ich verbleibe

Berlin, 2. Februar 1819.

Ew. Königl. Hoheit ergebener Vetter

Friedrich Wilhelm."

Einige Tage später schrieb der Erbgroßherzog aus Berlin an den Gesandten von Plessen:

„Lieber bester Freund. Ich beeile mich, Ihnen mitzuteilen, daß das Ziel meiner Wünsche erreicht ist, woran Sie gewiß herzlichen Anteil nehmen werden. Ehegestern also hat der König seine Tochter meinem Sohne förmlich bewilligt. Schon vor unserer Ankunft hatte er in der Freude seines Herzens diese beschlossene Verbindung seiner Familie eröffnet. Der König stellte seine Tochter meiner Frau vor, empfahl sie in den rührendsten Ausbrücken unserer Freundschaft und gab unsern Kindern seinen Segen. Wehmut mischte sich doch in unsere Freude. Die beiden Heldenmütter fehlten, aber gewiß, sie blickten herab und vereinigten ihren Segen mit dem unsrigen. Eine öffentliche Deklaration ist nicht erfolgt, da die Prinzeß noch nicht konfirmiert ist. Gleich nach der Verlobung versammelte sich die ganze königliche Familie zu einem großen Diner. Sie haben keinen Begriff, wie der König sich freut; noch niemals hat man ihn so gesehen. Diese Verbindung ist wahre Herzenssache für ihn. Er ist ganz Vater für meinen Sohn. Gestern hat er ihn auch mit dem schwarzen Adlerorden beehrt. Die Prinzeß ist ein wahrer Engel. Meine Frau ist ganz glücklich über die künftige Schwiegertochter, die ihrerseits so zutrauensvoll und lieblich mit ihr ist, daß es uns innig rührt.

Ich hoffe gewiß noch zu leben, um mich des Glückes der lieben Beiden zu freuen, allein wenn Gott es auch anders beschlossen haben sollte, so fahre ich nun beruhigt in die Grube. Diese Verbindung war das, was ich noch eifrig auf dieser

Welt wünschte. Mir fehlen wirklich die Worte, Ihnen meine
innige Zufriedenheit zu schildern; lassen Sie sich meinen Sohn
empfohlen sein, seien Sie ihm Rat und Freund so, wie Sie
es seinem Vater sind, und bleiben Sie es immer. Sie wissen,
daß ein großer Teil der Hoffnungen meiner Zukunft auf Ihnen
beruht.

Wie wir zuerst in Fulda von dieser Angelegenheit zusammen redeten, versprachen Sie mir Ihre Hülfe zu dem künftigen Etablissement meines Sohnes. Ich teilte Ihnen damals
meinen Plan mit, den Bau eines Hauses für ihn mit der
Niederreißung der alten Pavillons zu verbinden. Ich wünschte
nun von Ihnen zu wissen, lieber Freund, auf wieviel ich
rechnen darf und was für Schritte zu thun sind. Bei meiner
Rückkunft würde ich dann meinem Vater meinen Plan vorlegen.

Der liebe, würdige Geheimrat Behrens findet meine
Gesundheit sehr gebessert, meint aber, daß ich durchaus noch
einmal dieses Jahr nach Teplitz und Karlsbad muß." . . . . .

Welch' freudigen Anteil auch Großherzog Friedrich Franz an
der Verlobung seines Enkels nahm, geht deutlich aus nachstehen-
dem an den Erbgroßherzog gerichteten Brief hervor, dessen warmer Ton zugleich bezeichnend ist für das herzliche Einvernehmen zwischen Vater und Sohn:

"Schwerin, den 5. Februar 1819.
Lieber Sohn!

Ich danke Dir herzlich für Deinen Brief, den mir Bülow
heute Morgen beim Erwachen überbrachte. Der ganze Inhalt
hat mich sehr erfreut. Und kürzlich hat mich keine Begebenheit
so erfreut als diese glückliche und liebe Verbindung. Recht an-
gelegentlich trage ich Dir auf, dies dem Könige zu sagen und
mich seinem gnädigen Andenken bestens zu empfehlen. Ich habe
sogleich dem Minister von Brandenstein aufgegeben, daß nichts
von diesem glücklichen Ereignis in den hiesigen öffentlichen
Blättern kund gemacht wird, bis es in die Berliner Zeitung
kommt. Wäre doch der Zeitpunkt da, daß ich Deine liebens-

würdige Schwiegertochter kennen lernen könnte, und ich mache
im stillen die frömmsten Wünsche, daß statt 4 Jahren 2 Jahre
nur hingehen möchten, diese Verbindung in Erfüllung gehen
zu sehn. Ich kann mir es lebhaft denken, wie alle Mecklenburger sich darüber freuen müssen. Tausend Empfehlungen an
Deine liebe, gute Gemahlin. Hier ist alles froh und vergnügt
über das glücklich geschlossene Bündnis, und wünsche ich Dir
auch noch besonders Glück. Lebe wohl und behalte denjenigen
lieb, der nie aufhören wird zu sein

Dein treuer Vater und Freund
Friedrich Franz."

Der Zeitraum von vier Jahren, den der Großherzog abge-
kürzt zu sehen wünschte, war für die akademischen Studien und
die militärische Ausbildung in Aussicht genommen. Ursprünglich
sollte der Prinz die ersten Semester in Göttingen verbringen. Bei
einem im Dezember 1818 unternommenen Besuch in Weimar aber,
wo der Erbgroßherzog mit der Kaiserin Mutter von Rußland
zusammentraf, wurde dieser Plan geändert.

Die Kaiserin hatte die Kinder ihrer früh dahingeschiedenen
Tochter Helene Paulowna zu sehen gewünscht. Der Erbgroßherzog
kam diesem Verlangen um so bereitwilliger entgegen, als dadurch
der Anlaß geboten wurde, langverjährte, von ihm nicht verschuldete
Mißverständnisse aufzuklären, welche seit dem Tod seiner ersten
Gemahlin zwischen deren Mutter und ihn getreten waren und
selbst den brieflichen Verkehr unterbrochen hatten. Hier in Weimar
nun, wo die Kaiserin zu längerem Besuch bei ihrer dritten Tochter,
der Gemahlin des Erbgroßherzogs Karl Friedrich, eingetroffen
war, fand eine volle Aussöhnung statt. Prinz Paul gewann rasch
das Herz seiner russischen Verwandten, und diese im Verein mit
dem Großherzog von Sachsen-Weimar suchten nun dahin zu
wirken, daß das nahe Jena als Studienort gewählt werde. Der
Erbgroßherzog war anfangs sehr dagegen. Das laute Gebahren
der Burschenschaft, die bedenkliche Haltung der Jenenser Professoren
ließen ihm diese Universität sehr ungeeignet erscheinen. Auch mußte
auf den preußischen Hof Rücksicht genommen werden, dessen Miß-

billigung einer solchen Wahl zweifellos erschien. Diesen Bedenken
begegnete die Kaiserin Mutter mit dem Einwand, daß sie selbst
Jena besucht, die dortigen Verhältnisse nicht so gefährlich gefunden
habe und dies demnächst in Berlin mündlich vertreten werde.
Auch falle der Einfluß ins Gewicht, den ihre Tochter, die Erb-
großherzogin, von Weimar aus auf den Prinzen ausüben könne.
Schließlich war auch noch der Umstand maßgebend, daß der Groß-
herzog seinem Neffen und dem gleichzeitig in Jena studierenden
jungen Herzog von Sachsen-Meiningen eine Wohnung im dortigen
Schlosse anbot. So gab denn Friedrich Ludwig nach, und der
Prinz bezog gleich nach seiner offiziellen Verlobung die thüringische
Universität.

Die Befürchtungen des besorgten Vaters fanden nur zu bald
neue Nahrung in der Sandschen Bluttat. Ein ferneres Verbleiben des Prinzen in Jena schien nunmehr unstatthaft und die
Rücksichten auf den weimarischen Hof mußten einer Verfügung
des Familienchefs weichen. Der Erbgroßherzog schrieb darüber
im August aus Doberan:

„Die Frage wegen des Aufenthalts meines Sohnes ist
nunmehr entschieden. Gleich bei meiner Ankunft hierselbst befahl
mir mein Vater ganz bestimmt, ihn von Jena fortzunehmen.
Das Betragen des akademischen Senats beim Abschiede des
Herrn Oken, so wie es aktenmäßig in allen Zeitungen steht,
hat ihn, und ich glaube mit Recht, so indigniert, daß er seinen
Enkel nicht länger dort wissen will. Überhaupt herrscht hier
nur eine Stimme darüber, und ich selbst kann nicht anderer
Meinung sein. Ich freue mich dieses bestimmten Befehls, da
er mich nun gegen alle Mißdeutungen seitens meiner Schwieger-
eltern deckt. Der Kaiserin Mutter habe ich es heute so rück-
sichtsvoll wie möglich geschrieben. Sobald also der halbjährige
Kursus vollendet ist, werden Sie Jena verlassen, um nach
Göttingen zu übersiedeln. Der König von Preußen hat erlaubt,
daß mein Sohn auf seiner Reise dorthin über Berlin gehen
darf. Ist es mir irgend möglich, so komme ich auch dahin,
um die Freude zu haben, Sie alle wiederzusehen." — — —

Die Beziehungen des jugendlichen Bräutigams zur preußischen Königsfamilie gestalteten sich immer herzlicher. Friedrich Wilhelm III. hatte seine Freude an dem heiteren, unbefangenen Wesen des Prinzen Paul, und zwischen diesem und dem Kronprinzen knüpfte sich bald ein Freundschaftsbund, der sich auch in der Zukunft, in guten und schlechten Tagen, treu bewähren sollte. Obwohl der Kronprinz sechs Jahre älter war als sein zukünftiger Schwager, verband beide doch die Gleichartigkeit eines lebhaften, fast übermütigen Naturells und die Gemeinsamkeit der Anschauungen.

Es liegt eine von beiden Seiten mit Offenheit und Wärme geführte Korrespondenz vor, welche von der Herzlichkeit der Beziehungen beredtes Zeugnis ablegt. Der muntere zwanglose Ton, der scharfe Witz des geistreichen Kronprinzen lassen dieselbe heute größtenteils zur Veröffentlichung noch ungeeignet erscheinen. Der nachstehende Brief indessen, den Prinz Paul bald nach seinem Eintreffen in Jena erhielt, mag hier eine Stelle finden.

„Berlin, den 13. April 1819.

„Ich sage Ihnen meinen herzlichsten Dank für Ihren lieben Brief; Sie glauben nicht, welche Freude mir's macht, zu sehen, daß Sie meiner in Freundschaft gedenken. Aber wozu alle die Komplimente! Heißen Sie sich meinen Freund, wenn Sie's sind, damit basta. — Wie sieht's denn in Weimar aus, ist alles wohl bei Hof? Derselbe fängt ja jetzt an, gegen die hohe Schule zu Jena zu wüten? Welch' Gesicht macht denn die Universität dazu? — Verzeihen Sie mir alle diese Fragen. Aber ist's nicht zu unbescheiden: lassen Ihre Professoren und A. Ihnen Zeit, so bitte ich Sie recht sehr, schreiben Sie mir zuweilen. Je öfter, je besser, und ich will suchen, meine weltberühmte Miserabilität im Korrespondieren abzulegen, auch fleißig zu sein. Ich stehe also bereit, jede Frage, die Sie mir machen, so gut wie möglich zu beantworten. Und nun bitte ich Sie nur schließlich, mir etwas über den Eindruck, den Kotzebues Ermordung in Jena gemacht hat, zu schreiben. Glauben Sie wirklich, daß die ganze Jenaer Jugend so unschuldig an dieser Greuelthat ist? Hier nehmen sich manche freche Jungen heraus, die That frei zu loben. Es ist zu scheußlich!!! Geschieht das auch bei Ihnen? Wie befinden Sie sich zu Jena? Wie gefällt Ihnen die dortige Jugend, oder machen Sie sich nicht viel zu schaffen mit ihr? Und damit Gott befohlen, Herzens= Paul! Ewig Ihr treuer Freund und Vetter Friedrich Wilhelm."

Inzwischen hatte der Erbgroßherzog den Plan, seinen Sohn in Göttingen oder Heidelberg studieren zu lassen, aufgeben müssen. Gerade während seines Berliner Aufenthalts — im September 1819 — fanden die Karlsbader Ministerkonferenzen statt. Die Aufregung, welche an den meisten deutschen Hochschulen herrschte, machte den Aufenthalt für einen jungen Thronerben dort schwie= rig, wenn er sich nicht von allem studentischen Verkehr fern hielt und dadurch eine ganz falsche Auffassung des akademischen Lebens empfing. Sowohl der König als der Großherzog hielten es unter diesen Umständen für angemessen, daß Prinz Paul schon jetzt die Landesuniversität Rostock bezöge, wo die Auswahl eines passenden Umgangs und das Fernhalten schädlicher Einflüsse wesent= lich erleichtert war. Erbgroßherzog Friedrich Ludwig fügte sich nur ungern dieser Bestimmung der beiden Familienchefs. Er be= fürchtete Störungen des Studienganges durch die Nähe der Hof= lager von Schwerin und Doberan. Auch hätte er gewünscht, daß sein Sohn mit den Verhältnissen anderer deutschen Bundesstaaten durch einen Aufenthalt außerhalb Mecklenburgs eingehendere Bekannt= schaft mache. Dem bestimmten Befehl seines Vaters aber mußte er nachkommen. Es war dies sein letztes Opfer. Seine Tage waren gezählt. Schon wenige Monate später, am 29. November 1819, erlag er einem Nervenfieber. Mit der Fürsorge für seine Familie hielt das Interesse an den politischen Vorgängen und den Regierungsangelegenheiten gleichen Schritt. Einer seiner letzten Briefe an Herrn von Plessen, dessen Ernennung zum Kabinetts= minister damals in Aussicht stand, möge hier noch Platz finden. Friedrich Ludwig hatte diese Ernennung lebhaft befürwortet, da er Plessens Anwesenheit im Lande für notwendig hielt.

"Teplitz, den 24. Juli 1819.

Seitdem ich Mecklenburg verlassen, haben Sie, lieber

Freund, mir kein Zeichen des Lebens und Andenkens gegeben. Ich hoffte, dadurch für Ihr Stillschweigen entschädigt zu werden, daß Sie mit mir gleichzeitig in die Heimat zurückkehrten und dann keine fernere Trennung stattfinden würde. Ich baute auf Ihr mir gegebenes Wort. Seit gestern aber erfahre ich, daß man bemüht ist, Ihnen die Erfüllung desselben zu erschweren. Wie ich höre, hat der Kaiser von Österreich an den Großherzog geschrieben, um ihn zu ersuchen, Sie noch länger in Frankfurt zu lassen. Ich selbst bekomme einen Brief vom Fürsten Metternich, vom 7. d. M. aus Florenz datiert, nach Teplitz adressiert, weil er berechnet, daß ich am 20. nicht mehr in Karlsbad sei, er mich daher dort nicht mehr finden würde (ich hätte nicht vermutet, daß er so genau auf Tag und Stunde wisse, was ich vornehme), in welchem er mich in den schmeichelhaftesten und, gern setze ich hinzu, in den verdientesten Ausdrücken für Sie, lieber Freund, bittet, meinen ganzen Einfluß (diesmal ist er schlecht unterrichtet) anzuwenden, damit bei der Krisis, in welcher Deutschland sich befindet, der Großherzog Sie nicht dort abberufe, sondern so der Gesamtheit Deutschlands und sich selbst den wesentlichsten Dienst leiste. Meine Antwort wird kurz die sein können, daß ich meinem Vater den Brief vorlegen werde, meine Ansicht braucht er nicht zu kennen.

Wie ich früher über das Sujet Ihres Abganges von Frankfurt dachte, ist Ihnen genugsam bekannt, meine Meinung ist unveränderlich. Was die jetzige Krisis anbetrifft, so bin ich Metternichs Ansicht, daß man sich keine Illusion darüber machen muß, daß solche wirklich vorhanden ist. Wäre ich der Überzeugung, daß in der That der Bundestag thätig genug sein wird, um der Gefahr kräftig zu begegnen, so habe ich gewiß ein zu echt deutsches Herz, um nicht dem Ganzen jedes persönliche Opfer zu bringen. Die bisherigen Resultate desselben können mir solche aber unmöglich geben. Und wo ist die Linie abgesteckt, die uns sagen wird: Bis dahin ist Gefahr, nun nicht weiter? Will man mir den Zeitungsartikel entgegensetzen, der uns sagt, daß Sie von Frankfurt aus alle mecklen-

burgischen Geschäfte dirigieren, so drängt sich mir der natürliche Gedanke auf, daß es Ihnen nur desto leichter werden
könnte, von Mecklenburg aus Ihre Frankfurter vota zu bearbeiten und solche dem von Ihnen selbst zu wählenden Nachfolger zu diktieren. Der allgemeinen Sache blieben Ihr Rat
und Ihre Verdienste unbenommen und die privative Sache des
Vaterlandes litte nicht Schaden wie bisher. Der Geschäftsgang
bliebe nicht so zerrissen; die Hoffnungen, die man allgemein auf
Ihre Rückkehr setzt, würden nicht abermals getäuscht. Dauert
Ihre Abwesenheit wieder Jahr und Tag, bleibt bei uns dieser
interimistische prekäre Zustand, so sehe ich nicht ein, wie es
unter den gegebenen Bedingungen bei uns werden soll, und
ich laufe Gefahr, meiner wiederhergestellten Gesundheit mich
nicht zu erfreuen, denn diese Zustände, die meine eigene Zukunft untergraben, so ruhig mit ansehen zu müssen, ist im
42. Lebensjahre hart. Ihrer eigenen Sachkenntnis und Beurteilung stelle ich diese Reflexionen anheim, da ich nicht
zweifle, daß der Großherzog Ihnen selbst die Entscheidung
überlassen wird."

Diese fiel nicht in dem vom Erbprinzen gewünschten Sinne
aus. Auf den Karlsbader Konferenzen, wo Plessen das Protokoll führte, gelang es Metternich, ihn noch zum Ausharren auf
dem Frankfurter Posten zu bestimmen. Der Großherzog war damit einverstanden, und auch Friedrich Ludwig mußte nach näherer
Prüfung der Sachlage zugeben, daß Plessens Mitwirkung bei der
Ausgestaltung des Bundeswerks vorläufig nicht entbehrt werden
konnte. Die Teplitzer Kur war günstig verlaufen. Sein Tod trat
deshalb überraschend ein. Prinz Paul, der kurz vorher nach
Rostock übersiedelt war, kam zu spät, um noch den Segen des
scheidenden Vaters zu empfangen. Tief erschüttert schritten Großvater und Enkel hinter dem Sarge des Entschlafenen, der in dem
Ludwigsluster Mausoleum an der Seite seiner ihm vorangegangenen
Gemahlinnen beigesetzt wurde.

Der unerwartete Todesfall, der so tief in das Familienleben
des mecklenburgischen Fürstenhauses einschnitt, legte dem jugend-

lichen Thronerben schwere Pflichten auf in einem Alter, welchem der Wunsch nach heiterem, ungezwungenem Lebensgenuß sonst als ein Vorrecht zugestanden wird. Daß er sich der Verantwortlichkeit der neuen Stellung vollkommen bewußt war, ersehen wir aus einem schönen, tiefempfundenen Brief seines Freundes, des Kronprinzen Friedrich Wilhelm:

„Berlin, den 14. Dezember 1819.

Ich weiß nicht, wie ich es genugsam erkennen soll, daß Sie an mich gedacht! mir geschrieben haben und so innig und schön! bei dem schweren Schlag, der Sie und Ihr Haus und Land getroffen hat!! Glauben Sie mir's, daß Sie mich aufs tiefste gerührt haben durch Ihren herzlichen, freundschaftlichen Brief! Welchen Eindruck der plötzliche Tod Ihres Vaters hier und auf uns alle gemacht hat, werden Sie durch Herrn von Barner erfahren haben. Jedem Mecklenburger hat es wohlthun müssen, wie die Nachricht hier aufgenommen worden ist. Mir war's ein tröstlicher Beweis, daß die deutschen Stämme sich nicht als Fremblinge betrachten. Daß ich mit Herz und Seele Anteil an Ihnen nehme, teuerster Paul, das wissen Sie. Ich denke, daß Ihnen beinahe geholfen ist, wenn Sie das Hochwichtige und sehr Gefährliche Ihrer jetzigen Lage einsehen und fühlen, und so scheint mir's aus Ihrem lieben Briefe. Ihre herrliche Mutter ist meine ganze Hoffnung in dieser Rücksicht. Sie wird Ihnen und Alexandrinen ein wahrer Schutzengel sein, und ich denke, je enger Sie beide sich an Ihre Mutter anschließen, desto sicherer werden Sie Ihres Glückes sein, und zwar eines Glückes höherer Art, das nicht allein an die engen Schranken dieser Zeitlichkeit geknüpft ist. Ihr seliger Vater hatte mir immer und namentlich die letzte Zeit soviel Freundschaft und Wohlwollen gezeigt, daß ich mit Wahrheit sagen kann, doppelt schmerzlich bewegt zu sein. Ich bitte recht innig um Ihre fernere Freundschaft, lieber Paul. Ich gebe Ihnen die heilige Versicherung, daß ich mit gewissenhafter Treue stets die alte Freundschaft zwischen Preußen und Mecklenburg als ein teures Erbteil meiner Väter betrachten werde. — Mit unver-

brüchlichster Treue Ihr ergebenster Vetter und bester Freund
Friedrich Wilhelm."

Mit dem feinen Gefühl, das ihn auszeichnete, hatte der Kron=
prinz in diesem Brief auf den sicheren Halt hingewiesen, der sich
den doppelt verwaisten Kindern in der edlen Persönlichkeit der
Erbgroßherzogin Auguste darbot. Selbstlos und hingebend über=
nahm diese das verantwortliche Amt. Nach kaum mehr als ein=
jähriger Ehe trat die Fürstin in den Witwenstand, in welchem sie,
treu den übernommenen Pflichten, 52 Jahre noch verharren sollte.

Es mußte als ein nicht hoch genug anzuschlagendes Glück an=
gesehen werden, daß Friedrich Ludwig durch seinen dritten Ehebund
den fürstlichen Familienkreis wieder dem Einfluß edler Weiblichkeit
zugänglich gemacht hatte. Erbgroßherzogin Auguste war die einzige
fürstliche Frau am Ludwigsluster Hofe. Großherzog Friedrich Franz
lebte seit Jahren als Witwer. Seinen Lebensgewohnheiten ent=
sprach, namentlich jetzt in vorgerücktem Alter, ein intimes Familien=
leben mit den Seinigen nicht. Die jüngeren Brüder Friedrich
Ludwigs waren damals unvermählt und blieben es auch. Herzog
Karl war durch die russische Verbindung seines älteren Bruders
mit dem Petersburger Hof näher bekannt geworden und dann
dort in Kriegsdienste getreten. In der Wintercampagne 1812
zeichnete er sich aus, kehrte aber mit der deutschen Erhebung in
die Heimat zurück, wo er sich den mecklenburgischen Truppen in
den nun folgenden Feldzügen anschloß. Nach dem Frieden ver=
blieb er in Ludwigslust. Er bewohnte dort ein kleines Palais
und starb im Jahre 1833 infolge eines Schlagflusses. Auch
die jüngeren Brüder Gustav und Adolf nahmen verdienstvollen
Anteil an den Befreiungskämpfen. Der erstere verlor durch eine
feindliche Kugel zwei Finger; dem Herzog Adolf wurde bei Sehe=
stedt ein Pferd unter dem Leibe erschossen. Zur Fortsetzung einer
militärischen Laufbahn zeigten aber auch diese beiden Prinzen keine
Neigung. Herzog Gustav verbrachte zehn Jahre im Ausland,
meistens in Italien. Nach seiner Rückkehr erbaute er bei Ludwigs=
lust, unweit des Grabower Thores, eine kleine, aber geschmackvolle
Villa im Stil eines italienischen Kasino. Dort lebte er in einer

nur durch Jagdausflüge und kleine Reisen unterbrochenen Zurückgezogenheit bis zu seinem Tode im Jahre 1851.

Der jüngste der vier Söhne Friedrich Franz' I. war ein Prinz
von idealer, fast schwärmerischer Geistesanlage. Er stand innerlich
seinem ältesten Bruder, dem Erbgroßherzog, am nächsten. Beide
verband ein tiefes religiöses Gefühl und der Sinn für Familienleben. Bei dem jüngeren Bruder steigerte sich die Sehnsucht nach
religiöser Erkenntnis oft zur Exaltation. Sie führte schließlich zu
einem Bekenntniswechsel, welcher durch die ausgesprochene Vorliebe seines Vaters für den katholischen Ritus genährt zu sein
scheint. Der frühe Heimgang seines Lieblingsbruders machte auf
sein weiches, zur Schwermut neigendes Gemüt einen tiefen Eindruck. Schon nach zwei Jahren folgte er ihm ins Grab. Er
starb am 8. Mai 1821 und wurde in der kleinen katholischen
Kirche beigesetzt, welche Großherzog Friedrich Franz nicht lange
vorher in Ludwigslust erbaut hatte und die er regelmäßig Sonntags zu besuchen pflegte.

Dem Übertritt des Prinzen folgte später der seiner Schwester,
der einzigen Tochter Friedrich Franz' I., Prinzessin Charlotte
Friederike. Dieselbe war mit dem Kronprinzen von Dänemark
vermählt, wurde von diesem geschieden und lebte dann zuerst in
Altona und Jütland, später in Oberitalien. In Vicenza, wo sie
längere Zeit ihren Wohnsitz hatte, wurde sie 1830 durch den
dortigen Bischof Peruzzi in die römische Kirche aufgenommen.
Sie zog dann nach Rom und starb daselbst am 13. Juli 1840.
Mit den Mitgliedern der großherzoglichen Familie hatte schon
längst jede Verbindung aufgehört.

Was Friedrich Franz I. von dem alten lutherischen Bekenntnis
seiner Väter abzog und ihn — wenigstens in der äußeren Form
der Religionsübung — dem Katholicismus zuführte, ist nie recht
verständlich geworden. In Mecklenburg glaubte man damals an
einen geheimen Übertritt. Dieser hat nie stattgefunden. Der Großherzog hielt vielmehr die Zugehörigkeit zur protestantischen Kirche
dadurch aufrecht, daß er regelmäßig alljährlich in der Karwoche
bei seinem Hofprediger kommunizierte. Allein diese Feier fand

stets auf dem Schloß und ohne Zeugen statt. Den protestantischen
Gottesdienst in der Kirche besuchte er niemals. Dies eigentümliche,
mit den Sitten des Landes und dem Herkommen seines Hauses
in auffallendem Widerspruch stehende Verhalten mußte jenem
Gerücht eines verheimlichten Bekenntniswechsels um so mehr
Nahrung bieten, als er, wie schon erwähnt, die Messe sehr fleißig
besuchte und auch mit dem katholischen Geistlichen in Ludwigslust
viel verkehrte. Eine Begünstigung der römischen Kirche im Sinne
der Propaganda fand indessen nicht statt. Die Hoffnungen der
Jesuiten blieben in dieser Hinsicht unerfüllt. Immerhin fühlte
sich die protestantische Geistlichkeit verletzt durch die offenkundige
Zurücksetzung ihrer höheren und berufensten Mitglieder, und man
würde auch im Lande wohl noch mehr Anstoß genommen haben
an der unklaren Haltung des obersten Bischofs, wäre nicht der
leutselige und in seinen Entschließungen über kirchliche Angelegenheiten durchaus gerechte Fürst so überaus populär gewesen. Zur
Erklärung mochte dienen, daß er in der Jugend am Hofe seines
Oheims, des Herzogs Friedrich, einer frömmelnden Richtung
begegnet war, die unter dem Schein der Gottesfurcht und Sitten-
strenge sehr bedenkliche Mißstände verbarg. Dem überzeugungs-
treuen, wahrhaft gläubigen Herzog Friedrich waren diese Mißstände
teils unbekannt geblieben, teils wurden sie von ihm unterschätzt.
Dem scharfen Blick seines Neffen entgingen sie nicht. Sie drängten
ihn naturgemäß auf die Bahn des Rationalismus, der im Geist
seiner Zeit lag und der auch in der mecklenburgischen Landeskirche
immer festere Wurzeln schlug. War es nun das Unbefriedigende
dieser kalten Doktrin, was dem alternden Fürsten später nicht mehr
genügte, war es das Bestrickende eines mehr auf die Sinne
berechneten Kultus, was ihn bei der römischen Kirche anzog, —
beide Umstände mögen vereint dahin gewirkt haben, ihn äußerlich
seiner Kirche zu entfremden. Sein unabhängiger, jedweder Ver-
stellung abgeneigter Sinn gestattete ihm wohl nicht, ein Bekenntnis
öffentlich zur Schau zu tragen, von dem er sich innerlich losgesagt
hatte. Diese eigentümliche Äußerung des Freimuts vervollständigt
in merkwürdiger Weise das Charakterbild eines in so vieler Beziehung originellen Fürsten.

Die Lücke, welche der Tod Friedrich Ludwigs in der großherzoglichen Familie gerissen, wurde auch in den ständischen und Verwaltungskreisen tief und schmerzlich empfunden. Der Verewigte hatte hier vielfach vermittelnd und aussöhnend gewirkt. Wiederholt waren Reibungen in der nächsten Umgebung des Großherzogs durch seinen Sohn ausgeglichen, drohende Konflikte mit den Ständen — so z. B. auf dem letzten Rostocker Konvokationstage — durch dessen vermittelndes Eingreifen abgewendet worden. Überall blickte man mit Vertrauen auf den Thronerben, dem das Detail aller Verwaltungszweige geläufig war. Dazu kam noch, daß der regierende Herr, sein Vater, seit einigen Jahren an einem asthmatischen Übel litt, welches sich mitunter zu bedenklichen Krisen steigerte. Nach menschlicher Voraussicht schien Friedrich Ludwig damals berufen, die Regierung in nicht allzuferner Zeit anzutreten. Wie ganz anders fügte es sich nun! Friedrich Franz I., obwohl häufig leidend und zur Schonung seiner Gesundheit genötigt, sollte den Sohn noch 18 Jahre überleben.

In die fast immer schwierige, viel Takt und Rücksicht erfordernde Stellung eines Thronfolgers rückte nun der 18jährige Herzog Paul ein, dessen akademische Studien erst in demselben Jahre begonnen hatten und dessen Charakter sich natürlich noch nicht zu derjenigen Selbständigkeit hatte entwickeln können, welche die veränderte Lage erheischte. Der von seinem Vater mit soviel Umsicht getroffene Studienplan konnte nun unmöglich in der ursprünglichen Form festgehalten werden. Es galt, in gedrängter Kürze die staatswissenschaftlichen Fächer zu absolvieren, was während des Trauerjahres in Rostock geschah, um dann durch praktische Übungen bei der Regierung und durch Reisen im Auslande den Bildungsgang zu erweitern. Nachdem der junge Erbgroßherzog am 13. Juni 1820 den Hausgesetzen gemäß die bedingte Großjährigkeit erlangt hatte, fand bald darauf, am 24. September, die feierliche und öffentliche Verlobung in Berlin statt, bei welcher auch Großherzog Friedrich Franz zugegen war. Bis dahin hatte das Verlöbnis, so fest es auch geknüpft war, eine offizielle Beur-

kunbung nicht erfahren. Es folgten nun längere Reisen ins Aus-
land. In den Monaten Februar bis Mai 1821 verweilte der
Erbgroßherzog am Hofe seines Oheims, des Kaisers Alexander.
Der Sommer führte ihn nach Paris, und im Herbst desselben
Jahres fanden noch Besuche an den Höfen von München, Dresden
und Wien statt. Endlich im Frühjahr 1822 war die vierjährige
Frist abgelaufen, an welcher die beiden fürstlichen Familien aus
Pietät für die einstigen Bestimmungen Friedrich Ludwigs festge-
halten hatten. Die Vermählungsfeier fand am 25. Mai in Berlin
statt, und am 10. Juni traf das junge Paar in Ludwigslust ein.

König Friedrich Wilhelm war den Neuvermählten auf einem
anderen Wege dorthin vorausgeeilt und begrüßte nun die freudig
bewegte Tochter am Eingang des Fürstenschlosses, das ihr zur
zweiten Heimat werden sollte. Die Überraschung war vollständig
gelungen. Der König blieb noch einige Tage in dem engbefreunde-
ten Familienkreise. Das erbgroßherzogliche Paar begab sich alsdann nach Schwerin, wo der feierliche Einzug am 15. Juni stattfand.

———————

Drittes Kapitel.

Großherzog Friedrich Franz I. und sein Hof.

———

Im Februar 1823 herrschte am Hof zu Ludwigslust erwartungsvolle Spannung; die Niederkunft der Erbgroßherzogin stand bevor. Großherzog Friedrich Franz, welcher in dieser Jahreszeit einige Monate in Schwerin zu residieren pflegte — er bewohnte dort das Neustädtische Palais —, hatte zu diesem Ereignis nach Ludwigslust kommen wollen, wurde aber durch ein gichtisches Leiden davon zurückgehalten. Sein Leibarzt, Geh. Medizinalrat Sachse, ein geschickter Accoucheur, war nach Ludwigslust beordert und mußte ihm regelmäßig Bericht erstatten. Frau von Plessen, Gemahlin des Ministers und Oberhofmeisterin der Erbgroßherzogin, wohnte während dieser Zeit im Schloß und widmete ihrer jungen Herrin die aufmerksamste Pflege. Am Nachmittag des 28. Februar verkündete Kanonendonner die Geburt eines Prinzen. Der Erbgroßherzog sandte sogleich seinen Adjutanten, den Rittmeister von Kahlden, als Boten dieses freudigen Ereignisses nach Schwerin. Derselbe legte den etwa 4 Meilen langen Weg in 1¼ Stunden zurück und überbrachte dem Großherzog das nachstehende Schreiben, das die Freude des glücklichen Vaters bekundet:

„Gnädigster Großvater! — Ein Sohn! ein Sohn! In diesem Augenblick ist meine liebe Frau glücklich entbunden. Um

4 Uhr 5 Minuten war der Kleine da. Meine Frau und ich
legen Ihnen den kleinen Ankömmling zu Füßen und empfehlen
ihn Ihrer Gnade, indem wir Sie bitten, durch die Annahme
einer Patenstelle ihm die ersten Beweise davon zu geben. Mutter
und Kind sind wohl. Morgen schreibe ich wieder. — Behalten
Sie in gnädigem Andenken Ihren unterthänigen Enkel Paul."

In weiteren Berichten heißt es, daß der Prinz kräftig und
gesund sei, 8½ Pfund wiege und seiner Mutter auffallend ähnlich
sehe. Frau von Plessen mußte auch das Maß der Körperlänge
(58 cm) übersenden. Die hohe Wöchnerin bewohnte die Zimmer
des südlichen Flügels im zweiten Stock nach dem Garten hinaus.
Ein kleiner scherzhafter Vorfall belustigte den Hof sehr. Die
Amme des Prinzen, eine hübsche, gute, aber mit der Hofetikette
natürlich wenig vertraute Bauersfrau, wollte den Geh. Medizinal=
rat Sachse recht höflich anreden und titulierte ihn beständig: Herr
„Gemeiner Allrat" zum Ergötzen der Eltern und anderen An=
wesenden.

Der Großherzog hatte noch am 28. Februar den Reisemar=
schall von Buch mit einem Handschreiben nach Berlin entsendet,
um dem Könige das frohe Familienereignis anzuzeigen. Auch an
den Großherzog von Mecklenburg-Strelitz, der sich zur Zeit in
Berlin befand, und an den Kaiser von Rußland wurde diese
Anzeige durch spezielle Gesandte übermittelt. Am preußischen Hofe
herrschte große Freude. Die Antwort des Königs lautete:

„Ich teile von ganzem Herzen die Freude, welche Ew.
Königl. Hoheit in dem soeben erhaltenen Schreiben über die
glückliche Entbindung meiner geliebten Tochter von einem Sohn
ausdrücken. Erfreulichere Nachricht konnte mir nicht zukommen,
und ich habe jetzt keinen bringenderen Wunsch als den für die
Fortdauer des Wohlseins der Wöchnerin und für das Gedeihen
des Kindes. Mein Flügeladjutant, der Major von Prittwitz,
den ich mit diesem Schreiben absende, wird Ew. Königl. Hoheit
die Freude bezeugen können, die dieses frohe Ereignis in meiner
ganzen Familie verbreitet hat; ich habe daher nur noch die
Versicherung zu erneuern von der unwandelbaren Hochachtung

und Freundschaft, in welcher ich verbleibe Ew. Königl. Hoheit ergebener Vetter Friedrich Wilhelm."

Der König bethätigte seine Freude über die Geburt des ersten Enkelsohns noch durch einen besonderen Gnadenakt, indem er die Freilassung einiger in Spandau inhaftierten Mecklenburger verfügte, welche wegen Schmuggels an der Grenze bei Grabow arretiert waren.

Die Taufe hatte ursprünglich am 6. April stattfinden sollen. Auf die besondere Bitte der Erbgroßherzogin aber, welche bei diesem Anlaß dem Besuch ihrer Brüder entgegensah und sich denselben mehr widmen zu können wünschte, wurde sie auf den 11. verschoben. Der Großherzog kehrte dazu nach Ludwigslust zurück. Außer ihm hatten noch Patenstellen übernommen: König Friedrich Wilhelm III., die verwitwete Erbgroßherzogin Auguste, Kaiser Alexander von Rußland und seine Gemahlin, sowie die verwitwete Kaiserin und Großherzog Georg von Mecklenburg-Strelitz.

Die Feier fand in herkömmlicher Weise im goldenen Saal statt. Deputierte der Ritter- und Landschaft, Gesandte auswärtiger Höfe und viele Mitglieder des Landadels waren zugegen. Herzogin Marie trug den Täufling aus den Gemächern der hohen Wöchnerin hinüber in die glänzende Versammlung[1]. Einer der beiden Kammerjunker, welche die Schleppe des fürstlichen Kindes hielten, war der Kanzleiauditor von Lützow, der neunzehn Jahre später dem jungen Großherzog Friedrich Franz bei seinem Regierungsantritt als erster Ratgeber zur Seite stehen sollte. Die Taufhandlung wurde vom Konsistorialrat Passow vollzogen; der Prinz erhielt die Namen Friedrich Franz Alexander.

Die nun folgenden Jahre der ersten Entwickelung können wir füglich übergehen. In einer fürstlichen Kinderstube pflegt es nicht anders herzugehen als in der eines wohlhabenden Privatmanns: die gleichen kleinen Sorgen und Bedürfnisse, dieselben kindlichen Freuden, Wünsche und Enttäuschungen. Die treffliche Frau Klockmann geb. Krefft versah hier ihr wichtiges Amt mit

---

[1] Zwei Jahre später vermählte sich die Herzogin mit dem Prinzen und nachmaligen Herzog Georg von Sachsen-Altenburg (7. Oktober 1825).

Umsicht und Geschick. Der Prinz war ein gesundes, kräftiges
Kind; die leibliche Pflege bot keinerlei Schwierigkeiten. Im Ver-
lauf der Jahre fanden sich die kleinen Geschwister ein: Prinzessin
Luise (geb. 17. Mai 1824) und Prinz Wilhelm (geb. 5. März
1827). In den Räumen des zweiten Stockwerks, die nach dem
Park zu gelegen waren, wurde es nun immer lebendiger und
geräuschvoller. Sonntags gab es Kindergesellschaften; an den
Wochentagen war die Tageseinteilung gleichmäßig und geregelt.
Nachdem Prinz Friedrich der Obhut seiner Kinderfrau entwachsen
war, wurde seine erste Erziehung gemeinsam mit der seiner
Schwester von einer Gouvernante, Mademoiselle Garnier, geleitet.
Privatlehrer erteilten den Elementarunterricht. Erst 1830 trat
hierin ein Wechsel ein. Der Prinz erhielt in dem königl.
preußischen Hauptmann von Sell einen militärischen Gouverneur
und in dem cand. theol. Willebrand einen Instruktor, welcher
nun in allen Hauptfächern nach einem festen Lehrplan den Unterricht erteilte. Die Unterweisung in der Religion war dem Oberhofprediger Walter übertragen worden. Für fremde Sprachen,
Musik — der Prinz lernte später die Flöte — und gymnastischen
Sport wurden nach Bedürfnis besondere Lehrkräfte herangezogen [1].

Seine Kinder- und Jugendjahre verlebte der Prinz in Ludwigslust. Nur selten kam er zu kurzem Besuch nach Schwerin;
dagegen fand alljährlich ein mehrwöchentlicher Aufenthalt im Seebade Doberan statt. Ein Jugendfreund des Prinzen, der auch
dessen Unterricht damals teilte, schreibt über diese Zeit:

„Der Prinz bewohnte mit seinem Erzieher in Ludwigslust
die Parterrezimmer des Schlosses links vom Eingang, welche er
auch später als regierender Herr behielt. Die Mahlzeit war einfach, die Tageseinteilung streng geregelt. Ich erinnere mich
keiner Unterbrechung in dem vorgeschriebenen Studienplan. Mittags
um 12, nach vierstündigem Unterricht, ging es ins Freie ohne
Rücksicht auf Wind und Wetter. Vor dem Abendessen durften
die Kinder in den Zimmern der Erbgroßherzogin verweilen, wo

---

[1] Für Mathematik: Rektor Gerbeß, Französisch: Stiévenard ꝛc.

der Hof zum Thee vereinigt war. Prinz Friedrich bedurfte in den Stunden nur selten der Aufmunterung. Schon damals machte sich die Gewissenhaftigkeit bemerkbar, welche sich in dem späteren Leben des Fürsten als seltene Pflichttreue glänzend bewährt hat, und was er gelernt hatte, blieb sein Eigen. Für Musik und Zeichnen war ausgesprochene Begabung vorhanden. [Die späteren Studien und der frühe Regierungsantritt ließen dieselbe nicht zu höherer Ausbildung gelangen.] Ungewöhnliche Körperkräfte unter-stützten ihn in allen Leibesübungen, an denen er mit zunehmender Geschicklichkeit immer mehr Gefallen fand.

Besonders ernst wurde der Exerzierunterricht genommen. Als Lehrmeister wirkte einer der wenigen Mecklenburger, welche aus dem russischen Feldzuge den Weg in die Heimat zurückgefunden hatten, also ein Veteran, der viel zu erzählen wußte und um so interessanter, als er von einem gefährlichen Schuß durch den Hals vollständig hergestellt war. [Feldwebel Winterfeld vom dama-ligen Grenadiergardebataillon, später Rechnungsführer beim Jäger-bataillon und als Major a. D. in hohem Alter in Schwerin ver-storben.] Alles Militärische interessierte schon den Knaben im höchsten Grade. Sell und Winterfeld mußten unausgesetzt er-zählen, und daneben wurde den bleiernen Soldaten, die „Groß-papa König" in damals seltener Vollkommenheit schenkte, und deren an dem Lineal ausgeführten Evolutionen große Aufmerk-samkeit zugewandt; stundenlang konnte er sie exerzieren lassen. Auch die Spiele im Freien mit gleichaltrigen Knaben hatten fast immer militärische Grundlage. Sonntags wurden gewöhnlich Söhne Ludwigsluster Familien eingeladen, wenn es in der Woche nicht irgend ein Unglück im Betragen oder im Lernen gegeben hatte. [von Arnim, von Klein, zwei Zöllner, zwei von Kahlben, Eggers, Schmidt, Brückner.] Die Kinderzeit und erste Jugend verlief in den glücklichsten Familienverhältnissen, bewacht von der Liebe der Eltern, erheitert durch guten und einträchtigen Verkehr mit den Geschwistern und nicht zu sehr beengt durch die Strenge und Gewissenhaftigkeit von Gouverneur und Lehrern."

Die Eindrücke, die wir im jugendlichen Alter empfangen,

bleiben bedeutsam für das ganze Leben. Nicht selten sind sie entscheidend
für die Entwickelung des Charakters. Nicht nur die Personen der Um=
gebung spielen bei diesen ersten Eindrücken eine wichtige Rolle; gewiß
sind auch die Erscheinungen der örtlichen und landschaftlichen Scenerie
dabei maßgebend. Von diesem Gesichtspunkt aus wird hier ein
flüchtiger Umblick in dem Geburtsort des Prinzen und in Verbindung
damit eine Darstellung des damaligen Lebens und Treibens am
großherzoglichen Hofe für den Leser von Interesse sein.

Ludwigslust — früher lange die einzige, jetzt die zweite Re=
sidenz des Landes — trägt noch heute unverkennbar den Stempel
einer fürstlichen Schöpfung. Wie Nymphenburg, Schwetzingen
und andere Lustschlösser des vorigen Jahrhunderts, verdankt es
seine Entstehung der Vorliebe jener Zeit für vornehm abgeschlossene
Fürstensitze. Mit den wachsenden Bedürfnissen des Hofstaats und
dem Verlangen nach größerer Prachtentfaltung wuchs auch der Ort.
Aus dem bescheidenen Wohnsitz der Herren von Klenow, einer
längst ausgestorbenen Familie, entstand ein stolzer Schloßbau,
aus dem kleinen Rittergut ein ansehnlicher Marktflecken, der 1823
ca. 2000 Einwohner zählte[1]. Der Begründer des Orts war der

---

[1] An die Entstehung dieses Fürstensitzes knüpfen sich sehr eigentümliche
Vorkommnisse.

Der regierende Herzog Karl Leopold hatte wegen seines Streites mit
den Ständen das Land verlassen und residierte zehn Jahre lang in Danzig
Prinz Christian Ludwig, sein jüngerer Bruder, der selbst später zur Regie=
rung gelangte, wünschte in den wildreichen Waldungen, unweit seines
Wohnsitzes in Grabow, ein kleines Jagdhaus zu errichten. Er begann 1724
einen Bau von sehr bescheidenen Verhältnissen aufzuführen. Der Herzog,
der seinem Bruder überhaupt nicht wohlgesinnt war, hatte kaum davon
erfahren, als er sogleich dem Kommandanten von Dömitz Befehl erteilte,
das unvollendete Bauwerk niederzureißen. Der Prinz begann im nächsten
Jahre in dem nahegelegenen Dorf Kummer einen zweiten Bau; auch dieser
wurde vom Herzog sistiert. Nachdem ein dritter Versuch an einer anderen
Stelle das gleiche Schicksal gehabt und den Handwerkern bei schwerer Strafe
die Beteiligung an den Plänen des baulustigen Prinzen untersagt war, ver=
zichtete dieser einige Jahre auf die Ausführung. Als ihm aber sein Gra=
bower Schloß abbrannte und der ihm zugewiesene Wohnsitz in Neustadt
nicht genügte, nahm er 1731 seinen Lieblingsplan wieder auf und zwar in
Klenow, dem jetzigen Ludwigslust, diesmal in größeren Dimensionen. Der
Herzog war natürlich sehr aufgebracht. Der Grabower Amtmann mußte

Bruder Karl Leopolds, der damals in Grabow wohnende Prinz
Christian Ludwig. Der Wildreichtum der umliegenden Forsten
veranlaßte 1736 den Bau eines in bescheidenen Verhältnissen angelegten Jagdschlosses. Dasselbe wurde, nachdem Christian Ludwig
1747 die Regierung angetreten hatte, erweitert und verschönert.
Aber erst seinem Nachfolger, Herzog Friedrich, welcher 1756 die
Regierung antrat, verdankt der Ort die Umgestaltung, die ihm
nunmehr den Charakter einer fürstlichen Residenz verlieh. Aus
Pietät für seinen Vater gab er ihm den Namen Ludwigslust. Im
Grunde aber war es eine durchaus neue Schöpfung, die unter
persönlicher Leitung dieses kunstsinnigen und prachtliebenden Fürsten
entstand. Der Bau eines großen, architektonisch stilvollen Schlosses,
der Kirche, die Anlage der Hauptstraßen, der Plätze, der Kasernen
und Marställe, alles dies fällt in die circa dreißigjährige Regierungszeit des Herzogs Friedrich (1756—1785). Das alte
Jagdhaus mit seinen Annexen wurde abgerissen. Was aber die
Begründung eines größeren Orts überhaupt erst möglich machte,
war die Zuführung von Wasser. Zu diesem Behuf ließ Herzog
Friedrich mit großen Kosten einen Kanal graben, welcher die Stör
mit der Elbe verband, den Ort durchströmte, dort eine Menge
künstlicher Wasserwerke speiste und dann die hinter dem Schloß

wieder einschreiten. „Einem apanagierten Prinzen“ — so hieß es in dem
Reskript — „bei einem noch nicht angewiesenen und bewilligten, sondern
mit sträflicher Eigenthätlichkeit occupierten und usurpierten demeure könne
dergleichen Unterfangen [in Klenow ohne höchsten Nachteil der landesfürst-
lichen Hoheits- und Regierungsrechte weder nachgesehen noch zugegeben werden, und der Amtmann solle daher den Handwerkern und Arbeitern das
Bauen untersagen.“
Prinz Christian Ludwig war aber jetzt entschlossen, dem Eingreifen
des wenig wohlwollenden Bruders energischen Widerstand entgegenzusetzen.
Er wandte sich an die in Rostock befindliche kaiserliche Kommission und erlangte
deren Schutz und die Bewachung des Baues durch ein kleines Truppen-
detachement. Die Proteste des abwesenden Herzogs blieben nun wirkungslos,
und 1736 war das Jagdhaus mit Seitenflügeln, Küchengebäude, Stallungen
u. s. w. vollendet. Es lag dort, wo sich jetzt der Schloßplatz befindet.
Gartenanlagen von zopfigem Geschmack umgaben das Etablissement. Die
innere Ausstattung war einfach, der Hauptschmuck bestand in Gemälden,
die der Prinz eifrig sammelte und die sich noch jetzt in der großherzoglichen
Galerie befinden.

liegende Waldung durchschnitt, deren sumpfiges Terrain, durch
Regulierungsarbeiten entwässert, allmählich zu einem großartigen
Park umgewandelt wurde.

Das Schloß, ein dreistöckiger symmetrischer Bau im Stil der
Spätrenaissance, mit zwei nach dem Schloßgarten zu sich vor-
schiebenden Flügeln, erhielt eine Bekleidung von pirnaischem Sand-
stein. Die behauenen Quadern wurden aus Sachsen auf dem
Wasserwege nach der Baustelle geschafft. Die architektonische
Gliederung der Façaden mit ihren ionischen und korinthischen
Säulen, die reiche Ornamentik der Friese und Gesimse zeugt noch
jetzt von dem feinen Kunstsinn des Erbauers. Zahlreiche antike
Göttergestalten und allegorische Figuren schmücken die Bekrönung.
Die innere Ausstattung ist vornehm und gediegen. Der im corps
de logis liegende Festsaal, weiß mit reicher Vergoldung, zeigt
edle Verhältnisse. Bei ihm und den daran stoßenden Prunk-
gemächern ist eine Nachbildung der Räume des Versailler Schlosses
geschickt und frei durchgeführt.

Die Umgebung des Schlosses, der Ort Ludwigslust selbst und
der weit sich hinstreckende Schloßgarten haben sich seit den Jugendjahren des Prinzen Friedrich nur unwesentlich verändert. Das
Ganze hat den Charakter des vorigen Jahrhunderts treu bewahrt.
Aus den Fenstern der Räume, welche die Eltern des Prinzen
bewohnten, schweift der Blick über den breiten, freien Schloßplatz
hinweg, über die schäumenden Fälle einer mächtigen Kaskade, über
weite, von alten Linden und Kastanien umsäumte Rasenplätze hin
zu dem hohen Säulenportal der im Basilikenstil erbauten Kirche.
Ihre Façade erinnert an die des Lateran. Eine säulengetragene
Vorhalle, darauf die Apostelstatuen, alles überragt von den riesigen
vergoldeten Lettern des byzantinischen Monogramms. Zu beiden Seiten der gartenartigen Anlage, welche sich zwischen Schloß
und Kirche hinzieht, liegen in symmetrischer Anordnung langgestreckte Häuserreihen, teils im Halbkreis ein rundes Bassin um-
gebend, teils den rechtwinkeligen Kirchenplatz begrenzend, alle aus
rotem Ziegelbau, durch gemeinsame Bedachung verbunden, halb
versteckt hinter den dichten Baumreihen, welche die Anlagen überall

umsäumen. Die gleiche Bauart zeigt der ganze Ort. Die langen Dachfirste und symmetrischen Fensterreihen der schmucklosen, aber solid gebauten Häuser, die nüchterne Uniformität der Baufluchten, alles das verrät, daß nicht Bedürfnis und natürlicher Zuwachs, sondern die gebieterische Verfügung eines fürstlichen Bauherrn hier maßgebend war. Kein Rathaus, kein Marktplatz oder sonstiges Wahrzeichen einer selbständigen Stadtgemeinde. Die dem Schloßplatz zunächst gelegenen vornehmeren Straßen waren von aktiven oder pensionierten Hofbeamten bewohnt, die bescheideneren Stadt= teile an die Schloßdienerschaft und an das Kleingewerbe vergeben.

Den anmutigsten Teil dieser fürstlichen Ansiedelung bildet der Schloßpark mit seinen prachtvollen, uralten Eichen= und Buchen= beständen. Hier machte der Prinz mit seinem Begleiter täglich weite Spaziergänge. Es gab da für den Knaben mancherlei zu sehen: künstliche Burgruinen, Bärenzwinger und Volieren, düstere Grotten von gewaltigen Fichten beschattet, Kaskaden und Springbrunnen, einsame Mausoleen, Schweizerhäuser und zierliche Pavillons — dazwischen, dem Geschmack früherer Zeit entsprechend, verschnittene Laubengänge, Statuen und Denkmale. Eines derselben, welches Großherzog Friedrich Franz I. seinem Lieblingspferd hatte setzen lassen, trug die sinnige Inschrift:

„Hier liegt das beste Pferd begraben,
Das viele Tugenden in sich vereint;
Könnt' man ein Pferd zum Freunde haben,
So läge hier mein Freund."

Der sogenannte Kaisersaal zeigte in einer schattigen Allee auf steinernen Postamenten die Büsten römischer Imperatoren. Ein schönes Marmorbild, an einsamer Stätte gelegen, trug die lieblichen Züge der frühverklärten Helene Paulowna. Hier düstere Weiher, auf denen ernste Schwäne dahinglitten, eine Einsiedelei versteckt unter Föhren und wildem Wein, dort der lange, blitzende Wasserstreifen des Kanals, gesperrt durch selbstthätige Schleusen, aus denen die gestaute Flut schäumend über künstliche Felsen stürzte.

Später durchstreifte der Prinz auf munterem Pony an der Seite seines Vaters den entlegeneren Forst, die Hirsche beobachtend, welche ruhig und vertraut auf den Waldwiesen ästen. Manchmal führte der Ritt in die Grabower Tannen, welche, durchfurcht von endlos scheinenden Schneisen und breiten, sandigen, birkenumsäumten Landstraßen, sich tief in das Land hinein erstrecken. Oder es ging im Galopp über die baumlose Niederung zwischen Ludwigslust und Hagenow, wo der moorige Boden unter dem Hufschlag der Pferde zittert, der Blick ungehemmt in duftige Fernen schweift und die kleinen Wasserlachen aus dem Heidekraut hervorblitzen wie die verstreuten Scherben eines zerbrochenen Riesenspiegels. Soweit das Auge reicht, keine menschliche Ansiedelung, unabsehbar dehnt sich die Ebene vor dem Reiter aus, darüber ein weiter Himmel mit seltsamen Wolkenbildungen. Nichts unterbricht die Stille als das kaum vernehmbare Summen der Heidebiene und der melancho= lische Ruf des Kiebitz.

Heute ist diese Gegend von der Berlin = Hamburger Bahn durchschnitten. Der blasierte Tourist, der einen Blick aus den Fenstern wirft, wendet sich gelangweilt ab von dieser eintönigen Natur. Und doch hat sie einen eigenen Reiz für die heimischen Bewohner. Auch vor dem Auge des Prinzen Friedrich werden sich dereinst großartigere Landschaftsbilder entrollen. Er wird den klassischen Boden Italiens und Griechenlands betreten, die Wunder des Orients schauen, den Nil bis zu seinen Katarakten hinauffahren. Von der Alhambra, vom Parthenon, von der Peterskuppel und vom Kreml wird sein Blick über prächtige Bau= werke und entzückende Fernsichten schweifen; die Paläste vieler europäischen Monarchen werden ihn als Gast beherbergen. Aber nirgends wird den nordischen Fürstensohn die geheime Sehnsucht verlassen nach den stillen Fluren des baltischen Küstenlandes, dem er entstammt. Überallhin wird ihn ein Stück jener Romantik begleiten, die der echte Sohn deutscher Erde in die Ferne mit sich nimmt, jene poesievolle Erinnerung an die Kindheit und die Heimat! —

Der Erbgroßherzog Paul Friedrich führte keinen eigenen Haushalt. Er bewohnte den Teil des großherzoglichen Schlosses, der seinen Eltern zur Verfügung gestanden hatte. Die verwitwete

Erbgroßherzogin Auguste hatte diese Räume verlassen und war nach dem Palais am Bassin übersiedelt, wo sie sich ganz der Erziehung ihrer Stiefkinder widmete. Diese räumliche Trennung vom großherzoglichen Hoflager war auch wohl durch die große Verschiedenheit der Lebensgewohnheiten und namentlich der religiösen Anschauungen veranlaßt worden, welche zwischen ihr und dem regierenden Großherzog bestand. Sie hat dieses bescheidene Haus, die „Friedensburg", wie sie es gern nannte, mit wenigen Unterbrechungen bis an ihr Lebensende bewohnt, umgeben von einem kleinen Kreis gleich gesinnter Freunde und Berater, in stiller, aber segensreicher Wirksamkeit.

Friedrich Franz I., obwohl für seine Person einfach und bedürfnislos, auch durch Rücksicht auf seine Gesundheit zu geregelter Lebensweise genötigt, hielt auf würdige Repräsentation. Sein Hofhalt war von vornehmem, etwas altmodischem Zuschnitt und entbehrte bei feierlichen Anlässen nicht eines angemessenen Aufwands. Der Marstall war vorzüglich gehalten, die Dienerschaft zahlreich und reich gekleidet; man sah dort Mohren, Zwerge, riesige Heiducken in roten, goldbetreßten Livreen, Läufer mit Federbaretts und Stäben, die den Equipagen voraneilten. Täglich um zwei Uhr war offene Tafel für alle adeligen Herren des Hofes und des Orts. Hoftrompeter und Paukenschläger gaben das Signal vom Balkon des Schlosses. Am Sonntag erschienen auch sämtliche Damen der Hofgesellschaft bei der Tafel mit Schleppe und Toque, die Herren dann in gestickter Uniform.

Der Großherzog, in Generalsuniform mit Federhut und goldenem Türkensäbel, war ein liebenswürdiger Wirt; seine Unterhaltung geistreich, witzig und gewürzt durch treffende Bemerkungen. Aber seine Scherze waren nicht verletzend; der heitere Humor, welcher den Grundzug seines Wesens bildete, neigte mehr zum Derbkomischen. Auch hatte er Gefallen an einer ungezwungenen Unterhaltung und gestattete seiner Umgebung darin manche Freiheiten.

Sein leutseliges Wesen, namentlich im Verkehr mit Leuten der unteren Stände, hatte ihn im Lande außerordentlich populär

gemacht. Zahlreiche Anekdoten, die noch heute im Munde des
Volks umlaufen, legen davon Zeugnis ab[1]. Wenn er in den
schattigen Alleen des Ludwigsluster Schloßparks spazieren ging,
angethan mit blauem Leibrock von militärischem Schnitt, auf dem
Haupt eine weiße, mit goldener Tresse versehene Mütze von der
Art, wie sie noch heute die höheren Marstallbeamten tragen, mit
spanischem Rohr und langer Pfeife, begleitet von einer Schar

---

[1] Charakteristisch sind die beiden nachstehenden, die ich einer „Lebens-
beschreibung Friedrich Franz' I." von Reimers, Rostock 1868, entnehme:

Der Großherzog gewahrte eines Tages auf dem Kamp zu Doberan
unter den Gästen einen Rostocker Studenten, dessen groteskes Wesen ihn sehr
belustigte. Es war der stud. theol. Hahn, Sohn eines Predigers. Ein
fahrender Harfenist ließ durch seine Lebensgefährtin den Spiellohn einfor-
dern. Als diese zum Großherzog kam, wies dieser sie neckend zu jenem
Studenten mit den Worten: „der Herr da bezahlt für mich". Der Student
griff denn auch gleich zum Beutel und bezahlte einen Thaler für seinen
Allergnädigsten Landesherrn und vier Groschen für sich, den Rostocker Bur-
schen. Zur Mittagstafel im Kurhaus lud der Student alle Kommilitonen,
die gerade in Doberan anwesend waren, ein, mit ihm im Salon zu speisen
und zu trinken, welches letztere sie denn auch als trunkfeste Bursche weid-
lich thaten. Als am Ende der Kellner kommt und Rechnung machen will,
erhebt sich unser Mann, verbeugt sich gegen den Großherzog, welcher wie
gewöhnlich am oberen Ende der Tafel an der Mahlzeit teilnahm, und sagt:
„Königliche Hoheit wird die Gnade haben, für mich und meine Gäste zu be-
zahlen". Der Fürst ging mit guter Laune auf den Scherz des etwas übermütigen Tischgastes ein, nicht ohne dessen Verfahren durch ein paar Kraft-
ausdrücke zu kennzeichnen. —

Eines Tages gewahrte der Großherzog unter den Spielern am Rou-
lettetisch einen ihm bekannten Töpfer aus Rostock. „Na, Meister", redete
er ihn an, „wieviel wollen wir denn heute daran wagen?" „Ick bacht 'n
twintig Taler, Herr Herzog!" erwiderte der Töpfer. „Das ist mir eigentlich zu viel", sagte der Großherzog lächelnd, „indessen will ich auch mal
soviel riskieren, und wir wollen nun sehen, wer am ersten mit seinem
Gelde fertig wird." Das Spiel beginnt, und es währt nicht lange, so haben
beide ihr Geld verloren. Der Großherzog sieht seinen Mitspieler mitleidig
an und fragt ihn: „Ja, Meister, unser Geld is heibi; was machen wir
nun?" Der Töpfer antwortet ganz treuherzig: „Ja, Herr Herzog, ick gah
woll nach Hus un mak werre Pött un Schalen, un Sei künen jo man
werre Runterbutschon utschrieben." Der Großherzog gab auf diese vor-
witzige Äußerung eine derbe Antwort, aber eine Stunde später erhielt der
Töpfer durch einen Lakai eine Rolle mit 50 Thalern, mit der Warnung,
künftig nicht wieder zu spielen.

munterer Möpse, gegen die er sehr nachsichtig war, — so pflegte
er gern die Vorübergehenden anzureden oder mit den Garten-
arbeitern zu plaudern, sie nach ihren persönlichen Angelegenheiten
zu befragen und dies in einer dem Verständnis der Betreffenden
angemessenen Redeweise.

Dabei war er wohlthätig im stillen, gerecht in seinen
Regierungsakten und bis in sein hohes Alter gewissenhaft in der
täglichen Ausübung seiner Regentenpflichten. Es sind noch Tagebücher über die letzten zwanzig Lebensjahre vorhanden, in welchen
er seine Erlebnisse, auch die unbedeutenderen Vorkommnisse des
Hoflebens, die Witterung und dergleichen, genau verzeichnete.
Die fast pedantische Gewissenhaftigkeit, mit der er darin über
die Schwankungen seines Gesundheitszustandes Buch führte, läßt
erkennen, daß die Sorge für sein körperliches Wohlbefinden ihn
sehr beschäftigte, was ja übrigens häufig eine dem höheren Lebens-
alter eigentümliche Erscheinung ist. Ohne geradezu kränklich zu
sein, litt er doch viel an gichtischen und asthmatischen Beschwerden.
Die Abhaltung größerer Hoffestlichkeiten überließ er daher später
gern der jüngeren, lebensfrischeren Generation.

Seine glücklichsten Tage verlebte er in Doberan. Die Liebe
zu dieser Schöpfung, welche sich in seinen Journalen widerspiegelt,
seine Freude an dem ungezwungenen Treiben des Badelebens, an
dem Aufblühen des Orts und seine Dankbarkeit für die dort
genossenen fröhlichen Stunden hat geradezu etwas Rührendes. Hier
konnte er zwanglos mit befreundeten Fürsten, Kurgästen und mit
den eigenen Unterthanen verkehren, und er that dies in einer so
herzlichen Weise, daß er dadurch weit über die Grenzen seines
Landes hinaus eine Popularität gewann, wie sie wenig deutsche
Fürsten besaßen. Er hielt darauf, daß auch die anderen Glieder
seiner Familie die exklusive Stellung verließen, die ihnen ihr Rang
sonst zuwies. Der großherzogliche Hof speiste an der öffentlichen
Mittagstafel, hatte auch im Theater keine besondere Loge, sondern
nahm auf der ersten Sitzreihe des Parketts Platz.

Die Zerstreuungen des Badelebens ersetzten dem alternden
Fürsten die Reisen ins Ausland, welche sein Gesundheitszustand

nicht mehr zuließ und für welche er überhaupt wenig Neigung
hatte. Die Anwesenheit Feldmarschall Blüchers, der häufig nach
Doberan kam, war dem Großherzog immer eine besondere Freude.

Sehr gern unternahm er auch mehrtägige Ausflüge auf einer
Segeljacht, die vor dem Kurhaus am Damm ankerte. Diese
Fahrten, zu welchen eine kleine Herrengesellschaft geladen wurde,
führten längs der Küste nach Rostock, Rügen, Lübeck oder hinüber
zu den dänischen Inseln.

Auf den Doberaner Aufenthalt, der meistens vierzehn Wochen
dauerte, folgte gewöhnlich ein kurzer im Jagdschloß Friedrichsmoor.
Dann wurde das Hoflager wieder dauernd nach Ludwigslust verlegt.

Obwohl Schwerin Centralsitz der Regierung war, pflegte
Friedrich Franz I. dort nur ungern und immer nur für einige
Wochen in den Wintermonaten zu residieren. Nur der Minister
von Plessen, welcher seit 1823 den Frankfurter Gesandtenposten
an den strelitzschen Minister von Pentz abgetreten hatte und zum
Mitglied des Regierungskollegiums ernannt war, lebte dauernd in
Ludwigslust, von wo aus er als Vorstand des Geheimen Kabinetts
einen nicht unbedeutenden Einfluß auf die Regierungsgeschäfte ausübte. Doch war sein Verhältnis zu dem leitenden Staatsminister
von Brandenstein ein gutes und durch keinerlei Reibungen getrübt,
obwohl der Großherzog ihn häufig bevorzugte. Der Grund hierfür mochte teils in der räumlichen Trennung der ersten Regierungs-
behörde vom Hoflager, teils darin liegen, daß Plessen mehr Gewandtheit im Verkehr mit seinem Herrn besaß als sein älterer
Kollege. Doch wirkte beim Großherzog gewiß auch noch ein Gefühl der Dankbarkeit mit für die selbstlose Anhänglichkeit, welche
Plessen ihm durch das Ausschlagen glänzender Anerbietungen von
anderer Seite bewiesen hatte[1].

---

[1] Dieser eigentümliche Vorfall wird am klarsten beleuchtet durch einen
Bericht Plessens vom 24. März 1823:

„Ew. Königl. Hoheit haben während meines letzten Aufenthalts in
Wien Andeutungen und Nachrichten über diejenigen Anträge vernommen,
welche mir wiederholt zu dem Ende gemacht worden, um in auswärtige

Es war dies gleich nach den Wiener Konferenzen geschehen. Nach Mitteilungen eines österreichischen Diplomaten, die in jenem Privatbrief vorliegen, hatte Fürst Metternich damals geäußert:

Dienstverhältnisse zu treten. Ich halte es um so mehr für meine Pflicht, Allerhöchstdieselben hiervon in genauere Kenntnis zu setzen, und befolge auch den mir dieserhalb bei meiner Rückkehr gewordenen Allerhöchsten Befehl. —

Es hat seine völlige Richtigkeit, daß gleich in der ersten Konferenz, welche ich bei meiner Ankunft in Wien mit dem Herrn Fürsten Metternich und dem Grafen Bernstorff hatte, mir von beiden Ministern geäußert ward daß eine Veränderung mit der Präsidialgesandtschaft am Bundestage vorgenommen und der Graf von Buol auf jeden Fall abgerufen werden sollte; daß man zwar zur Wiederbesetzung dieser Stelle auf den Baron Münch reflektiere, jedoch immer — es sei mir erlaubt, dieselben Worte zu brauchen — »keinen besseren Präsidialgesandten wisse als mich« und mich noch einmal befragen wollte, ob ich nicht dazu geneigt sei und mich jetzt noch entschließen könnte. Ich war hierauf einigermaßen vorbereitet und gefaßt, und nach der Ew. Königl. Hoheit Allerhöchstselbst schon vor meiner Abreise und früher gemachten Zusage nahm ich keinen Anstand, meinen Entschluß auf eine Weise auszusprechen, welche den weiteren Unterhandlungen hierüber gleich vorbeugte, indem ich bestimmt erklärte: wie ich gegen Ew. Königl. Hoheit persönlich mich anheischig gemacht, ein Dienstverhältnis, worin Sie mich mit Ihrem näheren Vertrauen und Ihrer Gnade beglücken, auch für die Dauer Ihres Lebens nicht zu verlassen; ich sei also hierin durchaus gebunden und jede anderweitige Bestimmung hänge nicht von mir selbst ab. —

Nach einiger Zeit bemerkte mir der Herr Fürst von Metternich: wie Se. Majestät der Kaiser gern bereit und geneigt sein würde, an Ew. K. Hoheit zu schreiben, um eine Dienstveränderung zu bewirken, da doch die Stelle eines Präsidialgesandten nicht dem österreichischen Interesse allein, sondern auch dem allgemeinen Wohl des deutschen Bundes gewidmet wäre. Ich habe hierauf meinerseits nur Zweifel und Bedenklichkeiten zu erkennen gegeben. —

Auch der Minister Graf Bernstorff nahm während dieser Zeit verschiedentlich die Gelegenheit, mir zu äußern: daß, wenn mir vielleicht ein preußisches Dienstverhältnis mehr angemessen wäre, er mir auch jetzt noch immer, so wie früher, die Stelle des preußischen Bundestagsgesandten anbieten könne. —

Nachdem nun der Freiherr von Münch die Anweisung erhalten, sich zu dem Posten des Präsidialgesandten vorzubereiten, habe ich nach dem Wunsch und auf Ansuchen des Fürsten Metternich nicht nur mündlich mehrmals mit demselben konferiert, sondern auch schriftlich diejenigen Hauptpunkte aufgesetzt, welche mir wesentlich erschienen, um durch zweckmäßige Leitung den Bundestagsverhandlungen mehr Ordnung, Zusammenhang, Gehalt und Würde zu verschaffen. In den Konferenzen, die darüber zwischen dem Fürsten Metternich und dem Grafen Bernstorff gehalten sind, bin ich auch

6*

Der Bund, so wie er jetzt bestehe, könne unmöglich den Zweck
seiner Stiftung erfüllen, er bedürfe an seiner Spitze eines Mannes
wie des Herrn von Plessen, um seine Stellung in voller Kraft
und Wirksamkeit zu behaupten.

Bald darauf wurde letzterem der Posten eines Präsidialgesandten durch den österreichischen Staatskanzler offiziell angeboten.
Plessen lehnte entschieden ab. Er zog vor zu bleiben, was er
gewesen, ein mecklenburgischer Patriot, ein treuer Diener und Berater seines Fürsten[1].

Da Brandensteins Gesundheit nach einer 1822 überstandenen
schweren Krankheit der Schonung bedurfte, so fungierte Plessen
seitdem als Kommissar auf den Landtagen. Das gute Einvernehmen
und segensreiche Zusammenwirken der beiden Männer dauerte noch
dreizehn Jahre.

In den wichtigen Reformen der Verwaltung, welche in diesen
Zeitraum fallen, behielt Brandenstein die Führerrolle. Mit großer
Arbeitskraft ausgestattet — er begann sein Tagewerk um vier Uhr
früh —, verbrachte er sein Leben am Schreibtisch. Ein Spazierritt
in der Mittagsstunde und ein Gespräch mit Freunden am Thee-
tisch waren seine einzige Erholung. Gesellschaftlichen Zerstreuungen
blieb er fern.

Mecklenburg verlor die drei Männer, denen es soviel ver-

---

jederzeit gegenwärtig und zugezogen gewesen; aber nur ich allein und keiner
von den anderen dortigen Diplomaten.

Beim Abschied aus Wien bezeigte mir der Fürst Metternich noch dieselbe Güte und das Vertrauen, womit derselbe mich empfangen. Er dankte
mir verbindlichst für meine Überkunft und Beratung und setzte hinzu: daß,
wenn sich vielleicht die Zeiten ändern sollten und ich durch keine Zusage
weiter gebunden wäre, sich auch später die Absichten, welche man gegenwärtig gehegt, zur Erfüllung bringen ließen."

[1] Der Engere Ausschuß ehrte diese Gesinnungen durch ein von einer
Deputation überreichtes Schreiben, welches dem Großherzog den Dank der
Ritter- und Landschaft dafür aussprach, daß „Allerhöchstdemselben gelungen
sei, diesen nicht allein in Mecklenburg, sondern in ganz Deutschland hochverehrten Mann, ungeachtet der selbigem von anderer Seite eröffneten Aussichten, der gesegneten Wirksamkeit in seinem engeren Vaterlande zu erhalten".

dankte, den Landesherrn und seine beiden Minister, in dem kurzen
Zeitraum eines Jahres. Brandenstein starb 10 Monate vor seinem
Fürsten (12. April 1836), Plessen wenige Monate nach ihm (25.
April 1837).

Die Personen des Hofstaats namhaft zu machen, welche
während der langen Regierungszeit Friedrich Franz' I. eine mehr
oder weniger einflußreiche Rolle spielten, würde uns zu weit führen.
In den 20er und 30er Jahren, welche uns als Jugendzeit des
Prinzen Friedrich hier vorzugsweise interessieren, gehörten zur
nächsten Umgebung des regierenden Herrn: Generaladjutant von
Bobbien, der Commandeur des Grenadiergardebataillons,
Oberst (später Generalmajor) von Both, Reisemarschall von Buch,
Hofmarschall von Levetzow, die Kammerherren von Cramon und
von Sperling. Diese Herren nahmen an der abendlichen Whist-
partie teil, auf welche der Großherzog nur dann verzichtete, wenn
ihn ein Unwohlsein daran hinderte. In Doberan pflegte er auch
die Spielbank zu besuchen, doch spielte er weder hoch noch besonders
glücklich. An der Spitze der Hofverwaltung stand in früherer Zeit
der Oberhofmarschall von Bülow-Düssin [1], später der Hofmarschall
von Roeder. Der Sitz dieser Behörde war Schwerin, und der Umstand, daß das Hoflager sich meist an anderen Orten befand,
führte in der Verwaltung dieses Departements zu mancherlei Un-

---

[1] Er war 1747 geboren, ward Kammerherr des Herzogs Friedrich,
lebte dann auf seinen Gütern und unternahm 1780 große Reisen nach
Frankreich, England und an die nordischen Höfe. Er trat dann wieder in
den Hofdienst, in welchem er zum Oberhofmarschall anrückte. Während
der Kriegsjahre hatte er viel mit französischen Marschällen zu verhandeln.
1807, während der Vertreibung des Herzogs, reiste B. an der Spitze einer
ständischen Deputation nach Warschau, um von Napoleon die Einsetzung
des rechtmäßigen Landesherrn zu erbitten. Der Zweck dieser Sendung ward
nicht erreicht. B. war ein Mann von vornehmem, imponierendem Wesen,
feinen geselligen Formen und gradem, offenem Charakter. Er erwarb noch
eine Reihe von Gütern, welche aber nach seinem 1826 erfolgten Tode bis
auf das Erbgut Düssin verkauft wurden. Er war der Vater des bekannten
preußischen Staatsministers Heinrich v. B., welcher auch Düssin erbte. Von
seinen Enkeln, dem mecklenburgischen Gesandten Bernhard v. B. und dem Staatssekretär des Auswärtigen Amtes Bernhard Ernst v. B., wird im Lauf dieses
Werks noch wiederholt die Rede sein.

zuträglichkeiten, die erst später mit der Verlegung des Hoflagers nach Schwerin unter Paul Friedrich abgestellt wurden.

Der vorzüglich eingerichtete Marstall war durch den Oberstallmeister Vollrath von Bülow[1], einen Schwiegersohn des Oberhofmarschalls, nach englischem Muster neu organisiert worden. Die edle Rasse der Pferde, die glänzenden Karossen und reichen, geschmackvollen Livreen fanden schon damals die ungeteilte Bewunderung fremder Gäste und selbst fürstlicher Besucher. Durch Begründung eines Landgestüts in Redefin und durch Ankauf berühmter Hengste, die er selbst in England auswählte, erwarb sich Herr von Bülow große Verdienste um die Veredelung der mecklenburgischen Pferdezucht, deren alter bewährter Ruf durch die langen Kriegsjahre und die fremden Invasionen stark gefährdet worden war.

Als dem Fürsten sehr nahe stehend und zu wichtigen Funktionen im Hof- und Staatsdienst berufen, müssen wir last not least noch des Oberhofmeisters von Lützow gedenken, eines Mannes von hoher Bildung und edelstem Charakter. Er hatte den Erbgroßherzog Friedrich Ludwig wiederholt nach Petersburg und Paris begleitet und sich als gewandter Diplomat bewährt. Nach Beendigung der 1808 zu Paris gepflogenen Unterhandlungen ernannte ihn der Großherzog zum Gesandten am Berliner Hofe. Er hat diesen Posten mit einigen Unterbrechungen bis zu seinem Tode bekleidet und dabei unter schwierigen Verhältnissen große Dienste

---

[1] Vollrath v. B., geb. 1771, trat mit seinem 14. Jahre als Kadett in das hannöversche Kavallerieregiment „Königin", machte in demselben und als Adjutant des Feldmarschalls von Freytag den Feldzug in den Niederlanden mit und zeichnete sich wiederholt durch Tapferkeit aus. Nach Auflösung der hannöverschen Armee in sein Geburtsland zurückgekehrt, ward er Adjutant des Prinzen Adolf, 1805 Chef des herzoglichen Marstalls und 1810 Oberstallmeister, welches Amt er bis zu seinem 1840 erfolgten Tode bekleidete. Neben seinen Verdiensten um die mecklenburgische Pferdezucht erwarb er sich noch durch Reorganisation des Marstalls und durch Leitung der darauf bezüglichen Bauten in beiden Residenzen die besondere Anerkennung seiner Fürsten. Zu Großherzog Paul Friedrich stand er in einem besonders vertrauten, geradezu freundschaftlichen Verhältnis. Seiner rastlosen Thätigkeit und seltenen Berufstreue, seiner aufopfernden, in allen Zeitverhältnissen bewährten Vaterlandsliebe setzte dieser Fürst durch einen rühmenden offiziellen Nachruf ein ehrenvolles Denkmal.

geleistet. In späterer Zeit pflegte er indessen nur die Wintermonate in Berlin zu verbringen und im Frühjahr nach Ludwigslust zurückzukehren.

Seine Gemahlin, eine geborene Freiin von Maltzahn, begleitete
ihn nicht auf seinen Berliner Posten, sondern wohnte dauernd
in Ludwigslust, wo sie die Dienste einer Oberhofmeisterin am
regierenden Hofe versah. Sie übte dort, in Verbindung mit der
Gemahlin des Ministers von Plessen, einen sehr günstigen Einfluß auf die Hofkreise aus, in welchen sich eine verflachende, allzu
leichtlebige Richtung hin und wieder geltend machte, und wenn
es ihr auch nicht möglich war, alles zu verhindern, was sie
mißbilligte, so blieb doch ihr Haus der Mittelpunkt für die geistigen Interessen und sittlichen Anschauungen gleichgesinnter Freunde.

Herr von Lützow war eine würdevolle Erscheinung. Er war
ein echter Edelmann, von reichen Geistesgaben, großer Gemüts-
tiefe und stets zu thatkräftigem Beistande bereit für alle, die seine
Hülfe suchten. In seinen Worten wahr, in seinen Sitten schlicht,
liebte er das Einfachste am meisten, verstand aber diese Geschmacks-
richtung mit den repräsentativen Pflichten zu vereinigen. Die
Strenge seiner religiösen Überzeugungen schied ihn in mancher
Hinsicht von seinem Herrn, doch blieb das freundschaftliche Verhältnis beider davon unberührt.

Die Schilderung der örtlichen und persönlichen Verhältnisse,
von welchen Prinz Friedrich seine ersten Jugendeindrücke empfing,
muß hier abgebrochen werden. Mehr als eine Skizze sollte es
nicht sein, auch wird sich nicht feststellen lassen, wie weit diese
Eindrücke für die spätere Charakterentwickelung maßgebend waren.
Gewiß ist, daß Friedrich Franz II. auch in reiferen Jahren voll
Pietät an den Erinnerungen seiner Kindheit hing und daß er das
Andenken der Männer hoch hielt, welche in ernster und bewegter
Zeit dem Lande gedient, den Thron seiner Väter gestützt und
verteidigt hatten. Einer persönlichen Einwirkung auf die Erzie-
hung scheint sich sein Urgroßvater enthalten zu haben; doch erschien
er manchmal unerwartet während der Unterrichtsstunden und be-

zeigte freundlichen Anteil an dem Gedeihen und an den Fort=
schritten des zukünftigen Thronerben.

Während der Abwesenheit der fürstlichen Eltern waren die
Kinder der besonderen Obhut der Erbgroßherzogin Auguste anver=
traut. Im Herbst 1829 unternahm das erbgroßherzogliche Paar
eine mehrmonatliche Reise nach Frankreich und fand am Hofe
Karls X. glänzende Aufnahme. Einige Jahre vorher, 1826, hatte
sich Paul Friedrich nach St. Petersburg begeben, teils um seinen
Oheim, den Kaiser Nikolaus, zu dessen wenige Monate vorher
erfolgter Thronbesteigung zu beglückwünschen, teils um die Rege=
lung der Hinterlassenschaft seiner Mutter, der Großfürstin Helene
Paulowna, herbeizuführen. Die durch deren Ableben begründeten
Erbschaftsansprüche waren bis dahin noch immer nicht definitiv
befriedigt worden. Diese Angelegenheit fand nunmehr ihre Er=
ledigung. Der Erbgroßherzog hatte behufs der damit verbun=
denen Unterhandlungen seinen früheren Erzieher, den nunmeh=
rigen Geh. Legationsrat von Schmidt nach Petersburg mitge=
nommen. Derselbe hatte sich seit 1822 ins Privatleben zurück=
gezogen, wohnte in Ludwigslust und beschäftigte sich bis in sein
hohes Alter mit naturwissenschaftlichen und volkswirtschaftlichen
Studien. Auch wurde er später unter der Regierung Paul Fried=
richs zu gutachtlichen Äußerungen in Handels= und gewerblichen
Fragen herangezogen [1].

Die beiden eben erwähnten Reisen waren die einzigen,
welche der Erbgroßherzog bis zu seinem Regierungsantritt unter=
nahm. Friedrich Franz I. sah es nicht gern, wenn sein Enkel
für längere Zeit das Land verließ, und auch die alljährlichen Be=
suche am Berliner Hofe, bei welchen Prinz Friedrich manchmal
seine Eltern begleitete, bedurften stets einer ausdrücklichen, nicht
immer leicht zu erlangenden Genehmigung. Außerdem war der
Erbgroßherzog durch seine Funktionen als Inspecteur der Truppen
an die Heimat gefesselt. So sehr diese Stellung an und für sich

---

[1] Er war vermählt mit einer Tochter des Erblandmarschalls von Lützow
auf Eickhof und starb am 17. März 1864 zu Ludwigslust im Alter von
84 Jahren.

den militärischen Neigungen des Prinzen entsprochen hätte, so
ward sie ihm doch zur Quelle fortgesetzten Mißbehagens, da eine
irgendwie selbständige Leitung damit keineswegs verbunden war.
Ein solches Ehrenamt, denn mehr war es nicht, vermochte ihm
keine Befriedigung zu gewähren. In allen Fragen der Verwaltung sah er sich durch kleinliche Rücksichten gefesselt, durch Schwierigkeiten mannigfachster Art gehemmt. Verbesserungen in der Bekleidung und Ausrüstung, die er vorschlug, Detachementsübungen,
welche die Ausbildung befördern sollten, wurden meist zu kostspielig befunden, und auch auf die Avancements der Offiziere hatte
er keinen Einfluß. War die Stellung als Thronerbe neben einem
hochbetagten, seine Regierungsgewalt eifersüchtig bewachenden
Fürsten überhaupt keine leichte, so litt der Prinz noch unter dem
Mangel einer nützlichen Thätigkeit, nach welcher er wiederholt
dringend verlangte. Sein heiteres, lebensfrohes Temperament
half ihm wohl über das Unbehagliche hinweg, doch scheint der
Großherzog die Fähigkeiten und die Arbeitslust seines Enkels
unterschätzt zu haben. Wenigstens versagte er ihm eine Teilnahme an den Regierungsgeschäften, wie er solche doch seinem
eigenen Sohn, dem Erbprinzen Friedrich Ludwig, in sehr weitem
Umfange einstmals eingeräumt hatte. Ebenso wie der Wunsch
nach Beschäftigung blieb auch der einer eigenen Hofhaltung unerfüllt. Obwohl das Verhältnis zwischen dem Prinzen und seinem Großvater unter solchen Trübungen zeitweise litt, ließ der
erstere dennoch die Ehrfurcht gegen das Familienoberhaupt niemals außer Augen, war auch seiner ganzen Gemütsart nach
immer wieder leicht versöhnt.

Als treuer Freund und Ratgeber stand ihm in solchen Zeiten
der Bedrängnis oder Verstimmung der Minister von Plessen zur
Seite, welchem er ein unbegrenztes Vertrauen schenkte. Zwischen
beiden bestand ein lebhafter Briefwechsel. Der Minister, welchem
mehr als seinem Herrn daran lag, das Interesse des Thronerben
an den Regierungsangelegenheiten wach zu erhalten, sandte ihm
die wichtigeren Gesandtschaftsberichte, ministeriellen Denkschriften
u. s. w.; der Erbgroßherzog seinerseits schrieb, sobald er in Ver-

lin war, ausführliche Briefe über seine dortigen Eindrücke und die politischen Vorgänge, welche gerade das Interesse der Hofreise in Anspruch nahmen. Diese regelmäßig geführte Korrespondenz erstreckt sich über einen Zeitraum von 15 Jahren. Ihr Inhalt liegt zu weit ab von dem Gebiet, welches wir zu durchschreiten beabsichtigen, als daß wir näher darauf eingehen könnten. Der nachstehende Brief des Erbgroßherzogs mag indessen zur Charakteristik dieses intimen Briefwechsels dienen.

„Ludwigslust, den 19. September 1819. — Verehrtester Herr Minister! Empfangen Sie meinen aufrichtigen und herzlichen Dank für Ihren so gütigen und so freundlichen Brief vom 13. d. M. Die Wünsche zu meinem Geburtstage, die Sie mir in demselben zu erkennen geben, haben meinem Herzen recht, recht wohl gethan. Halten Sie sich versichert, daß ich die Bedeutung derselben erkenne. Wahrlich, Sie haben recht, wenn Sie den jetzigen Abschnitt meines Lebens einen e r n s t e n und w i c h tigen nennen. Glauben Sie mir, daß ich dieses gewiß nicht verkenne und daß es mein stetes Bestreben ist und sein wird, die mir vom Himmel gegebene Stellung auf eine ehrenvolle und rechtliche Weise zu behaupten. Gewiß wird mir dieses leicht werden, wenn Sie, bester Minister, fortfahren, mir Ihren guten Rat auch ferner zu erteilen, so wie Sie es mir gütigst versprochen. Gewiß wird er von mir stets freundlich aufgenommen werden, und sollten unsere Meinungen zuweilen auseinandergehen, so werden Sie es mir nicht übel nehmen, wenn ich es unumwunden heraussage, aus welchen Gründen die Verschiedenheit der Meinungen und Ansichten entspringt. Nach meiner geringen Einsicht halte ich dieses für den kürzesten und geradesten Weg, sich zu verständigen und ein gutes Resultat herbeizuführen. — Die unglückselige Braunschweiger Geschichte ist wieder für alle Regenten, zumal für alle jüngeren, und auch für die Nachfolger eine scharfe Lehre, wohin Stolz, Eigensinn und deren gewöhnliche Begleiterin, Feigheit, führen können. Ist es nur möglich, sich so zu benehmen und mit solchen Menschen zu umgeben, wie der Herzog Karl es gethan hat!

In der Stube des Herzogs hat man Briefe vom König und
der Kronprinzessin von Preußen, sowie auch ein Notizenbuch vom Herzog gefunden, welche in den ersten Tagen öffentlich
auf dem Rathause jedem, der sie sehen wollte, gezeigt worden sind.
In den Briefen wird der Herzog auf das väterlichste
ermahnt, seinen Lebenswandel zu ändern und sein so
schönes Land glücklich zu machen. Wie gut er diese
Weisung befolgt hat, zeigen nun einige Sachen aus dem
Notizenbuch. So steht z. B. auf einer Seite: »der General
von Herzberg wird heute zur Tafel geladen, wartet eine Stunde
im Vorzimmer, und dann wird er abgesagt, weil die Einladung
aus Versehen geschehen wäre; ebenso der Major N. N., wartet
3 Stunden und wird dann abgesagt« ꝛc. — Der vor 14 Tagen
verstorbene Oberstallmeister von Oehnhausen war früher der
erste Günstling des Herzogs. Als er plötzlich nach Tafel schwer
krank wurde, soll der Herzog zu ihm gegangen sein, dem im
Sterben liegenden Manne die ungeheuersten Vorwürfe über die
Verwaltung des Marstallamtes gemacht und sich an seinen
Qualen geweidet haben. Man erzählt ganz laut noch viel
schändlichere Details, die ich mich aber nicht überwinden kann
niederzuschreiben. Dem mag nun sein, wie da will, so ist
die Empörung und das Sengen und Brennen auf keine Weise
zu entschuldigen. Und nun gar die Auftritte in Sachsen! Wird
dieses von den Monarchen so ruhig mit angesehen werden
können? Es ist doch eine schreckliche Zeit, in der wir leben.
Gott sei Lob und Dank, daß hier alles so ruhig ist! Der
Himmel wird uns ja vor solchem Unglück bewahren. Das
weiß ich wenigstens gewiß, daß durch mein Ver-
schulden solche Auftritte nicht herbeigeführt werden sollen.

Sie noch einmal um die Fortdauer Ihrer Freundschaft
bittend, bin ich wie immer Ihr ergebenster Diener und Freund
Paul.

P. S. 4 Uhr abends. In dem Augenblick, wo ich meinen
Brief schließen will, kommt die Staatszeitung mit den amtlichen

Nachrichten über die durch die Polizei in Berlin herbeigeführten Unruhen, die aber, dem Himmel sei Dank, höchst unbedeutend gewesen sind. — Machen Sie doch, daß der Großherzog sobald als möglich hierher kommt. Sicherlich ist hier im Lande nichts zu befürchten, aber besser ist es doch, wenn bei solchen Zeitumständen der Landesherr nicht zu weit von seiner Regierung entfernt ist. Oft kann durch eine einzige kräftige Maßregel, die zur rechten Zeit genommen wird, großen Unglücksfällen vorgebeugt werden."

Dieser Rat des Erbgroßherzogs war sehr am Platze, kam aber doch schon zu spät, denn bereits am Abend desselben Tages, an welchem der vorstehende Brief abging, brachen in Schwerin sehr ernste Unruhen aus. Den Anlaß zu dem Tumult gab der vermutlich durch Anzünden verursachte Brand eines Torfschuppens im Garten der großherzoglichen Münze. Der Feuerlärm hatte eine Menge Menschen vor die Münze gelockt, doch gestattete man mit Rücksicht auf die dort vorrätig gehaltenen Bestände niemandem den Eintritt in das Gebäude und ließ den isoliert liegenden Schuppen niederbrennen. Die militärische Wache vermochte aber den Andrang des durch fremde Handwerksgesellen aufgereizten Volkshaufens nur mit Mühe abzuwehren. Die Menge warf sämtliche Fenster ein und bereitete einen Sturm vor, als ein Militärdetachement eintraf und das Gebäude besetzte. Auf einen Angriff mit Steinen antwortete dasselbe mit einer scharfen Salve, durch welche, obwohl hoch angeschlagen war, ein Mann getötet und mehrere Personen verwundet wurden. Die Ruhestörer flohen, verübten aber noch in verschiedenen Teilen der Stadt Excesse. Der Erbgroßherzog traf am nächsten Morgen aus Ludwigslust ein, mit ihm eine Abteilung Dragoner. Die Bürger versammelten sich auf dem "Alten Garten", wurden in Compagnieen eingeteilt und bewaffnet. Diese Bürgerwehr, etwa 1000 Mann stark, besetzte die Rathäuser und Thore, sandte Patrouillen durch die Stadt und zeigte unter der Leitung des Erbgroßherzogs große Energie. Auch als am Abend des 22. September in der Vorstadt, an der sogenannten Kuhtrift, abermals ein Feuer entstand, welches mehrere mit Stroh gedeckte Häuser zerstörte, blieb durch ihr sofortiges Zusammentreten die Ordnung aufrechterhalten. Gleichfalls ohne Folgen blieben die anonymen Aufrufe, welche man mehrmals an den Straßenecken angeschlagen fand. Zur Untersuchung dieser Vorgänge wurde sofort eine Kommission eingesetzt.

„Seit dem letzten Brand" — schrieb der Erbgroßherzog am 25. dem Minister — „ist nichts weiter vorgefallen. Die Angst und der Schrecken unter den Einwohnern ist aber so groß und wird durch alle möglichen falschen Gerüchte so aufrechterhalten, daß selbst die Frauen in der Vorstadt des Nachts bewaffnet Wachen thun. Der Geist unter den Bürgern ist vortrefflich und die Anhänglichkeit an den Großherzog spricht sich täglich auf die rührendste Weise aus. Ich gewinne immer mehr und mehr die Ansicht, daß die hiesigen Unruhen zum Teil von außerhalb instigiert worden sind, wobei die Masse des hier wohnenden Gesindels den Unruhestiftern leichtes Spiel gewährt."

Dank der getroffenen Maßregeln verliefen die Herbstmonate ruhig. Im Januar fanden aber wieder in einzelnen Orten, namentlich in Wismar Krawalle statt. In Schwerin wurden wiederholt aufrührerische Plakate angeschlagen. Die Bürgerschaft trat diesen durch ausländische Emissäre veranstalteten Wühlereien mit einer Loyalitätsadresse entgegen und brachte dem Großherzog, als dieser am 20. Febr. 1831 in der Residenz eintraf, einen Fackelzug. Die Ereignisse des letzten Herbstes hatten übrigens den Blick für manche Mängel geschärft, die sich in der Stadtverwaltung fühlbar machten. So schritt man jetzt zur Einrichtung einer stehenden Feuerwehr, einer Armenschule und beschloß, die von den Bürgern längst gewünschte Vereinigung der drei gesonderten Stadtgebiete. Die Unzuträglichkeiten, welche durch die getrennte Verwaltung der Altstadt, Neustadt und Domfreiheit entstanden, waren sehr lästig. So gab es z. B. sieben verschiedene Gerichte, je zwei Magistrats-, Stadt- und Waisengerichte und ein Domkapitelgericht. Dieselben wurden nun sämtlich zu einem Nieder-

gericht vereinigt, und am 1. Jan. 1832 trat die neue Stadtver-
faſſung für das geſamte Kommunalgebiet in Kraft.

Inzwiſchen war im Sommer 1830 die Cholera von Oſten
kommend in den preußiſchen Häfen und angrenzenden Landesteilen
ſehr heftig aufgetreten und näherte ſich der Grenze. Die zur Ab-
ſperrung getroffenen Maßregeln vermochten ſie aber nicht aufzuhalten. Im September trat ſie in Roſtock auf und verbreitete
ſich von da über das Land. Die einzelnen Städte ſuchten durch
lokale Schußcordons und Quarantäne-Einrichtungen die Ein-
ſchleppung zu verhindern, und wirklich gelang dies in einzelnen
Orten. So blieb z. B. Schwerin, wo unter der Leitung einer
Sanitätskommiſſion ſehr energiſche Maßregeln getroffen waren,
von der Krankheit verſchont. Die Berichte aus jener Zeit rühmen
beſonders die Fürſorge der Erbgroßherzogin Alexandrine für die
Armen der Stadt, an welche Kleidungsſtücke und Nahrungsmittel
verteilt wurden. Mit dem Eintritt des Winters erloſch die Epi-
bemie.

Der nachſtehende Brief iſt für die Denkweiſe des Erbgroßherzogs beſonders bezeichnend:

„Berlin, den 9. März 1834. — Beſter Miniſter! Welch
eine große Freude haben Sie mir durch Ihren ſo freundlichen
Brief gemacht, für den ich Ihnen nicht genug danken kann.
Schon längſt würde ich wieder geſchrieben haben, hätte ich
nicht auf eine ſichere Gelegenheit gewartet, die ſich mir nun
endlich heute darbietet[1]. Ein hieſiger Feldjäger, der die Ankunft
Ancillons in Wien melden ſoll, nimmt dieſe Zeilen mit, ſo
daß ſie beſtimmt ungeleſen in Ihre Hände kommen.

Daß ernſtliche, zuſammengreifende und wohlüberlegte
Schritte zur Unterdrückung der allerwärts aufkeimenden Um-
wälzungspartei ſehr nötig ſind, wird einem jeden täglich klarer.
Der der Plenarſitzung vorzulegende Entwurf hat mir ſehr gefallen, und ich glaube mich nicht zu irren, wenn ich ihn zum

---

[1] Herr von Pleſſen befand ſich damals in Wien zur Teilnahme an
den am 13. Januar 1834 eröffneten Miniſterkonferenzen, in welchen gemeinſame Maßregeln gegen die demagogiſchen Umtriebe beraten wurden.

größten Teil aus Ihrer Feder geflossen vermute. Wohl selten ist dem Resultat eines Kongresses mit solcher Spannung entgegengesehen worden. Da Ancillon auf mindestens 6 Wochen Abwesenheit rechnet, so werden wir auf Ihre so wichtige Rückkehr wohl noch lange warten müssen. Wie es dann aber aussehen wird, wenn Sie lange nach Ostern fortbleiben, das mögen die Götter wissen! Wenn auch alles Gewöhnliche seinen ruhigen Weg geht, so bleiben seit Ihrer Abreise doch die wichtigen Sachen liegen, und gewiß fischt mancher im trüben . . .

. . . — Eine Sache drängt sich mir jetzt immer mächtiger auf, die nämlich, mein Verhältnis zu dem gemeinschaftlichen Leben mit Serenissimus geändert zu sehen. Soviel ich auch darüber hin und her denke, so kann ich doch keinen Ausweg finden. Vielleicht ist es Ihnen möglich. Weit von der Heimat entfernt, in der großen Welt lebend, kommen dem Menschen oft glückliche Gedanken, die ihm zu Hause, im gewöhnlichen Leben und Treiben nicht aufstoßen. Der Wunsch, einen eigenen festen Hausstand zu haben, wächst in mir so mächtig, daß ich ihn kaum zu unterdrücken vermag, und da dem Anschein nach der Himmel uns den Großherzog noch lange erhalten wird, so möchte ich doch gern alles entfernt sehen, was Reibungen hervorbringt, die bei jetziger Lage der Dinge nicht zu vermeiden sind. Die Hoffnung, die ich einst hatte, unter jetziger Regierung einmal einen ordentlichen Wirkungskreis zu bekommen, ist, wie Sie ja wissen, längst von mir aufgegeben, und ich kann nicht in Abrede nehmen, daß mich dies tief bekümmert. Wenn ich sehe, wie alle jungen Leute meines Alters und in meinen Verhältnissen zum Nutzen des Ganzen durch ihre Kräfte beitragen, so reißt die nur halb vernarbte Wunde wieder von frischem auf, um so mehr, wenn ich bedenke, wie die besten, kräftigsten Jahre meines Lebens in Unthätigkeit dahinfließen. — Und was ist der Grund dieses Übels? Eifersucht meines Herrn und Großvaters, der mich doch eigentlich lieb hat und dem ich so von ganzem Herzen ergeben bin. Gern wagte ich noch einmal den Versuch, wieder in die Geschäfte zu

kommen, aber es würde gewiß wieder so gehen wie vor einigen
Jahren, und den treuen Dienern, die mit mir in Berührung
kommen müßten, würden Unannehmlichkeiten erwachsen. So
ist es denn wohl am geratensten, wenn ich mich mit meiner
Inspektion begnüge und ruhig abwarte, was einst die Zeit
und der Himmel über mich verfügen. Nur eins bitte ich
dringend, bleiben Sie stets mein Freund und Ratgeber. Vielleicht gelingt es Ihren Bemühungen, noch alles zum guten zu
wenden. Wohl fühle ich, wie sehr ich auf Ihre Nachsicht
rechnen muß, Sie so mit meinen ewigen Jeremiaden zu plagen,
aber wie ich schon vorher erwähnte, erscheinen in der Fremde
die Dinge ganz anders als zu Hause. Bitte, kehren Sie bald
zu uns zurück, denn wahrlich, wir können Sie nicht länger
entbehren. Wir reisen demnächst nach Schwerin, wo wir den
ganzen April über bleiben werden. Meine eigene Liebe für
Schwerin ganz beiseite gesetzt, glaube ich es den Schwerinern schuldig zu sein. Mein Schwager Wilhelm, der eben bei
mir war, läßt Sie schönstens grüßen und bittet Sie, wie
immer der guten Sache gehörig die Stange zu halten. Daß
dies vielleicht auf den neuen Ankömmling zielt, ist mir nicht
unwahrscheinlich. Nehmen Sie ihn in Ihre Arme; dies kann
nur von Nutzen sein. Gescheit ist er und meint es auch gewiß
gut, bedarf aber einer festen und sicheren Stütze.

Der diesjährige Winter war so brillant wie wenige
seiner Vorgänger. Es wimmelte von hohen und vornehmen
Fremden. Da die Staatspapiere seit einigen Tagen gestiegen
sind, so glaubt man mehr wie je an den Frieden. Meine
Frau grüßt bestens und ich bitte in gütigem Andenken zu behalten Ihren ergebensten Freund Paul.

P. S. Sollte sich noch irgend jemand meiner in Wien erinnern, so lege ich mich zu Füßen. Besonders bitte ich darum
bei beiden Majestäten und bei dem Fürsten Metternich. Bald
hätte ich noch eine wichtige Sache vergessen. Sie denken gewiß,
nun kommt das Menschenkind mit einer Chaussee, denn dies ewige
Thema hat er noch nicht berührt. Excellenz haben sich nicht ge-

irrt, es ist dem wirklich so. Friedrich VI. soll wirklich
mürbe geworden sein und in den Bau der Hamburger Chaussee
gewilligt haben. Die Sache soll aber erst definitiv bei der Durchreise des beim Kongresse in Wien befindlichen dänischen Ministers
in Frankfurt a. M. abgemacht werden. Könnten Sie diesen Mann
nicht auch etwas bearbeiten und ihn in eine für diese Sache günstige Stimmung versetzen? Die fertigwerdende Chaussee nach Wismar und der nun angefangene Bau zwischen Ludwigslust und
Schwerin haben hier Allerhöchsten Orts Aufmerksamkeit erregt,
und ließen es unsere Mittel nur irgend zu, den Bau in der
möglichst kürzesten Zeit zu vollenden, so könnten vielleicht sehr
günstige Folgen für uns daraus entstehen. Es scheint mir, daß
man der fruchtlosen Unterhandlungen mit Lübeck hier überdrüssig
ist. Eile ist aber notwendig, denn sonst thut uns die Eisenbahn
Schaden." — —

Die berechtigten Wünsche, denen der Thronerbe in diesem
Brief Ausdruck gab, blieben unerfüllt. Der Großherzog war
jeder Änderung in seiner Umgebung und in dem Hofleben abgeneigt. Mit der Zähigkeit des Alters hing er an seinen Gewohnheiten. Seinen Enkel selbständiger zu stellen, konnte er sich nicht
entschließen, und auch die Bemühungen des Herrn von Plessen
blieben in dieser Hinsicht erfolglos.

Ein seltenes Fest vereinigte alle Mitglieder der großherzoglichen
Familie, auch die entfernteren Seitenverwandten, noch einmal im Jahre
1835, ehe dieser Kreis sein Oberhaupt durch den Tod verlor. Es war
das erste Mal, daß ein Fürst aus diesem Hause auf eine 50jährige Regierungszeit zurückblicken durfte. Das ganze Land wetteiferte bei
diesem Anlaß in Beweisen der Anhänglichkeit für den greisen
Jubilar. Während der Tage vom 24. bis 27. April fanden
glänzende Feste im Ludwigsluster Schloß statt. Bei der Parade
führte Prinz Friedrich zum erstenmal als Offizier des Grenadiergardebataillons seinen Zug an dem fürstlichen Urgroßvater
vorüber, der von einem Fenster des Schlosses aus dem militä-

rischen Schauspiel zusah[1]. Die Reihe der nächsten Angehörigen
des Jubilars hatte der Tod stark gelichtet. Nur ein Sohn, Herzog Gustav, stand ihm noch zur Seite; neben ihm vier Enkel-
und acht Urenkelkinder. Unter letzteren befanden sich die gegenwärtig regierenden Herzöge von Sachsen-Altenburg und von
Sachsen-Koburg.

Än zahlreichen Festschriften wurde das segensreiche Wirken
des fürstlichen Jubilars gefeiert. Sie bezeugten, wie sich dessen
Fürsorge auf alle Gebiete der inneren Verwaltung erstreckt hatte.
Wir heben hier noch einige der wichtigsten Reformen hervor:
die Errichtung des Kriminalgerichts in Bützow (1812), der Justizkanzlei in Güstrow (1817). Übernahme des Patronats der Landesuniversität und Dotation derselben, namentlich der medizinischen
Fakultät (1827). Stiftung der Gymnasien in Parchim und
Schwerin. Aufbesserung der Lehrergehalte im Domanium. Begründung des Landarbeitshauses in Güstrow (1816) und der
Irrenheilanstalt Sachsenberg bei Schwerin (1830). Bau des
Kollegiengebäudes daselbst und Umbau der Münze. Reorganisation
des Kreditvereins und Einführung einer verbesserten Hypotheken-
ordnung (1819). Einführung von Pferderennen und landwirt-
schaftlichen Ausstellungen. Verschiedene große Kanal- und Schleu-
senbauten. Stiftung des Vereins für mecklenburgische Geschichte
und Altertumskunde (1835) u. s. w.

Die letzten Regierungsjahre waren von politischen Erschütte-
rungen frei geblieben. Auch von den Stürmen des Jahres 1830,
welche in anderen Teilen Deutschlands Aufregung und Beun-

---

[1] Von fürstlichen Gästen waren damals in Ludwigslust anwesend:
der Kronprinz von Preußen, die Strelitzer Herrschaften, Prinz und Prinzessin Georg von Sachsen-Altenburg mit drei Söhnen, der Erbprinz und
die Prinzen Ernst und Albert von Sachsen-Koburg-Gotha, der Herzog von
Cambridge, zwei Prinzen von Schaumburg-Lippe, Prinz Albert von
Schwarzburg-Rudolstadt und Prinz Alexander von Solms-Braunfels.
   In außerordentlicher Mission waren Gesandte eingetroffen aus Österreich, Rußland, Preußen, England, Bayern, Holland, Oldenburg, Baden
und den Hansestädten.

ruhigung veranlaßt hatten, blieb Mecklenburg im ganzen unbe=
rührt. Die oben geschilderten Auftritte in Schwerin und Wismar
hatten keine ernste Bedeutung. Für revolutionäre Wühlerei fand
sich kein Boden. Von den Demagogenverfolgungen waren zwar
auch einzelne Landesangehörige betroffen worden, und sowohl die
Mainzer Untersuchungskommission wie auch später das Köpe=
nicker Gericht hatten die Verhaftung und Verurteilung von Meck=
lenburgern veranlaßt. Allein von den großherzoglichen Gerichten
wurde diese Angelegenheit nicht mit der Schärfe verfolgt, die in
Preußen soviel Erbitterung hervorrief. Friedrich Franz I. hielt
die meist in noch sehr jugendlichem Alter stehenden Angeklagten
mehr für unklare Schwärmer als für gefährliche Verschwörer.
Der Übereifer und überall Hochverrat witternde Spürsinn der
nachbarlichen Polizei bot ihm Stoff zu manchem witzigen Aus=
fall. Die Jenenser Burschenschafter, die bekanntlich bei dem
berüchtigten Wartburgfest ihm allein von allen deutschen Fürsten
das Leben, seinen alten Ivenacker Schimmel und eine Pension von
200 Thalern zugesichert hatten, nannte er seine „Hofdemagogen".
Soweit es bei dem Druck der großen Höfe möglich war, entzog
er die Angeschuldigten der Untersuchung; einigen gab er nach
erfolgter Begnadigung eine Anstellung.

Wir sind in unserer Darstellung nunmehr bei einer Etappe
angelangt, welche einen wichtigen Wendepunkt im Leben des Prin=
zen Friedrich bezeichnet.

Am 1. Februar 1837 verschied Friedrich Franz I. Er hatte
schon lange gekränkelt. Nach einer im Frühjahr 1836 eingetretenen
Verschlimmerung erholte er sich nicht mehr. Zum ersten Mal
hatte er in dem folgenden Sommer darauf verzichten müssen, in
dem geliebten Doberan sich einzufinden. Im Winter nahm das
körperliche Leiden zu, aber sein Geist blieb klar bis ans Ende.

Die Trauer im Lande war eine tiefe und allgemeine. Es
war der erste Tote in seiner Familie, den Prinz Friedrich sah.
Er folgte neben seinem Vater tiefbewegt dem Sarge, der zunächst
in dem Mausoleum niedergesetzt wurde, das im Schloßgarten lag
und welches der Dahingeschiedene für die irdischen Überreste seiner

7*

im Tod vorangegangenen Gemahlin, Herzogin Luise, hatte errichten lassen. Von hier wurde die Leiche einige Tage später in
feierlichem Konvukt über Schwerin und Wismar nach Doberan
überführt. Eine militärische Eskorte begleitete den Zug, dessen
Leitung dem Oberstallmeister v. Bülow oblag. Überall, auf dem
ganzen langen Wege, strömte das Landvolk herzu, um den Sarg
des geliebten Fürsten vorüberziehen zu sehen. Trotz der winter-
lichen Kälte harrten die Scharen stundenlang aus. In den Ortschaften, die der Zug passierte, bildeten Truppen und Bürger
Spalier. In Doberan wurde er vom Großherzog Paul Friedrich
und dessen Söhnen empfangen. Die Beisetzung erfolgte am 18.
in der dortigen Kirche. Friedrich Franz I. hatte ausdrücklich bestimmt, daß seine Überreste in dem Ort ruhen sollten, an dem
er im Leben so oft und so gern geweilt.

Viertes Kapitel.

Jugendjahre des Prinzen Friedrich. Regierung des Großherzogs Paul Friedrich.

Der Regierungsantritt Paul Friedrichs hatte auch in den Hofverhältnissen durchgreifende Veränderungen zur Folge. Die wichtigste war die Verlegung der Residenz nach Schwerin. Neben der persönlichen Vorliebe des neuen Landesherrn für diese Stadt, deren Erweiterung und Verschönerung er längst geplant hatte, waren auch noch andere Beweggründe maßgebend gewesen.

Nach dem Tode des Ministers von Brandenstein war Herr von Plessen an die Spitze des Regierungskollegiums getreten und hatte demgemäß seinen Wohnsitz in Schwerin genommen. Die Stelle einer Art Kabinettsministers, die er bis dahin am großherzoglichen Hoflager bekleidete, war unbesetzt geblieben, — wohl weil es an einer dazu passenden Persönlichkeit fehlte. Die schon früher erwähnten Unzuträglichkeiten, welche die Entfernung des Hofes von der amtlichen Centralstelle zur Folge hatten, machten sich jetzt noch fühlbarer. Auch sonst hatten sich die Zeiten geändert. Die vornehme Abgeschiedenheit eines isolierten Fürstensitzes entsprach nicht mehr den Forderungen einer politisch bewegteren Gegenwart. Außerdem empfand der im rüstigsten Mannesalter stehende Großherzog das Bedürfnis, an den Regierungsgeschäften persönlichen Anteil zu nehmen und sich in direktem Verkehr mit seinen nächsten Ratgebern und den Vorständen der in Schwerin eingesetzten Behörden über solche Detailfragen zu informieren, deren Kenntnis das beschauliche Ludwigsluster Hofleben nicht hatte fördern können. Überhaupt war man vor die Frage gestellt, welche der beiden Residenzen in Zukunft den Mittelpunkt des Landes bilden sollte. Ludwigslust war dazu aus verschiedenen Gründen ungeeignet, auch wenn das Fürstenhaus ihm wie bisher seine besondere Fürsorge zugewendet hätte. Schwerin dagegen bot der Baulust und dem Unternehmungsgeist noch ein weites Feld, und Paul Friedrich unterzog sich dieser selbstgewählten Aufgabe mit einem Eifer und einer Freigebigkeit, die ihm für alle Zeiten den Dank der Bevölkerung sichern.

Der Stadt war übrigens ein solcher belebender Einfluß wohl zu gönnen. Ihre Entwickelung hatte namentlich in dem letzten Jahrhundert mit der anderer deutscher Hauptstädte nicht gleichen Schritt gehalten. Schon seit der Reformation, durch welche der ehemalige Bischofssitz und berühmte Wallfahrtsort an Bedeutung verlor, hatte sie unter der Ungunst äußerer Verhältnisse oft zu leiden gehabt. Namentlich war das Fehlen einer Wasserverbindung, die erst später durch weitläufige Kanalbauten zu stande kam, dem gewerblichen Aufschwung lange Zeit hinderlich gewesen. Die großen Seestädte zogen auch den Binnenhandel an sich. Es fehlte der Stadt an reichen Bürgern, an gewinnbringenden Handelsverbindungen und öffentlichen Anstalten, Sammlungen und dergl., welche einen Zuzug von außen begünstigt hätten. Die Straßen der inneren Stadt waren eng und winkelig, die Häuser unansehnlich. Die beiden bedeutendsten Bauwerke, das Schloß und der Dom, bedurften einer gründlichen Renovation. Seitdem die Herzöge die Residenz nach Ludwigslust verlegt hatten, war für städtische Anlagen und fürstliche Gärten nur wenig geschehen. Und doch bot die günstige Lage an den Seen, die anmutige Umgebung waldreicher Anhöhen viele Anhaltspunkte für landschaftliche Verschönerung.

Großherzog Paul Friedrich bezog zunächst das bescheidene

Palais am Alten Garten, welches für seinen Vater erbaut worden
war und das er selbst als Erbgroßherzog bewohnt hatte, wenn
der Hof während einiger Wintermonate in Schwerin residierte.
Das Schloß war in seinem damaligen Zustande für einen Hofhalt
unbrauchbar, der größte Teil desselben baufällig. Nur einige
Säle in dem östlichen Flügel waren in Stand erhalten für die
Festlichkeiten, die Großherzog Friedrich Franz hier alljährlich zu
geben pflegte. Das neustädtische Palais, welches letzterer in
Schwerin bewohnt hatte, — es war ursprünglich der Witwensitz
seiner Mutter, der Prinzessin Charlotte Sophie, gewesen — hätte
wohl für den Hofhalt Paul Friedrichs gepaßt, aber seine Lage
sagte ihm nicht zu. Die Wohnung am Alten Garten hatte den
Vorzug, in unmittelbarer Nähe des neuen Regierungsgebäudes
und des neuen Theaters zu liegen. Auf dem Platz davor wurde
die Wachtparade abgehalten. Der Großherzog fand hier alles vereinigt, was ihm Beschäftigung und Zerstreuung gewährte.

Für das Theater hatte er eine große Vorliebe. Das jetzige
Kunstinstitut, welches unter der Leitung hervorragender Inten-
danten, wie Flotow, Putlitz und Wolzogen, seitdem eine wohl-
verdiente Berühmtheit erlangt hat, ist im eigentlichsten Sinne
seine Schöpfung. Im April 1831 war das Schauspielhaus,
welches Friedrich Franz I. 1788 durch einen Umbau aus dem
alten Ballhaus hatte herstellen lassen, nach einer Vorstellung der
„Stummen von Portici" abgebrannt. Nur mit Mühe hatte man
verhindert, daß das Feuer sich den Gebäuden der hart daran=
stoßenden Theaterstraße mitteilte. Noch in demselben Jahre war
an der gleichen Stelle der Neubau eines großen und schönen
Theaters unter der Leitung und nach den Plänen eines jungen
geschickten Architekten, des Baukondukteurs Demmler, begonnen
worden. Am 17. Januar 1836 wurde es mit der „Schule des
Lebens" von Raupach eingeweiht. Die Baukosten dieses stattlichen, mit glänzenden Dekorationen aus dem Gropiusschen Atelier
versehenen und für 600 Besucher eingerichteten Theaters beliefen
sich auf circa 100 000 Thaler. Nachdem so ein würdiger Raum
für dramatische Aufführungen größeren Stils geschaffen, wandte

Großherzog Paul Friedrich auch dem Engagement des darstellen=
den Personals und der Kapelle seine besondere Sorgfalt zu. In
früheren Zeiten waren die Vorstellungen von einem Unternehmer
veranstaltet, den der Hof subventionierte. Jetzt wurde mit der
Errichtung einer Intendanz, welche der Großherzog dem Geh.
Hofrat Zöllner übertrug, ein ständiges Theaterpersonal verbunden,
der Theaterfonds reich dotiert und das Orchester verstärkt. Das
letztere war erleichtert durch Heranziehung der Hoboisten des
Grenadiergardebataillons, welches am 1. November 1837 nach
Schwerin verlegt wurde.

Paul Friedrich besuchte das Theater sehr regelmäßig. Wenn
er in Berlin war, fehlte er selten auch in der dortigen Oper.
Für die Leistungen seiner eigenen Schauspieler zeigte er ein leb=
haftes Interesse, sorgte für die Ausbildung aufstrebender Talente
und nahm auch an den kleinen Vorkommnissen des Theaterlebens,
an den Störungen des Repertoires und den Privatverhältnissen
der Mitglieder persönlichen Anteil. Das Theatergebäude, später
durch einen Anbau erweitert, stand bis zum 16. April 1882, an
welchem Tage ein Brand es zerstörte.

Auf der anderen Seite des großherzoglichen Palais erhob
sich der nicht minder stattliche Bau des Regierungsgebäudes. Hier
hatte bis zum Jahre 1824 auf der Stelle, wo einst das Fran=
ziskanerkloster lag, ein fürstliches Stallgebäude (das alte „Korn=
haus") gestanden, dahinter, nach dem Burgsee zu, die Hausvogtei
und die Bahnschmiede. Nach Abbruch dieser ziemlich defekten
Baulichkeiten wurde der Bau unter der Oberleitung des Landbau=
meisters Wünsch im Juli 1825 begonnen und 1834 vollendet.
Ursprünglich nur zur Aufnahme der Regierungskollegien bestimmt,
die bis dahin ihre Bureaux in dem alten Bischofshof (dem jetzigen
Postgebäude) gehabt hatten, wurde er später um ein Stock=
werk erhöht und diente nunmehr auch zur Unterbringung des
Archivs, der Renterei, der Militärkasse, des Kammerkollegiums
und noch einiger anderen Behörden. Mit seiner imposanten
Façade, dem korinthischen Peristyl und den statuengeschmückten

Giebeln drückte das mächtige Gebäude sehr auf seine Umgebung, namentlich auf das unansehnliche, aus ¡Fachwerk erbaute Palais.

Der Aufenthalt in dieser auch räumlich nicht ausreichenden Behausung war denn auch von Paul Friedrich von vornherein als ein provisorischer ins Auge gefaßt. Er beabsichtigte den Neubau eines Residenzschlosses und begann denselben auch thatsächlich einige Jahre später auf der Nordseite des Alten Gartens. Vorläufig wurde das alte Palais durch den Anbau eines Saales und den Ankauf der angrenzenden, nach der Ritterstraße zu gelegenen Privathäuser wenigstens so weit vergrößert, daß die Abhaltung kleinerer Hoffestlichkeiten keine Schwierigkeiten bot. Gleichzeitig wurde der Bau des weitläufig angelegten Marstallgebäudes am Seeufer fortgesetzt und die Justizkanzlei in der Neustadt durch eine neue Façade geschmückt.

Das Hauptaugenmerk des Großherzogs blieb aber in den ersten Regierungsjahren auf die Erweiterung der Stadt und die Beförderung der Privatbauthätigkeit gerichtet. Eine besondere Kommission, bestehend aus dem Minister von Lützow, dem Geh. Finanzrat Störzel, dem Hofrat Knaudt und den beiden Architekten Wünsch und Demmler, war zu diesem Behuf ernannt worden. Es lagen zwei Projekte vor. Nach ¡dem einen sollte das neue Stadtviertel den Burgsee umschließen, nach dem andern der auf seiner Westseite noch von Äckern umgebene Pfaffenteich den Mittelpunkt der neuen Anlagen bilden, in beiden Fällen die damals noch isoliert liegende westliche Vorstadt (sie begann bei der Helenenstraße) in das Weichbild hereingezogen werden. Der Großherzog entschied sich der geringeren Kosten wegen für das zweite Projekt, betrachtete die Umbauung des Burgsees aber nur als hinausgeschoben.

Angeregt durch den belebenden Einfluß der Regierung und unterstützt durch die Freigebigkeit des Fürsten, entfaltete sich nun in allen Teilen der Stadt, namentlich auch in der Altstadt, die Paul Friedrich als Mittelpunkt des Verkehrs festgehalten zu sehen wünschte, eine rege Bauthätigkeit. Mit ihr ¡hob sich der Wohlstand der Bürger, und dieser wiederum fachte zu neuen Unter-

nehmungen an. Der Charakter der Stadt gewann in kurzem ein
durchaus verändertes Gepräge. Wir können hier nicht in alle
Einzelheiten dieser erstaunlich raschen Entwickelung näher eingehen.
In wenigen Jahren war die Paulstadt entstanden, das Arsenal
nahezu vollendet, die Verbindung desselben mit der Friedrichstraße
nicht ohne Schwierigkeiten durch einen mit stattlichen Häusern besetzten Damm hergestellt, der Dom und seine Umgebung verschönert, die Neustadt erweitert. Sämtliche Thore waren neu gebaut,
Schul= und Krankenhäuser errichtet, der Schloßgarten nach Plänen
des preußischen Gartendirektors Lenné vergrößert, das Greenhouse
in demselben als Sommersitz für die großherzogliche Familie
ausgebaut und der dahinterliegende, zwischen dem Großen und
dem Faulen See sich erhebende Höhenzug mit einer Reihe geschmack=
voller Villen besetzt.

Das größte und für die Umgegend der Stadt wichtigste
Unternehmen aber war die Durchdämmung des großen Schweriner
Sees. Die erforderliche Erde wurde auf einem eigens zu diesem
Behuf durch das Wickendorfer Moor gezogenen Kanal herange-
schafft. Der Zweck des „Paulsdamms", welcher das fruchtbare
östliche Seeufer mit der Stadt in Verbindung bringen und
namentlich auch die Zufuhr von Viktualien erleichtern sollte,
wurde indessen nur teilweise erreicht, weil der nach verschiedenen
Richtungen hin sich entwickelnde Chausseebau und sehr bald auch
der Eisenbahnbetrieb den Verkehr in anderer Weise regelte.

Der Regierungsantritt seines Herrn Vaters hatte auch für
unseren Prinzen manche äußere Veränderung zur Folge. Er erhielt mit demselben Rang und Titulatur eines Erbgroßherzogs
mit dem Prädikat „Königliche Hoheit". Doch sollte diese Rangerhöhung erst nach der Konfirmation öffentlichen Ausdruck erhalten und die Lebensweise wie der Studienplan durch die Übersiedelung nach Schwerin unbeeinflußt bleiben. Von seiner Umgebung wurde die bisherige Anrede: „Prinz Friedrich" auf Befehl
des Großherzogs vorläufig beibehalten. Es wird diese Bezeichnung daher auch in dem vorliegenden Werk solange Anwendung
finden, als sie damals gebräuchlich war.

Der Aufenthalt in Schwerin, der dem Prinzen manche neue Anregung bot, war indessen nicht von langer Dauer. Bereits im Herbst 1837 gelangte der von Herrn von Sell schon früher aufgestellte Plan zur Ausführung, dem zufolge der Unterricht des Instruktors durch die Lehrkräfte einer auswärtigen öffentlichen Bildungsanstalt ersetzt werden sollte. Es verging aber einige Zeit, ehe man über die Wahl einer solchen schlüssig wurde. König Friedrich Wilhelm III., welcher an dem Bildungsgang seines Enkelsohns sehr lebhaften Anteil nahm, hatte das Gymnasium einer preußischen Provinzialstadt vorgeschlagen. Königsberg, Halle und Magdeburg standen dabei vorzugsweise in Frage. Trotz der anerkannten Vorzüglichkeit der dortigen Unterrichtsanstalten schienen diese Orte aber für die Etablierung eines prinzlichen Haushalts und die Auswahl eines passenden gesellschaftlichen Verkehrs doch nicht so geeignet wie Dresden, welches jene Erfordernisse in besonders günstiger Weise vereinigte.

Die dortige, von einem vorzüglichen Pädagogen, Direktor Blochmann, geleitete Privatanstalt — welche mit den Vitzthumschen Stiftungen vereinigt und den staatlichen Gymnasien koordiniert war — verfügte schon damals über ausgezeichnete Lehrkräfte[1]. Als Sitz eines befreundeten Hofes, ausgestattet mit berühmten Sammlungen und Kunstinstituten, bot die sächsische Residenz auch sonst geistige und gesellige Anregung mannigfaltigster Art. Der Prinz übersiedelte dorthin am 1. November 1837 und bezog ein in unmittelbarer Nähe der Blochmannschen Anstalt gelegenes Haus. An dem Klassenunterricht nahm er indessen nicht teil. Die Lehrer der Anstalt gaben ihm den Unterricht privatim in seiner Wohnung.

---

[1] Das reiche Vermögen des Vitzthumschen Gymnasiums entstammt dem Vermächtnis eines Vitzthum von Apolda aus dem 17. Jahrhundert. Dasselbe war bis zum Zeitpunkt der Vereinigung mit der Blochmannschen Anstalt bedeutend angewachsen. Es wurde und wird noch jetzt von einem Mitglied der Vitzthumschen Familie verwaltet. Zur Zeit der Anwesenheit des Prinzen Friedrich führte Graf Otto Vitzthum-Lichterwalde die Administration. Die Abgangsprüfung wurde vor königlichen Schulräten abgelegt und berechtigte zur Immatrikulation auf den deutschen Universitäten.

Obwohl die einseitige Hofmeistererziehung, welche bis dahin
an den Höfen üblich gewesen, als unzweckmäßig erkannt war und
bei den fürstlichen Häusern überall das Bestreben zu Tage trat,
ihren Söhnen die Vorzüge einer umfassenderen humanistischen
Bildung zugänglich zu machen, so hatte sich doch der Gedanke,
die Prinzen souveräner Familien neben den Knaben anderer Stände
auf der Schulbank Platz nehmen zu sehen, damals noch nicht
Bahn gebrochen. Erst in den letzten Decennien ist auch diese
durch Herkommen und Etikette aufgerichtete Scheidewand gefallen.
Was heute ganz natürlich erscheint, wäre damals befremdlich
gewesen.

Der zwanglose Verkehr mit jugendlichen Altersgenossen ist für
den dereinst zur Regierung berufenen Fürstensohn um so wichtiger, weil jener harmlose Gedankenaustausch in den späteren
Stadien der Lebensbahn immer schwieriger und seltener wird.
Wenn aber Prinz Friedrich auch dem öffentlichen Klassenunterricht
fernblieb, so durfte er doch an den Spielen und gymnastischen
Übungen der Zöglinge teilnehmen. Auch wurden einige derselben
zu regelmäßigem Verkehr herangezogen. So knüpfte sich ein festes
Band zwischen ihm und den Altersgenossen der Anstalt[1]. Einige
derselben teilten auch den Privatunterricht des Prinzen. Dieser
wurde u. a. gegeben von den Herren: Direktor Blochmann (Religion), Dr. Müller (Geographie und Geschichte), Dr. Bezzenberger
und Dr. Boniz (klassische Sprachen), Dr. Peters (Mathematik),
Dr. Hübner (deutscher Aufsatz), Dr. Malignon (Französisch) zc.

---

[1] Zu diesen gehörten vorzugsweise die im Internat aufgenommenen
Mecklenburger: H. von Suckow (später Kammerherr und Intendant des Seebades Doberan), A. Graf Blücher-Finken, F. von der Lühe (zuletzt Hofmarschall J. K. H. der verwitweten Großherzogin Marie) und F. Mecklenburg
(avancierte bis zum Oberst im großherzoglichen Militärdienst). Unter den
anderen Zöglingen, welche die Freundschaft des Prinzen gewannen, sind
noch folgende zu nennen: R. Graf Kanitz (gegenwärtig königl. preußischer Gene-
ralleutnant à la suite der Armee), C. von Coburg (General in der k. k.
österreichischen Armee), F. von Behr-Schmoldow (bekannt durch seine Verdienste
als Präsident des deutschen Fischereivereins), F. von Wardenburg (zuletzt
großherzogl. sachsen-weimarischer Staatsrat) und Graf H. Vitzthum (gegenwärtig königl. sächsischer Oberkammerherr).

Von diesen Pädagogen hat sich später Dr. Bonitz als Direktor des Grauen Klosters in Berlin sowie als vortragender Rat im preußischen Unterrichtsministerium in weiten Kreisen bekannt gemacht. (In letzter Eigenschaft wirkte er namentlich für ein Festhalten des humanistischen Lehrplans in den preußischen Gymnasien und trat dafür als Kommissar der Regierung mehrfach im Abgeordnetenhause ein.)

Über jene Dresdener Studienzeit teilt ein Schulgenosse des Prinzen noch folgendes mit: „Direktor Karl Justus Blochmann, ein Schüler Salzmanns, hatte die Anstalt im Jahre 1827 begründet. Sie stand unter Staatsaufsicht, hatte interne und externe Schüler und war mit dem Vitzthumschen Gymnasium in der Weise verbunden, daß die Zöglinge der letzteren Anstalt zwar ein besonderes Gebäude bewohnten, aber mit den Schülern des Blochmannschen Instituts den Unterricht sowie die Mahlzeiten, Spiele und Spaziergänge teilten. Blochmann war ein Mann von fester christlicher Überzeugung, hatte trotz Ernst und Strenge ein liebenswürdiges, gewinnendes Wesen, besaß große Menschenkenntnis und war bei seinen Schülern in hohem Grade beliebt. Auch Prinz Friedrich war ihm sehr zugethan und bewies ihm seine dankbare Gesinnung später dadurch, daß er ihm gleich nach seinem Regierungsantritt (1842) den Charakter als Schulrat verlieh. In seinem Erziehungswerk wurde der Direktor sehr wesentlich durch seine hochgebildete Gattin unterstützt, welche der berühmten Künstlerfamilie Schnorr von Carolsfeld entstammte.

Prinz Friedrich bewohnte das in der jetzigen Carolastraße 1c gelegene, von Gärten umgebene Haus, dessen erstes Stockwerk für ihn eingerichtet war. Die Parterreräume bewohnte die Familie des Gouverneurs von Sell. Außer letzterem war dem Prinzen auch noch der cand. theol. Kliefoth aus Mecklenburg beigegeben, welcher bis dahin Instruktor seines jüngeren Bruders, des Prinzen Wilhelm, gewesen war." (Wir werden später noch oft Gelegenheit haben, auf die weitreichende Wirksamkeit dieses bedeutenden Mannes und die intimen Beziehungen zwischen ihm und seinem einstigen Zögling einzugehen. In Dresden beschränkte sich seine Thätigkeit wesentlich darauf, die häuslichen Arbeiten des Prinzen zu überwachen und den Gouverneur, wo es nötig wurde, als Begleiter zu ersetzen.)

„Prinz Friedrich war lebendig, aufgeweckt, stets munter und hielt mit den Schülern gute Kameradschaft. Gewiß gab es nicht e i n e n , dem er nicht wahrhaft lieb und angenehm war. Er ging freundlich auf jeden Scherz ein, wußte ihn zu erwidern und tummelte sich gern mit den Kämpfenden, Ringenden, Springenden, wie es die Spiele mit sich brachten. Dabei war er freundlich gegen jedermann, offen, wahr und zuverlässig in allem, was er sagte, vertraulich und diskret. Mir ist bekannt, daß er später als regierender Herr noch manchem seiner Lehrer oder Jugendgenossen Wohlthaten und Unterstützungen zugewendet hat." —

In Sachsen regierte seit 1836 König Friedrich August II., welcher später (1854) auf einer Reise in Tirol durch einen Sturz mit dem Wagen verunglückte. Der König und seine Gemahlin, welche als Schwester der Kronprinzessin von Preußen zur groß- herzoglichen Familie in nahen Beziehungen stand, nahmen sich des Prinzen Friedrich sehr freundlich an. Soweit es ohne Störung des Unterrichts zulässig war, durfte er den Einladungen der Königsfamilie Folge leisten. In den Wintermonaten waren es die bei Hof veranstalteten Konzerte und Familientafeln, an welchen er teilnahm; im Sommer brachte er häufig die Sonntage in dem lieblichen Pillnitz zu. Das Königspaar war kinderlos. Die Söhne des Prinzen Johann, der seinem Bruder nachmals in der Regierung folgte, standen in einem sehr viel jugendlicheren Alter. Immerhin bot der Verkehr mit dem sächsischen Hofe Ge- legenheit zu geselliger Anregung und zur Übung in den Formen der großen Welt. Auch in einigen Privathäusern verkehrte der Prinz gern und regelmäßig, so u. a. bei den Ministern von No- stitz, von Zeschau und von Könneritz, beim General von Fabrice, Oberforstmeister von Leipziger, Kammerherrn von Ende, bei dem preußischen Gesandten Herrn von Jordan und der verwitweten Frau von Zöllner. Bei dem Oberstallmeister General von

Fabrice[1] war es, wo er die Bekanntschaft der Prinzessin Auguste Reuß machte und wo der Keim jener tiefen Neigung entstand, welche dereinst den glücklichen Ehebund begründen sollte. Der Vater der Prinzessin, Prinz Heinrich LXIII. j. L. auf Klipphausen (einem unweit Dresden gelegenen Rittergut), bezog im Winter ein Quartier an der Bürgerwiese. (Sein ältester Sohn, der jetzige Fürst Heinrich IV., wurde 1839 Zögling des Blochmannschen Instituts.) In seinem Hause sowie in dem seiner Schwägerin, der Prinzessin Reuß geb. Prinzessin Carolath, begegnete Prinz Friedrich später noch häufig der jungen Fürstin, deren bescheidenes und liebenswürdiges Wesen ihm einen so tiefen Eindruck machte.

Von der Lebensweise in Dresden, der täglichen Beschäftigung und von den wichtigeren Begebenheiten der nächstfolgenden Jahre wird seine eigene Darstellung wohl das anschaulichste Bild geben. In den Briefen des Prinzen spricht sich ein heiterer kindlicher Sinn, große Anhänglichkeit an Familie und Heimat aus; auch fehlt es nicht an Zügen neckischen Humors. Die Briefe sind oft mit kleinen Federzeichnungen versehen, die ihn selbst bei seinen verschiedenen Beschäftigungen darstellen. Niemals übt er seinen Witz an anderen; seine Scherze sind stets gutmütig und harmlos.

„11. Nov. 37. — Gestern waren wir beim König und der Königin, welche auf ihrem Weinberg bei Pillnitz wohnen, beide waren außerordentlich gnädig gegen mich. Um 2 Uhr holte uns der Kammerherr von Ende ab, nach hiesigem Gebrauch mit königlicher Equipage. Um 3 Uhr kamen wir auf dem Weinberg an, wo der König mit seinem Flügeladjutanten und dem General von Fabrice, die Königin mit ihren Damen und dem Oberhofmeister sich befanden. Der König führte mich nun im Garten umher, von wo man die schönste Aussicht auf das Elbthal hat. Hier ist auch ein kleiner Thiergarten, worin sich zahme Hirsche und Rehe befinden, die uns aus der Hand fraßen. Als wir zurückgekehrt, setzten wir uns zu Tisch, wo es sehr ungezwungen

---

[1] Dem Vater des jetzigen Ministerpräsidenten Grafen von Fabrice und des königl. sächsischen Gesandten Oswald von Fabrice.

herging, indem der König auf diesem Landsitze alle Etikette ver-
bannt hat und eigentlich wie ein Gutsbesitzer lebt. Das Haus
auf diesem Weinberg ist nur sehr klein, aber alles ist so freundlich und hübsch, daß es ein reizender Aufenthalt sein muß. —
— — Beim Prinzen Max war ich heute in einer sehr schlimmen
Lage, indem ich mich in die Mitte eines Sofas setzen mußte,
so daß ich auf der einen Seite die Prinzessin Max, auf der anderen die Prinzessin Amalie hatte. Erstere spricht nur französisch,
denke Dir diese Position."

„16. Dez. — — Herzlich danke ich Dir noch für Deinen
letzten Brief, obgleich er mir eine recht unangenehme Nachricht
brachte, denn ich hatte mich sehr darauf gefreut, den Weihnachten
in Altenburg zu feiern. Nun müssen wir ihn so gut wie möglich
hier allein begehen. Ich amüsiere mich immer besser hier, indem
ich in den Freistunden den Rutschberg im Blochmannschen Garten
fleißig benutze, wobei ich täglich mehr Bekanntschaften mache. Es
ist mir unmöglich, Dir alle zu nennen. Außer den Mecklenburgern
sind meine besten Bekannten folgende: Rommel, Wardenburg,
Minnigerode, Vitzthum, Coburg; nur die beiden letzten sind von
meinem Alter, die anderen sind älter. — Unser Direktor Blochmann war sehr gefährlich krank, doch geht es ihm jetzt besser." —

Das erste Weihnachtsfest in der Fremde war doch etwas
wehmütig, indessen überwand der heitere Sinn des Prinzen bald
diese Stimmung. Die Weihnachtsbescherung fand in der Wohnung des Herrn von Sell statt.

„Um 7 Uhr gingen wir hinüber ins Blochmannsche Institut, wo jeder von uns einen Stollen, Äpfel und Nüsse erhielt.
Am anderen Abend fuhren wir zur Königin, wo die ganze Familie versammelt war. Dort stand ein großer Tisch, an dem die
Kinder des Prinzen Johann beschenkt wurden. Mich führte die
Königin an einen besonderen Tisch, wo ich Euere Geschenke fand,
nachdem sie mir vorher zwei wunderhübsche Tassen und vom König ein Paar prächtige Hemdsknöpfe geschenkt hatte. . . . Gestern
Abend waren wir bei Blochmann. Er selbst ist noch immer un-
wohl, aber seine Frau, die sehr angenehm ist, macht die Hon-

neurs. Mehrere von den Zöglingen sangen und spielten Klavier, und zuletzt wurde getanzt; musikalischer Abend wird es genannt. Wir amüsierten uns prächtig. Sonntag ist dort wahrscheinlich Ball." — —

„2. Jan. 1838. Am Sylvesterabend waren wir beim Direktor eingeladen, den Abend dort zuzubringen und das neue Jahr miteinander zu erwarten. Wir tanzten sehr vergnügt bis 11¼ Uhr. Unsere Freude wurde noch durch die Anwesenheit des lieben Direktors Blochmann erhöht, der zum erstenmal sich uns wieder zeigte. Eigentümlich war es, wie mit dem Schlag ¼12 der Cotillon aufhörte, alle Gemüter ernst wurden, indem ein Choral „des Jahres letzte Stunde" gesungen wurde und nun der Direktor eine ergreifende Rede hielt, die er mit dem Schlag 12 beendete. Dabei dachte ich recht viel an Großpapa. Nun wünschte man sich gegenseitig Glück, und wir sprachen viel von Euch. Am Neujahrstag sollte große Cour sein. Wir waren zum Diner beim König eingeladen, allein ein plötzlicher Rückfall in der Krankheit des Prinzen Max vereitelte die ganze Sache." —

„31. Jan. Jetzt ist es 5¾ Uhr morgens und 17 Grad Kälte. Drüben im Institut sind sie noch nicht aufgestanden, was durch eine Glocke angezeigt wird. . . . Meine Reitstunden beim Oberreiter Meier haben jetzt angefangen. Man reitet Hengste auf dem Schulsattel ohne Steigbügel. Da ich es noch nicht gewöhnt bin, greift es mich etwas an; das wird sich aber bald verlieren. Mit mir zugleich reiten noch ein Stenglin aus dem Institut, Hofrat Nostitz, ein Engländer und Herr von Sell. Wir bekommen jedesmal ein anderes Pferd." —

„1. Febr. Heute ist der Todestag von Großpapa. Ich bin nicht im Institut gewesen; wir bleiben ganz still zu Hause. Mir schwebt alles noch so recht vor, wie es damals war. Dieser Februar wird doch ganz anders sein wie der damals. Ich kann mir denken, wie schwer Dir das werden wird." —

„13. April. — Ich bin sehr froh, jetzt Ferien zu haben, denn in diesen vergangenen vier Monaten habe ich tüchtig arbeiten müssen. Zu Zeiten wurde es mir schwer, mit meinen Aufgaben

fertig zu werden, aber es ist zu meiner Freude doch fast immer
gegangen. Ich bekomme jetzt noch zwei Geographiestunden und
werde nach Ostern um 5 Uhr aufstehen, wie es drüben im Institut auch sein wird. Die Freistunden des Morgens bringe ich
regelmäßig dort zu. Wir spielen gewöhnlich Ball. Ich bin auch
mehrere Male des Mittags dagewesen. Ich freue mich sehr, nach
Altenburg zu kommen. Schon steht der Wagen gepackt da, den
wir morgen früh besteigen werden. Wir brauchen zu der Reise
ungefähr 12 Stunden."

„5. Mai. — — Daß ich so ungemein und unverzeihlich faul
im Schreiben bin, kommt davon, daß es Frühling wird. So
hat auch der Frühling seine zwei Seiten. Er ist sehr erfreulich,
indem die Natur erwacht, es grün wird, die mit jungem Laub
bewachsenen Bäume von leichtbeschwingten Gästen wimmeln, das
Korn wächst und man hinaus kann in den Sonnenschein. Er ist
aber auch auf der anderen Seite höchst traurig, denn Gefahr und
Lärm ist von allen Seiten: die Bäume schlagen aus, der Kohl
schießt, die Vögel singen, die Kinder', die draußen herumgetragen
werden, schreien, die Großen sprechen, ich, der ich jetzt meine
Abendstunden im Garten oder beim Spielen zubringe, anstatt wie
im Winter zu schreiben, unterlasse dieses und bin unnütz. So
wirkt die Natur auf den Menschen! . . . Ich werde in diesen
Tagen auf Tante Maries Rat einen französischen Brief an die
Großherzogin von Weimar schreiben wegen der erfolgten Erlaubnis, ihr meinen Besuch machen zu dürfen. . . Geht Ihr denn zu
den Manövern nach Berlin? Dresden wäre dann nicht sehr weit.
. . . . . Bitte, besänftige sämtliche zornsprühenden Menschen, die
Briefe von mir erwarten; besonders Mlle. Garnier, die mir bereits drei Briefe schrieb und der ich bald antworten werde." —

„12. Mai. — — Du kannst Dir gar nicht denken, wie sehr
ich mich freue, Euch in Berlin zu sehen und besonders nachher
nach Mecklenburg zu kommen. Ich bin ganz außer mir vor
Seligkeit. . . . Unsere Pferde sind gestern abgegangen und kommen
am 16. an. Das Manöver macht mir auch ungeheuere Freude.
. . . Vorgestern war der Prinz Wilhelm, Sohn des Prinzen von

Oranien, in Pillnitz bei der Königin, wozu wir auch eingeladen waren. Es war sehr hübsch da. In Berlin werde ich Dir das alles sehr ausführlich erzählen." —

Während der Herbstferien machte der Prinz mit seinem Erzieher eine mehrwöchentliche Reise nach Oberbayern und Tirol. Am ersten Oktober begann wieder der Unterricht in Dresden. Zur Überraschung und großen Freude des Prinzen trafen dessen Eltern bald darauf dort ein und verweilten mehrere Tage. Sie kamen von Potsdam, wo eine große Familienvereinigung stattgefunden hatte; auch das russische Kaiserpaar war zugegen gewesen. Großherzog Paul Friedrich und seine Gemahlin wohnten während dieser Tage (5. bis 12. Oktober) im Hotel de Saxe und unternahmen mit dem überglücklichen Prinzen verschiedene Ausflüge in die Umgegend. Die sächsische Königsfamilie war zur Zeit nicht anwesend. Auf der Rückreise begleitete der Prinz seine Eltern bis Leipzig, wobei die eben erst vollendete Eisenbahn benutzt wurde. Bekanntlich war die Strecke Leipzig-Dresden die erste größere Bahnverbindung in Deutschland.

Das Leben nahm nun wieder seinen gewohnten Gang, und die Mitteilungen darüber in diesem wie in den folgenden Semestern wiederholen sich häufig.

„Um 5 Uhr stehe ich auf, arbeite bis 8 und habe dann Stunden bis 12 Uhr mit Ausnahme der Erholungspause von $9^3/_4$—$10^1/_2$, die ich im Institut zubringe. Wir kämpfen dort jetzt auf Stelzen. Um 12 Uhr reiten wir gewöhnlich aus, essen nach 2 Uhr, worauf ich bis 4 Uhr frei habe. Um 7 Uhr hören die Stunden auf, nur daß ich zweimal wöchentlich von 7—8 noch eine Voltigierstunde habe." (Der Brief ist im Sommer geschrieben). „Um $9^1/_2$ Uhr lege ich mich ins Bett, ruhe mich aus von den Strapazen des Tages und träume von Euch."

Die Osterferien 1839 brachte Prinz Friedrich in Altenburg zu, die Pfingstferien in Weimar. Im Spätsommer wurde wieder eine größere Reise unternommen, die diesmal nach der Schweiz führte und an welcher außer den Herren von Sell und Kliefoth auch der Freund des Prinzen, der junge Graf Rudolf Kanitz teil-

nahm. In zwei vierspännigen Chaisen ging es ohne Aufenthalt
nach Schaffhausen, wo der Rheinfall in würdiger Weise die Reihe
der großartigen Landschaftsbilder eröffnete. Prinz Friedrich hatte
ein lebhaftes Verständnis für die Schönheiten der Natur. Er
hat später oft geäußert, daß ihm nichts soviel Eindruck mache
als eine reizvolle Landschaft und daß ein Versenken in deren
Betrachtung ihm in trüben Stunden immer Trost und Erhebung
gewähre. Dazu gesellte sich eine Wanderlust, die im Verein mit
jener Empfänglichkeit für großartige Naturbilder seine häufigen
Reisen in späterer Zeit erklärlich macht.

In Schaffhausen bestieg die kleine Reisegesellschaft die ge-
räumige Berline eines Mailänder Vetturins, welche mit fünf
häufig wechselnden Pferden bespannt war, und nun ging es weiter über Zürich, wo gerade ein bewaffneter Volkshaufe — aus
Anlaß der damaligen religiösen Wirren — das Rathaus besetzt
hielt, über Zug und Luzern nach der Gotthardstraße und dem
Berner Oberland, dann von dort über Freiburg nach dem Genfer See. Am 17. September traf man mit dem Dampfschiff in
Genf ein.

„Du hast keinen Begriff", schreibt der Prinz, „wie schön die
Stadt namentlich vom See aus ist. Aber denke Dir meine
Überraschung, beim Aussteigen steht Onkel Wilhelm auf der
Landungsbrücke [1]. Er nahm uns gleich mit ins Hotel, wo ich
auch Tante Wilhelm fand und den Prinzen Georg von Cambridge.
Der Onkel sieht äußerst wohl aus; die Reise bekommt ihm sehr
gut. Er war so gütig, uns zu Tisch einzuladen; abends waren
wir im Theater." (Man gab das damals sehr beliebte Stück:
„le précepteur en embarras", dessen komische Situationen zu
scherzhaften Anspielungen Anlaß boten.) „Nach seiner Abreise
blieben wir noch einige Tage in Genf und besichtigten alle

---

[1] Prinz Wilhelm von Preußen (der nachmalige Kaiser Wilhelm I.)
befand sich mit seiner Gemahlin auf einer Erholungsreise und war erst
wenige Stunden vorher unter dem Inkognito eines Grafen von Lingen im
Hotel des Bergues abgestiegen.

Sehenswürdigkeiten, wobei uns Herr Morré herumführte[1]. Wir besuchten Papas ehemaliges Quartier im Hause des Mr. Naville, das noch fast ganz unverändert ist, was mir eine außerordentliche Freude machte. Abends fuhren wir zu der Familie Bontemps, die ihre Campagne in der Nähe von Pregny hat, und nachher auf eine Réunion bei Mr. Pirté, einem ehemaligen preußischen Offizier, der noch für Preußen außerordentlich begeistert ist. Am Nachmittag hatte uns schon der Vater von Mr. Revilliod[2] besucht, der seinen Gustav jeden Tag erwartete. Am 19. fuhren wir nach Ferney, dem einstigen Landsitz Voltaires. Mittags speisten wir bei Madame Bontemps[3] und abends bei Mr. Turtin, dem syndic de la garde, der mich sogar durch eine Deputation hatte bewillkommnen lassen wollen, was Herr von Sell jedoch glücklicherweise ablehnte. Übrigens lebt Papa hier im besten Angedenken aller, und man wünscht nichts sehnlicher als ihn einmal wiederzusehen. Das soll ich ihm im Namen aller Genfer sagen. Tags darauf kam Mlle. Garniers Vater, ein ehrwürdiger alter Herr, der sich unendlich freute, mich zu sehen, und mit großer Zuneigung von Euch sprach. . . . Genf hat mir außerordentlich gefallen. Wie Du siehst, hat man mich mit Freundlichkeiten überhäuft. Nur ungern reiste ich am 21. bei entsetzlichem Wetter nach Chamounty ab." —

Nachdem die übliche Touristenroute über die leicht zugänglichen Aussichtspunkte der Montblancgruppe zurückgelegt war, wurde die Heimreise über Basel und Stuttgart angetreten und Dresden in der ersten Oktoberwoche erreicht. Während der ganzen Reise, namentlich während der Fußwanderungen, die er sehr liebte, war der Prinz in heiterster Stimmung. Seine harmlose

---

[1] Früher Stallmeister in großherzoglichen Diensten. Er hatte sich nach Genf zurückgezogen und dort ein Reitinstitut eingerichtet, dessen Pferde, meist arabischer Zucht aus dem Wilhelmsburger Gestüt, er den Reisenden für Ausflüge in die Umgegend zur Verfügung stellte.

[2] Derselbe hatte dem Prinzen in Ludwigslust französischen Sprachunterricht erteilt.

[3] Der Wwe. Nancy Bontemps geb. Salomon sind wir schon oben als Erzieherin der Herzogin Helene begegnet.

Fröhlichkeit gewann ihm überall die Herzen, und die scherzhaften
Einfälle seiner munteren Laune belustigten die Reisegenossen sehr.
Da das Inkognito — der Prinz reiste unter dem Namen eines
Grafen von Grabow — nicht immer durchzuführen war, so
machte sich Prinz Friedrich gern den Spaß, den gleichalterigen
Grafen Kaniß vorzuschieben und durch übertriebene Höflichkeits-
bezeugungen als den Vornehmsten der Gesellschaft darzustellen,
um dann gleich darauf das scheinbar unabsichtliche Versehen durch
komische Zurückhaltung wieder auszugleichen. Es ergötzte ihn
außerordentlich, wenn diese harmlose Mystifikation der Hotelwirte
oder der anderen Tischgäste gelang.

Vom 16. bis 18. Oktober besuchten der Großherzog und die
Großherzogin wieder ihren Sohn in Dresden. Sie kehrten von
einer Reise zurück, welche dem Besuch der Höfe von Altenburg,
Weimar und Karlsruhe gegolten hatte. Auch eine Rheinfahrt
war damit verbunden gewesen, und von Mainz aus hatte das
großherzogliche Paar dem Staatskanzler Fürsten Metternich auf
Schloß Johannisberg einen Besuch abgestattet. Herzogin Luise
begleitete ihre Eltern auf dieser Reise.

In Dresden war die königliche Familie diesmal anwesend
und fanden zu Ehren der mecklenburgischen Gäste verschiedene
Festlichkeiten bei Hofe statt. Die Studien wurden zwar jetzt wieder aufgenommen, doch trat bald darauf im November aus Anlaß der bevorstehenden Konfirmation eine mehrwöchentliche Unterbrechung ein.

Über die geistige Entwickelung und die in den letzten Semestern gewonnenen Kenntnisse des Prinzen spricht sich ein in
dieser Zeit abgefaßter Bericht des Majors von Sell folgender-
maßen aus:

„Der Prinz hat an Einsicht wie an Herrschaft über sich gewonnen; er ist in seiner geistigen wie körperlichen Entwickelung
bedeutend vorgeschritten und hat dabei jenes einfache, bescheidene
Wesen bewahrt, das ihn so vorteilhaft auszeichnet. Der lebendige Sinn für Recht, Wahrheit und Sittlichkeit, der sich überall
in einer vortrefflichen Gesinnung ausspricht, das unverdorbene

Herz und Gemüt des Prinzen sind wahrhaft erfreulich und der vollsten Anerkennung wert. Auch an unbefangener und heiterer Gemütsart hat der Prinz sehr gewonnen. — Die Fortschritte in der wissenschaftlichen Bildung sind in dem letzten Abschnitt durchaus erfreulich gewesen. Der Religionsunterricht hat zuvörderst den Prinzen zu einem hinlänglich reifen Grade der Erkenntnis und des religiösen Wissens geführt, um nach Beendigung des Kursus (1. September) die Handlung der Konfirmation folgen zu lassen. Die lebendige Überzeugung und der tiefe Eindruck, welchen die Wahrheiten des Christentums in dem Prinzen hervorgebracht, bürgen dafür, daß diese ihm für alle Zeiten teuer bleiben werden."

Es folgt nun eine eingehende Erörterung der einzelnen Fächer. Für Geschichte zeigt der Prinz besondere Vorliebe, ebenso für Latein. Horaz und Cicero werden fließend und mit Verständnis gelesen. Wöchentlich wird ein Vormittag zur Abfassung eines deutschen Aufsatzes verwendet. Sicherheit und Gewandtheit im Ausdruck werden dabei erzielt. Auch Redeübungen finden regelmäßig statt. Der Unterricht im Englischen und Französischen weist gute Erfolge auf, der in der Mathematik bietet noch einige Schwierigkeit. — Für das Zeichnen zeigt der Prinz keine besondere Neigung und werden die Übungen darin aufgegeben, dagegen die im Flötenspiel mit Erfolg fortgesetzt. Im ganzen gewährt das letzte auf alle Hauptfächer sich erstreckende schriftliche Examen ein vollkommen befriedigendes Resultat; es beweist, daß der Prinz mit den Schülern der Anstalt gleichen Schritt hält.

„In den körperlichen Übungen" — heißt es weiter im Bericht — „besitzt der Prinz große Geschicklichkeit, Stärke und Ausdauer. Im Reiten besonders hat er es zu erfreulicher Sicherheit und Gewandtheit gebracht und zeichnet sich darin vorteilhaft aus, ebenso im Fechten. Von einer sehr kräftigen Gesundheit unterstützt, entspricht die Ausbildung der Körperkräfte des Prinzen allen nur in dieser Beziehung zu machenden Forderungen. Freie Bewegung und Übungen aller Art stärken und kräftigen sie fortwährend, und das dadurch bezweckte und erreichte Gleich-

gewicht zwischen der körperlichen und geistigen Thätigkeit befördert
die allgemeine Entwickelung auf das günstigste. — Wenn nach
dem bisher Gesagten" — so schließt der Bericht — „der in
dem Gange der Erziehung Sr. K. H. des Erbgroßherzogs seit
längeren Jahren und besonders seit dem Aufenthalt in Dresden
befolgte Plan von guten Erfolgen begleitet war, so dürfte doch in
nicht zu ferner Zeit ein neuer Abschnitt bevorstehen müssen. Der
Übergang zum Universitätsstudium wird am zweckmäßigsten zu
Ostern nächsten Jahres erfolgen. Das Alter, in welches der
Prinz eintritt, wird in mancher Beziehung entscheidend sein für
die Gewohnheiten und Neigungen der späteren Zeit. Die äußeren
Verhältnisse sowie der Umgang des Prinzen sind von um so
wichtigerem Einflusse, je mehr Freiheit der eigenen Einsicht und
werdenden Selbständigkeit verstattet werden muß. Der Prinz,
nunmehr im siebenzehnten Jahre, steht in günstig fortschreitender
Entwickelung und nähert sich, so an Herz und Gemüt wie an
Kenntnissen erfreulich ausgebildet, der bevorstehenden wichtigen
Handlung seiner Konfirmation. An diesem bedeutungsvollen Zeitpunkt angelangt, kommt es nicht allein darauf an, das bisher
Gewonnene zu befestigen und die zu den schönsten Hoffnungen
berechtigenden Eigenschaften des Prinzen weiter zu entwickeln,
sondern auch den Bildungsgang der Altersstufe entsprechend
fortzuführen und zweckmäßig zu erweitern." —

Die Konfirmation fand am 10. Dezember 1839 in der
Schweriner Schloßkirche durch den Oberhofprediger Walter statt,
welcher in den vorangehenden Wochen den Prinzen darauf vorbereitet hatte. Auf die Wahl des Tages — der früher als
Geburtstag Friedrich Franz' I. so oft im Lande gefeiert war —
nahm das Glückwunschschreiben der Landstände Bezug, welches
die drei Landmarschälle[1] als Abgeordnete der in Sternberg tagenden Versammlung dem Großherzog überbrachten. In der Antwort Paul Friedrichs hieß es:

---

[1] Es waren dies die Erblandmarschälle von Lützow auf Eickhof,
von Maltzan auf Penzlin und der Vicelandmarschall v. Oertzen auf Rattey.

„Diese Glückwünsche entsprechen dem Bande der Liebe und des gegenseitigen Vertrauens, welches Mecklenburgs Fürsten und Stände seit Jahrhunderten so fest umschlungen hielt, daß keine Stürme der Zeit es zu lösen vermochten, welches das Wohl des Vaterlandes auch für die Zukunft verbürgt und das teuerste Kleinod ist, das, von Uns treu gepflegt, Unserem geliebten Sohne dereinst zum Erbteil fallen soll. Ihm haben Wir bei der heiligen Handlung, die ihn jetzt mit der Kirche enger verbunden, das Vorbild des Regenten vor Augen geführt, der einst am heutigen Tage zum Heil des Landes, zur Zierde Unseres Hauses ins Leben trat; und so wie er den gleichen Namen trägt, so werden Wir ihn auch seinen Beruf mit gleicher Treue erkennen und erfüllen lehren. Wir empfehlen ihn dabei, neben der göttlichen Gnade, der Liebe und Zuneigung Unserer getreuen Stände, denen Wir für die Uns bei dieser feierlichen Veranlassung bezeugte Teilnahme herzlich danken und, wie immer, mit den gnädigsten Gesinnungen gewogen verbleiben."

An seinem Konfirmationstage wurde Prinz Friedrich zum Premierlieutenant befördert.

Nachdem das Weihnachtsfest in Schwerin verlebt war, erfolgte die Rückkehr nach Dresden in der ersten Hälfte des Januar. Auf der Durchreise in Berlin verweilte der Prinz auf besonderen Wunsch des Königs, der seinen Enkel gern um sich hatte, noch einige Tage. Dieser Aufenthalt wurde dadurch für Prinz Friedrich noch bedeutungsvoller, daß sein königlicher Großvater ihm den schwarzen Adlerorden verlieh. Da ein mecklenburgischer Hausorden damals noch nicht bestand, so war diese höchste preußische Dekoration zugleich die erste, welche der Prinz anlegte. Überglücklich schrieb er darüber nach Hause. Vor der Ankunft in Berlin war den Reisenden noch ein kleiner Unfall zugestoßen.

„Dicht vor der Stadt brach die Hinterachse unseres Wagens. Wir mußten aussteigen und nun weiter zu Fuß durch den tiefen Schnee waten. So hielten wir unseren Einzug durch das Brandenburger Thor. »Fröhlenchen«[1] und Graf Hessen-

---

[1] Fräulein von Kamele, die ehemalige Erzieherin der Großherzogin

ftein[1] waren sehr erstaunt, uns als bescheidene Fußgänger an-
langen zu sehen."

Die Studien in Dresden wurden nun wieder mit allem Eifer
aufgenommen. Der Abgang zur Universität stand im Sommer
bevor, und für die demselben vorangehende Prüfung war noch
manches nachzuholen. Einige Zerstreuung gewährten die kleineren
Hofbälle, an denen der Prinz nun teilnehmen durfte, die er aber
regelmäßig nach dem Souper verließ. Während der Anwesenheit

Alexandrine, wohnte damals in dem sogenannten Prinzessinnenpalais. Sie
wurde häufig nach Schwerin eingeladen und der Prinz war ihr sehr zugethan.
Mit dem obigen Rosenamen wird sie in seinen Briefen sehr häufig erwähnt.

[1] Graf Hessenstein war seit April 1836 mecklenburgischer Gesandter
am preußischen Hofe. Geboren 1790 als Sohn des Kurfürsten Wilhelm I.
von Hessen und der Reichsgräfin von Schlotheim, nachmaligen Gräfin von
Hessenstein, trat er 1805 in den preußischen Militärdienst, den er nach der
Schlacht bei Jena aus Anlaß der damals eintretenden Reduktion der Armee
wieder verließ. Später durch Vermittelung des Königs nach Österreich
empfohlen, trat er dort bei der Kavallerie ein und diente mit Auszeichnung
in den nächsten Campagnen. 1820 wurde er zum kurfürstlich hessischen Oberstallmeister und Landgestütsdirektor, einige Jahre später zum Oberhofmarschall
daselbst ernannt. Seine Vermählung mit der Tochter des in Mecklenburg
begüterten Grafen von der Osten-Sacken und der Umstand, daß er selbst dort
schon früher die Güter Bellin, Zehna und Braunsberg erworben, führte
ihn häufig nach Mecklenburg. Er war ein gern gesehener Gast an den Hof-
lagern von Ludwigslust und Doberan. Seine vornehme Erscheinung und
weltmännische Bildung ließen ihn dem Großherzog Friedrich Franz I. für
die Übertragung eines diplomatischen Postens durchaus geeignet erscheinen,
und als ein solcher durch den Tod des bisher in Berlin accreditierten Oberhofmeisters von Lützow neu zu besetzen war, ernannte ihn der Großherzog
zu seinem Gesandten. Hessenstein führte in Berlin ein großes Haus, war
durchaus vertraut mit den dortigen Hofverhältnissen und leistete auch bei
den Verhandlungen über die Eisenbahnkonvention, die Zollgrenze ꝛc. in den
nächsten Jahren seinem neuen Vaterlande wichtige Dienste. Prinz Friedrich
wohnte bei Gelegenheit seiner Besuche in Berlin oft im Hause des Gesandten,
den er auch später nach seinem Regierungsantritt durch sein Vertrauen auszeichnete. Durch die Pflichten der Repräsentation, denen Graf Hessenstein
im großen Stile nachkam, war sein ursprünglich sehr bedeutendes Vermögen
stark in Anspruch genommen worden. Er zog sich daher, verstimmt überdies
durch die politischen Stürme der 48er Zeit, im Jahre 1850 aus dem
Staatsdienst zurück und übersiedelte nach Schwerin, wo damals noch sein
Schwiegervater, der hochbetagte Graf von der Osten-Sacken, lebte. Er starb
daselbst am 22. März 1867.

eines russischen Großfürsten im März fand eine Parade auf dem
Neumarkt statt, bei welcher sich der Prinz zum erstenmal zu
Pferde der königlichen Suite anschloß. Die Osterferien führten
ihn nach Schwerin. Dort fand am 14. April die Konfirmation
seiner Schwester, der Herzogin Luise, statt. Nach Dresden zurückgekehrt, schrieb er am 3. Mai:

„Glaube mir, wie ich so aus Schwerin herausfuhr und
ein bekanntes Gesicht nach dem anderen mich noch grüßte, konnte
ich mich der Thränen nicht erwehren. Die Kutscher haben Dir
doch meine Grüße noch gebracht. Denke Dir nur, was ich früher
nie, selbst damals nicht in dem Grabe gefühlt habe, als ich von
Ludwigslust zuerst fortging, das erfaßte mich jetzt, nämlich ein
schreckliches Heimweh. Eine große Sehnsucht nach Euch, nach
Mecklenburg verließ mich nie, und ob es gleich jetzt nicht mehr
in dem Grabe der Fall ist, so fühle ich etwas davon doch
noch immer. Hier angelangt, mußte ich mich gleich mit allem
Eifer auf die Ausarbeitung einer Rede legen, zu der ich schon,
wie Du weißt, in Schwerin den ersten Entwurf machte und
die ich inzwischen hier gehalten habe. So konnte ich das
brennende Verlangen', Dir zu schreiben, nicht eher befriedigen.
Großpapa fand ich in Berlin noch gar nicht recht wohl. Er
sah sehr angegriffen aus und klagte selbst, daß er wegen Appe-
titlosigkeit nicht zu Kräften kommen könne. Er aß nicht mit
uns, kam aber nach Tisch einen Augenblick heraus. Ich glaube
doch, daß es, wenn sich der Appetit erst wieder einstellt, bald
besser mit ihm gehen wird." — —

Diese Hoffnung sollte sich nicht erfüllen und der Prinz den
königlichen Großvater lebend nicht wiedersehen. Die Kräfte
nahmen rasch ab und schon zu Ende des Monats war jede Aussicht auf Genesung entschwunden. Großherzogin Alexandrine eilte,
von ihrer Tochter begleitet, an das Krankenlager ihres sterbenden
Vaters. Der Großherzog folgte bald nach; auch das russische
Kaiserpaar und die anderen Angehörigen der königlichen Familie
trafen in Berlin ein. Die Aufzeichnungen des Prinzen Friedrich

geben eine gedrängte Darstellung dieser auch für ihn so schmerzlichen Zeit.

„3. Juni: Große Besorgnis um den König. Gott erhalte ihn! — 5. Juni: Großpapas Krankheit hat in der Nacht
vom 3. auf den 4. eine sehr bedenkliche Wendung genommen,
so daß sein nahes Ende zu befürchten steht. Er fiel von einer
Ohnmacht in die andere und die Ärzte haben wenig Hoffnung.
— 18. Juni: Was ich nicht auszudenken wagte, ist nun doch
geschehen! Großpapa, der geliebte König, verschied am ersten
Pfingsttage, den 7. Juni um 3½ Uhr! — Am 8. früh
brachte mir eine Stafette den Befehl, sogleich abzureisen. Eine
zweite mit der Todesnachricht traf uns zwischen Moritzburg und
Großenhain. Um 12 Uhr nachts langten wir in Sanssouci an.“

Nach einer Schilderung des schmerzlichen Wiedersehens mit
den Familiengliedern heißt es weiter:

„Ich ging zur Leiche des lieben, unvergeßlichen
Großpapas, den ich nicht sehr verändert fand. Er lag
in der Uniform des 1. Garderegiments, mit Mantel
und Mütze, in einem einfachen schwarzen Sarge. Den
Mittwoch blieben wir still in Sanssouci, fuhren aber abends
nach Berlin, um am Donnerstag Morgen 11 Uhr der Beisetzung beizuwohnen. Wir folgten, nachdem wir uns im
Spiegelzimmer versammelt, im Zuge dem Wagen durch ein
vom ganzen Gardecorps gebildetes Spalier nach dem Dom.
Die Feier war tief ergreifend. Am Nachmittag fuhren wir
nach Charlottenburg, wo wir um 1 Uhr in der Nacht den
teuern Großpapa nach dem Mausoleum der Königin zur letzten
Ruhestätte begleiteten. Am Freitag Morgen hielt Ehrenberg
dort einen Gottesdienst:

>Christen müssen trauern,
als trauerten sie nicht<,

worauf wir am Nachmittage nach Berlin und dann nach Sanssouci zurückfuhren. Am Sonnabend besichtigte ich mit Wilhelm
noch die Schlösser bei Potsdam und die Garnisonkirche mit
dem Grab Friedrichs des Großen. Nachdem ich noch Prinz

Luitpold von Bayern besucht, reisten wir abends um 11 von
Sanssouci ab und trafen am nächsten Nachmittag wieder in
Dresden ein. Es war das eine traurige und doch erhebende
Zeit!"

Die nächsten Wochen vergingen nun unter ernsten Studien
für die Abgangsprüfung. Herr Kliefoth war inzwischen nach
Mecklenburg zurückgekehrt. Prinz Friedrich schrieb darüber:

„Es thut mir außerordentlich leid, ihn zu verlieren, da
wir uns sehr genau kennen gelernt haben. Er ist in jeder
Hinsicht für mich sehr gut und von großem Nutzen gewesen
sowohl in Beziehung auf meine geistige Ausbildung als auch
für mein sonstiges Leben."

In der Woche vor seinem Abgang fand vor einer Prüfungs-
kommission ein über alle Fächer sich erstreckendes schriftliches und
mündliches Examen statt. Das erfreuliche Resultat desselben ist
in dem Jahresbericht der Anstalt damals veröffentlicht worden.
Eine Abschiedsfeier beim Direktor vereinigte noch einmal alle
Freunde und Schulgenossen. Prinz Friedrich pflanzte im Garten
der Anstalt eine Eiche. Nachher fand eine musikalische Aufführung statt. „Ein von Reuß komponiertes Quartett setzte alle in
Erstaunen."

In einer warmen Ansprache gedachte der Direktor der gemeinsam verlebten Zeit und gab den Wünschen Ausdruck, welche
den Prinzen auf seinen ferneren Lebensweg begleiteten. Mit einem
Festmahl und Feuerwerk schloß die Feier. Der Abschied von
Dresden wurde dem Prinzen schwer. Hatte auch die Aussicht,
mit dem akademischen Studium zu größerer Selbständigkeit zu
gelangen, viel Verlockendes, so schied er doch nicht ohne Wehmut
aus dem Dresdner Freundeskreis. Die Erinnerung an jene Jahre
und die Anhänglichkeit an die Jugendgefährten wird er ein
langes Leben hindurch treu bewahren. Wo immer er ihnen
später begegnet, wird er diesem Gefühl in wohlthuendster Weise
Ausdruck geben, auch für diejenigen seiner ehemaligen Lehrer
und Schulgenossen, die sich in bedrängter Lage befinden, stets
eine offene Hand haben! —

Fünftes Kapitel.

Die Verbindung mit dem Hause Orleans.

———

Es ist notwendig, die Darstellung von dem Bildungsgang des Prinzen Friedrich hier zu unterbrechen und den Leser noch einmal zu dem Regierungsantritt Paul Friedrichs zurückzuführen. In jene Zeit fällt ein Ereignis, welches nicht nur die näher beteiligten Kreise in begreifliche Aufregung versetzte, sondern auch die Aufmerksamkeit der politischen Welt Europas auf Mecklenburg lenkte. Die Verbindung der Prinzessin Helene, der Stiefschwester Paul Friedrichs, mit dem Herzoge von Orleans ist damals viel besprochen worden. Der Umstand, daß diese Ehe trotz des entschiedenen Widerspruchs des Familienoberhaupts und unter der Mißbilligung der meisten legitimen Fürstenhäuser dennoch zu stande kam, ließ sie in den Augen des Publikums besonders interessant erscheinen, verlieh ihr sogar den Charakter eines der Staatsraison gebrachten Opfers. Ein solches ist nie verlangt worden. Prinzessin Helene hat durchaus frei und selbständig handeln können. Diesem freien Entschlusse folgend, hat sie dem französischen Thronerben ihre Hand gereicht.

Wäre das vorliegende Werk lediglich eine Biographie Friedrich Franz' II., so würde hier eine kurze Erwähnung jener Vorgänge genügen. Da es sich aber — wie schon in der Einlei-

tung bemerkt wurde — gelegentlich zu einer Geschichte des mecklenburgischen Fürstenhauses unseres Jahrhunderts erweitern soll,
so wird der französischen Heirat und deren Rückwirkung auf die
mecklenburgischen Verhältnisse eine eingehendere Beleuchtung zu
teil werden müssen. Außerdem sprechen noch zwei besondere
Gründe dabei mit.

Als Prinzessin Helene nach Frankreich zog, war Prinz Friedrich noch ein Kind. Sein Gemüt blieb unberührt von dem Streit
der Meinungen, von dem tiefen Riß, der in seiner Familie entstanden war und der ihm lange verborgen blieb. Aber schon
wenige Jahre später mußte er bei seinem Regierungsantritt
Stellung zu dieser Frage nehmen. Die Art, wie es geschah, wie
er entscheidend und handelnd eintrat, würde ohne die Kenntnis
dessen, was vorangegangen war, unverständlich bleiben.

Das zweite Motiv entspringt dem Verlangen, manches klar-
zustellen, was in den bisherigen Publikationen unbeachtet geblieben oder ungenau wiedergegeben ist. Es liegt jetzt ein sehr voll-
ständiges Material, namentlich an Briefen vor, welches den Bio-
graphen der Herzogin von Orleans nicht zugänglich war. Das
Leben dieser Fürstin ist zweimal von Personen geschildert worden,
welche ihr persönlich nahe standen: von ihrem einstigen Lehrer,
Professor Heinrich Schubert, und ihrer Hofdame, der Gräfin
Harcourt. Diese beiden Schriften, in Deutschland jedenfalls die
bekanntesten, erschienen bald nach dem Tode der Herzogin. In
ihnen ist die Entstehungsgeschichte jener mit soviel tragischen
Momenten verknüpften Verbindung nur flüchtig gestreift worden.
In dem sehr begreiflichen Wunsch, das Bild einer edlen, schwergeprüften Fürstin durchweg sympathisch, makellos und gewissermaßen in einer idealen Verklärung zu zeigen, haben jene Verfasser bei ihrer Darstellung Licht und Schatten so verteilt, daß
die Handlungsweise des Großherzogs Paul Friedrich mindestens
undeutlich erscheint. Ein dritter Autor, Ludwig Brunier, ein
Mecklenburger von Geburt, hat dies schon herausgefühlt und in
seiner 1872 erschienenen Biographie der Herzogin Helene in diesem Teil eine kühlere und ungleich sachlichere Kritik geübt. Wenn

er hierbei von einem anerkennenswerten Gerechtigkeitssinn geleitet
wurde, so standen ihm doch aktenmäßige Belege noch nicht zur
Verfügung. Diese sollen hier gegeben werden. Pikante Ent-
hüllungen darf der Leser aber nicht erwarten. Die ausgewählte
Korrespondenz wird nur diejenigen Thatsachen behandeln, welche
zum Verständnis des Verlaufs der Heiratsangelegenheit dienen
können. An der Hand derselben wird sich dann für eine unbefangene Kritik ergeben, wie der dem Großherzog Paul Friedrich
gemachte Vorwurf des Starrsinns und der unnötigen Härte gegen
seine Schwester in keiner Weise gerechtfertigt ist. — —

Im Frühjahr 1833 war die Erbgroßherzogin Auguste lebens-
gefährlich erkrankt. Die Ärzte erhofften eine Herstellung nur von
dem Gebrauch der Teplitzer Bäder. Die Reise dorthin wurde
unter vielen Beschwerden angetreten, hatte aber wirklich den gewünschten Erfolg. Prinzessin Helene begleitete ihre Mutter. Die
aufopfernde Pflege der liebevoll besorgten Tochter, ihre anmutige
Erscheinung und ihr gewinnendes Auftreten erregten die sympathische Bewunderung aller Kurgäste. Unter ihnen befand sich auch
der in Berlin accreditierte französische Gesandte, Herr Bresson.
Ohne den fürstlichen Damen vorgestellt zu werden, empfing derselbe durch das würdevolle und doch einfache Auftreten der jungen
Prinzessin einen so tiefen und nachhaltigen Eindruck, daß seinen
Berichten und späteren mündlichen Vorträgen die erste Anregung
zu dem Heiratsprojekt zuzuschreiben ist. Ludwig Philipp ging
nicht ungern auf die Vorschläge des Gesandten ein. Die Verbindung mit einem alten deutschen Fürstenhause empfahl sich der
Julidynastie von selbst. Die kühle, sogar abweisende Haltung,
welche alle legitimen Höfe den Orleans gegenüber damals noch
einnahmen, machte die Auswahl überhaupt schwierig. Der Prinz
selbst war durch die Schilderungen, die ihm von allen Seiten
über die anmutige und geistvolle Prinzessin zuflossen, für diese
Verbindung unschwer gewonnen.

Die Schwierigkeiten lagen indessen nicht auf dieser Seite.
Die Abneigung des mecklenburgischen Fürstenhauses gegen den
Bürgerkönig war bekannt. Unverhohlen äußerte sich in allen kon-

servativen Kreisen Deutschlands der Unwille über die Machina-
tionen, welche den Juliaufstand und mit ihm eine allgemeine
Beunruhigung hervorgerufen hatten. In Mecklenburg fand dies
Gefühl seinen stärksten Ausdruck. Die Sympathieen des Hofes,
namentlich aber des Erbgroßherzogs Paul Friedrich und seiner
Gemahlin, neigten unverhohlen auf die Seite der entthronten
Königsfamilie. Noch kurz vor der Revolution hatten beide am
Hof Karls X. herzliche Aufnahme gefunden. Bald nach derselben
hatte der vertriebene König als Gast in Ludwigslust geweilt, auch
in Teplitz während des gemeinschaftlichen Badeaufenthalts mit den
mecklenburgischen Fürstinnen verkehrt. Auf ein Entgegenkommen
des Schweriner Hofes war also nicht zu rechnen. Es vergingen
mehrere Jahre. Herr Bresson behielt indessen die Angelegenheit
im Auge. Er suchte für seine Pläne Boden zu gewinnen und
bewog in diesem Sinne seinen Herrn, den Herzog von Orleans
nach Berlin zu entsenden, um durch sein Erscheinen Vorurteile
zu besiegen, welche sich etwa an die Persönlichkeit des Braut-
werbers knüpfen könnten.

Um den eigentlichen Zweck der Reise zu maskieren, sollte
dieselbe nach Wien ausgedehnt werden. Auch war der Herzog
von seinem jüngeren Bruder, Nemours, begleitet. Die Prinzen
trafen am 13. Mai in Berlin ein und wohnten im königlichen
Schloß. Während ihres Aufenthalts, der 12 Tage währte, fand
eine Reihe glänzender Feste statt. Wo sie sich öffentlich zeigten,
waren sie von neugierigen Volksmassen umdrängt. Das Interesse
der Berliner hatte teilweise auch einen demonstrativen Charakter.
Den liberalen Kreisen galten die Söhne des Bürgerkönigs als
Repräsentanten des Konstitutionalismus. Bei der ersten Vorstellung im Opernhaus, zu welcher ein ungeheurer Andrang stattfand, besorgte man sogar unliebsame Acclamationen. Der König
bewog daher die gleichzeitig in Berlin anwesende Königin von
Holland, die Schwägerin der Prinzessin Albrecht von Preußen,
mit den Orleansschen Prinzen zugleich in der Hofloge zu erscheinen, so daß die begrüßenden Zurufe des Publikums als ihr,
dem vornehmsten Gast, geltend angesehen werden konnten. Der

Königin war dieser Schritt nicht leicht geworden, da die Or-
leansche Intervention in dem belgisch-holländischen Konflikt das
Haus Oranien tief verletzt hatte.

Die französischen Prinzen streuten Geld mit vollen Händen
aus, fuhren unbedeckten Hauptes durch die Volksmenge, sprachen
ziemlich geläufig deutsch und bekundeten in jeder Weise das Bestreben zu gefallen. Indessen war der sensationelle Eindruck doch
nur ein vorübergehender und beschränkte sich, nachdem die Schau-
lust der Menge befriedigt war, auf die Nachahmung der Pariser
Kleidermoden, der engen Fracks und der schmachtenden Frisur
à la Musset, die bei der jüngeren Herrenwelt der Hauptstadt
rasch Eingang gefunden hatten.

In den hochkonservativen Kreisen, auch an den prinzlichen
Höfen, war man dem französischen Thronerben mit kühler Höflich-
keit begegnet. Der König selbst aber hatte sich herzlicher gezeigt.
Herr Bresson glaubte jetzt den Augenblick gekommen, den Heirats-
antrag in Berlin zur Sprache zu bringen und die Fürsprache
Friedrich Wilhelms nachzusuchen. Wirklich zeigte sich derselbe dem
Projekt keineswegs abgeneigt. Daß hierbei politische Rücksichten
mitsprachen, war unschwer zu erkennen. Der alternde Monarch
wünschte seine letzten Lebensjahre in Frieden zu verbringen. In
diesem Sinne mochte ihm die Befestigung der Julidynastie wünschenswert, die Aussöhnung derselben mit den fürstlichen Repräsentanten der Legitimität willkommen erscheinen. Ging doch die
Beunruhigung der politischen Welt damals immer von Frankreich aus. Dazu kam, daß der König die Prinzessin Helene zur
Übernahme einer Vermittlerrolle für ganz besonders geeignet hielt.
Er hatte sie in Teplitz, wo er alljährlich die Bäder gebrauchte,
näher kennen gelernt und wahrhaft lieb gewonnen. Angezogen
durch ihre seltenen Geistesgaben und die einfache Natürlichkeit
ihres Wesens, hatte er sich auf den Spaziergängen viel mit ihr
unterhalten und einen tiefen Blick in ihr reiches Gemütsleben gethan. Es lag sicher nicht in seiner Absicht, die junge Prinzessin
der Staatsraison zu opfern. Zwar wiegt in der großen Bilanz
nationaler Interessen das Glück eines Frauenherzens leicht. Seit-

dem er aber den Herzog von Orleans persönlich kennen gelernt hatte, hielt er das eheliche Glück Helenens für gesichert. Diese Anschauungen läßt der nachstehende, an seine Tochter, die Erb-großherzogin Alexandrine, gerichtete Brief deutlich erkennen:

„Berlin, den 15. Januar 1837. Wenn ich heute die Feder ergreife, so geschieht es in einer besonderen Angelegen-heit, die zwar eigentlich weder Dich noch mich betrifft, die aber dennoch wichtig genug ist, um von mir zur Sprache ge-bracht zu werden.

Ich bin, wie Du weißt, kein Freund von weitläuftigen Préambules, also zur Sache.

Schon im vergangenen Sommer gaben mehrere Zei-tungen zu allerhand Gerüchten Stoff, die auch Dir zu Ohren gekommen sein mögen, und zwar in Beziehung einer projek-tierten Verbindung zwischen Prinzessin Helene und dem Her-zoge von Orleans.

Bis hierher wurde wenig auf diese Gerüchte reflektiert, jetzt aber habe ich, obgleich nicht aus direkter, dennoch aus zuverlässiger Quelle, die sichere Nachricht erhalten, daß der Augenblick gekommen, wo diese Gerüchte zur Verwirklichung gelangen werden, d. h., daß jetzt in der That die ersten Schritte in dieser Sache gethan und Anträge dieser Art gemacht werden sollen.

Daß es meine Art eben nicht ist noch sein kann, mich in fremde Angelegenheiten mischen zu wollen, ist Dir hinreichend bekannt. Es geschieht daher nicht aus Zudringlichkeit, sondern weil ich es für meine Pflicht halte, wenn ich mich über diese gewiß wichtige Angelegenheit in wenigen Worten offen und frei ausspreche, da ich mit ziemlicher Gewißheit annehmen kann, daß es Dir und Paul nicht ungelegen kommen wird, meine Ansicht und Meinung bei Zeiten kennen zu lernen. Dies allein ist es also, was mich hierzu bestimmt.

Daß es gar vielerlei Meinungen und Ansichten hierüber geben wird, ist leicht vorauszusehen, und ich weiß sehr gut, was sich alles dafür und dagegen einwenden läßt, sowohl in politischer als persönlicher Hinsicht.

Was nun die erste betrifft, so dünkt mich, daß nach meiner Überzeugung kein Hindernis vorhanden sei, welches erheblich genug wäre, den Antrag, wenn er gemacht werden sollte, zurückzuweisen.

Was nun aber den zweiten Punkt betrifft, so kommt es wohl vor allem darauf an, die persönliche Denkweise der Prinzessin selbst und die ihrer Frau Mutter über einen solchen Antrag zu erforschen. Es scheint mir daher geraten, sowohl der Tochter als der Mutter die Angelegenheit in die Hand zu geben und, nachdem sie alles wohl erwogen haben werden, ihrer Entscheidung entgegenzusehen.

Von der Persönlichkeit des Herzogs von Orleans rede ich nicht, allein alles, was man über ihn hört, spricht für ihn und gereicht zu seinem großen Lob; daß er hier allgemein den besten Eindruck hinterlassen hat, ist Dir übrigens bekannt.

Das hier Gesagte ist meine bestimmte Meinung und Ansicht über diese Sache. Mehr darüber zu sagen, geziemt mir nicht; ich ersuche Dich aber, alles dies an Paul mitzuteilen, der gewiß meiner wohlgemeinten Absicht volle Gerechtigkeit wird widerfahren lassen wollen und dem ich die Sache angelegentlichst empfehle . . . ."

Dieser Brief traf 14 Tage vor dem Ableben des Großherzogs Friedrich Franz in Schwerin ein. Er erregte am erbgroßherzoglichen Hofe eine Bestürzung, welche der königliche Absender wohl nicht vorausgesehen hatte. Paul Friedrich und seine Gemahlin hatten zu dieser Frage längst Stellung genommen. Eine Annahme des Antrags erschien ihnen unmöglich. Der Erbgroßherzog fühlte die ganze Schwere der Verantwortung. Der geschwächte Zustand seines Großvaters legte die Entscheidung in seine Hände. Er hielt mit seiner Anschauung bei Mutter und Schwester nicht zurück. Als letztere sich dennoch für die Werbung entschied, wiederholte er ihr von Schwerin aus gleich nach seinem

Regierungsantritt schriftlich und in bewegten Worten die Gründe seiner Abmahnung. Der Brief war überaus herzlich.

„Gab der Himmel uns auch" — so hieß es darin — „verschiedene Mütter, so hatten wir doch einen Vater, der uns so erzog, daß wir die Bezeichnung Stiefgeschwister nur dem Namen nach kannten. Gott versagte mir das Glück, je meine Mutter zu kennen; die Deinige liebte ich wie die meinige und sie mich als ihr eigenes Kind. Der Himmel segne sie noch im Grabe für alles Gute, was sie mir that. Alex grüßt Dich herzlich und vereinigt ihre Bitten mit den meinigen. Unter Geschwistern muß stets Aufrichtigkeit und wahre Liebe bestehen. Der lieben Mama lege ich mich zu Füßen. Wie lieb ich sie habe, wißt Ihr beide."

Nicht minder warm und eindringlich ist der Ton eines anderen, an die Erbgroßherzogin Auguste gerichteten Schreibens:

„Zürnen Sie mir nicht, daß ich mich noch einmal in der bewußten Angelegenheit an Sie wende und um ein geneigtes Gehör bitte. Kindespflicht gegen Sie, Bruderliebe gegen meine Schwester und endlich — ja schwer wird es mir auszusprechen — Regentenpflicht fordern diesen Schritt. So weit diese bedauerliche Angelegenheit auch schon vorgerückt ist, so kann sie dennoch auf eine ehrenvolle Weise aus der Welt geschafft werden, wenn Höchst Sie — auf Helenens Beihülfe ist ja leider nicht zu rechnen — Sich nur entschließen wollten, jetzt, wo es noch Zeit ist, einen entscheidenden Schritt zu thun. Aus dem letzten Brief des Königs haben Sie ersehen, wie Seine Majestät die ganze Angelegenheit zu einer rein mecklenburgischen macht. Daß ich als Chef der Familie und Landesherr mit Zustimmung derselben und der nächsten Agnaten erklärt habe, nie und nimmer meine Einwilligung zu dieser Verbindung zu geben, wissen Sie. Seit dem ersten Schritt Frankreichs durch Preußen, ja selbst seit der Abreise des Ministers von Kampß, hat sich die innere Lage Frankreichs so verschlimmert, daß ich es für eine Gewissenlosigkeit halten würde, nicht alles anzuwenden, um Helene, wenn sie es jetzt auch als eine Härte betrachtet, von dem Abgrund zurückzuhalten, in den sie

sich stürzen will. Wie ich schon vorher erwähnte, in Ihrer
Macht steht es, mit wenig Worten der Sache ein Ende zu
machen. Wenn Sie an den König schrieben, Höchst Sie könnten sich unter den jetzigen Verhältnissen in Frankreich nicht entschließen, von dem Ihnen übertragenen Rechte Gebrauch zu
machen, so würden Se. Majestät gewiß Ihrer Meinung nur
beipflichten können und die Sache hiermit als abgemacht betrachten. Thun Sie dieses, gnädigste Mama, so wird auch
Helene nachgeben. Ein Wahn hält ihre Sinne umfangen, bald
werden ihr die Augen aufgehen und sie wird Gott und Ihnen
danken, sie vom Verderben gerettet zu haben. Sie haben mir
oft gesagt, daß Sie mich lieb haben, gnädige Mutter, ich be-
schwöre Sie bei allem, was Ihnen heilig war und ist, weisen
Sie diese so ehrlich gemeinte erste Bitte Ihres Sohnes als
Landesherrn nicht zurück, retten Sie die Ehre des alten
Hauses Mecklenburg, einzig und allein liegt sie jetzt in Ihrer
Hand."

Die verwitwete Erbgroßherzogin Auguste lebte nach wie vor
in der stillen Zurückgezogenheit der Ludwigsluster „Friedensburg".
Seitdem Prinz Albrecht seinem Leiden erlegen war — er verschied in ihren Armen am 18. Oktober 1834 —, gehörte ihr
Herz ungeteilt der einzigen geliebten Pflegetochter. Es war gewiß
nicht der blendende Glanz einer Königskrone, der sie bewog,
Bedenklichkeiten außer acht zu lassen, welche im Kreise der fürstlichen Familie so schwer wogen. Sie selbst war in Traditionen
erzogen, die weit eher eine Abneigung gegen französisches Wesen
erweckt und genährt hatten. Allein sie kannte das leidenschaftliche,
zur Exaltation geneigte Temperament ihrer Tochter und deren
Willensstärke. Sie wußte, daß diese einen Gedanken nicht aufgeben werde, den sie anfangs schüchtern, dann aber mit Begeisterung, fast wie eine göttliche Mission erfaßt hatte. Prinzessin
Helene hatte in solchen sie persönlich betreffenden Angelegenheiten
stets einen entschiedenen Willen bekundet. Zwei Anträge, welche
die Aussicht auf eine Königskrone in sich schlossen, waren von
ihr abgelehnt worden.

Solchen Erwägungen nachgebend, trat Erbgroßherzogin
Auguste nach kurzem Zaubern auf die Seite ihrer zur Annahme
der Bewerbung entschlossenen Tochter. Aus den Briefen des Königs von Preußen glaubte sie zu entnehmen, daß dieser die Verbindung lebhaft wünsche, während derselbe sie doch nur als annehmbar und der Berücksichtigung wert bezeichnet hatte. Durch
dieses und andere Mißverständnisse wurde eine vielleicht damals
noch mögliche Verständigung erschwert.

Der König hatte seinen Justizminister, Herrn von Kamptz,
nach Schwerin gesandt, um diejenigen politischen Gesichtspunkte
näher zu entwickeln, die seiner Meinung nach Beachtung ver-
dienten. Dieser hatte eine Denkschrift ausgearbeitet, welche den
Nachweis führen sollte, daß Ludwig Philipp die Krone Frankreichs doch eigentlich nicht usurpiert habe. Als jüngerer Sohn
des bourbonischen Stammes besitze derselbe zweifellos ein Successionsrecht. Allerdings sei nach der Successionsordnung die Thronbesteigung ihm noch nicht zugefallen, allein dies sei eine innere
Angelegenheit der Dynastie und das Prinzip der Legitimität bleibe
allen übrigen Franzosen wie auch dem Ausland gegenüber gewahrt. Als Beleg wurden zahlreiche Parallelen aus der Geschichte
angeführt, z. B. die Ausschließung des Stuartschen Mannes-
stammes, die Verdrängung der älteren dänischen Linie 2c., und
darauf hingewiesen, daß verschiedene mecklenburgische Herzöge sich
mit Prinzessinnen aus dem Stamm der durch solche Staatsstreiche
begünstigten Fürsten ehelich verbunden hätten. Daß rechtswidrige
Vorgänge hier nicht maßgebend sein konnten, lag auf der Hand.
Auch die subtile Unterscheidung zwischen Successionsrecht und
Successionsordnung war bedeutungslos. Derartige Sophismen
entsprachen übrigens keineswegs der Denkart des Königs. Herr
von Kamptz war im Übereifer viel weiter gegangen als ihm auf-
getragen, und der vollständige Mißerfolg seiner Mission erregte
in Berlin keine Verstimmung. Es scheint, daß Fürst Wittgenstein, dem ein bedeutender Einfluß auf den König zugeschrieben
wurde, der eigentliche Fürsprecher und Betreiber der französischen
Heirat war. Er befand sich damit im offenen Widerspruch zu

dem konservativen Hofkreise. Daß das Verhalten Paul Friedrichs
von den nächsten Agnaten seines Hauses, den Brüdern Georg
und Karl von Mecklenburg-Strelitz, ebenso auch von dem Kaiser
von Rußland und den meisten Mitgliedern der preußischen Königsfamilie rückhaltlos gebilligt wurde, beweisen die nachstehenden
Schriftstücke, unter denen namentlich Briefe des Prinzen Wilhelm Sohn, des nachmaligen Kaisers, unser Interesse ganz besonders in Anspruch nehmen werden.

Kaiser Nikolaus von Rußland an Großherzog Paul
Friedrich:

„St. Pétersbourg, le 31. Janvier, 11. Février 1837.

. . . . Je crois remplir un devoir d'ami en vous
parlant d'une circonstance ou d'un bruit qui s'est répandu,
mais qui est trop déshonorant pour votre famille, pour
que je ne vous en parle franchement.

Est-il vrai qu'il ait été question d'un projet de mariage de Madame votre sœur avec le fils aîné de Louis
Philippe!!! il y a quelque chose de si odieux à une chose
pareille, que je me refuse d'y croire; mais si la chose est
vraie, je ne veux me l'expliquer que par l'état de maladie
de feu le Grand Duc qui l'empêchait, de l'apprécier à sa
juste valeur. Il en doit être autrement de vous; vous ne
devez pas y donner votre consentement comme apparte-
nant à deux familles sur lesquelles rejaillirait la honte
de votre consentement. Vous voyez que j'agis sans détour
et avec une complète franchise, et j'espère que vous ne
vous méprendrez point dans l'intention qui me dicte cet
avis." . . . .

Prinz Wilhelm von Preußen an Großherzogin Alexandrine:

„Berlin, den 23. Februar 1837. Des Himmels
reichsten Segen über Dich und die lieben Deinigen!
Wie viele Gefühle müssen Dich an dem heutigen Festtage bewegen, den Du zum erstenmal in der Stellung
begehest, die Dir der Himmel verlieh! Dies Ereignis, der
heutige Tag, die nahe Osterfeier — wie viele Veranlassungen

zu ernsten und wichtigen Betrachtungen! Mögen dieselben Dir
und Paul zum wahren Segen werden, nur dann erfüllen
solche Veranlassungen ihren wahren Zweck, indem sie uns an
das mahnen, was allein unseren Wert bestimmt! Gottes Segen
sei mit Euch!

Hoffentlich wird unser Familiengeschenk wohlbehalten und
zur rechten Zeit diesmal eingetroffen sein und Deinen kleinen
Pavillon nicht entstellen. Die Möbelform ist ganz eigentümlich
erdacht.

Ich muß nun einen Gegenstand berühren, den ich durch
Dein Vertrauen in seinem ganzen Umfange erfuhr, wofür ich
Dir herzlichen Dank sage. Die Onkel Georg und Karl haben
mich von allem au fait gesetzt. Was ich über die ganze Sache
denken muß, brauche ich wohl kaum erst auszusprechen! In
zwei Worten ist es zusammenzufassen, — es bekümmert mich
in jeder Hinsicht sehr, sehr tief! — Es ist immer ein schmerz-
liches Gefühl, wenn man sich in der hohen Meinung, die
man von Menschen gefaßt hatte, getäuscht sieht. Wieviel
wehmütiger aber wird ein solches Gefühl, wenn es Personen
betrifft, die einem nahe stehen, ja die man sich aus Gleich-
gestimmtheit so gern nahe gestellt hatte und mit denen man
ein solches Verhältnis, als zu den liebsten Begegnissen gehö-
rend, gern unterhielt! Dies ist nun mein Fall vis-à-vis von
Helene! — Wie habe ich mich aber in ihr getäuscht! Weder die
deutsche Fürstin erkenne ich in ihr wieder noch die besonnene,
verständige Freundin!

Was die deutsche Fürstin betrifft, also den politischen
Teil der ganzen traurigen Geschichte, so bin ich mit dem, was
Onkel Georg, namentlich in seinem ersten Brief an den König,
und Onkel Karl in dem seinigen an Dich sagt, so vollkommen
einverstanden, daß ich Dich auf diese Briefe verweise, wenn
Du meine Ansicht kennen willst. Man mag die Dinge ansehen,
von welcher Seite man will, so bleibt doch Louis Philipp ein
Thronräuber, und er und seine Nachfolger tragen unrecht-
mäßigerweise eine Krone. Seine Dynastie mag sich nun

jahrhundertelang erhalten oder nicht, — die Art, wie er
zur Krone gelangte, wird die Geschichte mit unauslöschlichen
Buchstaben als ein Unrecht verzeichnen. Er ist nun anerkann-
ter König. Das ist alles, womit man sich begnügen muß.
Es ist aber ein himmelweiter Schritt zwischen der Anerkennung des momentan unabwendbaren Faktums und der Alliierung
eines so zum Thron gelangten Hauses mit den anderen ehren-
voll und rein bastehenden Fürstenhäusern Europas. Schon die
vorigjährige Visite war ein Schritt, der seine Folgen haben
mußte; wir sehen sie jetzt in der begangenen Kühnheit eines
Eheantrages. Das ganze legitime Europa hat diese Anträge
bisher zurückgewiesen; Österreich, Rußland, Neapel, Württemberg haben im Gefühl ihrer Ehre eine solche Alliance auf eine
sehr eklatante Art ausgeschlagen, daher waren wir auch sicher,
was Ihr thun würdet, und Ihr habt unsere Erwartungen
glücklicherweise nicht getäuscht. Wie konnte man aber vermuten,
daß H. das alles aus den Augen setzen und ein Gefühl als
deutsche Fürstin verleugnen werde, welchem zu folgen sie so
erhabene Beispiele bereits vor sich hatte!

Außer jenem politisch-fürstlichen Gesichtspunkt aber auch
noch Besonnenheit und Charakterstärke zu vermissen, ist fast
noch schmerzlicher! Was treibt sie zu einem Ehebündnis, von
dem mit Ausnahme sehr weniger Stimmen alle ihr abraten?
Wenn sie den ihr Bestimmten kennte, liebte, — so ließe sich
die Sache erklären; und demungeachtet würden in diesem Fall
ihre Freunde ihr auch nur abraten können. Das Motiv der
Liebe ist nun aber nicht vorhanden. Was sind es also für
Triebfedern? H. sagt, sie habe nach reiflicher, gründlicher Über-
legung ihren Entschluß gefaßt. Es kann also nur die Überzeugung einer höheren Bestimmung vorliegen; denn der Glanz
einer Krone und nun gar solcher Krone kann ihr Herz
und ihren Verstand nicht gefesselt haben. Es muß also das
Gefühl ihrer Bestimmung sein, was sie so handeln läßt, und
der Glaube, daß sie dort Gutes stiften werde. Aber wie ist
es möglich, das zu glauben?? Das Interieur des Orleans-

hauses wurde als ein sehr religiöses und glückliches Familienleben geschildert. Hat dies Beispiel den geringsten Einfluß auf
Frankreich geübt? Geht dort trotz der Religiosität des vertriebenen Stammes der Bourbons und des jetzt regierenden die
Irreligiosität, die Auflösung aller socialen Verhältnisse nicht
mit reißenden Schritten vorwärts? Wo eine Nation in allen
Klassen so völlig in der Auflösung sich befindet, da bringt ein
noch so erhabenes Beispiel keinen Stillstand hervor. Daß der
junge Orleans nicht der Mann ist, der Demoralisation seines
Landes kräftig entgegenzutreten, ist genügend bekannt. Ein
Volk, was moralisch so tief gesunken ist wie das französische,
kann sich erst zum Bessern wenden, wenn Katastrophen über
dasselbe eingebrochen sein werden; oder aber es ermannt sich
nie wieder, wie wir es in Italien sehen. — Wenn diese Illusion es also sein sollte, welche H. vorschwebt, so wäre es um
so schmerzlicher, weil sie schrecklich enttäuscht werden wird. —
Aber eine andere Annahme als die, welche ich hier aufstellte,
kann doch nicht vorhanden sein, welche H. so opiniâtre an
diesem Phantom hängen macht! Eitelkeit, der Wunsch, eine
große Rolle spielen zu wollen, kann in H.s Herz nicht aufkommen, sollte ich glauben.

Und doch nötigt ihr Benehmen zu der Annahme, daß
in ihrem sonst so reinen, sanften Gemüt sich eine betrübende
Änderung zugetragen hat, die sie der Eitelkeit unterwirft. Ihr
klarer Verstand ist dadurch gefesselt, wie denn aus e i n e m Übel
immer andere entspringen. Ihre Besonnenheit ging verloren
aus demselben Grunde, und alle Freundschafts- und Liebesvor-
stellungen, sich keinen Illusionen hinzugeben, werden der vorgefaßten Meinung untergeordnet und aufgeopfert.

Dies ist das wehmütige Bild, was ich mir jetzt von
H. machen muß. Wie schmerzlich ist der Gedanke für mich,
sie künftig an einer Stelle zu wissen, von der gestürzt zu werden nach wie vor alle Aussicht vorhanden ist, wenn Recht
und Gerechtigkeit noch in der Welt existieren und der kleine
Heinrich leben bleibt! —

Als ich zuerst von der Angelegenheit hörte, war ich
entschlossen, mich nicht gegen Dich zu äußern, getreu dem
Grundsatz: »niemals Ehen stiften noch hintertreiben zu wollen,
wenn man nicht zur Abgabe seiner Ansicht aufgefordert wird.«
— Tags darauf aber schon ward mir die Mitteilung in Deinem Namen, und somit sah ich mich auch verpflichtet, Dir
diese Zeilen zu senden.

Des Menschen Wille ist sein Himmelreich, sagt das
Sprichwort; möchte Helene wider alles Erwarten ein Himmelreich auf Erden finden.

Sollte sie nach meiner Ansicht fragen, so teile ihr hieraus mit, was Du für gut findest.« . . . .

Herzog Karl von Mecklenburg-Strelitz an Großherzogin
Alexandrine:

„Berlin, den 6. März 1837. Aus Ihrem letzten Briefe
an meinen Bruder habe ich mit großer Freude ersehen, daß
Paul fest und unerschütterlich bleibt trotz der stotternden Bered-
samkeit des alten Kampz, — so daß ich notwendig die Freude, die ich
darüber empfinde, in diesen Zeilen gegen Sie aussprechen muß.

Wenn Paul auch ferner fest bleibt und seine Einwilligung verweigert, gestützt auf sein gutes Recht und seine Überzeugung, gestützt auf die Ansicht des besseren und vielleicht
größeren Teils des Landes, gestützt endlich auf den Kaiser von
Rußland, dessen Intervention der Großherzog nötigen Falls
in Anspruch nehmen kann, dann kann die fatale Heirat niemals zu stande kommen; denn ohne des Großherzogs Einwilligung ist sie unmöglich, wenn nicht Wittgenstein oder Kampz
als zweiter Paris die Helena über Nacht entführen.

Wittgenstein ist allein thätig in dieser Angelegenheit,
denn der König hat ja Ihnen und meinem Bruder damals
gleich geantwortet, daß er sich nicht weiter in die Sache me-
liere.

Die französischen Zeitungen aller Farben ziehen übrigens

schon ganz unbarmherzig über die Heirat los und suchen uns und unser Haus ridicul zu machen." . . . .

Prinz Wilhelm von Preußen an Großherzog Paul Friedrich:

„Berlin, den 4. März 1837. Herzlichen Dank, bester Paul, für Deinen letzten Brief, in welchem Du mir von der Angelegenheit sprichst, die Euch und uns gleich peinlich ist! Wie schmerzlich es ist, daß dies alles von da kommt, wo man sonst nur mit Liebe und Vertrauen hinblickte, es ist doppelt hart! Wir sind daher auch in einer sehr peinlichen Lage, da unsere Ansicht diametralement der entgegengesetzt ist, die unser Haupt aufgestellt hat. Wir unterwerfen uns seiner Ansicht, ohne jedoch unsere aufgeben zu können. Wohl uns, daß wir in der Sache nichts zu thun und uns also nur privatim zu äußern haben! Dies giebt uns die Möglichkeit, die eigene Ansicht frei auszusprechen.

Sehr leid that es mir, im Briefe Deiner Mama an Herzog Karl die Stelle zu finden, wo sie sich gegen Legitimitätsverhältnisse ausspricht. Wenn so etwas von Fürsten laut wird, so kann man sich nicht wundern, wenn Liebe, Verehrung und Ehrfurcht verloren gehen. So weit geht aber auch der König nicht. Wenn er auch jetzt sich für die Mariage interessiert, so thäte er es gewiß nicht, wäre nicht Orleans ein legitimer Prinz, der nur Erbe eines illegitimen Thrones ist. — In eine Familie hineinzuheiraten, die so zum Thron gelangt, ist Geschmacks- und Gefühlssache. Bei mir sträubt sich beides dagegen, abgesehen von der Würde unserer Häuser! — Daß du fest bleibst trotz aller Minen, die man springen läßt, ist mir eine große Beruhigung, gerade bei Deinem Regierungsantritt." . . . .

Herzog Karl an Großherzog Paul Friedrich:

„Berlin, den 26. März 1837. Ich weiß nicht, wie Sie mein letztes Schreiben vom 17. d. M. aufgenommen haben; demungeachtet bin ich nicht bloß durch mich selbst, sondern auch durch andere Ihnen nahestehende und ebenso ergebene Personen veranlaßt, Ihnen zu wiederholen, was ich Ihnen unterm 17. geschrieben habe, namentlich den Vorschlag zu wiederholen, durch Graf Hessenstein eine solche Eröffnung an Herrn Bresson machen zu lassen, wie ich sie anzudeuten mir erlaubte.

Denn, wenn Sie nicht abbrechen, so sind unabsehbare Unannehmlichkeiten zu erwarten. — Die Uneinigkeit herrscht nämlich nicht bloß bei uns, sondern auch in der Orleans'schen Familie, angefacht durch diese projektierte Heirat. Die alte Königin der Franzosen ist nämlich außer sich und will nichts wissen von einer belle-fille hérétique et esthétique — pardon de l'expression, ich wiederhole nur, was gesagt worden —.

Demungeachtet soll bald ein Graf oder Duc de Choiseul erscheinen, um bei Ihnen in Form um Ihre Schwester zu werben.

Endlich ist vor kurzem Oberst Rauch aus Petersburg angelangt mit dem Auftrag, dem König zu sagen, daß es den Kaiser unendlich schmerzen würde, wenn diese Heirat gegen seinen Wunsch dennoch zu stande kommen sollte. Der Kaiser müsse sie wie einen der Revolution und Volkssouveränität gethanen Vorschub, wie eine Alliance mit der Revolution betrachten, die Rußland und Preußen mit beträfe wegen der nahen Verwandtschaft mit unserem Hause. Dulden könne man das, was sie in Frankreich thaten, ohne deshalb einen Krieg anzufangen. Sich mit ihnen alliieren aber dürfe man niemals. — Abgesehen davon, könne selbst einem Particulier nicht zugemutet werden, seine Tochter mit dem Mitglied einer Familie zu verheiraten, deren Lage so prekär und von so augenscheinlichen Gefahren umlagert sei. Sie als Landesherr und Vater, denn beides seien Sie Ihrer Schwester, nachdem sie die Eltern verloren habe, könnten dazu niemals vermocht werden; könnten aber eben deshalb auch ebensowenig Ihre landesherrlichen und väterlichen Rechte Ihrer Frau Stiefmutter übertragen. Überdies sei der Herzog von Orleans dem Kaiser persönlich zuwider, indem er jetzt Opposition gegen seinen Vater mache,

sich der liberalen Partei in die Arme werfe, und zwar, weil
er nach dem, was er in Berlin und Wien gesehen habe, es
nicht der Mühe wert halte, sich den konservativen Mächten anzuschließen. — Der König soll geäußert haben, er sei der ganzen Sache längst überdrüssig, er habe Sie bloß prävenieren
wollen, daß ein Antrag kommen werde, über den es gut sei,
auch der Prinzessin Helene Meinung zuvor kennen zu lernen.
Nun sei er hineingekommen, als sei er der Urheber der ganzen Sache, was gar nicht in seiner Absicht gelegen.

Hiernach haben Sie alles ganz in Ihrer Hand. Ein
decidierter Schritt von Ihnen endet die ganze Sache. Dies
nochmals zu melden, durfte ich nicht unterlassen."

So einfach, wie der Herzog Karl meinte, lagen aber die
Dinge nicht. Prinzessin Helene hatte sich schon zu sehr in den
Gedanken einer hohen Mission hineingelebt. Von Jugend an war
sie von zarter Konstitution. Jetzt ließ der erregte Gemütszustand
einen bedenklichen Rückschlag auf ihre Gesundheit befürchten. Bereits bei einer schonenden Andeutung ihrer Mutter, daß die
Schwierigkeiten vielleicht unüberwindliche sein würden, war sie
ohnmächtig zusammengesunken. Der Großherzog durfte die Bedeutung solcher Affekte nicht unterschätzen. Es waren das schwere
Tage für ihn. Sie fielen in eine Zeit, wo mit dem Antritt der
Regierung ohnehin Entscheidungen in Menge an ihn herantraten.

Wohlthuend war ihm bei diesem Konflikt die Zustimmung,
welche sein Verhalten auch in den konservativen Kreisen des Landes fand. Ihren klarsten und beredtesten Ausdruck erhielt die
dort herrschende Anschauung in einem Aufsatz des strelitzischen
Ministers von Oertzen, welcher eine scharfe Replik der Kampf=
schen Beweisführung enthielt und durch lithographischen Umdruck
vervielfältigt eine der Publicität nahe kommende Verbreitung
fand. Das Oertzensche Memoire, das die staatsmännische Einsicht
des Autors ebensosehr bekundet als dessen redaktionelles Geschick,
läßt sich dahin resümieren, daß es nicht die Aufgabe des mecklenburgischen Fürstenhauses sein könne, der Orleansschen Politik,
welche es weder teile noch billige, die Wege zu ebnen. Zu einer

Konceſſion ſeien zwingende Gründe nicht vorhanden, das Vaterland nicht in Gefahr und Ludwig Philipp nicht ſo thöricht, aus
Verdruß über die Sprödigkeit legitimer Höfe einen Angriffskrieg
zu beginnen. Anſprüche, welche die Liebe rechtfertige, könnten
bei der Unbekanntſchaft des Bewerbers nicht beſtehen. (Noch hatte
die Prinzeſſin dieſen nicht einmal geſehen.) In Fällen der Konvenienz entſcheide aber grundſatzmäßig der Landesherr, und eine
paſſende Form der Ablehnung zu finden ſei nicht ſchwierig, indem
der Hinweis auf die gefährliche Lage des franzöſiſchen Throns
als zureichender Weigerungsgrund genüge.

Herr von Kampf antwortete auf die Schrift ſogleich mit
einer Duplik. Inzwiſchen aber war die Angelegenheit dem
Bereich akademiſcher Erörterungen bereits entrückt und in ein ent-
ſcheidendes Stadium getreten. Dem Rat Herrn von Pleſſens
folgend, hatte der Großherzog eine Urkunde vollzogen, laut welcher er „alle Rechte, die ihm hinſichtlich der Wahl des künftigen
Gemahls ſeiner jüngeren Schweſter als Regenten und Chef des
Hauſes zuſtünden, ſeiner Frau Mutter, der verwitweten Erbgroßherzogin Auguſte Friederike" übertrug. Es hieß darin, daß
dies „in Rückſicht auf die wiederholten bringenden Verwendungen
Sr. M. des Königs von Preußen" geſchehe. Die Erbgroßherzogin ſollte die Prinzeſſin nochmals verwarnen und auf ihre
Pflichten gegen das großherzogliche Haus aufmerkſam machen,
dann aber ermächtigt ſein, Anträge entgegenzunehmen und Ehepakten abzuſchließen. „So wie Wir", heißt es ſchließlich in dem
Dokument, „Unſerer Frau Mutter in allem, was Sie in vorer-
wähnter Hinſicht thun oder unterlaſſen wird, völlig freie Hand
laſſen, ſo verwahren Wir uns jedoch auch feierlichſt gegen alle
und jede Verpflichtung aus den Handlungen, welche Hochdieſelbe
kraft der Ihr hiermit übertragenen Autorität vornehmen wird."
— Gleichzeitig wurde der Staatsminiſter von Pleſſen durch eine
beſondere Inſtruktion ermächtigt, der Erbgroßherzogin mit ſeinem
Rat beizuſtehen und bei den Verhandlungen mit dem franzöſiſchen
Vertreter als deren Bevollmächtigter zu fungieren.

Dem Großherzog war die Verzichtleiſtung auf ſeine Rechte

nicht leicht geworden. Er litt unter der Spannung, welche notwendig eintreten mußte, und beschleunigte deshalb seine Übersiedelung nach Schwerin. Vielleicht hatte er gehofft, der französische Hof werde, verstimmt durch jenen offiziellen Akt, von einer Bewerbung nunmehr abstehen. Wie er sich hierin täuschte und welchen Verlauf die Angelegenheit allen Wünschen der Familie entgegen nahm, wird aus nachstehenden Schriftstücken ersichtlich, welche ihrer Ausdehnung halber hier nur auszugsweise wiedergegeben werden können.

Fürst Wittgenstein an Minister von Plessen:

„Berlin den 19. März 1837. Ich benutze die Abreise des Herrn Generals Baron von Marschall, Ew. Excellenz für das verehrliche Schreiben vom 8. d. M. gehorsamst zu danken. Der König hat dem Großherzog einen freundlichen Brief geschrieben. Baron von Marschall wird Ew. Excellenz sagen können, daß der Herr Fürst von Metternich über die in Frage stehende Angelegenheit ebenso wie Se. Majestät der König denkt. Der Herr Fürst hat mir auch geschrieben, daß Se. Majestät der Kaiser von Österreich geneigt sind, nötigen Falls dieses selbst gegen Se. Königliche Hoheit den Großherzog auszusprechen.

Da Herr Bresson sich fortdauernd ohne Antwort von Schwerin befindet und Ew. Excellenz unter dem 12. Februar die Mitteilung hierher haben gelangen lassen,

:daß Se. Königliche Hoheit nach der einmal gefaßten Überzeugung fest entschlossen sind, höchst Ihre Zustimmung als Chef des Hauses der gedachten Vermählung nicht zu erteilen«,

so ist von dieser Eröffnung dem französischen Hofe Kenntnis gegeben worden. In Gemäßheit derselben ist dem Herrn Bresson die Weisung zugegangen, die Befehle von J. K. H. der verwitweten Frau Erbgroßherzogin einzuholen. Wahrscheinlich wird dieses nun in ganz kurzem erfolgen. Se. Königliche Hoheit der Großherzog haben Sr. Majestät dem Könige unlängst geschrieben, wie Höchstdieselben vermuteten, daß der französische Hof von dieser Angelegenheit ganz abstehen würde,

wenn demselben bekannt wäre, wie ein Teil der höchsten Fa-
miliengliedes darüber denkt. Dieses veranlaßt mich, Ew. Excellenz zu benachrichtigen, daß man sich verpflichtet gehalten
hat, den französischen Hof hiervon auf das genaueste in Kenntnis zu setzen, und daß demselben nichts und auch die lebhafteste
und bestimmteste Abneigung nicht unbekannt geblieben ist. Bei
den Ansichten der beiden mächtigen Monarchen des deutschen
Bundesstaats scheint der französische Hof diese Abneigung zwar
zu bedauern, aber weiter nicht zu berücksichtigen."

König Friedrich Wilhelm III. an Großherzog Paul
Friedrich:

„Berlin, den 13. März 1837. Es ist meinen Ihnen
gewidmeten Gesinnungen und meinen persönlichen Verhältnissen zu Ihnen angemessen, daß ich mich jetzt unmittelbar gegen Sie über eine Angelegenheit äußere, welche
für Sie so wichtig ist, daß die weitere Behandlung
derselben Ihre ganze Aufmerksamkeit um so mehr wünschenswert macht, da über die bisherige Aufnahme dieser Sache leider zu vieles schon bekannt geworden ist und nachteilige Eindrücke veranlaßt hat.

Die Einleitung zur Bewerbung des Herzogs von Orleans um die Hand Ihrer Schwester, der Prinzessin Helene,
geschah noch bei Lebzeiten des Großherzogs, Ihres Herrn
Großvaters. Sobald ich von dem projektierten Schritt Kunde
erhielt, beeilte ich mich, meine Privatansicht hierüber an
Alexandrine mitzuteilen, um Sie davon in Kenntnis zu setzen.
Durch sie erfuhr ich, wie Sie beiderseits Ihre Einwilligung
nie zu geben entschlossen wären. Der Großherzog starb unter-
dessen; schon vor dessen Ableben war von dem hiesigen französischen Gesandten ein Schreiben an den Minister von Plessen
gerichtet, welches bis jetzt unbeantwortet geblieben ist. Unter-
dessen übergaben Sie die ganze Angelegenheit Ihrer Frau
Mutter, ihr die Entscheidung derselben überlassend. In zwei
späteren Schreiben an Alexandrine äußerte ich mich, von ihr
dazu aufgefordert, in eben dem Sinne als in meinem ersten

Briefe. Daß ich nicht direkt an Sie schrieb, geschah aus Deli-
kateſſe, da ich mich nicht für befugt hielt, Ihnen Rat zu geben
in einer Sache, in der ich keine Entſcheidung habe und über
die ich nicht von Ihnen befragt wurde. Durch den Miniſter
von Kampz erfahre ich: Sie begehren von mir, ich möchte an
Rußland, Öſterreich und England deklarieren, wie ich es ſei,
der dieſe Verbindung für notwendig halte, und daß Sie ſich
gänzlich von ihr losgeſagt. Eine ſolche Deklaration werde ich
nie geben. Daß Sie, nachdem Sie den Ausgang der Angelegenheit in die Hände Ihrer Frau Mutter und in die Ihrer
Schweſter gelegt, das Geſchehene nicht wieder zurücknehmen
können, inſofern der franzöſiſche Hof darauf eingeht, leuchtet
Ihnen gewiß ein, und das Ergebnis hierüber wird abzuwarten ſein. Die irrige Meinung, die Sie von mir in dieſer Angelegenheit zu haben ſcheinen, hat es mir zur Pflicht gemacht,
mich, wie geſchehen, auszuſprechen. Alſo nichts für ungut, und
darum keine Feindſchaft nicht, wie es in dem Feſt der Hand-
werker heißt.

Überlegen Sie alles noch einmal recht reiflich und geben
Sie keinen vorgefaßten Meinungen Gehör, das iſt die Sprache
meiner aufrichtigen Freundſchaft für Sie."

Prinz Wilhelm von Preußen an Großherzogin Alexandrine:

„Berlin, den 23. März 1837. Tauſend herzlichen
Dank für Deinen lieben Brief zum geſtrigen Tage ſo-
wie für Deinen Teil am ſuperben Pokal, den ich en
famille erhielt. Es war ein gewöhnliches Dejeuner bei
uns, inkluſive des 3. Armeecorps, abends Soiree, aber ohne
Papa, Marie und Albrecht, da ſie heute ſchon kommuni-
zierten.

Über die unglückliche Mariage bei Euch habe ich mich in
meinem Brief an Dich und Paul völlig ausgeſprochen, und, wie
natürlich, konnten unſere Gefühle über die Sache ſelbſt nur
ganz dieſelben ſein!! Du fragſt mich, ob Paul nicht eigentlich
Helene bei ihrer Paſſion für den uſurpierten Thron ziehen
laſſen muß — auch ohne ſeine Einwilligung. Da ich Eure

Familien- und Landesgesetze nicht kenne, daher nicht weiß, ob man sich o h n e Einwilligung des Familienchefs verheiraten darf, so kann ich Deine Frage nicht von hier entscheiden. Meiner Ansicht nach muß sich in fürstlichen Familien ein jedes Mitglied dem Willen des Chefs bei Heiratsangelegenheiten unterwerfen, wenn der Chef auch nicht Vater der Heiratslustigen ist. Und sprechen sich die Gesetze darüber auch nicht aus, so scheint es mir mit dem Gewissen der Heiratswollenden unverträglich, eine Verbindung gegen den Willen des Chefs der Familie zu vollziehen. Ich wenigstens würde dies über mein Gewissen nicht bringen können. Bei der hohen Meinung, die ich bisher von Helene hatte, würde es mir nie in den Sinn gekommen sein, daß sie je anders handeln könnte, als ich es hier andeute. Aber der Juli hat alles, wie es scheint, untergraben, auch die schönsten und besten Grundsätze. Wenn ich heute, wo ich wahrhaftig heilig, versöhnend, milde gestimmt bin, mich so ausspreche, so ist es gewiß von der innersten Überzeugung diktiert. Ich kann auch Helenens Ansicht, daß sie sich als eine Heldin in diese Gefahr begeben will, nicht begreifen! Wozu sich in dieselbe begeben, da kein Mensch es ihr rät, ihr Familienchef es ihr vielmehr verbietet. Aber freilich, wenn man Gefahr gerade haben will und liebt, dann ist der jetzige Moment in Frankreich besonders geeignet, denn selbst nach Humboldts Ansicht hat es seit 1830 noch nicht so schlecht dort gestanden als eben jetzt seit 6 Monaten. Die Dinge gehen reißend bergab, fast schneller, als man wünscht."

König Friedrich Wilhelm III. an Großherzogin Alexandrine:

„Berlin, den 24. März 1837. Seit meinem letzten Schreiben an Dich, liebe Alexandrine, erhielt ich 3 Briefe von Dir.

Der letzte, vom 10., giebt mir einen neuen Beweis, wie hoch Du das Andenken an die liebe, selige, unvergeßliche Mama in Ehren hältst. Solche Empfindungen kindlicher Liebe bringen Segen und sind Gott wohlgefällig.

Von seiten Pauls ward mir in seinem Schreiben eine Äußerung gemacht, die mir auffallen mußte und die ich nicht verstehe. Er sagt: »daß meine Mutter und Schwester fortwährend erklären, nur durch Ew. Majestät zu diesem uns alle so unglücklich machenden Schritt gebracht worden zu sein, und letztere sich lediglich durch den an Höchst Sie geschriebenen Brief gebunden hält«. Daß ich weder den einen noch den anderen dieser Briefe auf irgend eine Weise provoziert habe, liegt klar zu Tage, ja, ich war selbst in Verlegenheit, was ich darauf erwidern sollte. Es ging allerdings daraus hervor, daß sie die Ansichten teilten, welche ich in meinem ersten Schreiben an Dich als meine Privatansicht über diese Sache ausgesprochen hatte, und in diesem Sinne fielen also auch meine Antworten aus, was dann wohl ganz natürlich war." . . . .

Augenscheinlich hatten Prinzessin Helene und ihre Mutter das Interesse des Königs an dem Heiratsprojekt überschätzt. Bei dem Fehlen mündlicher Aussprache zwischen den nächst beteiligten Personen wurde die Sache immer verworrener. Der preußische Hof fühlte sich überdies dadurch verstimmt, daß die von seinem Gesandten, dem in Hamburg residierenden Legationsrat von Hänlein, behufs Überreichung neuer Kreditive erbetene Audienz hinausgeschoben wurde. Man glaubte, dies geschehe mit Absicht. Es stellte sich aber später heraus, daß nur ein Versehen vorlag. Der König wurde ungeduldig. Er schrieb am 10. April an seine Tochter:

„Mißverständnisse über Mißverständnisse! Dies scheint jetzt die Losung zu sein. Erstens soll von seiten Frankreichs bei mir die Anfrage geschehen sein, ob Helene den Antrag annehmen würde und durch mich die Antwort zurückgegangen sein, daß sie ihn angenommen. Nie ist eine solche Anfrage gemacht worden. Wie hätte ich sie beantworten können?

Zweitens ist es mir nicht in den Gedanken gekommen, dem Herzog diese Partie vorzuschlagen. Ich weiß also nicht, wie diese Meinung hat aufkommen können, und als sei ich allein derjenige, durch den sie befördert würde."

Der König geht nun nochmals sehr ausführlich auf die vier
Jahre zurückreichenden ersten Anfänge des Verlobungsprojekts ein.
Dem Leser ist dies schon aus der obigen Darstellung bekannt.
Er giebt zu, daß man seine Unterstützung nachgesucht habe. „Ich
habe darauf erwidert", heißt es weiter, „daß ich einer solchen
Verbindung zwar nicht entgegen sei, daß ich aber dabei weiter
nichts zu thun im stande sei als späterhin gelegentlich meine Ansicht gegen Dich auszusprechen, da es gegen meine Grundsätze sei,
mich in Familien- und Heiratsangelegenheiten einzumischen. —
Daß es sich mit der Hänlein-Angelegenheit ungefähr so verhalten
würde, wie es sich gezeigt, dachte ich mir gleich, davon kann
also auch keine Rede mehr sein." Zum Schluß bedauert der König die Häufigkeit solcher Erörterungen und hofft, daß diese die
letzte sei.

Sie war es in der That, denn gleich darauf erfolgte seitens
der Prinzessin Helene der entscheidende Schritt. Sie nahm den
Antrag formell an. Herr Bresson trat sogleich mit Herrn von
Plessen in Unterhandlung. Letzterer erhielt seine Instruktionen
ausschließlich von der Erbgroßherzogin. Paul Friedrich hielt
sich von allem fern. Er hat seine Schwester nie wieder gesehen.

Da eine Unterhandlung auf mecklenburgischem Gebiet nicht
gewünscht wurde, so kamen die beiden Bevollmächtigten am
4. April in Perleberg zusammen, um die Ehepakten zu vereinbaren[1]. Den Gemütszustand der Braut schildert am besten der

---

[1] Artikel I bestimmt, daß nach erfolgtem Dispens des Papstes die
Vermählung in Paris nach katholischem und evangelischem Ritus stattfinden
solle. Artikel III sichert der Herzogin freie Religionsübung. Die Kinder
aus dieser Ehe sollen aber katholisch erzogen werden. Die anderen Artikel
regeln die Reise der fürstlichen Braut und enthalten vermögensrechtliche
Bestimmungen. Auf besonderen Wunsch des französischen Hofes wurde diejenige Vereinbarung, nach welcher das zugesicherte Wittum durch den Pri-
vatbesitz der Familie Orleans garantiert war, in einen besonderen geheimen
Artikel verwiesen. Dieses Jahrgeld belief sich auf 300 000 Francs Rente.
Man mochte in Paris befürchten, daß diese besondere Garantie als ein Ausdruck des Mißtrauens gegen den Bestand des damaligen Regierungssystems

nachstehende Brief an die Großherzogin. Er bezeugt zugleich das
herzliche Einvernehmen, welches ungeachtet der prinzipiellen
Meinungsverschiedenheit zwischen den Schwägerinnen bestand.

„6. April früh morgens. Es war gestern den ganzen
Tag hindurch mein innigster Wunsch, Dir zu schreiben und
meine Freude, das Glück, das mir im Herzen lebt, Dir mitzuteilen, denn ich weiß ja doch, wenn Du es auch nicht be-
greifst, Du teilst es doch gern mit jemand, der Dir so innig
ergeben ist und den von jeher die innigste Liebe an Dich
knüpfte. Liebe Alex, ich sehe mit solcher Zuversicht und so
schönen Hoffnungen in die Zukunft, daß ich es Dir gegenüber
nicht verschweigen kann. Darum habe ich einen Boten genommen, weil die Post erst später geht, und schreibe Dir nun
heute ganz früh, was ich gestern durch andre Briefe verhindert
war zu thun. Du wirst durch Minister Plessen wissen, wie
rasch und leicht die Konferenz in Perleberg beschlossen ward.
Er war sehr zufrieden und kehrte mit einem freundlicheren und
teilnehmenderen Gesichte zurück, als ich es je an ihm gesehen
habe. Ihm folgte Bresson, der nicht so nahe von Ludwigslust sein konnte, ohne herzukommen, und brachte uns die besten,
erfreulichsten Briefe vom König Louis Philippe und dem Herzog. Beide, an Mama sowie an mich, waren ganz geeignet,
uns Freude, Mut und Hoffnung zu geben, sowie auch alles,
was Bresson uns später mitteilte. Es war uns eine wahre
Beruhigung, endlich jemand zu sehn, der die Verhältnisse kennt,

---

aufgefaßt werde. Eine solche Vermutung hätte in der That den leitenden
Motiven entsprochen. Herr von Plessen hatte auf dieser Stipulation be-
standen, die sich ja auch 11 Jahre später für die aus Frankreich vertriebene
Witwe des Herzogs von Orleans als sehr wichtig erweisen sollte.

Nach einer besonderen Bestimmung der Ehepakten hatte die fürstliche
Braut eine Renunciationsakte zu unterzeichnen, in welcher sie sich „durch
die erhaltenen Geldmittel sowie durch die Entlastung ihres Privatvermö-
gens zufriedengestellt erklärte und für sich und ihre Erben auf alle Ansprüche an das großherzogliche Vermögen oder die mecklenburgischen Lande"
verzichtete.

einen Franzosen zu sprechen, der unsere Beziehungen zu seinem
Lande und seiner Königsfamilie berühren konnte und ihnen
mehr Gehalt und mehr Freude noch gab. Er blieb zu Tisch und
war höchst amüsant; als er ging, war es mir, als schied ein
alter Bekannter, dem man gern sein Zutrauen schenkt.

Du hast jetzt recht verschiedene Beschäftigungen und Gedanken, liebste Alex, als die, welche mich ganz einnehmen;
ich höre, Schwerin wird sehr brillant, und die Fremden veranlassen Diners und angenehme Zerstreuungen. Wenngleich
eine Verschiedenheit in dieser Beziehung wie auch tiefer noch,
in der Meinung und Ansicht mancher Dinge, zwischen uns sein
sollte, so laß doch unsre Herzen immer offen zueinander reden
und laß uns die Gefühle teilen, die uns bewegen. Entferne
Dich nicht von einem Herzen, das Dich so warm liebt, und
gönne ihm die Freude, Dir zu sagen: daß es glücklich ist.
Diesen Punkt auch mit Paul zu erreichen, wäre mir so unendlich wert; ich möchte ihn so gerne bitten, mir nicht sein Herz
zu verschließen, das mir doch sonst gut war, — aber ich kann
es nicht, denn ich weiß nicht, wie er es aufnehmen würde.
Ich glaube aber an die Zukunft und erwarte von ihr auch,
daß sie mir den Bruder zurückführen wird, den ich so herzlich
liebe. Gott segne Euch beide! Er mache alles gut, was jetzt
noch unfreundlich scheint."

Zwischen der französischen Hauptstadt und dem friedlichen
Ludwigslust, in welchem es nach dem Wegzug des Hofes recht
still geworden war, eilten nun die Kuriere hin und her. Die
Verlobten tauschten die ersten Briefe aus. Der Legationssekretär
Lutteroth überbrachte ein Portrait des Herzogs von Orleans. Bis
dahin kannte Prinzessin Helene die Züge des Mannes, dem sie
sich angelobt, nur aus den mittelmäßigen Lithographieen, die seit
der Reise der französischen Prinzen in den Zimmern aller renom-
mierten Gasthöfe hingen. Die Briefe des fürstlichen Bräutigams
zeigten denselben im vorteilhaftesten Lichte: die Sympathie, welche
er längst im Herzen Helenens erweckt, entfaltete sich unter diesem

direkten Gedankenaustausch immer mehr zu dem Gefühl echter
Neigung.

Der vorhin erwähnte nachträgliche Zusatz eines geheimen
Artikels und die damit verbundene redaktionelle Veränderung hatte
die Ratifikation des Ehevertrags verzögert. Der 25. April war
für den Austausch der betreffenden Urkunden, welche vom König
der Franzosen und von der Erbgroßherzogin Auguste vollzogen
waren, angesetzt. Die beiden Bevollmächtigten beabsichtigten diesmal in Warnow zusammenzutreffen. Allein wenige Tage vor
dem Termin erkrankte Herr von Plessen. An seiner Stelle begab
sich daher, mit besonderen Vollmachten ausgestattet, der Legationsrat Prosch nach Warnow und, da er den französischen Gesandten dort nicht traf, weiter nach Perleberg, wo der Austausch
der Ratifikationen erfolgte. Inzwischen war der Minister von
Plessen an demselben Tage früh morgens an einer Lungenläh-
mung verschieden. Eine Estafette brachte die Meldung nach Perleberg. Herr Bresson zeigte sich tiefbewegt.

Der Tod des Ministers war auch für die Angehörigen überraschend schnell eingetreten. Man hatte sein Unwohlsein nicht für
so ernst gehalten. Die Trauer in Schwerin war eine allgemeine
und aufrichtige. Die Verdienste des Heimgegangenen hatten längst
in allen Kreisen die volle Anerkennung gefunden. —

Der Großherzog betraute zunächst mit dem Vorbehalte weiterer Verfügung den bisherigen Geh. Regierungsrat von Lützow
mit der Leitung der Verwaltung. Eine Übertragung der Voll-
macht für die Vermählungsunterhandlungen war nicht mehr nötig.
Diese Angelegenheit war erledigt. Die beiden Fürstinnen traten
schon am 15. Mai die Reise nach Frankreich an. Ein längeres
Verweilen in Ludwigslust hätte natürlich bei der Lage der Dinge
viel Peinliches gehabt. Der Abschied von der Heimat war ein
wehmütiger. Noch jetzt liest man auf der Fensterscheibe des einfachen, von der scheidenden Braut bis dahin bewohnten Zimmers
den Abschiedsgruß, den sie unter Thränen mit dem Diamant
ihres Ringes auf das Glas schrieb. Die Gespielinnen der Ju-

genb, die Dienerschaft, viele Bewohner des Orts, namentlich die
Armen, die der Prinzessin soviel verdankten, umstanden den
Wagen, der mit Blumenspenden reich geschmückt war. Wohl
mochte es die Fürstentochter schmerzlich empfinden, daß die näch=
sten Verwandten, die Behörden des Landes und Vertreter der
Stände in der Abschiedsstunde fehlten. Auch ist in den eingangs
erwähnten Werken Schuberts und der Gräfin Harcourt gerade
diese Zurückhaltung Paul Friedrichs und der offiziellen Organe
als eine unnötige Härte dargestellt. Aber der Leser wird jetzt,
nach genauerer Kenntniß der Vorgänge, wohl die Überzeugung
gewonnen haben, daß Paul Friedrich falsch und ungerecht beur=
teilt wurde. Er war nicht herzlos, nur fest und konsequent.
Nach der Haltung, die er dem französischen Hofe gegenüber nun
einmal eingenommen, konnte der Großherzog nicht anders han=
deln. Hätte er dem Gefühl persönlicher Zuneigung für seine
Schwester damals nachgegeben und eine offizielle Abschiedsfeier
abgehalten oder zugelassen, so würde die öffentliche Meinung da=
rin unbedingt einen Meinungswechsel erblickt und die nachträg=
liche Billigung der Heirat vorausgesetzt haben, eine Billigung,
die thatsächlich nicht stattfand und auch später nicht eintrat.

Die Reise der Herzogin ging über Potsdam, wo der König bestrebt
war, diese schmerzlichen Empfindungen durch besondere Freundschafts=
beweise zu verwischen, über Weimar und Fulda, wo der Herzog
von Broglie mit einigen Herren der maison militaire ihr ent=
gegenkam, nach Saarbrücken, dem letzten Nachtquartier auf deut=
scher Erde. An der französischen Grenze, bei Forbach, wurde
die Braut von dem Abgesandten des Königs, dem Herzog von
Choiseul, und dem zu ihrem persönlichen Dienst bestimmten Ge=
folge empfangen. Auf jener Anhöhe, um welche 33 Jahre
später, im August 1870, der Kampf am heftigsten tobte, waren
prachtvolle Zelte errichtet. Hier vernahm Herzogin Helene zum
erstenmal den jubelnden Zuruf der leicht erregbaren Menge.

„Vive la Princesse Hélène" scholl es ihr entgegen aus den
langen Reihen der in Parade aufgestellten Truppen und National=

garden, aus den dichtgedrängten Volksmassen, die zu Tausenden
den Platz vor der Estrade des Zelts umstanden. Es war ein
imposantes, ergreifendes Schauspiel und wohl geeignet, das Herz
der deutschen Fürstentochter mit Glück und Zuversicht zu erfüllen.
Die helle Maiensonne durchleuchtete die anmutige Landschaft und
die farbenprächtige Staffage; über ihrem Haupt rauschten die seidenen
Trikoloren, und in den Donner der französischen Geschütze mischten sich
die fernen Trompetenklänge der abziehenden preußischen Husaren,
welche der Scheidenden ein deutsches Lied als Abschiedsgruß
nachsandten.

Sie wird den freudigen Zuruf der Menge noch oft
vernehmen; in Metz, Chalons, Fontainebleau und auch in
den folgenden Jahren bei manchem festlichen Anlaß. Der Salut
der Geschütze wird ihren Einzug in Paris begleiten und
die Fenster des Tuilerienpalastes erzittern machen, wenn er die
Geburt der Söhne verkündet. Aber dieselben dumpfen Kanonen-
schläge werden auch die Tage der Glückswende bezeichnen, ernst
und feierlich bei der Beisetzung des jungen Gemahls, dem sie
jetzt freudig entgegeneilt, wild krachend und mit dem Knattern
der Gewehrsalven vermischt an dem Tage, wo sie flüchtig durch
die Straßen von Paris eilt, um für sich und die bedrohten Kinder eine Zufluchtsstätte zu suchen. Dann wird aus dem wüsten
Gejohle der Volksmenge nur das „à bas les Orléans" und „vive
la république" an ihr Ohr dringen! Wohl ihr, daß diese düste-
ren Zukunftsbilder jetzt auf der sonnigen Brautfahrt ihrem glück-
strahlenden Blick entzogen waren, daß sie arglos und vertrauend
den Boden der neuen Heimat betreten konnte! —

In Mecklenburg folgte man diesen Vorgängen, welche Briefe
und Zeitungen ausführlich schilderten, mit einem Interesse, dem
sich ein Gefühl wehmütiger Spannung zugesellte. Auch Prinz
Friedrich war der Abschied von der jungen Tante, die ihm stets
eine herzliche Zuneigung bezeigt, schwer geworden. Wie oft hatte
sie die Spiele der Kinder im Palaisgarten geleitet, ihnen Ge-
schichten erzählt, an ihren kleinen Freuden und Leiden teilgenommen. In dem Tagebuch des Prinzen aus jener Zeit findet

sich die Notiz: „Per aspera ad astra! Dieser Wahlspruch
wurde mir heute von Tante Helene gegeben, und er soll in Zukunft der meine sein." Wirklich hat der Prinz an diesem Gelöbnis festgehalten. Er hat den Spruch im späteren Leben häufig
angewendet und ihn als Devise für den mecklenburgischen Hausorden der Wendischen Krone bestimmt. Auch für die Schicksale
der Herzogin Helene lag in den wenigen Worten eine ernste
Vorbedeutung. Ihr Leben führte in Wahrheit per aspera ad
astra! —

Sechstes Kapitel.

Studienzeit und Regierungsantritt.

———

Das Jahr 1840 zeichnete sich durch eine Reihe bedeutsamer und zum Teil bedrohlicher Ereignisse aus, welche die politische Welt unausgesetzt in Spannung erhielten. Die Orientwirren mit der sich daran schließenden Intervention der Garantiemächte, der Kabinettswechsel in Frankreich, der Kammerbeschluß wegen Überführung der Asche Napoleons, das Attentat auf Louis Philippe, der Putsch von Boulogne, die Krisis in Spanien, — alle diese Vorgänge wurden zur Quelle der Aufregung und Beunruhigung. In Deutschland aber war das öffentliche Interesse vorwiegend in Anspruch genommen durch zwei in sich sehr verschiedene, aber durch ihr gleichzeitiges Auftreten um so stärker wirkende Kundgebungen des nationalen Volksgeistes. Die eine derselben, die Wiederbelebung der preußischen Verfassungsfrage, knüpfte sich an die Thronbesteigung Friedrich Wilhelms IV. Die andere entsprang der allgemeinen Besorgnis eines Krieges mit Frankreich, dessen drohende Anzeichen unverkennbar waren. Zum erstenmal seit 1815 war der europäische Friede ernstlich bedroht. Sowohl die Sorge für seine Erhaltung als die Hoffnung auf die Gewährung konstitutioneller Rechte lenkte die Blicke nach Berlin.

Die Jahreszahl 40 ist für die Geschichte des Hauses Hohen=

ollern bedeutungsvoll geworden. Unter diesem Zeichen hatten
zwei hervorragende Träger dieses Namens den Thron bestiegen,
1640 der Große Kurfürst, 1740 Friedrich der Große. Es lag
nahe, jetzt, wo zum drittenmal ein Thronwechsel mit dieser Jahreszahl verknüpft war, die Erinnerung an jene Förderer der preußischen Größe zu beleben. Die Sehnsucht nach einer Wiedergeburt
des fridericianischen Geistes, nach einer zeitgemäßen Entwickelung
der mit seinem Namen verbundenen Grundsätze und Anschauungen war trotz der scheinbaren Teilnahmlosigkeit in den letzten
Decennien nicht erstorben, die königliche Verheißung vom 22. Mai
1815 nicht vergessen. Mit großen Erwartungen blickten die liberalen Kreise auf den neuen Regenten. Man wußte, daß seine
Anschauungen sich zu dem straffen bureaukratischen Regiment seines Vaters häufig im Gegensatz befunden hatten. Aber auch die
Altkonservativen zählten auf ihn. Seine bestrickende Liebenswür-
digkeit, sein geistvoller Witz, die seltene Vielseitigkeit seiner Interessen hatten ihn überall beliebt gemacht. Alle seine Lehrer —
und dies waren hervorragende Männer wie Scharnhorst, Knese-
beck, Niebuhr, Savigny und Schinkel gewesen — hatten seine
außerordentliche Begabung gerühmt. Jedenfalls erwartete man
Ungewöhnliches von diesem Fürsten, und die erste Rede bei der
Huldigung in Königsberg, welche bei den Anwesenden Begeisterung und Rührung hervorrief, schien in der That diese Voraussetzung zu rechtfertigen.

Prinz Friedrich stand damals in einem Alter, welches ein
volles Verständnis der politischen Vorgänge und Stimmungen
noch nicht zuließ. Allein es konnte nicht fehlen, daß sein Interesse an den Tagesereignissen in dem Maße wuchs, wie er in
den Kreis Erwachsener mehr hineingezogen und bewußter Zeuge
manches historischen Aktes wurde. Die großherzogliche Familie
hatte die ersten Wochen der Trauerzeit in Doberan zugebracht.
Prinz Friedrich war nach seinem Abgang von Dresden dort eingetroffen. Auch die Fürstin Liegnitz verbrachte einige Wochen
dieses Sommers in dem mecklenburgischen Seebade. Großherzogin Alexandrine hatte in pietätvoller Aufmerksamkeit für die

trauernde Witwe ihres heimgegangenen Vaters ein hübsch ge=
legenes Haus für sie einrichten lassen. Ein Blumengarten, der
in dessen nächster Umgebung bisher fehlte, wurde für diesen be=
sonderen Zweck eiligst angelegt. Im Oktober begleitete der Prinz
seinen Vater nach Berlin, wo am 15., dem Geburtstag des Kö=
nigs, die feierliche Huldigung der Landtage stattfand.

Bei diesem Akt war eine Sonderung der Stände angeordnet.
Im Weißen Saal des Schlosses nahm der König die Huldigung
der katholischen Prälaten, der Standesherren und der Ritterschaft
entgegen, während draußen im Lustgarten die Vertreter des Bür=
ger= und Bauernstandes auf einem mit Tribünen umgebenen Fest=
platz aufgestellt waren. Die Reden im Schloß dauerten ziemlich
lange. An die Ritterschaft richtete der König eine schwungvolle
Ansprache. Während dessen harrte draußen eine ungeheure Volks=
menge ohne Schutz gegen den herabströmenden Regen und den
rauhen Herbstwind. Endlich erschien der König, gefolgt von den
Prinzen seines Hauses, einer glänzenden Suite und den Vertre=
tern der Ritterschaft, die in der Aufstellung Platz nahmen. Er
bestieg eine freie Estrade und sprach, des Regens nicht achtend,
entblößten Hauptes zu der Versammlung.

Trotz ihrer glänzenden Form und der fast dramatischen Vor=
tragsweise machte die Rede doch einen weit weniger tiefen Ein=
druck als die in Königsberg gehaltene. Freilich lag zwischen
ihnen die Kabinettsordre vom 4. Oktober, welche in bündigster
Form erklärt hatte, daß der König den auf Entwickelung der
Landesverfassung gerichteten Wünschen seine Zustimmung ver=
sage.

Überhaupt war die erste Begeisterung schon einem gewissen
Gefühl der Enttäuschung gewichen. Man kritisierte die vielen
Reden, in welchen der neue Monarch stets nur an das Vertrauen
seiner Unterthanen appelliere, ohne doch seinerseits sein Vertrauen
zum Volke dadurch zu bethätigen, daß er dessen Vertretern einen
wirksameren Anteil bei der Leitung der öffentlichen Angelegen=
heiten in Aussicht stelle. Schon fanden sich in den Berliner Zei=
tungen Andeutungen einer Verstimmung, die in den nächsten

Jahren stetig anwuchs. In den Regionen des Hofes waren diese
feineren Schwingungen der öffentlichen Meinung noch nicht wahr-
nehmbar. Der König und seine nächste Umgebung standen ganz
unter der Herrschaft einer zuversichtlichen Stimmung. Prinz
Friedrich schrieb damals in sein Tagebuch begeisterte Worte über
„das felsenfeste Vertrauen, auf dem der preußische Thron gegründet stehe". Eine Reihe glänzender Feste folgte dem Huldigungs-
akt. Berauscht von dem Eindruck des Erlebten kehrte der Prinz
nach Schwerin zurück. Einige Tage später wurde die Reise nach
Bonn angetreten.

Inzwischen hatten sich die drohenden Kriegswolken wieder
verzogen. In Frankreich hatte man erkannt, daß die eigene
Kriegsbereitschaft sehr zu wünschen ließ und die Annahme einer
Uneinigkeit der deutschen Stämme für den Kriegsfall nicht zutraf.
Friedrich Wilhelm IV. hatte schon im August mit dem Staatskanzler Fürsten Metternich in Dresden eine Besprechung gehabt.
Später entsandte er die Generale von Radowitz und von Grol-
man nach Wien und an die süddeutschen Höfe, um eine gemeinsame Kriegsbereitschaft zu vereinbaren. Preußen erließ ein Pferde-
ausfuhrverbot und betrieb in Frankfurt aufs eifrigste die Reform der Bundeskriegsverfassung. Der Gedanke an eine Mobilmachung, an eine Teilnahme am Feldzuge hatte das Herz unseres
jungen Prinzen höher schlagen machen. Der Anblick der militärischen Schauspiele in Berlin fachte die schlummernden solda-
tischen Neigungen aufs neue an. Aber mit dem diplomatischen
Rückzug Frankreichs trat in der europäischen Politik eine friedliche
Wendung ein, und der Kriegslärm des Jahres 1840 verhallte
in dem Nachklang einiger patriotischen Lieder, in welchen die
Sänger diesseits wie jenseits der Grenze ihr Anrecht auf den
Besitz des ehrwürdigen Rheinstroms in schwungvollen Versen
geltend machten. Als Prinz Friedrich auf seiner Reise zur Universität am 29. Oktober durch Köln kam, stand die Stadt noch
unter dem Eindruck der gehobenen Stimmung, welche 14 Tage
vorher die erste Absingung des Beckerschen: „Sie sollen ihn nicht
haben" bei der Festfeier des 15. hervorgerufen hatte. Dieser

demonstrative Akt, ausgeführt in einer Provinz, die erst vor
25 Jahren der preußischen Monarchie einverleibt und deren Be=
völkerung durch konfessionelle Differenzen mit der Staatsregierung
verfeindet war, zeigte den Franzosen in greifbarster Form, daß
die Rheinbundspolitik Napoleons jetzt keinen Boden mehr in
Deutschland finden würde. Die von Köln ausgehende Losung
fand einen Wiederhall in allen Teilen Deutschlands, und noch
einmal zeigte sich dasselbe trotzig und geeint dem alten Erbfeind
gegenüber.

In Bonn war für den Prinzen, den Herr von Sell, dies=
mal ohne seine Familie, begleitete, die einem Herrn von Lorch
gehörige Villa, die sogenannte Vinea Domini, gemietet worden.
Dieselbe war geräumig, hübsch gelegen und bot aus den Fenstern
eine herrliche Aussicht auf den nahen Rheinstrom und das jen=
seitige Ufer. Am 5. November fand die Immatrikulation statt.
Das in Dresden beobachtete Verfahren der Privatvorträge in der
eigenen Wohnung wurde auch hier beibehalten. Der Prinz be=
suchte nur ein Publikum, dasjenige nämlich des erst kurz vorher
wieder in sein Amt eingesetzten Geschichtsprofessors Ernst Moritz
Arndt. Über die Studien und die interessanteren Erlebnisse der
Bonner Zeit geben wieder die eigenen Briefe am besten Auf=
schluß.

„8. Nov. 1840. — — Bonn gefällt mir immer besser,
und ich glaube, daß ich als Mecklenburger — von denen es
heißt, sie könnten stets nur Mecklenburg lieben — den Rhein
sehr lieb gewinnen werde. Wirklich muß dieser Strom so eine
Zauberkraft auf die Gemüter ausüben. Denn alle, die ihn ver=
lassen, thun es nur mit schwerem Herzen. Bei mir fließt er
unmittelbar vorbei und so schön gerade hier mit dem Sieben=
gebirge zur Seite, daß er mich um so stärker fesselt. Ich habe
schon einige Spazierritte in die Umgegend gemacht. Dieselbe
ist reizend, namentlich wenn man seinen Weg an den Ufern
des Rheines entlang nimmt. — — Meine Immatrikulation
geschah im Beisein des Rektors der Universität, Dr. Arndt,
des Universitätsrichters von Salomon, des Quästors Oppenhoff

und des Dekans der juristischen Fakultät, Professor Deiters.
Ein Handschlag beendigte den Aufnahmeakt. Meine Kollegien
haben schon am Mittwoch angefangen. Die Vorlesungen, die
ich höre, sind folgende: Encyklopädie des Rechts bei Professor
Walter; dreimal wöchentlich mit den Prinzen[1] zusammen.
Deutsche Rechtsgeschichte bei Professor Perthes, allgemeine Geschichte bei Professor Loebell. Professor Arndt hält zwei öffentliche Vorlesungen über eine Schrift des Tacitus. Meine Fecht-
stunden werden hier eifrig fortgesetzt. Außerdem habe ich
wöchentlich noch je zwei französische und englische Stunden bei
Professor Rabaud und Lassen, endlich Kunstgeschichte bei Professor Urlichs. — Bülow gefällt mir sehr gut, und ich glaube,
daß ich mich näher an ihn anschließen werde." — —

„22. Nov. — — Die Fächer, in die mich mein Studium einführt, interessieren mich sehr. Äußerst fesselnd finde
ich die Vorträge über Kunstgeschichte. Arndts weitschweifige
Vortragsweise über des Tacitus Germania steht nicht auf der
Höhe des anziehenden Stoffs. Dieses Werk des römischen
Schriftstellers, welches die ersten Nachrichten von den alten
Deutschen enthält, ist ungemein anziehend durch den Geist und
die schöne kraftvolle Sprache. Es war auch schon in Dresden
mein Lieblingsbuch. Übrigens geht es in einem Hörsaale, ehe
sich alles füllt und der Professor kommt, recht eigenartig zu.
Da sitzen Jünglinge mit langen Haaren, in kurzen abgetrage-
nen Sammetröcken. Andere kommen herein und steigen über
Tische und Bänke auf ihren Platz. Dann wird die Mappe
aufgemacht, das Papier hervorgeholt, die Federn besehen und
das Tintenfaß hingestellt. Der Professor kommt, steigt aufs
Katheder, öffnet sein Heft und den Mund, — und, die Nase

---

[1] Es waren dies der Prinz Christian von Schleswig-Holstein (geb. 1818),
der jetzige König von Dänemark, und Prinz Friedrich Wilhelm von Hessen
(geb. 1820), ein Sohn des damals als königl. dänischer Generallieutenant
in Kopenhagen lebenden Landgrafen Wilhelm. Die beiden Prinzen hatten
gemeinschaftlich unter Begleitung des dänischen Generals von Opholm im
Frühjahr 1840 die Universität Bonn bezogen.

auf dem Papier, wüten wir mit der Feder darauf herum,
glaubend, daß wir schreiben, denn es geht so schnell, daß man
nur mit Mühe seine eigene Schrift lesen kann." —

„1. Febr. 1841. — Vor einigen Tagen war eine hübsche
Gesellschaft bei Mr. Alleyn, wo auch getanzt wurde. An Vergnügungen fehlt es in Bonn überhaupt nicht. Wir gehen
wöchentlich fast regelmäßig zweimal zu einem Ball. Ein sehr
angenehmes Haus ist das von Mr. Smith, wo wir Sonn-
abends sehr oft den Abend verbringen. Morgen ist ein großer
Ball bei Herrn von Karnap in Bornheim, auf welchen ich
mich schon im voraus sehr freue." — —

„7. März. — — Am Sonnabend vor dem 28. Februar
war ich wie gewöhnlich an diesem Abend bei den Engländern
gewesen und kam erst ziemlich spät nach Haus. Kaum liege
ich im Bett, da ertönt eine von meinem Flötenlehrer arran-
gierte Musik und noch vor Tagesgrauen bringt mir die Kapelle
des hiesigen 7. Ulanenregiments ein Ständchen und spielt —
das mecklenburgische Vaterlandslied [1]! Denke Dir meine Freude!
Tesch [2] hatte es aus Ludwigslust kommen lassen, um mir damit ein Geburtstagsgeschenk zu machen. — — Um 10 Uhr
ging ich in die Kirche, und dann eilte ich, da mir der Oberst
angeboten hatte, die Kirchenparade des Regiments abzunehmen,
mich umzuziehen und nahm — ein großer Moment — die
Parade ab. Das Regiment sah sehr gut aus. Der Vorbei-
marsch ging aber, mit infanteristischen Augen betrachtet, nur
mittelmäßig. — — Um 4 Uhr gaben die Prinzen mir zu
Ehren ein Diner in Godesberg. Wir waren sehr lustig und
fröhlich."

Das Weihnachtsfest verlebte der Prinz im Kreis seiner mecklenburgischen Kommilitonen. Nach demselben stattete er dem in

---

[1] Aus der Lappeschen Oper „Die Obotriten". Dieselbe war 1838 zum
ersten Mal in Schwerin aufgeführt. Das Vaterlandslied war populär geworden und bildet seitdem eine beliebte Nummer in dem musikalischen Programm patriotischer Feste.

[2] Der Kammerdiener des Prinzen.

Düsseldorf wohnenden Prinzen Friedrich von Preußen einen mehrtägigen Besuch ab. Der zweite Sohn des letzteren, Prinz Georg,
studierte damals gleichfalls in Bonn. Der Rhein war bei
Düsseldorf zugefroren und konnte zu Fuß überschritten werden.

Am 3. Januar begannen die Studien wieder. Daneben
fehlte es nicht an gesellschaftlicher Unterhaltung. Die Häuser, in
denen der Prinz vorzugsweise verkehrte, waren die des Oberst
von Flotow, Commandeurs der in Bonn stehenden 7. Ulanen,
der Gräfin von Beust, einer Tochter des sächsischen Ministers
von Carlowitz, des Grafen Solms und der Engländer Major
Smith und Mr. Alleyn. Schon damals hatten sich viele englische
Familien in Bonn angesiedelt. Sehr häufig besuchte der Prinz
auch die gräflich Lippesche Familie in Obercassel und die des
Herrn von Karnap in Bornheim.

Mit dem Schluß des Wintersemesters verließen die Prinzen
von Holstein und von Hessen die Universität, um nach Dänemark
zurückzukehren. Da sie ihren Weg über Frankfurt nahmen, um
die in dortiger Gegend wohnenden fürstlichen Verwandten zu besuchen, so schloß sich Prinz Friedrich ihnen an, um bei dieser
Gelegenheit die Rheinufer und die alte Kaiserstadt kennen zu lernen. Prinz Friedrich von Preußen, der sich gerade zum Besuch
seines Sohnes in Bonn befand, begleitete die jungen Reisenden
bis Koblenz, wo unter Führung des Generals von Müffling die
Festungswerke des Ehrenbreitenstein und der Karthause besichtigt
wurden. Die Fahrt nach Mainz, den Rhein entlang, wurde zu
Wagen ausgeführt, von da bis Frankfurt die Eisenbahn benutzt.
Der mecklenburgische Gesandte, Herr von Schack, hatte für den
Abend des 3. April einen Ball veranstaltet. An den nächsten
Tagen machten die Prinzen Ausflüge nach Rumpenheim, Hanau
und Philippsthal, von denen sie gegen Abend zurückkehrten, um
den Soiréen im diplomatischen Corps beizuwohnen. Der Abschied
von den beiden Universitätsfreunden wurde dem Prinzen Friedrich
recht schwer; an den älteren namentlich, den ernsten Holstein,
hatte er sich angeschlossen.

Die Lebenswege der drei Prinzen haben sich seitdem noch oft

gekreuzt, aber wie so anders, als bei jenem Frankfurter Abschied vorauszusehen war, sollte sich jedes einzelnen Schicksal gestalten! Der jüngste, Prinz Friedrich, war ein Jahr später schon regierender Herr. Auch Prinz Christian erlangte einige zwanzig Jahre später eine Krone, obwohl er damals nicht die geringsten Aussichten auf die Succession hatte, — denn der Kronprinz von Dänemark hatte sich wenige Monate vorher mit der Prinzessin Karoline von Mecklenburg-Strelitz verlobt. Der dritte endlich, der nachmalige Landgraf von Hessen, dem später die Anwartschaft auf die Regierung zweier Länder, Kurhessen und Dänemark, zufiel und der zu Gunsten der einen auf die andere verzichtete, ging schließlich aller seiner Ansprüche verlustig und sollte nie einen Thron besteigen.

Während die nordischen Freunde ihre Heimfahrt über Berlin und Schwerin fortsetzten, kehrte Prinz Friedrich nach Bonn zurück, trat aber wenige Tage später, am 13. April, eine Reise über Belgien nach Holland an. Mit der Besichtigung dieses eigenartigen Landstrichs sollte zugleich ein Besuch am niederländischen Hofe verbunden werden, der natürlich in erster Linie der im Haag weilenden Tante, der Prinzessin Friedrich der Niederlande, galt. Großherzogin Alexandrine hatte ihren Sohn schon der jüngeren Schwester angemeldet, deren Gemahl holländischer Feldmarschall und Admiral der Flotte war. Sein älterer Bruder, König Wilhelm II., hatte erst vor einem halben Jahre, am 7. Oktober 1840, infolge der Abdikation des Vaters die Regierung angetreten. Auch er, der König, war mit dem mecklenburgischen Fürstenhaus verschwägert, da er mit einer Schwester Helene Paulownas vermählt war. Unser Prinz fand also im Haag die Schwester seiner Mutter und die Schwester seiner Großmutter vor. Die Reise, die etwa 14 Tage dauerte, gewährte ihm großen Genuß. Er hatte zu derselben seinen Bonner Kommilitonen Bernhard von Bülow eingeladen, den Sohn des 1840 verstorbenen Oberstallmeisters. In dieser Zeit begründete sich ein Freundschaftsbund, der bis zum Tode Bülows gewährt hat. Von seinen Jugendgefährten hat dem Prinzen auch in seinem späteren Leben wohl keiner fortdauernd so nahe gestanden als gerade dieser. Nach der Rückkehr aus Holland bezog Bülow auch ein Zimmer in der Wohnung des Prinzen, teilte dessen Mahlzeiten, Vergnügungen und war sein Gesellschafter bei allen Ausflügen.

Das Sommersemester verstrich rasch. Mit 18 Jahren, an den Ufern des herrlichen Rheins, umgeben von einem Kreis freundlich gesinnter Menschen, war dies natürlich. Nahm auch der Prinz nicht eigentlich teil an den studentischen Gelagen und Paukereien, so war ihm doch ein ungezwungener Verkehr mit den Altersgenossen gestattet. Zu diesem Kreis gehörten die Prinzen Georg von Preußen und Leopold von Lippe-Detmold, die Mecklenburger von Suckow, von Meerheimb, von der Lühe.

Zu Ende August, mit dem Beginn der Herbstferien, trat der Prinz wiederum eine längere Reise an, die diesmal nach Oberitalien führte. Die Begleitung bestand aus Herrn von Sell und Bernhard von Bülow. Als Alpenübergang war der Splügen gewählt. Das Neue der italienischen Landschaft wirkte bestrickend auf den Prinzen. Eine entzückte Schilderung entwarf er von den Seen und namentlich von Venedig.

In der Poebene litten die Reisenden sehr von der Hitze. Erst die Meeresbrise bei Genua brachte Erfrischung. Der Geburtstag Großherzog Paul Friedrichs, der 15. September, wurde in Florenz gefeiert.

„Zum dritten Male nun schon" — schrieb der Prinz an seinen Vater — „sende ich Dir meine innigen herzlichen Wünsche aus weiter Ferne. Hoffentlich erreichen sie Dich ebenso glücklich, wie die in früheren Jahren aus Innsbruck und Bern abgesandten; sie sollen Dir das ausdrücken, was ich Dir an diesem Tage so gerne mündlich gesagt hätte. Mögest Du ihn recht froh verleben und das beginnende Lebensjahr zu einem glücklichen, gesegneten zählen können. Was ich durch meine Aufführung dazu beitragen kann, verspreche ich Dir nach Kräften zu thun. Nimm dies Gelöbnis einstweilen als mein Geburtstagsgeschenk an, da ich Dir ein anderes erst bei unserem hoffentlich sehr nahen Wiedersehen einhändigen kann. Ich

kann Dir nicht sagen, wie ich mich darauf freue. Doch sind
bis dahin noch viele Hindernisse zu überwinden, Alpen zu
übersteigen, Städte zu durchwandern und ungezählte Sehenswürdigkeiten zu besichtigen. Wir sind hier damit in voller
Arbeit. Bis jetzt haben wir uns hauptsächlich in den Uffizien
umgesehen, auch viele Kirchen besucht, in denen man aber
wegen der dort herrschenden Dunkelheit die Bilder meistens
nicht erkennen kann. Der kunstgeschichtliche Vortrag des letzten
Winters, von dem ich das Heft bei mir führe, kommt mir
hier sehr zu statten, so daß ich mit gewaltiger Kunstkenntnis
beladen heimkehren werde."

In Genf traf der Prinz mit seinen Eltern und Geschwistern
zusammen, welche die Schweiz bereist hatten. Von dort begab
sich die großherzogliche Familie den Rhein hinab nach Bonn,
wo Prinz Friedrich die Freude hatte, den Seinigen die Schau-
plätze seines studentischen Treibens, die nahen Burgruinen und
Aussichtspunkte zu zeigen. Dann ging es weiter über Münster
und Hannover der geliebten Heimat zu, die, ungeachtet des vielen Schönen, das er gesehen, für den mecklenburgischen Fürstensohn die alte Anziehungskraft bewahrte.

In Schwerin fand er vieles verändert. Die Bauten am
Pfaffenteich waren schon weit vorgeschritten. Aus der bisherigen
Neuen Straße war die Friedrichstraße, aus der Werderallee die
Werderstraße entstanden, das große Stadtkrankenhaus beendet,
die westliche Vorstadt in das Weichbild hereingezogen, die Um-
wallung des ganzen Orts und die Erbauung von sechs Thor-
häusern zur leichteren Erhebung des Octroi in Angriff genommen.
Das Wichtigste aber waren die Vorarbeiten für das neue Resi-
denzschloß, welches Paul Friedrich auf der Nordseite des Alten
Gartens, an der Stelle der alten Ravensburg — da, wo sich
jetzt das Museum befindet — zu erbauen beabsichtigte. Der inzwischen zum Hofbaumeister beförderte geniale Architekt Demmler
hatte die Pläne entworfen. Das Schloß sollte ein Souterrain
und drei Stockwerke erhalten und im italienischen Renaissancestil
ausgeführt werden. Dieser Bau ist niemals zur Ausführung ge-

langt, da der wenige Monate später eintretende Regierungswechsel
auch eine Veränderung der Schloßbaupläne zur Folge hatte. Doch
wurde das Fundament später bis zum unteren Sockel aufgeführt,
und dies unfertige Mauerwerk hat drei Decennien hindurch, von
einem Plankenzaun umgeben, einer anderweitigen Bestimmung
geharrt. Paul Friedrich hielt damals den Ausbau des alten
Schlosses auf der Burginsel für unthunlich und auch wohl für
zu kostspielig. Der Stand der großherzoglichen Kassen hat es
später ermöglicht, dort jenes Unternehmen auszuführen, welches
als der großartigste deutsche Schloßbau unseres Jahrhunderts
berühmt geworden ist.

In jenen Oktobertagen waren die Gedanken Prinz Friedrichs
noch weit entfernt, sich mit so kühnen Projekten zu beschäftigen.
Das Leben in der Familie, in der ihm so lieben heimischen Umgebung, gewährte ihm volle Befriedigung.

Trotz der mannigfachen Zerstreuungen, welche die letzten
Wochen gebracht hatten, trat doch immer wieder die ernste Geistesrichtung hervor, die dem jungen Prinzen schon damals eigen war
und die sich in seinem späteren vielbewegten Leben so oft und so
entscheidend bethätigt hat.

„Zum erstenmal nach mehr als zwei Monaten" — so
schrieb er am 24. Oktober — „betrat ich heute meine eigene
Kirche. Hatten mich auch auf der Reise oft andere Tempel mit
Andacht erfüllt, so mußte ich doch von dem protestantischen
Gottesdienst einen viel tieferen Eindruck erwarten. Dieser mein
Wunsch ist mir auch wirklich gewährt worden. Walters schön
durchgeführtes Thema: „Danket Gott für alles", aus welchem er
die drei Punkte zog: dies soll den Schlafenden erwecken, den
Erweckten auf das Gebiet seines Lebens führen und den so
über sich selbst Erleuchteten Gottes Segen auch in den entfern-
testen Punkten erkennen lassen, paßte so recht zu meiner
Stimmung und entsprach der Anschauung, die sich auf der
letzten Reise bei mir nur noch fester begründet hat. Meine
Lebensaufgabe soll sein: alles anzuschauen in Beziehung auf

meine höhere Bestimmung und, was dem gleich ist, in Beziehung auf Gott. Möge mir dies immer klar bleiben!" —

An einer anderen Stelle heißt es:

„Durch die äußeren Verhältnisse meiner Lebensstellung, durch
den Rang meiner Familie, die ausgezeichnete Erziehung, deren Wert
ich immer mehr erkenne, durch alles dies ist mir eine Bildung zu
teil geworden, die manchen Leuten zu gefallen scheint. Da habe
ich mich nun besonders vor der Eitelkeit zu hüten und zu bedenken, daß die Menschen mein Inneres doch nicht kennen,
meine Schwächen nicht bemerken oder nicht bemerken wollen,
daß sie mir schmeicheln. . . . . Es ist viel leichter andächtig
schwärmen als gut handeln. Dies habe ich sehr zu beachten.
Überhaupt muß mein äußeres Leben viel unmittelbarer bestimmt
werden durch das Gute, welches ich in meinem Innern anzu-
bauen suche, durch die richtige Erkenntnis von Gottes Wort
in seiner Erlösung." —

Einige Wochen später, als der Prinz schon wieder in Bonn
war, wurde er tief erschüttert durch zwei Todesfälle. Zwei junge
Mädchen aus dem Kreise seiner näheren Bekannten, die eine aus
einer rheinischen, die andere aus einer mecklenburgischen Adels-
familie, beide in der Blüte der Jahre, wurden fast gleichzeitig
von einer akuten Krankheit hingerafft.

„Die Gräfin Emma wird, wenn's Gott nicht anders
fügt, in vierzehn Tagen sterben. Es betrübt mich aufs tiefste.
Und welche Mahnung für uns Überlebende. Gräfin Emma
scheidet nun von dieser Welt; sie sieht den goldenen Frühling
nicht wieder sich über das Rheinthal breiten. Und könnte nicht
auch mich der Tod so unversehens ereilen? In so ernsten
Augenblicken erkennt man so recht das eine, was not thut.
Da blitzt der Lichtschein unserer wahren Bestimmung durch alle
die Vorhänge hindurch, mit welchen wir sie unserm Anblick
zu verbergen suchen. Warum vergessen wir so oft das Richtige unseres Strebens! Warum behalten wir nicht vor Augen
den einzigen Maßstab, an dem wir die Werte dieser Welt zu
messen haben!" —

Der Gang der Studien nahm während des Wintersemesters
seinen regelmäßigen Verlauf. Zu den propädeutischen Fächern
traten nun die der eigentlichen Rechtswissenschaft. Daneben wurde
Litteraturgeschichte durch Professor Loebell vorgetragen, Englisch und
Französisch regelmäßig wöchentlich an zwei Konversationsabenden
getrieben. Man vereinigte sich dazu bei einem der drei Prinzen
und die Unterhaltung durfte nur in der vorgeschriebenen Sprache
geführt werden. Auch Schlegels Vorträge über Shakespeare
fesselten den Prinzen. Das Neujahrsfest wurde wieder in Düsseldorf verlebt. Einige Abwechselung brachte die Anwesenheit des
Königs in Köln. Prinz Friedrich schrieb darüber:

„Der Onkel kam gestern ungefähr um $11^{1/2}$ Uhr in Köln
an und wurde von einem Dampfschiff, da der Rhein stark mit
Eis geht, übergesetzt. Im Wagen des Oberpräsidenten fuhr er
durch die mit farbigen Wimpeln geschmückten, gedrängt vollen
Straßen unter fortwährendem Hurrah der außerordentlich frohen
Kölner nach der Präsidentenwohnung, wo der Prinz Georg
von Preußen, ich und eine Menge anderer ihn erwarteten.
Es folgte nun ein Diner von 50 Personen, woran u. a. die
Generale Thiele, Pfuel und der Domkapitular Iven teilnahmen.
Um 3 Uhr fuhr der König mit der Eisenbahn nach Aachen
und nahm uns mit. Es glich wirklich einem Triumphzug,
indem überall die Bewohner der Ortschaften an der Bahn
standen und den König mit Hurrah begrüßten. Dies dauerte
auch fort, wie es dunkel wurde. Alle Bahnhöfe waren illuminiert, allenthalben waren Fackeln, die die Menschenmassen
beleuchteten, und in den drei Tunnels brannten rote und gelbe
bengalische Flammen. Einen wahrhaft feenhaften Effekt machte
aber das schöne, ganz illuminierte Aachen, das wie ein Feuer-
meer in seinem Kessel dalag. Der König sah die Behörden
im Bahnhof, zog sich dort um und ging auf Bitten einer
Bürgerdeputation ins Theater. Wir in Carriere nach dem
Gasthof, in Uniform geworfen und ihm nach. Von da fuhren
wir mit ihm nach der Präsidialwohnung, wo während des
Soupers die Aachener Liedertafel herrlich sang. Wahrscheinlich

wird der König in London der Eröffnung des Parlaments beiwohnen. Heute morgen um 6 Uhr reiste er nach Ostende ab,
und wir fuhren mit den Generalen und dem Oberpräsidenten
nach Köln und dann hierher zurück."

Am 15. Februar verließ Major von Sell Bonn, um sich
zu seiner schwer erkrankten Gemahlin nach Ludwigslust zu begeben. Prinz Friedrich sollte inzwischen seine Studien fortsetzen
und zu Ostern mit Bernhard Bülow nach Schwerin reisen. Die
Teilnahme für die Sorgen anderer und die Niedergeschlagenheit,
in welche ihn die Nachricht von verschiedenen Todesfällen in der Heimat
versetzte, spricht sich in dem nachstehenden Briefe aus:

„Wer hätte denken können, daß Herr von Sell von
Deiner Erlaubnis zur Reise so schnell Gebrauch machen müßte
und daß der guten Nachricht sobald eine schlimme folgen würde!
Der Brief von Mama, den ich gestern erhielt, erweckte in uns
schon böse Ahnungen, die leider nur zu bald eingetroffen sind.
Da Herr von Sell heute abend abreist, so benutze ich diese
Gelegenheit, um Dir zugleich für das Vertrauen zu danken,
welches Du mir bewiesen hast. Ich verspreche Dir, es zu
rechtfertigen. In meiner Einsamkeit werde ich meine Gesetzt-
heit und meinen Fleiß zu verdoppeln suchen, um dann Ostern
mit gutem Gewissen vor Dir erscheinen zu können. Es wird
mir ganz sonderbar vorkommen, mich nun selbst gouvernieren
zu müssen, aber es ist gewiß recht gut; wäre nur die Veranlassung nicht eine so traurige. Ich bin sehr gespannt auf die
ersten Nachrichten. — Wie traurig ist der Tod von Wieschen
in Rom[1]! Es kommt doch eine Todesnachricht nach der anderen. Und wie traurig ist dieser Tod, so weit von Hause, und
die letzte Tochter, die noch zu Haus war! Mir ist besonders
schrecklich, daß ich den Abend gerade ziemlich lustig getanzt
habe. In Schwerin muß auch die Trauer das Vergnügen
recht gestört haben. Schrecklich ist nun wieder der Tod der

---

[1] Herzogin Luise von Mecklenburg-Strelitz, älteste Tochter des Großherzogs, starb am 1. Februar; sie hatte sich zur Wiederherstellung ihrer
Gesundheit nach Italien begeben.

armen Reichel. Mir schwebt sie noch immer im „Müller und
sein Kind" vor, worin ich sie in Doberan sah. Sie gab die
letzte Scene wundervoll, aber schrecklich zugleich. Wollte man
sich allen diesen traurigen Eindrücken hingeben, so müßte man
ja allen Lebensmut verlieren. Nun beginnt das Frühjahr, und
mit ihm wird hoffentlich die unbarmherzige Herrschaft des Todes
gebrochen werden!" —

Aber anders war es im Rat der Vorsehung beschlossen. Noch
ahnte der Prinz nicht, daß gerade dieses Frühjahr ihm den
schwersten Verlust bringen, daß der Arm des Todes in seine
eigene Familie greifen und das Haupt derselben treffen sollte.
Großherzog Paul Friedrich stand im rüstigsten Mannesalter. Er
erfreute sich einer kräftigen Gesundheit. Nach menschlicher Vor=
aussicht lag noch eine lange Lebens= und Regierungszeit vor ihm.
Aus den einzelnen kleinen Zügen der bisherigen Schilderung wird
der Leser erkannt haben, wie eng das Band war, das die Mit=
glieder der großherzoglichen Familie umschloß. An seinem Vater
namentlich hing Prinz Friedrich mit einer Liebe und Verehrung,
welche die Fürsorge und Zärtlichkeit des ersteren ebenso begreif=
lich machte wie die eigene Wahrnehmung der dem Landesherrn in
so seltenem Maße entgegengebrachten Anhänglichkeit seiner Unter=
thanen. Paul Friedrich hatte den Wert einer einsichtsvollen
väterlichen Leitung in seinen Jugendjahren selbst erfahren. Das
herzliche Verhältnis, welches zwischen ihm und seinem Vater
bestanden und das die oben mitgeteilten Briefe Friedrich
Ludwigs uns veranschaulicht haben, war er bestrebt gewesen,
auch zwischen sich und dem Sohn zu befestigen. Es liegt eine
Reihe von Briefen vor, welche zwischen Vater und Sohn aus=
getauscht wurden und in denen dieses innige, nie getrübte Ein=
vernehmen klar zu Tage tritt. Obwohl Paul Friedrich ungern
schrieb und infolge seiner vielseitigen Thätigkeit ebenso wie auch
wegen seines lebhaften Temperaments selten Muße dazu fand,
geht er in diesen Briefen doch verständnisvoll auf das Alter und
die Stimmung des Sohnes ein, teilt ihm die kleinen Vorkomm=
nisse des Schweriner Lebens mit und erhält namentlich sein Inter=

esse wach an den militärischen Angelegenheiten, die ihn selbst lebhaft beschäftigen. Die Avancements im Offiziercorps, die Manöver, das neue aus Preußen übernommene Exerzierreglement werden besprochen. Daß die Dragoner neue Helme erhalten, daß bei der Infanterie die wollenen Epauletts der Mannschaften durch Achselklappen ersetzt werden, wie die letzte Parade ausgefallen, was im Marstall vorgeht und welche Pferde sich am besten für die Truppe eignen, — alles das bietet Stoff für die Korrespondenz und wird vom Prinzen mit Interesse aufgenommen.

Die Briefe, welche er seinem Vater schrieb, wurden von diesem sorgfältig aufbewahrt. Sie sind noch alle vorhanden, auch die ersten, welche auf wenigen Zeilen die unfertige Handschrift des sechsjährigen Knaben zeigen. Auszüge daraus sind dem Leser schon geboten. Von den Briefen Paul Friedrichs möchte ich als Beleg für das herzliche Einvernehmen hier noch einen, und zwar den letzten, wiedergeben. Er ist am 22. Februar geschrieben, also zwei Tage vor der Erkrankung, welche schon nach vierzehn Tagen ein so jähes Ende herbeiführen sollte.

„Lieber Fritz! Diese Zeilen sollen Dir meine herzlichsten Glückwünsche zu Deinem Geburtstag überbringen. Möge der Himmel Dir in diesem neuen Jahre mit seinem reichsten Segen zur Seite stehen! Dies der innigste Wunsch des treuen Vaterherzens! Fahre so fort wie bisher. Das ist die größte Freude, die Du mir und Deiner Mutter machen kannst. Herzlich muß ich noch für Deine vielen lieben Briefe danken, welche ich leider noch nicht beantworten konnte. Besonders hat mich Dein letzter Brief erfreut, und sicher rechne ich auf Dein Versprechen, daß Du jetzt, wo du Dir selbst überlassen bist, recht vernünftig sein wirst. Mit Ungeduld zähle ich die Tage bis zu Deiner Ankunft. Wie freue ich mich, Dich wiederzusehen! Morgen ist Mamas Geburtstag; es sind schon viele Fremde gekommen, darunter die Hahnsche Familie. Früh ist große Parade; das Diner und der Ball sind auf dem Schlosse, wobei zum ersten Mal die neuen Galalivreen angelegt werden; sie sehen sehr gut aus. Die nähere Beschreibung aller Feste werden die Geschwister zu machen nicht ermangeln. Unsere kleinen Angebinde zum Wiegenfeste bitte ich Dich freundlich anzunehmen. — Wie steht es mit Deinen Pferden? Ist die Johanna wieder gesund? — An dem Schmerz des armen Sell wirst Du gewiß rechten Anteil nehmen [1]. Ich erhielt gestern einen Brief von ihm. Er ist sehr traurig. Gern wäre ich gleich zu ihm nach Ludwigslust gefahren, konnte aber nicht abkommen. Wie er mir schreibt, wird er Dich hier erwarten. Du wirst also selbständig mit Bernhard Bülow die Reise hierher machen. Seid nur recht vernünftig. Wann glaubst Du wohl hier eintreffen zu können? Gottes Segen mit Dir. Behalte lieb Deinen treuen Vater und Freund Paul." —

Das Wiedersehen, auf das sich der lebensfrohe Fürst freute, sollte zum tiefergreifenden Abschied werden. Am 24. Februar zeigten sich die ersten Symptome einer Unterleibsentzündung, welche anfangs keinen bedenklichen Verlauf nahm, nach einigen Tagen aber doch ernstere Besorgnisse hervorrief. Am Abend des 1. März erhielt Prinz Friedrich eine Estafette, die seine sofortige Abreise nach Mecklenburg veranlaßte. Doch glaubte er zunächst nur an eine ungefährliche Krankheit; auch in Schwerin hatte man wieder Hoffnung geschöpft. In Boizenburg fand er einen Brief der Großherzogin vor, welcher ihm den Ernst der Lage enthüllte. Am Nachmittag des 4. traf er in Schwerin ein; tiefbewegt trat er an das Krankenbett des geliebten Vaters. Am nächstfolgenden Tage schien eine leichte Besserung einzutreten. Der Geburtstag des Prinzen Wilhelm wurde im engeren Familienkreise gefeiert, und neue Hoffnungen belebten auf wenige Stunden die angstvollen Gemüter. Aber schon gegen Abend verschlimmerte sich der Zustand derart, daß der Tod jeden Augenblick erwartet werden konnte. Dennoch verging auch der nächste ganze Tag noch in qualvoller Spannung. Es war ein Sonntag. Der helle

---

[1] Die Gemahlin des Herrn von Sell war am 15. Februar in Ludwigslust gestorben; er hatte sie bei seinem Eintreffen dort nicht mehr am Leben gefunden.

Schein der Frühlingssonne drang in das Krankenzimmer. Er beleuchtete die dicht gedrängten Volksmassen, die in ernstem Schweigen von früher Morgenstunde an das Palais umstanden. Der Alte Garten und die nächstliegenden Straßen waren von der Menge erfüllt. Alle Stände vereinigten sich hier in dem einen Gedanken banger Sorge. Jede aus dem Palais dringende Kunde verbreitete sich rasch durch die ganze Stadt. Um 1 Uhr mittags versammelten sich die Familienmitglieder um das Sterbebett. Paul Friedrich hatte das Bewußtsein nicht verloren. Klar und ruhig sah er dem Tode ins Auge. Er segnete seine Kinder und richtete ergreifende Worte an seinen ältesten Sohn. In der Nacht trat der Todeskampf ein, und am Morgen des 7. März, bald nach 5 Uhr, verschied Großherzog Paul Friedrich im 42. Lebensjahr und kaum begonnenen 6. Jahr seiner Regierung.

War diese Regierungszeit eine kurze, so war sie doch eine glückliche, für Mecklenburg segensreiche gewesen. Keine äußeren oder inneren Stürme hatten den Frieden des Landes bedroht, keine Mißverständnisse oder Verstimmungen sich zwischen Fürst und Volk gedrängt. Große Thaten, schwere Opfer oder weittragende Entscheidungen waren von Paul Friedrich nicht gefordert worden. Aber den Ansprüchen, welche seine Zeit an ihn stellte, war er gerecht geworden. In der Anerkennung der menschlichen Eigenschaften, die ihn zierten, vereinigten sich an seinem Sarge alle Stände des Landes.

„In seiner Fürstenkrone", so sagte Oberhofprediger Walter bei der Gedächtnisfeier, „glänzten drei köstliche Steine: Menschenfreundlichkeit, Gerechtigkeit und Barmherzigkeit. Aus seinem Hause scheidet ein Fürst, der seinen Purpur geschmückt wie dieser ihn; den Purpur, der in acht Jahrhunderten die lange Reihe von dreiundzwanzig Geschlechtern bedeckte. Die Ehre hat das vollendete Leben regiert; die Ehre hat bei der Größe gewohnt und über des Hauses Glück gewacht. Sehen wir Spuren der Thränen auf diesem Mantel, so hat die Liebe sie geweint, nicht das verletzte Recht, nicht die in den Staub getretene Ruhe eines gebrochenen Herzens. So scheidet der Mann aus seinem Hause, der auf eine

heilige Stimme in seiner Brust, — der auf die Stimme der Ehre
gehört. — Laßt uns das freundliche Lächeln seines Mundes, sein
leutselig mildes Wesen in unser Gedächtnis rufen, und sein barm=
herzig Herz, das er stets gehabt für der Armut Not und für
das heilige Unglück. Oder laßt uns kühn die Frage stellen, ob
einer wäre, der einen Makel der Zucht oder einen Flecken der
Ehre zu werfen wüßte auf seinen reinen, unbescholtenen Namen.
Oder endlich, laßt uns treten an sein Leid= und Sterbebette, wo
er besiegelt, was er geübt im Leben: die eheliche Treue und die
zärtliche Vaterliebe, ja auch die verständige Vatersorge."

Tief erschüttert hatte der Sohn lange an der Leiche des
Vaters gekniet. Noch war er wie betäubt von dem unerwarteten
Schlage. Als er vor drei Tagen bei Boizenburg den Boden des
Heimatlandes betrat, hatte er sich noch ahnungslos der Freude
über die verfrühte Heimkehr hingegeben. Nun war er der Herr
dieses Landes. Er, der heitere, lebensfrohe Jüngling, dessen
Lehrjahre noch nicht beendet waren, dessen Wanderjahre nicht ein=
mal begonnen hatten, sollte die schwere Bürde einer Regierung
auf seine ungeübten Schultern nehmen. Er, der gehorsame Sohn,
gewöhnt an die sorgliche Führung des Vaters, sollte nun, dieser
Stütze beraubt, selbst zur Stütze werden für seine Familie, sollte
abwägen, urteilen, entscheiden, — er, der seit vierzehn Tagen
überhaupt erst eine Art von Selbständigkeit zu ahnen begonnen
hatte.

Mochten andere sich dem Schmerz über den Verlust hingeben,
der ja auch ihn so hart traf, — das fühlte der junge Fürst vom
ersten Augenblick an, daß aller Blicke jetzt erwartungsvoll an ihm
hingen, daß er seine ganze Persönlichkeit einsetzen müsse, um des
neuen schweren Amts zu walten. Gleich an diesem ersten Abend
seines Regierungsantritts schrieb er in sein Tagebuch:

„Welche Schickung, mein Gott, von Dir! Wie furchtbar,
unerforschlich, wie übermenschlich schwer zu tragen! Bewahre
mein Herz, gieb mir die Kraft zu meinem Beruf, gieb mir
treue Diener und Unterthanen, segne Mecklenburg! Laß mich
in Papas Fußstapfen treten, den König mir zum Vorbild die=

nen, auf Dich vertraue ich allein. — Mein Wort sei das
Großpapas: „Meine Zeit mit Unruhe, meine Hoffnung in
Gott!" — —

Schon die nächsten Tage brachten der Unruhe genug. Die
Eidesleistung der Truppen und der Empfang des Offiziercorps
der Garnison unter Führung der Generale von Both und von
Elderhorst fand noch am 7. statt. Es folgten dann die Be-
grüßungen des neuen Landesherrn durch die Beamten, den Magistrat, die Deputationen vieler Korporationen. Aus Berlin trafen
die Prinzen Karl und Albrecht ein, um der tiefgebeugten Schwester
in den ersten schweren Tagen zur Seite zu stehen; ihnen folgte
als offizieller Abgesandter des Königs Major von Brauchitsch.
Die erste Nachricht von dem Ableben Paul Friedrichs war durch
den Oberstlieutenant von Hopffgarten dorthin überbracht worden.

Nachdem am Abend des 8. die Leiche vom Palais nach dem
großherzoglichen Schloß überführt und dort an den nächstfolgenden Tagen ausgestellt worden, fand am 19. die Beisetzung in der
Domkirche statt, und zwar in der daselbst hinter dem Altare befindlichen, einstweilen zur fürstlichen Gruft eingerichteten sogenannten Heiligenblutskapelle. Der Sarg wurde von 28 Mitgliedern der Ritterschaft auf den Wagen gehoben. Truppen und
Gewerke bildeten das Spalier. Zu Tausenden waren die Bewohner der umliegenden Ortschaften herbeigeströmt. Ergreifend
für die Anwesenden war der Moment, als der Trauerwagen an
dem kleinen Palais vorbeifuhr, in welchem der Entschlafene so
viele glückliche Stunden verlebt, an dessen Fenstern stehend er den
Gruß der Vorübergehenden so oft freundlich erwidert hatte. Was
die Schweriner an ihrem Paul Friedrich verloren, das wußte
und fühlte jedermann. Schon am 12. März hatten achtzig Bürger in einer auf dem Stadthaus abgehaltenen Versammlung den
Beschluß gefaßt, die Errichtung eines Denkmals für den verstorbenen Großherzog zu bewirken, dessen Kosten ausschließlich durch
freiwillige Beiträge der Bewohner Schwerins aufgebracht werden
sollten. Und dieser Aufruf fand willige Geber. Man drängte
sich zu den Listen; die erforderliche Summe war bald gezeichnet.

Rauchs schönes Standbild erhebt sich auf dem Alten Garten, und
die kurze, aber sinnige Inschrift auf dem Sockel lautet: „Ihrem
Paul Friedrich die Stadt Schwerin."

Dem Sarge des verewigten Fürsten folgten mit dessen beiden
Söhnen auch Herzog Gustav, König Friedrich Wilhelm IV. und
seine drei Brüder, sowie der Erbgroßherzog von Mecklenburg-
Strelitz und dessen Schwager, der Kronprinz von Dänemark.
Von den vier Brüdern der Großherzogin Alexandrine wird noch
einer, Kaiser Wilhelm, vier Decennien später wieder einer Toten-
feier im Schweriner Schloß beiwohnen. Dann wird in dem
Sarge, an den der betagte Monarch bewegten Herzens herantritt,
die sterbliche Hülle des Fürsten ruhen, der jetzt, ein Jüngling
an Jahren, ernst und traurig an der Spitze der Leidtragenden
schreitet! —

Am Tage nach der Beisetzung reisten die fürstlichen Gäste
ab. In der Stadt wurde es nun still, nicht aber am Hof, wo
für den jungen Landesherrn die ernste Arbeitszeit erst recht begann. Wie viel des Neuen drang von allen Seiten auf ihn ein.
Vor wenig Wochen hatte er noch am Rhein ein sorgloses Stu-
dentenleben geführt. Jetzt galt es Audienzen zu erteilen, Gesandte
zu empfangen, den Ministerkonferenzen zu präsidieren, die Briefe
fremder Souveräne zu erwidern. Friedrich Franz zeigte sich der
neuen Aufgabe gewachsen. Sein bescheidenes und doch sicheres
Auftreten, seine ernste Haltung und natürliche einfache Ausdrucks-
weise fiel den fremden Diplomaten auf. Sympathische Kundgebungen gingen ihm von allen Seiten zu. Unter der großen
Zahl der aus dieser Zeit vorhandenen Schriftstücke möchte ich hier
nur zwei anführen, die trotz der durchaus verschiedenartigen politischen Anschauung ihrer Absender doch in dem Punkt überein-
stimmen, daß sie das Vertrauen bekunden, welches man auch
außerhalb Mecklenburgs auf die Anlagen und Charaktereigenschaften
des jungen Fürsten setzte. Ernst Moritz Arndt schrieb aus Bonn
am 4. April:

„Gott hat es gewollt; Gott hat Euere Königliche Hoheit
frühe berufen zu dem erhabenen und heiligen Amte des Herr-

schers. Wie nun mein Herz an Ihrer Trauer teilnimmt, so ruft es auch Glück und Segen zu Ihrem hohen Berufe. Euere Königliche Hoheit haben am Rhein ein schönes Gedächtnis hinterlassen durch den Sinn der Freundlichkeit, Freiherzigkeit und Treue, durch das Anerkennen und Erstreben des Edlen und Wahren, kurz durch einen Geist des Ernstes und der Wahrheit, der Ihnen alle Herzen gewinnen mußte. Wie kann ich Sie also hoffnungsvoller begrüßen, was kann ich Ihnen Größeres wünschen, als daß dieser Geist des Ernstes und der Wahrheit hinfort mit Ihnen auf dem Herrscherstuhl thronen möge? Ja der barmherzige Gott gebe Euerer Königlichen Hoheit zu Mecklenburgs Glück und zu Deutschlands Ehre und Ruhm eine lange, ja eine längere und glorreichere und glücklichere — denn Ihn trafen schwere und unglückliche Zeiten — Regierung, als Ihrem hohen Urahnherrn und Namensträger weiland beschieden war!" —

In einem anderen Briefe, dem des Staatskanzlers Fürsten von Metternich vom 29. April, heißt es:

„Im Verlaufe langer Jahre im vertrauten Verhältnisse mit Ew. Königl. Hoheit Herrn Großvater und Vater stehend, war es mir vergönnt, denselben Beweise treuer Anhänglichkeit zu geben. Ich werde mich glücklich schätzen, wenn sich Gelegenheiten ergeben sollten, in denen ich berufen sein könnte, Höchst Ihnen die gleichen zu bethätigen! Euere Königliche Hoheit sprechen von Ihrem jugendlichen Alter. Die Beschwernisse, welche dasselbe allerdings bei einem Regierungsantritte zu bieten vermag, finden einen reichhaltigen Ersatz in der Erkenntnis der Last und in der Aussicht auf eine lange Regierung. Von treuen Ratgebern umgeben, wird es unter solchen Bedingungen einem Regenten leicht, der Zeit die Lehren der Erfahrung zu überlassen. Sie, mein gnädigster Herr, werden dies Ziel erreichen! Erhalten Sie die Grundlagen Ihres Staatsgebäudes: leiden Sie nicht, daß selbe bewegt werden, und nehmen Sie vorzugsweise das Gute, welches alle Zeiten bieten, in Anspruch,

um mittelst deſſelben das Gewagte, welches in der unſrigen
ſich ſo leicht in trügeriſcher Geſtalt zeigt, zu beſeitigen!"

Zu den Ratgebern, auf welche Fürſt Metternich hinwies
und die berufen waren, den jungen Landesherrn in die ihm noch
völlig unbekannten Regierungsgeſchäfte einzuführen, gehörten in
erſter Linie die beiden Miniſter Ludwig von Lützow [1] und Theo-
bor Dieberich von Levetzow. Erſterer war Geheimratspräſident
und Vorſitzender der Regierung und Lehnkammer. Levetzow bekleidete das in Mecklenburg nicht minder wichtige Amt eines Vor-
ſtandes des Kammerkollegiums; ihm unterſtanden die großherzoglichen Domänen und Forſten, deren bedeutende Erträge neben den
Steuern die Unterlage des Staatshaushalts bildeten. Beide
Männer hatten das volle Vertrauen Paul Friedrichs beſeſſen.
Sie waren in mehrjähriger Amtsführung bewährt befunden. Obwohl von verſchiedenartigem Charakter und auch von nicht immer
übereinſtimmenden politiſchen Anſchauungen, waren ſie doch durch
echt patriotiſche Geſinnung und treue Anhänglichkeit an das großherzogliche Haus miteinander verbunden. Ernſte Meinungsdiffe-
renzen hatten übrigens bisher nicht beſtanden, nur war Lützow
Neuerungen im ganzen zugänglicher als ſein Kollege, der mit
Zähigkeit an dem Althergebrachten hing und auch dem Wert
wirtſchaftlicher Reformen zuerſt gewöhnlich mißtraute. In der
Zollanſchlußfrage und in dem damals noch ſehr ſchwankenden
Urteil über den Eiſenbahnbau hatte ſich dieſer Unterſchied prinzipieller Auffaſſung ſchon geltend gemacht, doch behielt Lützow
die Führung in der Hand.

---

[1] Er war geboren am 25. Juli 1793 als Sohn des uns bekannten
Oberhofmeiſters von L. Während deſſen Miſſionen in Paris beſuchte er dort
eine Schule, erhielt ſpäter das Reiſezeugnis in Lübeck und ſtudierte in
Göttingen und Berlin. Die Befreiungskriege machte er bei dem preußiſchen
Gardedragonerregiment mit. 1817 trat er in den mecklenburgiſchen Staats-
dienſt, in welchem er als Regierungsbeamter aufrückte. Als Pleſſen 1837 ſtarb
und Geh. Rat Krüger an deſſen Stelle trat, wurde Lützow zweiter Miniſter,
erhielt aber ſchon im nächſten Jahre bei Krügers Abgang die leitende
Stellung als Geheimratspräſident. Großherzog Paul Friedrich war ihm
ſehr zugethan und hatte vor ſeinem Tode den Thronerben ganz beſonders an
den Rat Lützows verwieſen.

Daß Friedrich Franz den bewährten Dienern seines Vaters mit Vertrauen entgegenkam, war durch die Lage der Dinge geboten, die Charakterverschiedenheit der beiden Minister ihm übrigens nicht unerwünscht. „Lützow stellt das bewegliche Element dar, Levetow das stabile" schrieb er schon wenige Tage nach seinem Regierungsantritt. Er war entschlossen, aus diesem Umstand Nutzen zu ziehen, durch prüfende Abwägung der ihm entgegengebrachten Anschauungen sich selbst ein Urteil zu bilden.

Neben den berufenen Ratgebern fehlte es auch nicht an unberufenen. Daß Selbstsucht, Ehrgeiz und Schmeichelei sich an den jungen Fürsten herandrängen würden, daß mancher auch noch einen außerhalb seiner amtlichen Sphäre liegenden Einfluß zu gewinnen hoffte, war zu erwarten gewesen. Weniger natürlich und um so erfreulicher war es nun, daß Friedrich Franz derartigen Versuchen sogleich mit großer Entschiedenheit entgegentrat. „X. will mich beeinflussen. Ich habe mir seine Einmischung verbitten müssen. In Geschäftssachen liebe ich die Einmischung dritter Personen nicht." Aus diesen und ähnlichen Notizen seines Tagebuchs erhellt, daß der junge Fürst seine Selbständigkeit nicht ohne Kämpfe und Schwierigkeiten zu erringen hatte. Er hat sie sich sein ganzes Leben hindurch zu seinem und des Landes Wohl zu bewahren gewußt.

Bei aller Festigkeit im Auftreten behielt er indessen gegen die alten Diener seines Vaters die freundliche zutrauliche Art, die ihm bisher überall die Herzen gewonnen. Ehe in der Schilderung seines Lebens fortgefahren wird, empfiehlt es sich, hier an diesem wichtigen Wendepunkt eine wenigstens flüchtige Umschau zu halten unter den Persönlichkeiten des Hofstaats und der Beamtenwelt, zu denen der Großherzog fortan in täglichen Verkehr trat und auf deren Mitwirkung er vorzugsweise angewiesen war. Den letzten Umblick dieser Art hatten wir am Ende der Regierung Friedrich Franz' I. gethan. Mit ihm war auch eine Generation alter Diener des fürstlichen Hauses zu Grabe gegangen. Eine jüngere Altersklasse war an die Stelle getreten, Männer in den besten Jahren und meistens noch zu langer Dienstzeit be-

fähigt. An den jugendlichen Erbgroßherzog hatten sich aufstre-
bende Talente noch nicht anschließen können.

Friedrich Franz übernahm daher den ganzen Hofstaat und
die maison militaire seines Vaters. Der Thronwechsel hatte auch
in den unteren Klassen der Bediensteten keine Personalverände-
rungen zur Folge. Diese einsichtsvolle Maßregel ließ dem neuen
Landesherrn Zeit, zu beobachten, zu lernen und seine Entschließungen reifen zu lassen.

Die früher so zahlreiche großherzogliche Familie hatte der
Tod stark gelichtet. Von der älteren Generation lebten nur noch
Herzog Gustav und Erbgroßherzogin Auguste, beide in Ludwigslust, beide für sich und in geräuschloser Abgeschiedenheit, die letztere übrigens häufig abwesend zu längerem Aufenthalt bei ihrer
Stieftochter, der Herzogin von Orleans. Die andere leibliche
Schwester Paul Friedrichs war, wie wir wissen, mit dem Prinzen Georg von Sachsen-Altenburg vermählt, welcher bald darauf
nach dem Tod seines Bruders die Regierung des Herzogtums
antrat. Am Hof zu Schwerin lebten mit dem Großherzog nur
dessen Mutter und Schwester. Sein Bruder Prinz Wilhelm war,
von seinem Gouverneur, dem preußischen Major Grafen von
Finkenstein, begleitet, erst kürzlich nach Dresden abgegangen, wo
er den Unterricht der Lehrer des Blochmannschen Instituts genoß.
Das großherzogliche Haus zählte demnach nur drei männliche und
drei weibliche Stammesangehörige, zu denen die beiden durch
Heirat ihm verbundenen Fürstinnen hinzutraten.

Auch der Hofstaat in Schwerin war dementsprechend weniger
zahlreich als in früherer Zeit. Die Posten eines Oberkammer-
herrn, Oberhofmeisters und Obermarschalls waren unbesetzt. Das
noch immer kollegialisch verwaltete Hofmarschallamt hatte zu Mitgliedern die Hofmarschälle von Roeder und von Levetzow und
den Hausmarschall Jaspar von Bülow[1]. Seinen bisherigen

---

[1] Eberhard von Roeder war schon seit 1815 als Schloßhauptmann
im Hofdienst und seit 1823 Hofmarschall. Er trat 1849 in Pension und
starb 1855.

Gouverneur, Major von Sell, ernannte Friedrich Franz zum Reisemarschall. Der Generaladjutant, Generalmajor von Bobbien, blieb wie bisher in Ludwigslust wohnen, wo er gleichzeitig die Geschäfte der Kommandantur versah. Die Flügeladjutanten Paul Friedrichs, Oberstlieutenant von Hopffgarten und Major von

---

Joachim Otto Ulrich von Levetzow (geb. 1777) wurde 1821 Schloßhauptmann und 1836 Hofmarschall. Er fungierte in Ludwigslust, Roeder in Schwerin. Er starb schon im ersten Jahre der Regierung Friedrich Franz' II. am 28. Januar 1843.

Jaspar Friedrich von Bülow, geboren zu Bützow den 17. April 1794, machte die Freiheitskriege der Jahre 1813 und 1814 als freiwilliger Jäger mit und widmete sich nach dem Frieden dem Forstfache. Nachdem er zuvor zum Jagdjunker im mecklenburg-schwerinschen Dienst befördert war, trat er mit dem Charakter eines Oberforstmeisters in den Hofstaat des damaligen Erbgroßherzogs Paul Friedrich und wurde später nach dessen Regierungsantritt Hausmarschall. Nach dem 1843 erfolgten Tode des Hofmarschalls von Levetzow trat er an dessen Stelle und blieb Chef des großherzoglichen Hofhalts bis 1863, in welchem Jahre er die seit 1858 bekleideten Funktionen eines Oberhofmarschalls mit denen eines Oberhofmeisters vertauschte. Nach dem Tode der Großherzogin Anna trat er in den Ruhestand und starb zu Schwerin am 5. Februar 1871. Nach dem 1850 erfolgten Tode des Bruders seiner Mutter, des preußischen Oberhofmeisters von Schilden, Besitzers der Güter Goldenbow, Friedrichshof, Albertinenhof und Gosan, überließ dessen Bruder und Erbe, Herr von Schilden auf Rodenwalde und Marsow, schon während seiner Lebenszeit die genannten und mit dem eigenen Besitze zu einem Fideikommiß vereinigten Güter dem Jaspar von Bülow, in dessen Nachkommenschaft sie nach dem Gesetz der männlichen Primogenitur forterben. Jaspar von B. war ein Mann von gewinnenden Umgangsformen, wohlwollendem Charakter und strenger Gewissenhaftigkeit. Er verstand es, die Ansprüche eines glänzenden Hofhalts mit den Pflichten der Sparsamkeit zu verbinden, und leistete in dieser Hinsicht seinem Herrn sehr wichtige Dienste. Durch seinen umfangreichen Grundbesitz in unabhängiger Lage, mit den Landesverhältnissen wohl vertraut, war er ein freimütiger und treuer Ratgeber des Fürsten. Lange Jahre hindurch fungierte er als zweiter Kommissar auf den Landtagen und war als solcher in den ständischen Kreisen hochgeachtet und beliebt. 1824 hatte er sich mit Henriette von Jasmund, Hofdame der Erbgroßherzogin Alexandrine, vermählt. Sein gastfreies Haus war in Schwerin der Mittelpunkt der Geselligkeit. Von seinen beiden Söhnen verstarb der jüngere, Jaspar, als Hofmarschall in Strelitz; der ältere, Alexander, ist seit 1886 großherzoglicher Staatsminister und Ministerpräsident in Schwerin.

Hirschfeld, hatten sogleich den Dienst bei dem jungen Großherzog übernommen. An die Stelle des wenige Monate später von einer Krankheit hingerafften Majors von Hirschfeld trat alsdann Hauptmann von Bülow. Als Viceoberstallmeister fungierte Herr von Bobbien, ein Sohn des Generaladjutanten. Der Kabinetsrat Prosch, dem wir schon früher bei den Vermählungsunterhandlungen mit dem Hause Orleans begegnet sind, war Vorstand des Civilkabinetts. Das Militärkabinett, mit der Intendantur und der Militärkasse zu einer Verwaltungsbehörde vereinigt, unterstand dem ältesten Flügeladjutanten von Hopffgarten.

In den militärischen Verhältnissen hatte sich — seitdem wir dieselben bei der Errichtung des Bundeskontingents zuletzt besprachen — nicht viel verändert. Die einzige Augmentation in diesem Zeitraum, die Errichtung zweier neuer Schwadronen, die Verlegung des Dragonerregiments von Grabow nach Ludwigslust und die des Grenadierbataillons nach Schwerin waren die wichtigsten Begebenheiten gewesen. Die Bewaffnung war dieselbe geblieben, nur die Bekleidung hatte eine zweckmäßige Veränderung erfahren.

Im großen und ganzen bestanden in den kleineren Kontingenten noch alle die Unzuträglichkeiten fort, welche den Mangel einer einheitlichen Organisation des deutschen Heerwesens längst fühlbar gemacht hatten. Die 1840 von Preußen angeregte Reform der Bundeskriegsverfassung war an dem Widerstand Österreichs und der unverhohlenen Abneigung der Mittelstaaten gescheitert. Mit Mühe war wenigstens erreicht worden, daß die zum Ausbau der Bundesfestungen bestimmten Gelder, welche seit dem Pariser Frieden bei Rothschild deponiert lagen, nunmehr zur Verwendung gelangten. Die Befestigung von Mainz, Landau und Ulm wurde dadurch verstärkt und Preußen von dem Schutz der Westgrenze teilweise entlastet. Diese Wirkung wenigstens hatte der französische Kriegslärm von 1840 gehabt. Zu dem Abschluß von Konventionen mit den größeren Militärmächten konnten sich die kleineren Staaten aber noch nicht entschließen. Das preußische Exerzierreglement und die dort geltenden Vorschriften für den

Feldbienst fanden zwar bei den norddeutschen Kontingenten allmählich Eingang — in Mecklenburg waren sie 1839 eingeführt —,
allein die Gleichmäßigkeit der Bewaffnung, der Kaliber und
der Munition, sowie die Durchführung eines einheitlichen Mobil-
machungsplans für die kombinierten Armeecorps war nicht zu
erzielen gewesen. Für den Fall eines Angriffs von außen barg
dieser Zustand ernste Gefahr.

Die Inspektionen durch militärische Bundeskommissare hatten
wenig praktischen Wert. Die Abhülfe gerügter Mängel hing
schließlich doch nur von dem guten Willen der einzelnen Kriegs-
herren ab. Übrigens zeichnete sich das mecklenburgische Kontingent
durch Schulung und Disciplin vorteilhaft aus. Paul Friedrich
hatte bereits begonnen, neben dem Paradedrill auch Feldbienst-
und Gefechtsübungen einzuführen. Feldmanöver nach dem heutigen Stil waren damals noch nicht üblich. Doch waren die
mecklenburgischen Truppen mehrmals zu gemeinsamen Übungen
zusammengezogen worden, das letztemal noch 1841, wo auf dem
Exerzierplatz bei Schwerin ein Lager aufgeschlagen war.

Jetzt, im Jahre 1842, stand die Infanteriebrigade unter
dem Befehl des Generalmajors von Elberhorst. Das Grenadiergardebataillon kommandierte Oberstlieutenant von Both, das
leichte Bataillon, aus zwei Compagnieen Jäger bestehend, Major
von Sprewitz. Beide Bataillone standen in Schwerin. Das
Dragonerregiment befehligte Oberst von Kleeburg, das erste Musketierbataillon (Wismar) Major von Raven I., das zweite (Rostock)
Major von Raven II.

Neben den aktiven höheren Offizieren fand der junge Großherzog noch einen erfahrenen militärischen Ratgeber in dem Generallieutenant von Both, welcher 1837 in den Ruhestand getreten
war, nachdem er die mecklenburgische Brigade 21 Jahre hindurch
befehligt hatte [1]. In den Kriegsjahren hatte er sich ausgezeichnet.

---

[1] Karl von Both wurde als ältester Sohn des Hausmarschalls
und Kammerherrn Ludwig Hartwig von Both und seiner Gemahlin,
einer geb. von Spörcken, am 27. Januar 1778 zu Ludwigslust geboren.
In sehr jungen Jahren trat er in kurhannöversche Militärdienste und

Seiner militärischen Befähigung verdankte er ein rasches Avance-
ment, seinen vorzüglichen Charaktereigenschaften das Vertrauen
seiner Fürsten und die allgemeine Achtung im Lande. Als Mann
von Bildung und seinen weltmännischen Formen war er zu Unterhandlungen mit fremden Höfen und zu diplomatischen Missionen
besonders befähigt, hierzu auch häufig verwendet worden. Wenngleich aus dem aktiven Dienst geschieden und in Ludwigslust
etabliert, befand er sich doch, mit dem Ehrenamt eines Gouverneurs von Schwerin bekleidet, in einer Art von Disponibili-
tät und wurde von Friedrich Franz II. in dessen ersten Regierungsjahren noch häufig in militärischen Angelegenheiten zu Rate
gezogen.

Eine wichtige Frage, welche gleich nach dem Regierungswechsel an den neuen Landesherrn herantrat, war die Schloßbau-

---

machte einen Teil der französischen Revolutionskriege mit, hatte aber das
Unglück, gefangen zu werden. Nach geschlossenem Frieden und seiner Rückkehr aus der Gefangenschaft nahm er seinen Abschied und trat in mecklenburgische Dienste als Kammerjunker und Lieutenant der Garde zu Pferd.
Mit 22 Jahren Major. Sich nunmehr alles Ernstes den Studien wid-
mend, wurde er dem Prinzen Adolf beigegeben, den er auf mehrjährigen
Reisen in Italien, Frankreich und England begleitete. 1809 kehrten beide
ins Vaterland zurück. In diesem Jahre wurde infolge der Rheinbunds-
verhältnisse die Garde zu Pferd aufgelöst. Major von Both erhielt das
Kommando der neu zu errichtenden Grenadiergarde und benahm sich dabei
thätig und umsichtig. Bei Ausbruch der Feindseligkeiten führte er sein
Bataillon nach Hamburg, wo es sich auf der Insel Wilhelmsburg mit Auszeichnung schlug. In den Jahren 1814 und 1815 führte der Erbgroßherzog Friedrich Ludwig die mecklenburgische Brigade. Ihm war der nun-
mehrige Oberst von B. beigegeben. 1816 wurde dieser zum Generalmajor
und Brigadecommandeur befördert. von Both war zweimal vermählt, zuerst mit einer Tochter des Obermarschalls von Bülow, seit 1816 mit einer
Freiin von der Tann, Tochter des Ministerpräsidenten und Oberhofmarschalls in Fulda. Letztere war als Hofdame der Erbgroßherzogin Karoline
nach Mecklenburg gekommen und stand später in engem Freundschaftsver-
hältnis zu deren Tochter, Herzogin Helene. In den Biographieen der
Herzogin wird sie in dieser Hinsicht häufig erwähnt. von Both starb
am 22. März 1860. Seine beiden Ehen waren kinderlos geblieben.

frage. Das Palais am Alten Garten sollte der Großherzogin
Mutter als Witwensitz verbleiben. Sie bewohnte dasselbe mit
ihrer Tochter, der Herzogin Luise, und den Hofdamen Fräulein
von Gallenfeldt und von Schreeb. Die Verwaltung ihres Hofstaats blieb in den Händen des Geheimen Hofrats Zöllner, welcher zugleich Intendant des Hoftheaters war. Derselbe, ein ehemaliger preußischer Offizier, war seit der Vermählung der Großherzogin Alexandrine in ihrem persönlichen Dienst angestellt. Als
Oberhofmeisterin fungierte Gräfin Marianne von Bassewitz geb.
von Lützow.

Bei aller Pietät für die begonnenen Unternehmungen seines
Herrn Vaters konnte sich Friedrich Franz doch nicht zur Ausführung des auf dem Alten Garten geplanten Schloßbaues entschließen. Die Lage sagte ihm nicht zu. Das alte Schloß auf
der Burginsel mit seinen Traditionen, den ehrwürdigen Bauresten
und dem freien Ausblick auf die weite Seefläche zog ihn an. Er
ließ sich in einem Teil desselben einige Zimmer einrichten und
übersiedelte dahin noch im Lauf des Juni. Hier entstand der
Gedanke, einen architektonischen Prachtbau erstehen zu lassen, und
er begegnete sich darin mit den längst gehegten Wünschen des
Baurats Demmler, der mit Begeisterung auf die neuen Ideen
seines jungen Herrn einging. Wir werden auf diese Angelegenheit später zurückkommen.

Bevor wir uns mit der nun beginnenden Regierungszeit
Friedrich Franz' II. beschäftigen und den einzelnen Vorgängen der
nächsten Jahre unsere Aufmerksamkeit schenken, wird es nötig sein,
die politischen Zustände des Landes zu beleuchten, welche innerhalb der letzten Decennien eine äußerlich wahrnehmbare Umgestaltung zwar nicht erlitten hatten, in denen aber doch schon jetzt
die verschiedenartigen Strömungen bemerkbar wurden, die das
Verfassungsgebäude wenige Jahre später ernstlich erschütterten.
Das nächste Kapitel wird dieser Schilderung gewidmet sein.

Indem wir nunmehr von den früheren Regenten des Landes
Abschied nehmen, mögen hier beim Abschluß jener älteren Periode
die Worte Platz finden, mit welchen der neue Landesherr die

zur Huldigung versammelten Stände begrüßte. Dieser Akt voll=
zog sich nach vorangegangenem Gottesdienst in feierlicher Weise
am 18. April in einem Saal des alten Schlosses. 65 Mitglieder
des Landtags waren dazu erschienen. Der Erblandmarschall von
Lützow hielt die Ansprache, auf welche der Großherzog folgende
Worte erwiderte, die er selbst in sein Tagebuch geschrieben hat:

„Meine Herren! Ich danke Ihnen herzlich, daß Sie den
Schmerz, den ganz Mecklenburg über den Heimgang meines
verewigten Vaters mit mir empfindet, so treu und innig aus=
gesprochen haben. Sein Leben und Wirken war Liebe zu sei=
nem schönen Mecklenburg; seine Regierung war eine gesegnete,
sein Andenken kann und wird in Mecklenburg nie erlöschen.
Auch danke ich Ihnen für die Wünsche, die Sie mir für das
Wohl des Landes und für das meinige dargebracht haben. Es
wird das Ziel meines Lebens sein, das Band zwischen Fürst
und Ständen, zwischen Landesherrn und Unterthanen noch
enger zu knüpfen als bisher, das (ich sage es mit Stolz) enger
und inniger ist als in anderen Ländern. Mit Gottes Hülfe
will ich Ihnen sein, was mein Vater Ihnen war. Möge
meine getreue Ritter= und Landschaft mir dabei durch Vertrauen
und rege Mitwirkung helfen! Dann wird der Segen Gottes
auch ferner mit unserem schönen Mecklenburg sein!" —

Siebentes Kapitel.

Die ersten Regierungsjahre Friedrich Franz' II.

Das Decennium, welches der Katastrophe von 1848 vorauf=
ging, war in Deutschland voller Gährung auf allen Lebensgebieten,
zumal den politischen und kirchlichen, und die Empfindung, daß
eine Krisis bevorstehe, sehr verbreitet. Als sie eintrat, war dennoch
alle Welt durch die Art, wie dies geschah, überrascht. Alle be=
stehenden Verhältnisse wurden erschüttert. Dies wäre nicht mög=
lich gewesen, wenn die Ursachen der vorhandenen Gährung nicht
tief in die Vergangenheit zurückreichende Wurzeln gehabt hätten.
Diese lagen zum Teil in der Nachwirkung der Ideen der fran=
zösischen Revolution von 1789. Der Enthusiasmus, den letztere
anfänglich in Deutschland erweckt hatte, war zwar verraucht; ihre
blutigen Folgen und die Napoleonische Zwingherrschaft hatten er=
nüchternd gewirkt. Aber der seit länger als einem Jahrhundert
in Deutschland einflußreiche französische Geist machte sich doch bald
wieder geltend. Es glommen die alten Umsturzgelüste wie Kohlen
unter der Asche fort, nur eines Luftzuges harrend, um als Flamme
wieder hervorzubrechen.

Wurde auch die von der Julirevolution ausgehende Bewegung
bald wieder gedämpft, so blieb doch eine Nachwirkung, die in dem
Maße erstarkte, als das Bürgerkönigtum sich zu befestigen schien
und vielfach für eine dem berechtigten politischen Fortschritt

entsprechende und darum anzustrebende staatliche Verfassungsform
gehalten wurde.

Die Pariser Arbeiterbevölkerung gab sich jedoch mit den Vor-
teilen, welche die nunmehr herrschende Bourgeoisie errungen hatte,
nicht zufrieden. Es entstanden kommunistische Arbeiterverbrüde-
rungen, welche einen abermaligen staatlichen und gesellschaftlichen
Umsturz erstrebten. Auch diese Tendenzen wirkten in der Stille
über den Rhein herüber. Und wenn sie auch damals nur in den
Fabrikdistrikten Anhänger fanden, so legten sie doch den Keim zu
der später, im Jahre 1848, wieder von Paris ausgehenden, mit
fast elektrischer Schnelligkeit durch ganz Deutschland sich verbreitenden
Arbeiterbewegung.

Hand in Hand mit der zersetzenden politischen Richtung ging
eine ähnliche durch die theologische Welt. Der im vorigen Jahrhundert erwachsene kirchliche Rationalismus hatte bis in das zweite
Decennium des gegenwärtigen, ohne ausgesprochenen polemischen
Charakter gegen die positive christliche Lehre, geherrscht. Als
letztere aber seit dem Reformationsfeste 1817 mehr und mehr
geltend gemacht ward, trat er in seinem Gegensatze zu derselben
immer entschiedener hervor und offenbarte eine nahe geistige Verwandtschaft mit den gegen die staatlichen Autoritäten gerichteten
politischen Bestrebungen. Seit 1840 entstanden von der evan-
gelischen wie von der römisch-katholischen Kirche sich trennende
sogenannte freie Gemeinden, die mit den alten kirchlichen Grund-
lehren brachen. War auch die Zahl derer, die sich zu solchen
freien Gemeinden hielten, verhältnismäßig gering, so war doch
die religiöse Verwirrung groß, die in weiten Kreisen angerichtet
ward.

Alle diese für eine ruhige Entwickelung des staatlichen und
kirchlichen Lebens bedenklichen Erscheinungen erhielten nun aber
einen starken Antrieb durch besondere politische Vorkommnisse. Auf
den Regierungsantritt Friedrich Wilhelms IV. und die in den
liberalen Kreisen Preußens daran geknüpften Erwartungen haben
wir schon weiter oben hingewiesen. Die Verstimmung über das
Ausbleiben großer Reformen nahm dort mit jedem Jahre zu.

Dem geiſtreichen, frommen und ſehr lebhaften Könige fehlte die praktiſche Hand, auch die ruhige Konſequenz, um ſeine Abſichten ins Werk zu ſetzen. Und da dieſe überdies keineswegs den Wünſchen der bislang tonangebenden Geiſter entſprachen, ſo verbitterte ſich der Streit über das, was werden ſolle und müſſe. Die überall in Deutſchland vorhandenen geiſtigen Gegenſätze erhielten hierdurch neue Nahrung. Eine bedenkliche Unruhe breitete ſich von Preußen über deſſen Grenzen hin aus. Auch das benachbarte Mecklenburg konnte hiervon nicht unberührt bleiben, ebenſowenig wie dies bei den vorausgegangenen allgemeinen Geiſtesſtrömungen der Fall geweſen. Infolge der eigentümlichen, partikulargeſchichtlichen Verhältniſſe trat dies hier auch eigentümlich in die Erſcheinung.

Die alte landſtändiſche Verfaſſung, wie ſie überall in Deutſchland ſich gleichartig im Laufe des Mittelalters entwickelte, hatte ſich in Mecklenburg im weſentlichen und mehr als in andern deutſchen Staaten erhalten[1]. Waren auch manche Modifikationen

---

[1] Bereits im Jahre 1523 hatten die Stände unter ſich eine „Union" geſchloſſen, um zu verhindern, daß infolge fürſtlicher Erbteilungen in den verſchiedenen Landesteilen verſchiedene Geſetzgebung aufkäme und die Einheitlichkeit und Kraft der Verfaſſung dadurch gefährdet werde. Dieſe Maßnahme zeigte ſich für die Folgezeit ſehr wirkſam. Der Stand der Prälaten verſchwand freilich nach der Reformation der Kirche; die beiden andern Stände, Ritterſchaft und Landſchaft — letztere aus den Vertretern der ſtädtiſchen Magiſtrate beſtehend — blieben aber im Vollbeſitze ihrer bisherigen Rechte. Als 1701 die letzte Landesteilung — zwiſchen Mecklenburg-Schwerin und Mecklenburg-Strelitz — geſchah, blieben auch, der Union gemäß, die Landtage beider Landesteile gemeinſame. Einen ſchweren entſcheidenden Kampf um die Erhaltung der Verfaſſung hatten die Stände gegen den Herzog Karl Leopold von Mecklenburg-Schwerin zu beſtehen, welcher 1713 zur Regierung kam und mit Hülfe ruſſiſcher Truppen des ihm verwandten Zaren Peter ein auch von andern deutſchen Fürſten derzeit erſtrebtes abſolutiſtiſches Regiment einzuführen trachtete. Die Ritterſchaft und die alter Vorrechte ſich erfreuende Seeſtadt Roſtock ſtanden in dieſem Kampfe voran und obſiegten endlich mit Hülfe von Kaiſer und Reich. Herzog Chriſtian Ludwig, Karl Leopolds Bruder und Nachfolger, brachte 1755 durch den „Landesgrundgeſetzlichen Erbvergleich" alle noch obſchwebenden Differenzen zwiſchen Landesherrſchaft und Ständen zur gütlichen Schlichtung. Dieſer Vergleich und

im Laufe der Zeit eingetreten, so blieb doch der Charakter der
Verfassung davon unberührt; diese bildete das feste Fundament für
die Kontinuität alles weiter sich entwickelnden öffentlichen Rechts.
Eine ernste Störung brachten aber jedesmal die Erregungen, welche,
zunächst von Frankreich ausgehend, periodisch in Deutschland
herrschten, neuerdings auch durch die in Preußen entstandenen
Gegensätze Nahrung fanden. Sie äußerten sich zunächst in Differenzen innerhalb der Ritterschaft. Dieser ständische Konflikt, welcher
1837 beginnend sich im Verlauf der vierziger Jahre immer mehr
verschärfte, hatte eine weit zurückreichende Vorgeschichte. Er entsprang aus der eigenartigen Zusammensetzung dieser Körperschaft
selbst. Ohne ein flüchtiges Eingehen auf die Entstehung dieser
Verhältnisse würde der nachfolgende Hergang dem Leser unverständlich bleiben.

Unter Ritterschaft verstand man, wie überall in Deutschland,
ursprünglich den im Lande ansässigen ritterbürtigen Adel. Ritterschaft und Adel waren daher in älteren Urkunden gleichbedeutende
Bezeichnungen. Der mecklenburgische Adel stammte teils von den
Wenden her und war mit seinem Fürstengeschlechte christianisiert,
teils war er deutschen Ursprungs und hatte sich zur Zeit der Ger-
manisierung des Landes daselbst niedergelassen. Später ansässig
gewordene ritterbürtige Geschlechter wurden wegen gleicher Heer-
folgepflicht gegen den Landesherrn, die der Ritterschaft überall
oblag, auch als dieser gleichberechtigt angesehen. Dies änderte sich
nach dem Jahre 1572. Als nach der Säkularisation der Klöster
und anderer geistlicher Stiftungen die Landesherren einen Teil
derselben den Ständen zur Nutzung überließen, erhielt der Adel
die drei Klöster Dobbertin, Malchow und Ribnitz, zu deren Fundierung er vieles beigetragen hatte und die für ihn Versorgungs-
anstalten unverheiratet gebliebener Töchter gewesen waren. Diese
Überlassung der Klöster wurde als Entschädigung vorhandener

---

daneben, soweit sie nicht durch ihn geändert waren, die älteren Vereinbarungen zwischen Landesherrn und Ständen bildeten fortan die Basis des
öffentlichen Rechts.

Rechtsansprüche angesehen. Darum lag es nahe, daß der Abel
späteren Erwerbern ritterschaftlicher Güter, deren Familien nicht
vor der Säkularisation der Klöster an deren Nutzung teilgenommen
hatten, solche Nutzung nun auch versagte. Der bei Übergabe der
Klöster, 1572, im Lande ansässige Abel, jetzt der „eingeborne"
genannt, hielt sich für allein nutzungsberechtigt und ward als solcher
auch von den Landesherren angesehen. Doch behielt er sich das
Recht vor, andere adelige Familien in seine Genossenschaft und
deren Rechte aufzunehmen, zu „recipieren", und so wurde der
Ausdruck „eingeborner und recipierter Abel" gebräuchlich.

Der Übergang ritterschaftlicher Güter in die Hände nicht-
ritterbürtiger Leute kam ausnahmsweise schon früher vor. Diese
Güter, meistens Lehen, waren als solche ihrer Natur nach ursprünglich unverkäuflich. Aber wegen vorkommender Verschuldung der
Lehensträger gaben die Lehensherren ihren Konsens zum Zwangs-,
später auch zum freihändigen Verkauf. Durch den Übergang eines
ritterschaftlichen Guts an jemand, der nicht zum eingebornen und
recipierten Abel gehörte, ward dieser neue Besitzer auch Mitglied
der Ritterschaft, aber die Ausdrücke „Ritterschaft" und „Abel"
deckten sich nun nicht mehr, — es entstanden zwei Klassen mit
verschiedenen Rechten innerhalb der Ritterschaft. Der Übergang
der Güter von einer Hand in die andere nahm zu im Laufe des
18. Jahrhunderts. Durch fernere gesetzliche Erleichterung des
Besitzwechsels und durch die Notstände, welche die französische
Gewaltherrschaft und nach derselben lange dauernde schlechte land-
wirtschaftliche Konjunkturen verursachten, wurden viele Gutsverkäufe
herbeigeführt, und die Zahl der neuen Elemente in der Ritterschaft,
die nicht zum eingebornen und recipierten Abel gehörten, mehrte
sich erheblich. An den Landtagsverhandlungen hatten dieselben
bis in die dreißiger Jahre dieses Jahrhunderts nur ausnahmsweise und wenig teilgenommen. Doch finden sich bei den ritterschaftlichen Unterschriften des landesgrundgesetzlichen Erbvergleichs
von 1755 auch schon Namen bürgerlicher Gutsbesitzer. Thatsächlich beteiligte sich nur der Abel in der Ritterschaft an den Landtagsgeschäften. Im landesgrundgesetzlichen Erbvergleich war in

Anerkennung der Thatsache, daß dieser Adel überhaupt den alten
Grundstock der Ritterschaft bilde, ausdrücklich festgestellt, daß die
höchste ständische Würde, die der Landräte, welche die Direktorial-
geschäfte der Landtage führen und eine vermittelnde Vertrauensstellung zwischen dem Landesherrn und den Ständen einnehmen,
von Mitgliedern des eingebornen und recipierten Adels bekleidet
werden sollte. Obgleich keine besondere Verfassungsbestimmung
darüber bestand, ergab es sich doch bei der geringen Teilnahme
der neuen Elemente der Ritterschaft an den Landtagen von selbst,
daß observanzmäßig auch die ritterschaftlichen Deputierten zum
Engern Ausschusse, die Amtsdeputierten und andere Repräsentanten
der Ritterschaft aus deren altem Stamme gewählt zu werden
pflegten[1]. Diese Observanz, der kein geschriebenes Recht zur Seite

---

[1] Für nichtmecklenburgische Leser werden hier einige Erläuterungen
am Platze sein: Die ständische Körperschaft zerfällt in 3 Kreise, den mecklenburgischen, wendischen und stargardischen (Großherzogtum Mecklenburg-Strelitz
ohne Ratzeburg). Die Stadt Rostock steht außerhalb dieser Kreise. Das
Direktorium besteht aus den 8 Landräten, den 3 Erblandmarschällen und
dem Deputierten der Stadt Rostock. Der Großherzog von Mecklenburg-
Schwerin ernennt nach Präsentation durch den eingebornen und recipierten
Adel 7 Landräte (4 für das Herzogtum Schwerin, 3 für das Herzogtum
Güstrow), der Großherzog von Mecklenburg-Strelitz einen (gleichfalls für
das Herzogtum Güstrow). Die Erblandmarschallswürde ruht in den Händen
der Familien von Lützow-Eickhof (Herzogtum Mecklenburg), Freiherren
von Maltzan-Penzlin (Fürstentum Wenden), Grafen von Hahn-Pleez (Herrschaft Stargard). Die Landtage werden alljährlich abgehalten und zwar abwechselnd in Malchin und Sternberg. Der sogenannte „Engere Ausschuß"
ist ein ständisches Kollegium, welches regelmäßige Sitzungen in Rostock ab-
hält und die ständischen Angelegenheiten in dem Zeitraum zwischen den Landtagen vertritt beziehungsweise verwaltet. Es besteht aus 9 Mitgliedern:
2 Landräten, 3 ritterschaftlichen Deputierten (jeder Kreis entsendet einen) und
4 landschaftlichen, den Vertretern beziehungsweise Bürgermeistern von Rostock,
Parchim, Güstrow und Neubrandenburg. Alle werden auf 3 Jahre gewählt.
Dem Kollegium stehen als juristische Beistände 2 Landsyndici zur Seite.
Die 3 Kreise sind wiederum in ritterschaftliche Ämter eingeteilt, deren
jedes 2 Amtsdeputierte zur Vertretung auf Landeskonventen und Beratung
gemeinsamer Angelegenheiten erwählt. Die 3 Landesklöster werden von der
gesamten Ritter- und Landschaft, der Rostocker Distrikt wird von der Stadt
Rostock vertreten.

stand, war von den neuen Elementen der Ritterschaft schon wiederholt bestritten und bekämpft worden. Zu Ende des vorigen Jahrhunderts hatte ein thatkräftiger Mann, Baron von Langermann,
obwohl nicht zum eingebornen und recipierten Adel gehörig, den
Eintritt in den Engeren Ausschuß erstrebt, eine Beschwerde beim
Herzog eingereicht und ein seinen Ansprüchen günstiges Reskript
erzielt. Der Adel wich weiteren Verwickelungen aus, indem er
den unternehmenden Baron recipierte. Dadurch wurde der Gegenpartei, die schon stark angewachsen war, der Führer entzogen und
der Streit erlosch. Er tauchte erst zu Anfang der dreißiger Jahre
wieder auf. Die Julirevolution hatte die liberale Bewegung in
Deutschland neu belebt. Die Zahl der bürgerlichen Gutsbesitzer
war inzwischen derjenigen des Adels fast gleich geworden. Mit
der zunehmenden Wohlhabenheit war auch das sociale und politische Selbstbewußtsein gewachsen. Der Bildungsgrad unter den
bürgerlichen Gutsherren war freilich ihrer Herkunft entsprechend
ein sehr ungleicher. Man konnte drei Kategorieen unterscheiden.
Die erste und zahlreichste bestand aus ehemaligen Hintersassen des
grundbesitzenden Adels. Sie war größtenteils hervorgegangen aus
Gutspächtern, Holländereipächtern, Gutsinspektoren, Müllern und
andern ländlichen Gewerben. Manche dieser Familien befanden
sich schon seit Generationen im Gutsbesitze; die meisten hatten
solchen erst neuerdings erworben. Die zweite Klasse bildeten mecklenburgische städtische Patriciergeschlechter oder andere gebildete
städtische Familien, die sich auf dem Lande angekauft hatten. Zur
dritten Klasse wären angesehene Mitglieder der Lübecker und Hamburger Kaufmannschaft zu rechnen, welche Rittergüter erworben
hatten. Zwischen der erstgenannten Klasse und dem Adel bestand
schon gesellschaftlich derzeit eine große Kluft. Beiderseits machte
sich die Erinnerung an die frühere Superiorität des einen und die
Hintersässigkeit des anderen Teils geltend. Das wirkte natürlich
auch auf ihr politisches Verhalten gegeneinander nachteilig ein.
Näher im gesellschaftlichen Verkehr mit dem Adel stand die zweite
Klasse. Ihre Vertreter hatten in ihrer Jugend vielfach einen ähnlichen Bildungsgang genommen wie der junge Adel; aber der

spätere gesellschaftliche Verkehr blieb doch selten ganz unbefangen.
Die adeligen Familien waren gewohnheitsmäßig nicht wenig exklusiv,
und das mußte verletzen. Weitaus am unbefangensten war das
Verhältnis zwischen dem Abel und den von außerhalb zugezogenen
bürgerlichen Gutsbesitzern.

Bis gegen Ende der dreißiger Jahre nahmen diese neuen
Elemente der Ritterschaft an den Landtagsverhandlungen nur wenig
teil und, wenn sie es thaten, ohne Animosität gegen den Adel.
Erst etwa von 1837 an entwickelte sich dieselbe. Die anfänglichen
Wortführer waren die Gebrüder Pogge von Roggow und
von Zierstorf. Der erstere war der Vater der späteren Reichs-
tagsabgeordneten. Der Adel, in seiner dominierenden Stellung in
der Ritterschaft sich sicher fühlend, wies sie nicht ohne Schroffheit
ab. Das konnte den Gegenpart nur reizen. Die Opposition gegen
den Adel wuchs schnell an. Als Führer derselben traten jetzt
Leute aus der zweiten der erwähnten Klassen in den Vordergrund,
der Dr. Schnelle auf Buchholz und Stever auf Wustrow. Zweck
der Opposition ward, den Adel überhaupt aus seiner bisherigen
führenden Stellung innerhalb der Ritterschaft zu verdrängen.
Nicht angezweifelt konnte nur werden das mit klaren Worten
festgestellte Recht desselben zu den Landratsstellen. Im übrigen
wurde, anknüpfend an die vom Baron Langermann erhobenen
Streitfragen, jegliche sonstige herkömmliche Prärogative des alten
Adels bestritten, namentlich auch dessen besonderes Anrecht an den
Klöstern. Zur Erreichung ihres Zwecks mußte die Opposition die
Majorität innerhalb der Ritterschaft zu gewinnen suchen. Der
größere Grundbesitz war zwar entschieden in den Händen des
Adels, da aber auch der Besitzer eines großen Gutskomplexes nicht
anders wie der Besitzer auch des kleinsten ritterschaftlichen Guts
nur e i n e Stimme auf dem Landtage hat, so war es fraglich,
wenn beide Parteien sich bei einer wichtigen Abstimmung messen
wollten, nach welcher Seite hin sich die Majorität neigen würde.
Um diese zu erringen und in entscheidenden Momenten alle dis-
poniblen Kräfte zur Stelle zu haben, ward die Opposition von
ihren Führern mit großer Rührigkeit und Energie, ja nicht ohne

terroristische Mittel, organisiert und geleitet. Jeder ritterschaftliche
Gutsbesitzer, der nicht adeliger Geburt war, mußte — wollte er
sich nicht persönliche Unannehmlichkeiten zuziehen — der Opposition
sich anschließen und zu einer deren Zwecken dienenden Kasse zahlen,
durfte auch nur bei dringendster Behinderung auf dem Landtage
fehlen und hatte der Direktive der Führer prompte Folge zu leisten.
Die Partei wurde auch durch einzelne adelige Gutsbesitzer verstärkt,
welche die rigoristischen Anschauungen ihrer Standesgenossen nicht
teilten. Die Stellung des Adels ward auf dem Landtage noch
dadurch erschwert, daß die Gegenpartei soviel als möglich sich mit
der Landschaft alliierte, deren Wünschen nachkam und dafür wieder
von ihr unterstützt wurde. Der Streit verbreitete sich vom Landtage über das ganze Land. Die Presse setzte ihn fort. Die Schlag-
worte liberal und konservativ kamen auf. Die „Rostocker Zeitung",
noch vor wenigen Jahren ein nur zweimal wöchentlich erscheinendes
lokales Anzeigeblättchen, machte sich zum Organ der Bestrebungen
der bürgerlichen Gutsbesitzer und wurde schnell ein viel gelesenes,
täglich erscheinendes einflußreiches Blatt. Einer von der herrschenden Zeitströmung getragenen Presse war schwer zu begegnen. Der
Adel hatte der Rostocker Zeitung kein Blatt von auch nur an-
nähernd ähnlichem Einflusse entgegenzustellen.

Neben den Tagesblättern erschienen nun aber auch Broschüren,
teils freiwillig, teils im Auftrage verfaßt, im Interesse bald der
einen, bald der andern der streitenden ritterschaftlichen Parteien,
selbst umfangreiche Bücher. Es entstand in den Jahren von 1840
bis 1848 eine ganz ansehnliche Zahl von Streitschriften[1].

---

[1] Den Standpunkt des Adels vertraten hauptsächlich zwei umfangreiche
und sehr gründliche Untersuchungen: „Prüfung der landständischen Rechte
der bürgerlichen Gutsbesitzer in Mecklenburg" vom Staatsminister von Kampß.
3 Bände. Berlin 1844/45, und: „Die Rechte des eingeborenen mecklenburgischen Adels" 2c., gutachtlich beleuchtet von Dr. Laspeyres, Professor der
Rechte an der Universität Erlangen. Halle 1844.
Beiden Verfassern stand das Aktenmaterial des großherzoglichen wie
des ständischen Archivs zur Verfügung. In eingehender Besprechung der
historischen Entwickelung des mecklenburgischen Verfassungswesens gelangen
beide Autoren zu dem Ergebnis, daß die Ansprüche der bürgerlichen Guts-

Die Verhandlungen der Landtage litten unter der steigenden
Erbitterung der einander feindlichen Parteien. Es genügte, daß
von der einen Seite etwas beantragt oder befürwortet wurde, um
die andere zum Widerspruche zu reizen. Der Parteihaber fand
seinen Wiederhall in den ritterschaftlichen Amtsverhandlungen. Es
gelang der bürgerlichen Gruppe vielfach bei der Wahl von Amts=

befitzer nach dem Geist und Wortlaut der statutarischen Dokumente ebenso
wie nach Maßgabe des Herkommens unberechtigt wären.

Weniger bestimmt und überhaupt dem Adel weniger günstig ist die
Schrift des berühmten Staatsrechtslehrers Zachariä: „Rechtsgutachten über
die Ansprüche der Gutsbesitzer in dem Großherzogtum Mecklenburg". Heidel=
berg 1841.

Der Autor unterscheidet in dem vorliegenden Streit zwei verschiedene
Rechtsfragen; er trennt das Recht auf die Klosterstellen als ein adeliges
Standesrecht von den übrigen, von ihm als landständische Rechte im engeren
Sinne bezeichneten Rechten. Die Ausschließung bürgerlicher Gutsbesitzer von
der aktiven und passiven Wahlfähigkeit zum Engeren Ausschusse hält er nach
den Bestimmungen des Erbvergleichs für unbegründet. Dagegen erscheint
ihm das Vorrecht des Adels hinsichtlich der Klosternutzungen als ein Kor=
porationsrecht privatrechtlicher Natur durch das Herkommen erwiesen, und
betont er namentlich, daß dieses Recht auch von den Mitgliedern derjenigen
Familien ausgeübt werden könne, welche nicht mehr mit Grundbesitz an=
sässig oder sogar außer Landes wohnhaft seien.

Dieser Teil des Gutachtens wurde wiederum von der bürgerlichen Gruppe
beanstandet und der Rostocker Professor, Geh. Justizrat Beseler, zu einer
erläuternden Streitschrift aufgefordert. Die Gesichtspunkte dieser Schrift
wurden dann in einer Eingabe verwertet, welche ein Ausschuß von 13 De=
putierten bürgerlichen Standes unter dem Vorsitz des Herrn C. W. Engel
auf Groß=Grabow im November 1841 den Regierungen überreichte.

Der Standpunkt der bürgerlichen Opposition ist außerdem in einer
Reihe von Sendschreiben erörtert, welche, 10 an der Zahl, im Laufe der Jahre
1840—1846 statt handschriftlicher Mitteilung gedruckt und an die Mitglieder
verteilt wurden. Durch Auszüge in der Presse wurde deren wesentlicher
Inhalt auch dem größeren Publikum bekannt. Dr. Schuelle=Buchholz trat
mit einer Reihe von Streitschriften hervor, welche die Ansprüche der Bürger=
lichen verteidigten, dabei sehr maßvoll in der Form waren und das ständische
Prinzip erhalten sehen wollten. Weit radikaler war eine Broschüre von
Lüders: „Mecklenburgs eingeborener Adel" 2c. Hamburg 1842. Der Autor
verlangte, daß mit dem ganzen ständischen Vertretungssystem überhaupt auf=
geräumt werde. Der scharf polemische Ton der Schrift kennzeichnet sie als
einen Vorläufer jener revolutionären Litteratur, welche 6 Jahre später
allerorten aufschoß.

deputierten obzuſiegen. Die Majorität auf dem Landtage zu be=
ſitzen war für beide Parteien das eifrigſte Beſtreben. Der Kauf=
wert kleinſter ritterſchaftlicher Güter ſtieg, um durch deren Beſitz
eine Stimme auf dem Landtage zu gewinnen. Wer mehrere Güter
beſaß, überließ eins derſelben einem Sohne oder ſonſtigen nahen
Verwandten formell zum Mitbeſitz und die alleinig= Vertretung
des Guts auf dem Landtage. Aber die Landtagsmajorität neigte
ſich immer mehr zu Gunſten der bürgerlichen Partei, — abgeſehen
von der Zahl der Stimmberechtigten auch deshalb, weil der Adel
Anſtand nahm, die perſönliche Freiheit ſeiner Genoſſen einzu=
ſchränken und die ſtrenge Disciplin bei ihnen einzuführen, welche
die Gegner unter ſich mit großer Schärfe übten.

Hauptangriffsobjekte bildeten zunächſt das einſt ſchon von
Baron Langermann beſtrittene, vom eingebornen Adel als ſein
Recht behauptete Herkommen, daß die ritterſchaftlichen Deputierten
zum Engeren Ausſchuſſe aus ſeiner Mitte gewählt würden, und
zum andern die Rechte an den Kloſternutzungen[1]. Das Direk=
torium hatte eine ſchwere Stellung. Denn faktiſch beſtand das=
ſelbe, mit Ausnahme des Roſtocker Deputierten, aus Mitgliedern
des eingebornen Adels, und obgleich dieſelben dem Landesherrn

---

[1] Der eingeborne Adel hatte die Klöſter Dobbertin, Malchow und
Ribnitz ſeit faſt 300 Jahren unangefochten in Verwaltung und Nutzung
gehabt. Nur einige wenige Hebungen ſtanden den Landesherren und den
Städten zu. Es war dasſelbe Verhältnis, wie in Holſtein, Hannover und
anderen proteſtantiſchen deutſchen Ländern, wo einige Klöſter bei deren Sä=
kulariſation dem dortigen alten Adel zur Nutzung überwieſen waren, welcher
dieſelben vor Zeiten mit fundiert hatte. Aber bei der Überweiſung der ge=
nannten mecklenburgiſchen Klöſter an den Adel war dieſer nicht ausdrücklich
in der darüber bekannteſten Urkunde als ſolcher genannt, vielmehr haupt=
ſächlich die „Landſchaft“. Darunter ward derzeit bald das verſtanden, was
ſpäter Ritter= und Landſchaft hieß, bald erſtere allein, weil in überwiegender
Anzahl vorhanden. Die bürgerliche Partei wollte den Ausdruck „Landſchaft“
auf die geſamte Ritter= und Landſchaft beziehen und beſtritt das exkluſive
Recht des Adels. Erſt einer viel ſpäteren Zeit blieb es vorbehalten, auch
urkundlich das unzweifelhafte Recht des eingebornen Adels an den Klöſtern
zu erhärten. (Bericht der landesherrlichen Viſitation vom 22. Oktober 1557.
Abgedruckt im 22. Jahrgang der Jahrbücher des Vereins für mecklenburgiſche
Geſchichte, 1857.)

ebensowohl wie den Ständen zur Unparteilichkeit eidlich verpflichtet
waren, wurden sie doch von der Opposition auffällig bemißtraut
und ihre Amtsführung ihnen sehr erschwert.

In diese schwüle politische Atmosphäre fielen die ersten Regierungsjahre des jungen Großherzogs. Er hatte soeben sein
19. Lebensjahr beendet. Seine Bildung war unvollständig. Kaum
mehr als die allgemeinen Grundlagen eines juristischen Studiums
hatte in den drei Semestern gewonnen werden können. Die mecklenburgischen Landesverhältnisse waren ihm fremd. Von dem
heimischen Staatsrecht kannte er nur das, was Gemeingut jedes
mecklenburgischen Zeitungslesers war. Diesen Mangel gründlicher
Vorbildung empfand der junge Fürst tief.

„Ja, lieber K." — schrieb er damals an einen Freund —
„es ist ein ernstes Ding, Land und Leute regieren zu sollen in
einem Alter, wo einem sonst noch keine Compagnie anvertraut
wird."

Mit welchem Ernst er an die neuen Aufgaben herantrat, beweisen noch folgende schriftliche Auslassungen aus jener Zeit:

„Der Druck der neuen Verhältnisse lastet schwer auf mir.
Ich fürchte für meine innere Entwickelung und für das Wohl
Mecklenburgs. Mit Glauben und Gebet muß ich fest an Gott
halten, über mich selbst im klaren bleiben und mein Gemüt
den Eindrücken der schönen Natur zugänglich erhalten. Dem
ernsten Ruf Gottes will ich mich mit allen Kräften hingeben.
Er soll mir zum Mittel werden, meine höchste Lebensaufgabe,
das Werk meiner Heiligung, zu fördern! — — — — —

Mein neuer Beruf regt mich sehr auf. Pläne, Zweifel
über meine Kräfte, das ernste Verlangen, mein Amt treu zu
verwalten, der Trieb, meine wissenschaftliche Bildung zu ver-
vollständigen, die Angst, nicht genug zu thun, die schwärmende
Erinnerung an den vorigen Sommer am Rhein, an meine
freie, fröhliche Jugendzeit, — alles das bewegt und beunruhigt
mich sehr. Nur der klare, auf Gott gerichtete Blick kann mir
mehr Ruhe geben! — — — — — — — —

Meine jetzige Lage hindert mich, in eine große Selbſtſucht zu verfallen, unter deren Herrſchaft zu gelangen ich durch das frühere ausſchließliche Mirſelbſtleben auf dem beſten Wege war. Meine Thätigkeit hat das Gute, mich von mir ſelbſt abzuziehen und mich täglich auf Verhältniſſe hinzuweiſen, mit denen mein Ich nur entfernt zu thun hat. Möge es mir mit Gottes Hülfe doch gelingen, jede Regung von Selbſtſucht und Eitelkeit ganz in mir zu ertöten!"

Um die Lücken der ſtaatsrechtlichen Vorbildung thunlichſt auszufüllen, ſchlug der junge Fürſt denjenigen Weg ein, der unter den bewandten Umſtänden wohl der einzig richtige war: den der Praxis. An der Hand der einzelnen Vorlagen mußten ihm die Miniſter und Räte die ſtaatsrechtlichen und nationalökonomiſchen Fragen erörtern. Langſam und nicht ohne Mühe erlangte er ſo nicht nur einen geſchäftlichen Überblick, ſondern eine Detailkenntnis in dem Verwaltungsmechanismus, die ihm in ſeiner langen Regierungszeit ſehr zu ſtatten kam.

Naturgemäß waren die Miniſter von Lützow und von Levetzow in dieſen erſten Jahren ſehr maßgebende Berater. Dennoch gewöhnte ſich Friedrich Franz früh daran, die Verantwortung wichtiger Entſcheidungen nicht auf ſeine Räte abzuwälzen, ſondern ſelbſt zu übernehmen. Er hielt alsdann an der eingeſchlagenen Richtung mit einer Zähigkeit feſt, die an Eigenſinn ſtreifen konnte Jedenfalls war er nicht der Mann, eine Idee, für die er ſich erwärmt hatte, leichten Herzens wieder preiszugeben. Einen Beleg dafür finden wir in ſeinem Beſtreben, die beiden politiſchen Gruppen des Landes zu verſöhnen und den anerkannten Mängeln der alten ſtändiſchen Verfaſſung durch Gewährung politiſcher Rechte an die auf dem Landtag nicht vertretenen Stände abzuhelfen. Dieſe entſchiedene Vorliebe für Ausgleiche und Kompromiſſe in der Verfaſſungsfrage zieht ſich wie ein roter Faden durch ſeine ganze Regierungszeit hindurch. Herbe Enttäuſchungen ſind ihm nicht erſpart geblieben; auch Irrtümer und Übereilungen haften an jenen Umgeſtaltungsverſuchen. Darin aber werden alle übereinſtimmen, welche Friedrich Franz II. bei ſeinen Reformbeſtrebungen thätig

gesehen haben, daß niemals Ehrgeiz, Selbstsucht, Eitelkeit oder
sonstige unedle Motive ihn dabei leiteten, daß er vielmehr nur
seiner inneren Überzeugung folgte und dasjenige erstrebte, was er
zum allgemeinen Wohl des Landes jeweilig für das Passendste
und Richtigste hielt. In dieser Hinsicht ist er ein Idealist gewesen
und geblieben, wenngleich ihn die Erfahrungen seines Lebens wohl
hätten belehren können, daß es in der Socialpolitik unversöhnliche
Gegensätze giebt, welche auch die Energie und Weisheit edeldenkender
Fürsten nicht aufzuheben vermag.

Die erste Enttäuschung bereitete ihm gleich im ersten Regierungsjahre der Versuch, die ständischen Differenzen im Wege
eines gütlichen Ausgleichs beizulegen. Dieser Versuch ist auf die
persönliche Initiative des Großherzogs zurückzuführen, welcher sich
mit dem Strelitzer Hause darüber verständigte. Von Schwerin
wurden die Geh. Regierungsräte von Oertzen und Knaudt, von
Strelitz der Regierungsrat von Bernstorff zu Kommissarien ernannt.
Dieselben verhandelten vom 28. März bis 4. April 1843 zu
Schwerin mit den ständischen Deputierten, von denen vier dem eingebornen Adel, vier dem Stande der bürgerlichen Gutsbesitzer an-
gehörten[1]. Es wurde hier zum ersten Mal von seiten der Regierungen das Verlangen gestellt, daß beide Teile ihre Ansprüche
beziehungsweise Beschwerden bestimmt formulieren sollten. Erst
jetzt trat der Abstand zwischen den Parteien deutlich zu Tage. Während indessen der Adel eigentlich nur ein einziges streitiges Vorrecht
neben den ihm unzweifelhaft zustehenden garantierten Privilegien
beanspruchte, dasjenige nämlich der ausschließlichen Wählbarkeit
zum Engeren Ausschuß, forderten die Deputierten des bürgerlichen
Standes für ihre Kommittenten einfach die volle Gleichstellung
mit dem Adel und die Aufhebung aller Sonderrechte desselben.
Eine weitere Beschwerde richtete sich dagegen, daß der Adel eine
Korporation bilde und Mitglieder recipieren dürfe. Daß auch die

---

[1] Es waren dies: Oberstlieutenant von Passewitz auf Schimm, Graf
von Bernstorff auf Wedendorf, von Lowtzow auf Klaber, Geh. Justizrat
von Oertzen auf Leppin, Domänenrat Teucker auf Knegendorf, Schlettwein
auf Bandelstorf, Vlanecke auf Vogelsang und Stever auf Wustrow.

Verleihung einer Uniform, welche bisher nur den adeligen Gutsbesitzern zustand, gewünscht wurde, war keine glückliche Inspi-
ration, weil sie die Aufmerksamkeit von den wichtigen Standes-
interessen auf das Gebiet der Etikettefragen lenkte. Auch das
Verlangen nach gleicher Titulatur und sonstigen Curialien erschien
neben den anderen Forderungen allzukleinlich und hätte verschoben
werden können.

Die großherzoglichen Kommissare legten nun den beiden
Gruppen, mit welchen getrennt verhandelt wurde, einen Ver-
mittelungsentwurf vor, dessen wesentlichste Bestimmungen folgende
waren: Bestätigung der meisten Privilegien des Adels, Wahlfähigkeit der bürgerlichen Mitglieder der Ritterschaft zum Engeren
Ausschuß und Überweisung an dieselben von zwanzig neu zu fun-
dierenden Klosterstellen mit einer Rente von je 100 Thalern, aber
ohne Naturalemolumente, Erleichterungen für die Reception, Beschränkung der Klosternutzungen auf die im Lande wohnhaften
Familien, Gleichstellung hinsichtlich der Titulatur, Erklärung,
daß die Uniform eine Hoftracht sei, womit der Gebrauch auf
den Landtagen wegfallen würde, Beschränkung der die Adelsprivilegien betreffenden Verhandlungen und Wahlen während des
Landtags auf besondere vorher bekannt zu machende Tage.

An diesen Vorschlägen haftete naturgemäß der Übelstand
aller Kompromisse; sie befriedigten keine Partei. Dennoch war
kaum zu erwarten gewesen, daß man sie mit solcher Entschiedenheit ablehnen werde. Die Deputierten des Adels würden vielleicht zugestimmt haben, wenn sie nicht in der Zulassung der
Nichtadeligen zu den Klosternutzungen ein bedenkliches Präjudiz
erblickt hätten. Letzteren war wiederum das Dargebotene zu
wenig. Man trennte sich ohne Aussicht auf Verständigung.

Dennoch gab der Großherzog die Hoffnung auf Versöhnung
nicht auf und wies noch im Herbst desselben Jahres seinen Minister an, sich mit der Strelitzer Regierung wegen eines neuen
Appells an den Engeren Ausschuß ins Benehmen zu setzen. Sein
Wunsch war, daß schon auf diesem Landtag 1843 die Wahlfähig-

keit aller Mitglieder der Ritterschaft zum Engeren Ausschuß zugestanden werde. — In dem betreffenden Schreiben heißt es u. a.:

„Wir mögen aber ferner auch nicht daran zweifeln, daß
die Mehrzahl der Gutsbesitzer vom eingebornen und recipierten
Adel es einsehen werde, daß ein rechtzeitiges Nachgeben gerade
die größte Stütze für eine vernünftig konservative Tendenz ist,
weil nur hierin das alleinige Mittel liegt, die Ausführung
von entgegengesetzten Intentionen zu verhüten und die Gegenpartei durch Wegräumung der Veranlassung zu begründeter
Aufregung zu entwaffnen. Und dies zumal bei einer Sache,
in der die Forderungen der Gutsbesitzer bürgerlichen Standes
nicht allein in der Billigkeit, sondern anscheinend auch im Rechte
begründet sind."

Der Strelitzer Hof und namentlich der dortige Minister von
Dewitz waren aber gegen eine solche einseitige Koncession des
Adels, welche nicht befriedigen und die Gegenpartei nur ermutigen
werde. Die Frage der Wahlfähigkeit und die Klosterfrage, antwortete Dewitz, dürften in keinem Fall getrennt werden. Zur
Beilegung der Differenz müsse der Weg der Gesetzgebung beschritten
und eine Vorlage an den Landtag gebracht werden, in welcher
beide Fragen sich gegenseitig bedingend zu behandeln seien. Die
schwerinischerseits gehegte Hoffnung, die bürgerlichen Gutsbesitzer
würden sich nach Erlangung einer Koncession beruhigen, teile
man dort nicht. Solange die Klosterfrage unentschieden bleibe,
werde der Streit nicht aufhören.

Minister von Lützow machte dagegen geltend, daß in den schwe-
rinischen Landen mehr als die Hälfte der Ritterschaft bürgerlichen
Standes sei. Hinsichtlich der Wahl zum Engeren Ausschuß unterliege
daher nicht nur die Rechtmäßigkeit, sondern auch die Zweckdien-
lichkeit des bestehenden Verfahrens erheblichen Bedenken. „Nur
eine freie und unbeschränkte Wahl aus der Zahl aller landtagsbe-
rechtigten Gutsbesitzer giebt die sicherste Garantie für diejenigen Eigenschaften, welche der Engere Ausschuß nach seiner eigentümlichen
Stellung von seinen Mitgliedern erwarten muß." Demnach halte er

eine interimistische Erteilung der Wahlfähigkeit an alle Mitglieder bis zur definitiven Beilegung des Streits für angemessen.

Allein in Strelitz, wo die adeligen Landtagsmitglieder noch die überwiegende Majorität hatten, ging man auf den Vorschlag dieses partiellen Verzichts nicht ein. Schließlich kam eine Verständigung beider Regierungen dahin zu stande, daß in einem identischen Reskript an die Landtagskommissarien die Ansichten der Landesherren über gemeinsame Regelung der beiden wesentlichsten Differenzpunkte noch einmal dargelegt und die Vertreter der Regierungen angewiesen wurden, „sich mit den Landräten darüber zu beraten, wie diese beklagenswerten Streitigkeiten zur definitiven Erledigung zu führen seien".

Ein eingehendes Verfolgen dieser Verhandlungen würde den Leser ermüden. Der vom Großherzog Friedrich Franz angeregte freiwillige Verzicht kam schon auf diesem Landtage zu stande. Bestimmend war dabei die persönliche Einwirkung einflußreicher Landtagsmitglieder gewesen. Im versöhnlichen Sinne war namentlich der Geh. Justizrat von Oertzen auf Leppin thätig, der spätere Bundestagsgesandte und Ministerpräsident, ein allgemein geachteter Mann, von ernstem sittlichem Charakter, von gründlicher juristischer Bildung und in der Landesverfassung bewandert. Indem der Adel den observanzmäßigen Anspruch auf alleinige Wahlfähigkeit zum Engeren Ausschuß fallen ließ, gab er sicher einen Beweis versöhnlicher Gesinnung. In Anerkennung derselben wurden durch ein landesherrliches Reskript vom 23. November 1843 seine anderen Vorrechte, insbesondere die Verwaltung und Nutzung der Klöster und das ius recipiendi, „als wohlbegründet und den Verhältnissen entsprechend" bezeichnet. „Daher Wir Uns nicht bewogen finden können, den auf Abänderung des bisherigen Zustandes gerichteten Forderungen der Gutsbesitzer bürgerlichen Standes nachzugeben." Dieses Reskript bildete sogleich und seitdem unausgesetzt den Angriffspunkt der bürgerlichen Partei. Proteste auf dem Landtag, Petitionen an den Großherzog um Zurücknahme, Beschwerden in der Presse drückten den Unmut über die landesherrliche Emanation in auf-

geregter Form aus. Auch die Landschaft beanstandete die einseitige Auslegung und verlangte bei der in Aussicht genommenen
Ausarbeitung eines Reglements über die Abelsprivilegien herangezogen zu werden.

Minister von Lützow wehrte diese Angriffe in schneidiger
Weise ab [1]. Allein was Dewitz vorhergesagt hatte, traf ein.
Der erhoffte Frieden wurde nicht errungen. Der Führer der bürgerlichen Partei, Herr Stever auf Wustrow, sah sich durch diese
Koncession nur ermutigt, den begonnenen Kampf weiter zu führen.
Stever, ein lebensfroher, entschlossener Mann, von guten natürlichen Gaben und getragen von dem Bewußtsein, an der Spitze
einer siegesgewissen, ihm ergebenen Gefolgschaft zu stehen, schritt
mit Energie vorwärts. Es gelang ihm mehr und mehr, wenigstens im schwerinschen Landesteile, mit seiner Partei die Majorität in der Ritterschaft zu gewinnen. Herkömmlich waren bisher
die Landräte regelmäßig in die Ausschüsse (Kommitten) gewählt,
welche für die Beschlußfassung des Plenums die Beratungsgegen-
stände zu bearbeiten und über dieselben zu referieren hatten. Die
Landräte führten in diesen Ausschüssen den Vorsitz und waren
somit sachlich genügend orientiert, um als Mitglieder des Direktoriums die Debatten im Plenum zu leiten. Auf den Landtagen
von 1846 und 47 wurde nur noch der Landrat des stargardschen Kreises in einige Kommitten gewählt. Die bürgerliche Majorität schloß die übrigen Landräte aus und ebenso alle adeligen
Mitglieder der Ritterschaft, die sonst stets in den Kommitten mit
Erfolg gearbeitet hatten. Nun zeigte es sich aber, daß in der
bürgerlichen Partei es teils an den Kräften, teils an der Neigung
fehlte, vollständig den Teil der Arbeit zu übernehmen, der bisher
von adeliger Seite geleistet war. Dem Mangel abzuhelfen, wurden Advokaten berufen, ihnen die Akten übergeben, deren Arbeiten als Kommittenberichte in das Plenum gebracht und Einsprüche

[1] Schreiben vom 18. Dezember 1843 an den Ausschuß der bürgerlichen
Gutsbesitzer. Zu demselben gehörten u. a. die Herren: Schlettwein-Van-
delstorf, Tencker-Knegendorf, Manecke-Vogelsang. Die Eingabe der Vorderstädte wurde als „unzeitig" und „ungehörig" abgewiesen.

dagegen bald durch ſtürmiſches Gebaren, bald durch majoriſie=
rende Abſtimmung niedergekämpft. Friedrich Franz litt unter
dieſen Zuſtänden. Mehrmals wandte er ſich mit der Bitte um
Rat an ſeinen königlichen Oheim. Friedrich Wilhelm IV. hielt
dieſe Differenzen nicht für ſo bedenklich. An dem ſtrammen Feſt=
halten der alten Grundſätze werde die Oppoſition erlahmen. Noch
waren die traurigen Märztage nicht gekommen! Übrigens antwor=
tete der König auch mit poſitiven Vorſchlägen.

„Denke doch mal ernſtlich darüber nach" — ſchrieb er
am 14. Januar 1847 — „ob es nicht möglich wäre, daß
teils reiche, Güter ſuchende Leute bei uns, teils König Ernſt
Auguſt, der Herzog von Braunſchweig u. a. eine Anzahl
Rittergüter, die jetzt in den Händen Bürgerlicher ſind, zuſam=
menkauften, um die Oppoſitionspartei auf dem Landtag zu
ſchwächen. Vielleicht könnten auch Pleſſen, Baſſewitz, Hahn
und die wohlgeſinnten großen Städte dasſelbe thun." —
Allein für ein ſolches Auskunftsmittel war es — wenn
dasſelbe überhaupt durchführbar geweſen wäre — längſt zu
ſpät. Bereits hatte die Agitation die unteren Stände ergriffen.
In einigen kleinen Städten kam es zu Unruhen. Militäriſche
Detachements mußten dorthin entſendet werden. Die ſtürmiſchen
Scenen auf dem Landtage 1847 nahmen ſchon einen bedrohlichen
Charakter an. Die Autorität des Direktoriums ward faſt illu=
ſoriſch. Der vorſitzende Landrat von Blücher auf Kuppentin, ein
wohlwollender, aller Schroffheit abholder, edler, liebenswürdiger
Mann und zum Präſidieren einer großen Verſammlung ſonſt gut
geeignet, war vergebens beſtrebt, den Verhandlungen einen ſach=
lichen Charakter zu bewahren; überall trat Parteileidenſchaft in
den Vordergrund und wirkte nachteilig auf die Beſchlüſſe. Die
Landmarſchälle, welchen die Aufrechthaltung der äußern Ordnung
und die Leitung der Abſtimmungen obliegt, wurden in erſterer
Hinſicht nicht mehr reſpektiert und in letzterer, wenn ſie den bis=
herigen Rechtszuſtand aufrechterhielten, der Parteilichkeit geziehen.
Es hatten ſich völlig unhaltbare Zuſtände auf den Landtagen ent=
wickelt. Niemand könnte ſagen, was aus ihnen geworden wäre,

wenn nicht das Jahr 1848 ein schweres, aber gründlich reinigen=
des Gewitter über die mecklenburgische Ritterschaft gebracht hätte.

Ehe wir an diese bewegte Epoche herantreten, ist noch man=
ches aus den ersten sechs Regierungsjahren 1842—48 nachzu=
tragen. Diese Zeit war reich an neuen, mächtigen Eindrücken,
an wechselvollen Erlebnissen. Man könnte sie als die der Wan=
derjahre bezeichnen. Nach einem Wunsch des sterbenden Vaters
sollte Friedrich Franz noch weite Studienreisen unternehmen und
die größeren europäischen Höfe besuchen, ehe er sich ein eigenes
Familienleben gründete. Die Ausführung dieses Wunsches ent=
sprach durchaus seinen eigenen Neigungen. So unternahm er
denn, nachdem 1842 die Besuche an den nächstverwandten deut=
schen Höfen abgestattet waren, in jedem der nächsten Jahre eine
größere Reise ins Ausland: 1843 nach Rußland, 1844 nach
Österreich, Italien und dem Orient, 1845 nach Dänemark.

Gleich in den ersten Wochen nach seinem Regierungsantritt
aber trat noch eine andere, sein Gemüt sehr bewegende Entschei=
dung an ihn heran, die Stellungnahme zum Tuilerienhof.

Wir haben die Herzogin Helene in dem Augenblick verlassen,
wo sie unter dem Donner der Kanonen und dem Jubelruf der
zujauchzenden Menge die französische Grenze betrat. Sie schien
das Glück, das sie so beharrlich erstrebt hatte, wirklich gefunden
zu haben. Sie war der Liebling der Orleansschen Familie, der
Mittelpunkt der Pariser Gesellschaft geworden. Von ihrem Gatten
geliebt, von ihrer Umgebung bewundert, Mutter zweier reizender
Knaben, genoß sie bewußt und dankbar die sonnige Gegenwart.
Die dumpfe Gährung der unteren Volksschichten, das allmähliche
Verblassen der Sympathieen für die Julidynastie, die zunehmende
Unsicherheit in der Haltung der Regierung gewahrte sie nicht
oder wollte sie nicht gewahren. Ihre Briefe atmeten Glück und
Zufriedenheit. Dennoch lag ein Schatten auf dieser glanzvollen
Existenz. Die Verbindung mit der Heimat war sogut wie ab=
gebrochen. Nur durch die Besuche ihrer Mutter und durch Korre=
spondenz mit dem heranwachsenden Neffen wurden die Bezie=
hungen zur großherzoglichen Familie aufrechterhalten. Fünf Jahre

waren seitdem verstrichen. Die Spannung zwischen den beiden
Höfen bestand fort. Der mecklenburgische Gesandte, Herr von
Oerthling, war ausdrücklich angewiesen worden, sich jedweder als
Annäherungsversuch zu deutenden Demarche zu enthalten und sich
lediglich auf den geschäftlichen Verkehr zu beschränken, die üblichen
Höflichkeitsakte ausgenommen, welche bei besonderen Anlässen, wie
z. B. bei der Geburt der Prinzen, dem diplomatischen Gebrauch
entsprachen. Ludwig Philipp hätte wohl gern zu einer Aussöhnung die Hand geboten. Mecklenburgische Edelleute, welche
Paris besuchten, wurden, wenn sie sich bei Hofe meldeten, mit
besonderer Auszeichnung behandelt. Der König sandte seine
Stallmeister wiederholt nach Mecklenburg, um dort Pferde für
den Marstall anzukaufen. Auch durch den französischen Gesandten
in Berlin wurden gelegentlich diskrete Versuche zur Anbahnung
besserer Beziehungen gemacht. Der Herzog von Orleans aber
konnte das, was er irrtümlicherweise als eine persönliche Kränkung empfunden, nicht verschmerzen, und seine Gemahlin stand zu
sehr unter dem Einfluß ihrer nächsten Umgebung, um das Gefühl
der Verstimmung und Bitterkeit zu überwinden, mit dem sie von
den Ihrigen geschieden.

Das Ableben Paul Friedrichs, der in dieser ganzen ihm
so schmerzlichen Angelegenheit nicht leidenschaftlich, sondern nur
konsequent verfahren war, bot nun allerdings Gelegenheit zur
Beseitigung der peinlichen Differenzen. Friedrich Franz war sogleich entschlossen, sie zu ergreifen. Er liebte seine Tante Helene,
und diese wiederum hatte für ihn die alte herzliche Zuneigung
treu bewahrt. In den Briefen, die sie ihm nach Dresden und
Bonn geschrieben, klang oft das Gefühl der Wehmut durch, und
jetzt, beim Verlust des Vaters und angesichts der schweren Aufgaben, die seiner harrten, gab sie ihren Empfindungen in warmen
Worten Ausdruck.

„Tuilerien, den 16. März 1842.

Mein lieber teurer Fritz.

Wüßtest Du, wie sehr Dein guter vortrefflicher Brief mich
gerührt hat, so würdest Du auch meinem Dank für denselben

die Innigkeit und Wärme anfühlen, welche die toten Schrift-
züge so oft verbergen. Ich denke mir, Dein Herz muß es aber
fühlen, wie viel ich mit Dir, mit Euch allen bin. Du wirst
daher auch erraten, wie teuer mir die Worte gewesen, die aus
so treuem reinem Herzen kommen, wie wert mir jedes Wort aus
Mecklenburg ist. Alles, was sich noch auf Deinen guten seligen
Vater bezieht, ist mir von unendlichem Interesse. Bei solchem
schrecklichen Verluste fühlt man tiefer als je die Rechte, welche
die Bande des Blutes über unser Herz besitzen. Dann erst
fühlt man recht, wie lieb einem die Entschlafenen waren. —
In meinem ersten Briefe habe ich Dir kaum sagen können,
wie Dein persönlicher Schmerz mich besonders gejammert und
betrübt hat, wie ich Deine Lage eine so außerordentliche, aber
daher auch eine gesicherte finde, weil ich glaube, daß die
Schwierigkeit einer Stellung ein Herz wie das Deinige stets
zur rechten Quelle der Weisheit, zum Gebet, führt. — Die
Verantwortung in Deiner Lage ist allerdings groß, doch er-
leuchtet Gott die Herzen, die ihm trauen, und fördert den
Menschen, der treue Ratgeber und keine Schmeichler sucht,
höher auf der schweren Bahn. Du findest in dem vortrefflichen Lande, welches Du jetzt regierst, eine treue Liebe für
Dich, eine große Hoffnung, die frühe auf Deinen edlen, bie-
deren Charakter gewirkt. Diese Liebe der Mecklenburger für ihr
Fürstenhaus ist der schönste Schatz unseres Landes; verscherze
ihn nicht und zeige Dich dieses Vertrauens stets würdig. Wenn
ich nicht wüßte, daß Du die schönen Worte kennst, welche in
dem Testament unseres seligen Großvaters an Deinen Vater
gerichtet waren, so würde ich sie Dir schicken, denn sie sind
wirklich unschätzbar und für Deine jetzige Lage recht passend,
doch zweifle ich nicht, daß Du sie auch jetzt wieder gelesen
haben wirst.

Der Herzog war auch in dieser Angelegenheit, wie immer,
voll Teilnahme für mich und meinen Schmerz. Er trägt mir
viel Herzliches für Dich auf, hat die treusten Wünsche für Dein
Glück und für die Wohlfahrt Deiner Regierung und teilt mei=

nen innigen Wunſch, daß unſere Verbindung ſtets freundlich
und verwandtſchaftlich ſein möge. Grüße Deine lieben Ge-
ſchwiſter von mir und traue immer auf die Liebe und Treue
und Herzlichkeit Deiner treuen Tante."

Troß des herzlichen Einvernehmens, welches zwiſchen der
Herzogin Helene und dem neuen Oberhaupt des großherzoglichen
Hauſes beſtand, wollte indeſſen die offizielle Annäherung der beiden Höfe nicht recht in Fluß kommen. Und zwar war es jeßt
das franzöſiſche Kabinett, welches durch kleinliche Machinationen
in der öffentlichen Meinung die Vorſtellung zu erwecken ſuchte,
als ſei man mecklenburgiſcherſeits zur Erkenntnis eines Irrtums
gelangt und beſtrebt, die Freundſchaft der Orleans zu gewinnen.
In dieſem Sinne wurde denn die Miſſion des Bundestagsge-
ſandten Herrn von Schack, der am 13. April in Paris eintraf,
und der gleich darauf erfolgende Beſuch des Herzogs Guſtav in
der offiziöſen Preſſe beſprochen. Herr von Schack fand eine höf-
liche, aber doch ziemlich kühle Aufnahme. Gegen den Herzog war
man in den Tuilerien ſehr liebenswürdig, ſuchte aber ſeiner An-
weſenheit die Bedeutung zu geben, als ſei er der Überbringer ent-
ſchuldigender Erklärungen. Miniſter von Lüßow war überhaupt
gegen dieſe Reiſe geweſen, die er für unzeitgemäß hielt. Auch
der Großherzog teilte dieſe Anſicht, gab aber den lebhaft geäußerten Wünſchen des älteſten Familienmitgliedes nach. Gleichzeitig hatte das franzöſiſche Kabinett durch den in Hamburg reſi-
dierenden Vertreter Marquis de Tallenay, der in Schwerin ohne
die ſonſt üblichen Gratulationsſchreiben eingetroffen war, darüber
Beſchwerde geführt, daß in der Schlußformel des den Thron-
wechſel anzeigenden Notifikationsſchreibens die Worte: „Cousin et
frère" anſtatt „Cousin et serviteur" angewandt ſeien. Allerdings
war die leßtere Bezeichnung früher auf einen beſonderen Wunſch
Karls X. vom Großherzog Friedrich Franz I. „comme une faveur
toute personnelle et à laquelle Sa Majesté mettait un haut
prix" zugeſtanden worden. Jeßt, wo ein verwandtſchaft-
liches Verhältnis beſtand und man dasſelbe auch offiziell anzuerkennen bereit war, ſchien der Ausdruck serviteur nicht mehr

14*

paffend. In keinem Fall lag eine Verpflichtung dazu vor. Um
dem französischen Hof aber gefällig zu sein, erklärte sich der
Großherzog auch hierzu bereit.

Alle diese Vorgänge, die das Bestreben erkennen ließen, die
veränderte Situation für die Orleans'sche Hauspolitik auszunutzen
und das Benehmen des jungen Großherzogs als amende hono-
rable darzustellen, mußten in Schwerin verstimmend wirken und
würden vielleicht zu einer neuen Erkaltung geführt haben, wenn
nicht ein ganz unerwartetes, erschütterndes Ereignis alle kleinen
Häkeleien rasch vergessen gemacht hätte. Am 13. Juli stürzte der
Herzog von Orleans aus dem Wagen, dessen Pferde durchge-
gangen waren. Wenige Tage später kniete Herzogin Helene,
welche sich während der Katastrophe in dem Badeort Plombières
befand, am Sarge ihres entseelten Gatten. War dieser Schlag
für das liebende Herz der unglücklichen Fürstin ein furchtbarer,
ihr ganzes Lebensglück vernichtender, so war er auch für die
Sicherheit der Orleans'schen Dynastie von unheilvollster Bedeutung.
Ludwig Philipp war alt, seine Gesundheit gebrechlich, der Thronerbe ein vierjähriges Kind. Die Aussicht auf eine unvermeidlich
scheinende lange Regentschaft mußte alle Anhänger des Hauses
Orleans mit Besorgnis erfüllen. Vorläufig schwiegen alle diese
politischen Erwägungen angesichts des namenlosen Schmerzes der
Hinterbliebenen und der erschütternden Tragik des Ereignisses selbst.
Der alte König war ganz gebrochen. Herzogin Helene zeigte sich
stärker und gefaßter, als man bei ihrer zarten Gesundheit und
dem jähen Zusammenbruch aller ihrer Hoffnungen erwarten konnte.
Mit der Energie und Seelenstärke, die ihr in allen kritischen
Momenten ihres Lebens eigen war, kämpfte sie den Schmerz
nieder und verhandelte mit den Ministern über die Fragen der
Regent- und Vormundschaft. Allein ihr Wunsch, für den Fall
des Ablebens Ludwig Philipps die Regentschaft zu erhalten, war
unerfüllbar. Die Hausgesetze, mehr aber noch ihr protestantisches
Bekenntnis standen dem im Wege. Sie erlangte aber das Recht,
ihre Kinder selbständig erziehen zu dürfen, und dieser Lebensaufgabe widmete sie sich fortan mit voller Hingebung. War auch

der schöne Traum, dereinst Königin zu werden, zerronnen, so blieb doch die Hoffnung, die Mutter eines Königs zu werden. Großherzog Friedrich Franz hatte sogleich Herrn von Sell nach Paris entsendet. Die warmen teilnehmenden Worte seines Schreibens thaten dem Herzen der gebeugten Witwe wohl. Sie belebten die schlummernde Erinnerung an die einst so liebe Heimat. Der König sandte den Vertrauten seines heimgegangenen Sohnes, den Oberst Grafen Montguyon, nach Schwerin, um für die Teilnahme zu danken, und die Aussöhnung war eine vollständige. Herzogin Helene schrieb am 20. August 1842:

„Mein lieber Fritz! Der König hat gewünscht, Dir einen Beweis seiner freundschaftlichen Gefühle zu geben und Dir noch ganz insbesondere für die rasche Sendung Deines guten Herrn von Sell zu danken, welcher uns die warme verwandtschaftliche Teilnahme Deines Herzens ausgedrückt hat. Er schreibt Dir selbst, darum rede ich Dir nicht von den Gefühlen, die ihn für Dich beseelen; die meinigen jedoch erwähne ich. Denn wenn Du sie gleich kennst, so ist es mir doch ein Bedürfnis, Dir zu sagen, wie mich Dein herzliches, treues Benehmen rührt, wie ich Dein gutes Herz stets gekannt und stets darauf gebaut habe, wie es mir wohlthut, zu sehen, daß Du meinen entsetzlichen Schmerz so vollkommen teilst. Graf von Montguyon wird Dir recht viel von meinem Herzog erzählen können, — o hättest Du ihn gekannt, wie hättest Du ihn geliebt. Wie fern, wie weit hinter ihm sind alle Schilderungen, wie schrecklich, daß er, der wirklich ein edles Vorbild für junge Fürsten war, nicht von allen gekannt war, die seinen Spuren freudig gefolgt wären. Das wirst Du gewiß empfinden, wenn Du erfahren wirst, wie herrlich, wie edel er war. Ach, mein guter Fritz, noch schreibe ich wie eine Träumende das Wort ›er‹; ich kann es noch nicht glauben, daß alle diese Tugenden, diese herrlichen Gaben für die Welt, für das Land, für uns ins Grab gelegt sind. Es ist schrecklich, schrecklich! Ich schließe, mein lieber Fritz, weil mein Schmerz zu groß ist. Denke oft in Liebe an Deine unglückliche Tante Helene."

Der Abgesandte Ludwig Philipps fand den Großherzog nicht
mehr in Schwerin anwesend und folgte ihm nach dem Rhein,
wo derselbe gerade den großen preußischen Manövern beiwohnte.
Schon im Juni hatte sich Friedrich Franz den verwandten Höfen
in Neustrelitz und Berlin als regierender Herr vorgestellt; der
Besuch der mecklenburgischen Landstädte war dann durch eine
übrigens leicht verlaufende Erkrankung an den Masern unterbrochen
worden. Jetzt im Herbst sollte dem jugendlichen Kriegsherrn die
erste militärische Schulung unter der Leitung preußischer Truppen-
führer zu teil werden. Friedrich Wilhelm IV. hatte seinen Neffen
dazu eingeladen. Als Gast des königlichen Hauptquartiers folgte dieser den Truppenübungen und wohnte der Feier der Grundsteinlegung
bei, mit welcher am 4. September die Wiederaufnahme des Dom-
baues in Köln festlich eingeleitet wurde. Das bewegte militärische
Treiben, die glänzenden Feste in Schloß Brühl, die Paraden,
Diners und rauschenden Ovationen, welche die rheinische Bevölkerung ihrem Monarchen überall darbrachte, vermochten nicht
die trüben Bilder der jüngsten Vergangenheit zu verscheuchen. Auch
ein weniger ernstes Gemüt hätte sich beim Wiederbetreten des
Schauplatzes der einstigen fröhlichen Studentenzeit eines wehmütigen
Rückblicks nicht entschlagen können. Kaum sechs Monate waren
seitdem verstrichen. Wieviel neue Eindrücke hatten sich in dem
kurzen Zeitraum zusammengedrängt! Wieder bewohnte Friedrich
Franz auf der Durchreise in Bonn die Vinea Domini. Noch stand
alles so, wie er es verlassen. Wieder blickte er hinab zu dem
breiten Strom, dessen gewaltige Wassermassen sich ruhig dem Meere
zuwälzten, hinüber zu den Kuppen des Siebengebirges, zu den
villengeschmückten Ufern. Dasselbe Landschaftsbild, in der Stadt
die alten bekannten Gesichter, die nächste Umgebung so ganz wie
damals. Nur er selbst war ein anderer geworden.

Die gewissenhafte, fast ängstliche Prüfung seiner Fähigkeiten,
die Zweifel an dem Vermögen, die gestellte Aufgabe zu bewältigen,
das Vertrauen auf die göttliche Hülfe, diese mannigfachen Äußerungen ernster Selbstbetrachtung, denen wir auch später noch häufig
begegnen werden, sprachen sich während jener Tage wiederholt in

ſeinem Tagebuch und in ſeinen Briefen aus. Tiefbewegt ſchrieb er
am 15. September, dem Geburtstag des heimgegangenen Vaters,
aus Bonn an die Großherzogin=Mutter. Er verſprach ihr, das
zu halten, was er vor Jahresfriſt an dieſem Tage gelobt, und
verwies auf den Troſt, den er ſelbſt in der ſtillen Feier dieſes
Gedenktages gefunden. Aber ein längeres Verweilen bei den weh=
mütigen Erinnerungen ließen die Forderungen der Gegenwart nicht
zu. Nach zwei in ſtiller Zurückgezogenheit verbrachten Tagen
ſchloß er ſich wieder dem königlichen Hoflager an, ſtattete der
Königin in Stolzenfels einen Beſuch ab und unternahm dann,
nach Beendigung der Manöver, eine Reiſe an die Höfe von Wies=
baden, Weimar, Altenburg und Dresden. Auch der Beſuch des
letzteren Orts war eine Art Wallfahrt zu den Stätten der ſorg=
loſen Jugendzeit. Nach vorübergehendem Aufenthalt in Char=
lottenburg, wo ihn die abendlichen Vorleſungen Tiecks ſehr an=
zogen und in ihm den Gedanken erweckten, ähnliche Vorträge für
die Winterabende in Schwerin zu veranſtalten, kehrte er nach Meck=
lenburg zurück.

Seine erſte Sorge galt einer würdigen Ausſchmückung der
Begräbnisſtätte des Vaters. Ein Dekret verfügte, daß die Heiligen=
blutskapelle im Dom, in welcher Paul Friedrich einſtweilen bei=
geſetzt war, fortan zur fürſtlichen Gruft beſtimmt ſein und dem=
entſprechend auf großherzogliche Koſten ausgeſtattet werden ſolle.
Die Wände dieſer in der Apſis des Mittelſchiffs gelegenen Kapelle
erhielten eine Bekleidung aus vaterländiſchem Granit. Die Glas=
gemälde der Fenſter wurden nach Zeichnungen von Cornelius durch
den Glasmaler Gillmeiſter ausgeführt. Der Hauptaltar, durch ein
neues Bild von Lenthe geſchmückt, wurde mehr nach dem Innern
der Kirche gerückt und der Begräbnisplatz ſelbſt durch ein kunſt=
volles Bronzegitter abgeſchloſſen.

Am 12. Oktober fand ein feierlicher Einzug in Ludwigsluſt
ſtatt, an welchen ſich ein vierwöchentlicher Aufenthalt anſchloß.
Seinem damals gefaßten Entſchluß, den Herbſt alljährlich in
ſeinem Geburtsort zu verleben, iſt Friedrich Franz während ſeiner
ganzen Regierungszeit treu geblieben. Waren es zunächſt die Er=

innerungen an die schöne Kinderzeit und die Reize der Waldland=
schaft, die ihn anzogen, so wirkte in späteren Jahren wohl die
immer mehr sich entwickelnde Jagdpassion dabei bestimmend mit.
Damals, 1842, war der junge Fürst noch ein sehr ungeübter
Schütze; die Jagden fesselten ihn mehr durch die damit verbundene
Geselligkeit und den Aufenthalt in schöner Natur. Die Jagdbeute,
die er zur Strecke lieferte, war ziemlich gering. Sein Tagebuch
verzeichnet bald einen, bald zwei Hasen, manchmal einen Rehbock
und im November den ersten Fuchs. Die Hasenhetze zu Pferde
zog er deshalb vor. Es kamen ihm sogar Zweifel, ob allzu=
häufiges Jagen mit seinen Berufspflichten wohl vereinbar und ob
die Jagd überhaupt ein erlaubtes Vergnügen sei. Allein als Jagd=
herr eines ausgedehnten wildreichen Gebiets und als Gast auf
den Schlössern jagdlustiger Edelleute, deren Einladungen er nicht
ablehnen mochte, mußte er bei steter Übung und zunehmender
Erfahrung die Liebe zum Weidwerk um so leichter gewinnen, als
sein kräftiger Körperbau nach häufiger Bewegung in frischer Luft
verlangte. So ward denn gerade in den Jahren, die uns jetzt
beschäftigen, aus dem Naturfreund der treffliche Schütze und er=
fahrene Weidmann, als den wir alle ihn später gekannt haben.

Im reiferen Alter bevorzugte er den Pirschgang mit der
Büchse. Dazu boten das Buchholz bei Schwerin und die Lewitz
bei Friedrichsmoor vorzügliche Gelegenheit. Auf Flugwild war er
weniger geübt. Um auch anderen die Teilnahme an den Jagd=
freuden zu ermöglichen, wurden jährlich größere Hofjagden ab=
gehalten. Dazu gehörten die sogenannten Klapperjagden in Lud=
wigslust, das „eingestellte" Jagen auf Sauen in verschiedenen
Forsten und im Jasnitzer Wildpark, zu welchem letzteren gewöhn=
lich fürstliche Personen eingeladen wurden.

Schon in den vierziger Jahren bestanden in Mecklenburg ver=
schiedene Parforcejagdgesellschaften, welche englische Meuten eingeführt
hatten. Dieser Sport, der im Verlauf des letzten Jahrhunderts
in Deutschland fast ganz in Vergessenheit geraten war, fand bald
nach den Befreiungskriegen in dem mit England eng verbundenen
Hannover wieder eine Heimstätte. Auch in dem angrenzenden

Holstein und Mecklenburg gewann er Freunde. Hier waren es namentlich die Grafen von Bassewitz auf Burg-Schlitz und von Plessen auf Schloß Ivenack, denen die Förderung dieses Sports zu danken ist. Großherzog Friedrich Franz interessierte sich sehr lebhaft dafür, war Mitaktionär und nahm in den vierziger Jahren regelmäßig an den herbstlichen Meetings teil. Er wohnte dann gewöhnlich in Burg-Schlitz, Ivenack und Basedow. Die glänzenden Feste, welche mit dieser Jagdsaison verbunden waren, sind noch heute im frischen Andenken derer, die sie erlebt haben. Das Jahr 1848, das so vieles zerriß, sprengte auch diese Vereinigung. Wohl wurde der in Mecklenburg so beliebte Sport später wieder aufgenommen, doch hat er sich zu dem Glanz und der Bedeutung jener früheren Zeit nicht wieder zu entwickeln vermocht. —

Kehren wir zum Herbst 1842 zurück. Die weidmännische Passion war, wie gesagt, bei Friedrich Franz noch nicht geweckt. Größeren Genuß gewährten ihm einsame Spazierritte auf den Lieblingspferden Colonel und Metella. Nur sein unzertrennlicher Gefährte, Morny, ein prächtiger Jagdhund, durfte ihn begleiten. Daneben Ausflüge nach dem Landgestüt Redefin, welches nach dem Tod des Oberstallmeisters von Bülow durch den Stallmeister Kreichelt interimistisch verwaltet wurde, Billardpartieen mit den Offizieren der Garnison, Theeabende im Schloß oder bei den Familien von Klein und von Kahlden ꝛc. Neben diesen harmlosen Zerstreuungen wurden die Regierungsgeschäfte gewissenhaft betrieben. Eine Angelegenheit war es, die jetzt vor allem die Aufmerksamkeit des Großherzogs und seiner Räte in Anspruch nahm: die Eisenbahnfrage.

Noch waren die Anschauungen über den wirtschaftlichen Wert und die Rentabilität des neuen Verkehrsmittels in Deutschland so wenig geklärt, daß jedes einzelne Unternehmen auf Bedenken und Schwierigkeiten stieß, die heute unbegreiflich erscheinen würden. Der Stadt Wismar gebührt das Verdienst, den Bahnbau in Mecklenburg zuerst in Anregung gebracht zu haben. Im Jahre 1836 bildete sich dort ein Komitee, welches Ermittelungen hinsichtlich der besten und wohlfeilsten Verbindung zwischen Wismar und Hannover

anstellte. Diese führten zur vorläufigen Ausarbeitung eines Pro-
jekts Wismar-Boizenburg. Die hannöversche Regierung war diesem
Plan sehr günstig gesinnt und schloß mit der Schweriner eine
Übereinkunft ab, nach welcher die Linie Wismar-Hannover auf
dem linken Elbufer mit Hamburg in Verbindung gebracht werden
sollte. Vermessungen der Trace und Untersuchungen betreffs des
Elbübergangs waren bereits vorgenommen, als unter preußischem
Einfluß ein anderes Projekt, Berlin-Hamburg, auftauchte und zur
Lösung jener mit Hannover abgeschlossenen Übereinkunft führte.
Am 8. November 1841 kam in Berlin zwischen Preußen, Mecklenburg, Dänemark, Lübeck und Hamburg eine Eisenbahnkonvention
unter Gewährung von Transitzöllen für die Linie Berlin-Hamburg
zu stande. Gleichzeitig war eine Aktiengesellschaft zur Beschaffung
des nötigen Kapitals in der Bildung begriffen. Die Zeichnungen
flossen aber sehr spärlich. Das Brandunglück, von welchem die
Stadt Hamburg im Mai 1842, wenige Monate nach Ratifikation
des erwähnten Staatsvertrags, betroffen wurde, sprach dabei weniger
mit als das zu jener Zeit allgemein gewichene Vertrauen zu der
Rentabilität von Eisenbahnunternehmungen. Die Trace war so
ziemlich dieselbe, welche der Bahn heute zu Grunde liegt. Die
Frist für den Abschluß der Kontrakte lief aber Ende November ab.
Die mecklenburgische Regierung war an dem Zustandekommen dieser
Bahn sehr interessiert und hatte den Aktionären günstige Bedingungen in Aussicht gestellt; nicht so die preußische Regierung,
welche nicht nur die Gewährung einer Zinsgarantie rundweg ab-
lehnte, sondern auch der Linie Hamburg-Magdeburg auf dem linken
Elbufer den Vorzug gab. Dies letztere Projekt wurde auch von
Hamburg begünstigt, wo man sich von einem Anschluß an die
schon bestehende Linie Magdeburg-Leipzig und von der näheren
Verbindung mit dem sächsischen Industriebezirk größere Vorteile
versprach.

Trotz der eifrigen Bemühungen des Ministers von Lützow
war ein Umschwung dieser Stimmung nicht zu erzielen, und die
Frist für die Bahn auf dem rechten Elbufer nahte ihrem Ende.
Da entschloß sich der Großherzog, die Angelegenheit seinem könig-

lichen Oheim in einem Privatschreiben ans Herz zu legen. Dieser
antwortete, Preußen könne die Zinsgarantie nicht gewähren, da
Stettin von der rechtselbischen Bahn einen Rückgang seines Handels
befürchte. Auch habe eine andere Gesellschaft für das Projekt
Magdeburg-Hamburg bereits die Koncession erhalten. Alles, was
er thun könne, sei, die Frist für das rechtselbische Unternehmen
um 6 Monate zu verlängern. Mehr als ein Aufschub war also
vorläufig nicht zu erreichen.

Es galt, ihn auszunutzen. Minister von Lützow war sehr
rührig. Er suchte im Lande Stimmung zu machen für die un-
erläßliche Geldbewilligung seitens der Stände, verhandelte mit
Dänemark wegen der auf Lauenburger Gebiet liegenden Strecke
und erreichte in Hamburg eine größere Geneigtheit für die rechtselbische Bahn. Auch die Bedenken seines Kollegen Levetzow gegen
ein Anleiheprojekt hatte er zu überwinden. Aber die wesentlichsten
Schwierigkeiten lagen in Berlin. Im April 1843 begab er sich
deshalb selbst dorthin, trug dem Könige die Sache vor und verhandelte persönlich mit den maßgebenden Räten der Krone.

Die ersten Besprechungen eröffneten wenig Hoffnung. Der
Finanzminister von Bodelschwingh war erkrankt und sein Vertreter,
Herr von Thile, den mecklenburgischen Wünschen noch abgeneigter
als jener. Der Minister des Auswärtigen, von Bülow, zeigte sich
zwar entgegenkommend, konnte aber als geborener Mecklenburger
nicht so entschieden für Lützows Anträge eintreten, als er es wohl
gewünscht, zumal die neue Bahnlinie durch sein eigenes Stammgut
Düssin gehen sollte. Am 27. April berichtete Lützow an den
Großherzog:

„Herr von Thile hat mir alle Hoffnung benommen. Er
schützt das Interesse von Stettin und Magdeburg vor, hält es
wenigstens für so wichtig, daß man Hamburg keine Unterstützung
gewähren könne. Er ist der Ansicht, daß wir dem Publikum
etwas zu günstige Bedingungen gewährten. Preußen könne aber
keine Opfer bringen. Was die Andeutung betraf, Preußen
möge sich in Rücksicht auf den Zollanschluß die Gemüter nicht
so entfremden, so wurde ich damit abgefertigt, daß Preußen in

solchen Fällen immer die Anträge abwarte. Kurz, man will
nicht helfen. Der Einzige, den ich ganz auf der Höhe der Frage
gefunden habe, ist der Prinz von Preußen. Se. Königliche Hoheit,
obgleich Gouverneur von Pommern, beurteilen die Sache vollkommen richtig von dem Standpunkt aus, welchen das preußische
Gouvernement zu nehmen hat. Preußen müßte sich an die
Spitze solcher Unternehmen stellen, um die Leitung nicht aus
der Hand zu geben, und hier könnte es das mit sehr geringer
Gefahr. Übrigens hatte der Prinz unsere Gegner in Stettin
bei seiner dortigen Anwesenheit zu beruhigen gesucht und ihnen
die Unvermeidlichkeit einer Bahnverbindung mit Hamburg bemerklich gemacht."

Trotz des vermittelnden Eingreifens des Prinzen von Preußen
und des am Hofe damals sehr einflußreichen Ministers, Grafen
von Alvensleben, welcher zwar die Linie über Brandenburg und
Rathenow vorzog, aber doch eine Staatsgarantie befürwortete,
mußte Herr von Lützow anfangs Mai unverrichtetersache nach
Mecklenburg zurückkehren[1]. Wieder bedurfte es des persönlichen
Eintretens des Großherzogs, der sich noch in demselben Monat
nach Potsdam begab. Waren es seine mündlichen Vorstellungen
beim König, oder hatte das Gewicht der Gründe, die für die Sache
selbst sprachen, den Widerstand Bodelschwinghs und Thiles be-
siegt, — kurz, es fand ein plötzlicher Umschwung in den Berliner
Regierungskreisen statt. Die Richtung der Bahnstrecke ward festgestellt, die Zeichnung auf Aktien nahm guten Fortschritt, der
durch die Brandkatastrophe stark mitgenommenen Stadt Hamburg

---

[1] Es war wohl in Würdigung der unablässigen Bemühungen auf
diesem Gebiet, daß der Großherzog Herrn von Lützow gerade in jenen Tagen
das heimgefallene Lehen Poddin überwies. Die Schenkungsurkunde erhielt
der Minister noch in Berlin. "Ihr Geschenk", heißt es in dem Dankschreiben,
"und mehr noch die Art, wie Sie es mir gegeben, hat mich aufs tiefste gerührt und ergriffen. Mich fesselt an Ihren Hochseligen Vater, an die Frau
Großherzogin und an Sie das Gefühl der innigsten Liebe. Alles, was mir
zu teil geworden, verdanke ich der Gnade meines Herrn. Aber eine Anerkennung aus warmem Herzen, wie Ihr Schreiben sie enthält, das thut
wohl, das bindet, wenn's möglich ist, noch inniger und fester."

wurden vorläufige Erleichterungen gewährt, und bereits am 7. Juni
konnte den zu einem Konvokationstag nach Schwerin berufenen
Ständen das Projekt in seinen allgemeinen Umrissen vorgelegt
werden. Die Stände bewilligten zur Bestreitung der Baukosten
anderthalb Millionen Thaler Courant, welche ebenso wie die auf
dem Landtag von 1840 auf Aktien gezeichneten 300 000 Thaler
durch eine Anleihe bei dem Hamburger Bankhaus Salomon Heine
aufgenommen wurden. Zwei Wochen später trat auch schon die
erste Generalversammlung der Aktionäre in Schwerin zusammen,
und Herr von Lützow konnte seinem damals in Petersburg weilen=
den Herrn berichten, daß nicht nur die Zweifler und Bedenklichen
jetzt für das Unternehmen gewonnen wären, sondern selbst die
Gegner, wie z. B. die Vertreter der Berlin=Potsdamer Bahn, zu
einer Verständigung die Hand böten. Eine unerwartete Schwierigkeit erhob sich nun wieder in Gestalt der dänischen Forderung,
daß die Bahn die Stadt Lauenburg berühren sollte, wodurch die
ursprüngliche Trace eine sehr unerwünschte Ablenkung nach Süden
erfahren hätte. Herrn von Lützow gelang es nicht ohne Mühe,
die Zurückziehung dieses Antrags zu bewirken. Endlich im Frühjahr 1844 konnte der Bau auf mecklenburgischem Terrain beginnen,
und am 15. Dezember 1846 wurde die ganze Linie dem Verkehr
übergeben.

Das Verdienst an dem Zustandekommen dieses für das Land
in mehr als einer Hinsicht so wichtigen Schienenstranges muß
unbedingt dem jungen Großherzog und seinem ersten Minister zu=
erkannt werden. Wohl wäre mit der Zeit eine Verbindung
zwischen Berlin und Hamburg auch ohne deren Einwirkung zu=
stande gekommen. Daß aber Mecklenburg schon damals von der=
selben durchschnitten wurde, ermöglichte weit früher, als es sonst
hätte geschehen können, die Angliederung der Zweigbahnen nach
Rostock und Wismar, welche die Regierung sogleich energisch betrieb. Bereits auf dem Konvokationstage 1843 hatte der Groß=
herzog eine dahin gehende Zusicherung erteilt. Im April des
nächsten Jahres gingen fast gleichzeitig von beiden Seestädten Anträge auf Koncessionierung von Bahnlinien über Schwerin nach

Hagenow ein. Die Regierung entschied sich für keinen derselben, sondern verlangte zunächst eine Vereinigung der beiden Interessentengruppen. Diese wurde versucht, scheiterte aber teils an den Schwierigkeiten der Verständigung, teils an der Ungunst des Geldmarkts. Der Großherzog beschloß daher mit dem Bau der Strecke Schwerin-Hagenow selbständig vorzugehen. Seine Kommissare beantragten auf dem Landtage von 1844 einen Beitrag von 500 000 Thalern aus Landesmitteln. Der Landtag bewilligte diese Summe unter der Voraussetzung, daß die Fortführung der Bahn nach der Küste zu auch fernerhin als eigentlicher Zweck verfolgt werde. Die Strecke Schwerin-Hagenow wurde bereits am 28. April 1847 eröffnet und der Betrieb vorläufig von der Berlin-Hamburger Gesellschaft versehen.

Obwohl sich inzwischen die Geldverhältnisse gebessert und die drei getrennten Gesellschaften am 25. Februar 1846 zu einer verschmolzen waren, so hatte dies neue als „Mecklenburgische Eisenbahngesellschaft" koncessionierte Institut noch mit großen Schwierigkeiten zu kämpfen. Die Stände lehnten wiederholt die von der Regierung nachgesuchte Beihülfe ab. Das Unternehmen drohte, nachdem schon die Arbeiten begonnen und verschiedene Rateneinzahlungen geleistet waren, völlig zu scheitern[1]. Die Verlegenheiten

---

[1] Der Ausschuß wandte sich nun an den Großherzog, und dieser trat wieder persönlich ein. Er erklärte sich bereit von der zur Deckung des Ausfalls zu kontrahierenden Anleihe Prioritäten im Betrage von 600 000 Thalern für eigene Rechnung und zwar zum Parikurs zu übernehmen, obwohl die Berliner Handelshäuser, mit welchen man über den Rest von 1 200 000 Thalern verhandelte, nur 92 % gewähren wollten. Der Abschluß der Anleihe wurde durch die Pariser Februarrevolution vereitelt. Während der allgemeinen Unsicherheit der nächsten Monate war das ganze Unternehmen wieder in Frage gestellt. Der Gesellschaftsvorstand suchte nun wenigstens einen Teil der Strecke nutzbar zu machen, und es gelang trotz des Widerspruchs Rostocks mit landesherrlicher Genehmigung eine Statutenänderung durchzusetzen, kraft welcher zunächst die Strecke Schwerin-Wismar fertig gebaut und am 12. Juli 1848 dem Verkehr übergeben werden konnte. Die Vollendung der Bahn stieß aber fortgesetzt auf Schwierigkeiten. Die im Herbst 1848 zusammentretende Abgeordnetenkammer bot zwar die Hand zu einem Staatsdarlehen, doch waren die Kapitalien zu den stipulierten Bedingungen nicht zu erlangen.

der Gesellschaft endeten erst, als ihr im Juni 1849 die Genehmigung zu einer Prioritätsanleihe von 1 600 000 Thalern unter Garantie des Staats gewährt wurde. Am 13. Mai 1850 wurde die ganze mecklenburgische Bahn dem Betrieb übergeben. Dieses Ziel hätte ohne Frage sehr viel früher erreicht werden können, wenn die Stände sich zu einer Beihülfe entschlossen hätten. Aber im ganzen Lande herrschte damals ein tiefes Mißtrauen gegen die Rentabilität des neuen Verkehrsmittels überhaupt und gegen die der mecklen= burgischen Bahn im besonderen. Die Erfahrung hat gezeigt, daß durch eine ständische Beihülfe dem Lande keine materiellen Opfer erwachsen wären. Aber auch das Privatkapital hielt sich damals vorsichtig zurück. So kam es, daß das mecklenburgische Bahnnetz überwiegend mit fremdem Kapital gebaut und die Weiterführung der kurzen, in das Land hineinragenden Zweigbahn Bützow=Güstrow erst 11 Jahre später in Angriff genommen wurde.

Aber auch in anderen Teilen Deutschlands und Mitteleuropas entwickelte sich der Eisenbahnbau äußerst langsam. Hier und da standen wohl einzelne kurze Linien im Betrieb, allein sie waren nicht miteinander verbunden. Der Weltverkehr konnte diese dem Lokalbedürfnis entsprungenen Transportmittel noch nicht ausnutzen. Als Großherzog Friedrich Franz im Sommer 1843 dem russischen Hofe seinen Besuch abstattete, war er für die ganze weite Rückreise noch auf die Beförderung durch Postpferde angewiesen. Für die Hinfahrt hatte er den Seeweg gewählt. Das russische Kriegsschiff „Kamschatka", welches der Kaiser zu diesem Behuf entsendet hatte, nahm ihn am 14. Juni in Wismar an Bord und landete vier Tage später in Kronstadt.

Der vierwöchentliche Aufenthalt am russischen Hoflager, welches sich abwechselnd in Alexandry, Zarskoje=Selo und Peterhof befand, trug durchaus einen verwandtschaftlichen Charakter. War doch auch der junge Fürst durch seine Großmutter mit dem Kaiser Nikolaus, durch seine Mutter mit dessen Gemahlin nahe verwandt. Manöver, Gartenfeste, Paraden, Ausflüge und Besichtigungen folgten nun in ununterbrochener Kette. In herkömmlicher Weise entfaltete sich vor dem deutschen Gast der pomphafte, namentlich

auf Massenwirkung berechnete Glanz des Zarenhofes. Aber er
blendete ihn nicht. Anziehender als die rauschenden Feste waren
für Friedrich Franz die Familienabende in dem schönen Oranienbaum und die Spazierfahrten mit den anmutigen Cousinen, den
Großfürstinnen Olga und Alexandra, von denen sich letztere noch
während seiner Anwesenheit mit dem Bonner Studienfreund, dem
Prinzen Friedrich von Hessen, verlobte. Der Großherzog war
Zeuge und Vertrauter dieser Werbung gewesen. Die Verlobung
wurde mit großer Pracht am 13. Juli, dem Geburtstag der
Kaiserin, gefeiert.

Die großen Manöver bei Zarskoje nahmen das Interesse des
Großherzogs ganz besonders in Anspruch. Der Kaiser ernannte
ihn zum General und verlieh ihm dasselbe Regiment, dessen Chef
Paul Friedrich gewesen. Auch sonst wurde die Erinnerung an
den heimgegangenen Vater häufig belebt. Portraits von ihm und
von Helene Paulowna, Ansichten von Ludwigslust fand er in den
verschiedenen Zarenschlössern. Die Abende in Oranienbaum mit
dem Ausblick auf das Meer weckten die Erinnerung an Doberan.
Durch eine rege Korrespondenz mit dem Minister von Lützow blieb er
bei dieser wie bei seinen späteren Reisen im Auslande auch mit
den heimischen Angelegenheiten stets in Fühlung.

Am 19. Juli verabschiedete sich der Großherzog von der
kaiserlichen Familie, unternahm in Begleitung des Generals
von Meyendorf noch einen Ausflug nach Moskau und kehrte nach
einer freilich nur sehr flüchtigen Besichtigung der alten Zarenresidenz über Smolensk, Warschau, Posen und Stettin nach seinem
Lande zurück, wo er noch rechtzeitig eintraf, um der am 10. August
stattfindenden Jubelfeier der Stiftung des Seebads Doberan beiwohnen zu können. Fünfzig Jahre waren seit dessen Gründung verstrichen.
Das Denkmal, welches diesem Akt gewidmet war, bestand in einem
mächtigen Granitblock, einem jener in Mecklenburg zahlreich vorhandenen erratischen Felsen, welcher nicht ohne Mühe von der Feld-
mark Elmenhorst nach dem Heiligendamm geschafft worden war.
Man lagerte ihn dem neuen Kurhaus gegenüber. Eine Inschrift
ist dem Andenken des Begründers gewidmet.

Balb darauf, im September, rückte die mecklenburgiſche Bri=
gabe, welche ſchon vorher zu Übungen in der Nähe Schwerins
koncentriert worden war, bei Boizenburg über die Elbe, um an
den bei Lüneburg ſtattfindenden Manövern des kombinierten
10. Armeecorps teilzunehmen. Auch der Großherzog begab ſich
dorthin. Der König von Hannover und viele andere deutſche
Fürſten und Prinzen waren im Lager verſammelt. Es war das
erſte Mal, daß dieſes Bundescorps zuſammengezogen wurde. Trat
auch der Mangel einer einheitlichen Heeresverwaltung, namentlich
im Verpflegungsweſen und in der Verſchiedenheit des Reglements,
hierbei deutlich zu Tage, ſo war doch das Reſultat dieſer Heerſchau
im ganzen befriedigend. Das mecklenburgiſche Kontingent zeichnete
ſich durch gute Haltung und Disciplin vorteilhaft aus und fand
die beſondere Anerkennung Friedrich Wilhelms IV., welcher gleich=
falls für einige Tage nach Lüneburg gekommen war.

Mit dem Beginn des Jahres 1844 trat Friedrich Franz
wieder eine längere Reiſe an, die diesmal nach dem erſehnten
Süden führte. Am 2. Januar verließ er Schwerin, am 24. Juli
traf er wieder dort ein. War der Beſuch am Zarenhof mehr eine
Vergnügungsfahrt geweſen, ſo ſollte dieſe Reiſe jetzt als Bildungs=
mittel dienen. So wenigſtens faßte ſie der junge Fürſt auf und
dementſprechend hatte er ſich darauf vorbereitet. Wie immer in
ſolchen Fällen ging er dabei gründlich und ſyſtematiſch zu Werke.
Unter der Leitung erfahrener Kunſtkenner beſichtigte er die Kunſt=
ſchätze Italiens, auch das weniger Bedeutende dabei nicht über=
gehend. Jede Stunde des Tages war ausgefüllt. Zweckloſes
Flanieren, müßiges Herumſitzen in Hotels oder Cafés war
ihm verhaßt. Bei körperlichen Anſtrengungen war er unermüdlich.
Seine Begleitung hatte es nicht leicht. Dieſelbe beſtand in dem
Reiſemarſchall von Sell, dem Adjutanten Hauptmann von Zülow
und dem Legationsſekretär von Schack, einem Sohn des Bundes=
tagsgeſandten. Niemand mochte als Reiſegefährte ſo geeignet ſein
als Herr von Schack, der nachmalige berühmte Gelehrte und
Dichter, welcher ſchon damals in den Sprachen und in der Litte=
ratur des Orients bewandert, mit der Kunſtgeſchichte vertraut und

überhaupt von einer Vielseitigkeit des Wissens und der Interessen
war, welche den Umgang mit ihm höchst anziehend machte. Von
weltmännischer Bildung und liebenswürdigem Charakter, war er
auch sonst zu einem Reisebegleiter besonders geeignet, und der
Großherzog lernte seine Eigenschaften bei diesem ersten längeren
Zusammensein so sehr schätzen, daß er ihn später zu jeder seiner
größeren Reisen aufforderte. In den „Erinnerungen" des Grafen
Schack, welche kürzlich herausgekommen sind, finden sich die Eindrücke und Erlebnisse jener mit dem Großherzog gemeinschaftlich
unternommenen Reisen so eingehend und lebendig geschildert, daß
von einer Darstellung derselben an der Hand der vorliegenden
Tagebücher und Briefe um so eher Abstand genommen werden
kann, als der Raum hier nur eine gedrängte trockene Übersicht
der besuchten Stätten gestatten würde. Mit diesem Hinweis auf
das Schacksche Werk mögen hinsichtlich der 1844er Reise hier nur
einige ergänzende Notizen verbunden werden.

Nach kurzen Besuchen in der Wiener Hofburg und bei der
bayerischen Königsfamilie wurde Italien bereist, dabei Rom dreimal
besucht und eingehend besichtigt. Dann ging es über Neapel und
Malta nach Konstantinopel, wo der Sultan Abdul = Medjid den
deutschen Fürsten in seinem Sommerpalais Beyler = Bey empfing
und ihm die üblichen Gastgeschenke überreichte, die später durch
Übersendung mecklenburgischer Pferde erwidert wurden. Während
des Aufenthalts am Bosporus war besonders der russische Ge=
sandte Herr von Titoff, ein Mann von vielseitiger Bildung, ein
sehr willkommener Begleiter durch die Stadt wie auf den Aus=
flügen nach den Prinzeninseln, dem herrlichen Brussa und auf
den bithynischen Olymp. Auch der preußische Legationssekretär
Graf Brandenburg verkehrte viel mit den Reisenden. Der Zu=
fall fügte es, daß der Großherzog diesen liebenswürdigen Diplo=
maten bei seinen späteren Reisen in London und Lissabon wieder
antraf. Die Feste beim Sultan waren deshalb besonders interessant,
weil der Osmanenhof damals noch das eigentümliche echt orienta=
lische Gepräge hatte, das er später unter Abdul=Aziz abstreifte.
Auf der Rückfahrt mußte in Malta eine siebentägige Quarantäne

durchgemacht werden. Dann wurde Sicilien zu Pferde durch=
ſtreift. Die Beſteigung des Ätna mißlang, weil die Reiſenden auf
halber Höhe von einem orkanartigen Schneeſturm überraſcht und
zur Umkehr gezwungen wurden.

Seit der Abreiſe von Rom befand ſich im Gefolge des Groß=
herzogs auch ein deutſcher Arzt, Dr. Alerts, welcher beim Papſte
Gregor in hohem Anſehen ſtand, da er ihn angeblich von einem
Krebsleiden geheilt haben ſollte. Indeſſen war die Wahl dieſes
Reiſebegleiters keine ſehr glückliche, da derſelbe auf dem Meer von
der Seekrankheit litt und überdies nicht reiten konnte. Auf ſeinen
ſpäteren Reiſen hat Friedrich Franz auf ärztliche Begleitung ver=
zichtet und nur auf der letzten großen Orientreiſe, an welcher ſeine
Gemahlin und deren Hofdamen teilnahmen, ſeinen Leibarzt mit=
genommen.

Auf der Rückreiſe durch Italien wurde dem toskaniſchen Hof
ein Beſuch abgeſtattet. Dann ging es weiter nach der Schweiz.
Sobald die Alpen erreicht waren, begann Friedrich Franz die
Ausführung eines längſt gefaßten Planes. Er wollte das Gebirgs=
land nur zu Fuß durchſtreifen. Das Unternehmen litt aber ſehr
von der Ungunſt des Wetters. Dennoch führte der Großherzog
die Sache durch. Da dieſe Exkurſionen für die älteren Herren zu
beſchwerlich geweſen wären, ſo war bei den meiſten Wanderungen
Herr von Schack der einzige Begleiter. Nach weiteren Beſuchen
an den Höfen von Stuttgart, Karlsruhe und Darmſtadt verweilte
Friedrich Franz einige Tage bei dem ihm von Bonn her befreun=
deten Erbprinzen von Lippe=Detmold. Dieſer hatte ſich ihm auf
dem erſten Teil der italieniſchen Reiſe angeſchloſſen.

Die mecklenburgiſche Hauptſtadt bereitete dem heimkehrenden
Landesherrn einen feſtlichen Empfang[1]. Der Zweck der Reiſe war

---

[1] Großherzogin Alexandrine war nicht anweſend. Sie war mit der
Herzogin Luiſe, einem Wunſch der Kaiſerin folgend, ſchon vor einigen Wochen
nach Peterhof gereiſt, um der tiefbekümmerten Schweſter in der Pflege der
ſchwer erkrankten Großfürſtin Alexandra beizuſtehen. Das Glück dieſer jungen
Ehe ſollte nur ein kurzes ſein. Die Großfürſtin erlag ihren Leiden am

vollkommen erreicht. Sie war ohne Unfall verlaufen, eigentlich
auch ohne besondere Abenteuer. Rom hatte den mächtigsten und
nachhaltigsten Eindruck hinterlassen. Freilich trug die ewige Stadt
damals noch den eigenartigen Charakter, den das Centrum des
politisch geeinten Italiens in unseren Tagen mehr und mehr ab-
streift. Unter dem greisen Papst Gregor XVI. stand die Priester-
herrschaft im Kirchenstaat noch in vollster Blüte. Friedrich Franz
hatte auch dem Haupt der katholischen Kirche den schuldigen Höf-
lichkeitsbesuch gemacht und den großen Kirchenfesten der Osterwoche
beigewohnt, doch fühlte er sich von den Äußerlichkeiten und dem
Gepränge der religiösen Feier nicht angenehm berührt. Häufig
hatte er den in Rom lebenden Prinzen Heinrich von Preußen
besucht, auch mit dem dortigen preußischen Gesandten, Herrn
von Buch, verkehrt. Was ihn an Rom besonders fesselte, waren
die Kunstdenkmäler der Antike, deren Trümmerstätten er unter der
Führung ortskundiger Archäologen immer wieder durchwanderte.

Daß seine Gedanken in der Fremde oft den Weg nach der
Heimat nahmen, wurde schon früher erwähnt. Diese Sehnsucht
steigerte sich manchmal bis zum Heimweh, welches dann seinen
Ausdruck fand in schwermütigen Betrachtungen über die Sorgen
seines Berufs, über seinen Mangel an Erfahrung und selbst darüber,
ob es wohlgethan sei, dem eigenen Lande so lange fern zu bleiben.
Zahlreiche Schriftstücke bekunden das nie ermüdende Interesse an
allen, auch den unbedeutendsten Vorkommnissen der Landesver-
waltung. Die Civilversorgung des Feldwebels N. im Postfache,
die Unterstützung der Wittwe A. durch 50 Thaler, die Aussetzung
einer Prämie für die zum Robbenfang ausfahrenden Schiffe sind
ihm ebenso wichtig, wie die Besetzung der Hülfspredigerstelle in
Techentin, die Ernennung des Bürgermeisters in Laage und der
Ankauf des Biragoschen Brückentrains für die Pionierabteilung.
Alles wird klar und sachlich erörtert. Für die Chaussee von

---

10. August. Die Großherzogin-Mutter kehrte bald darauf nach Doberan
zurück, wo ihr Sohn sie erwartete. — Prinz Friedrich von Hessen vermählte
sich später in zweiter Ehe mit einer Tochter des Prinzen Karl von Preußen.

Pritzier nach Lübtheen wird der an Stelle des Kiesaufschutts vorgeschlagene Steindamm verworfen, „da man auf hannöverschem
Gebiet damit schlechte Erfahrungen gemacht habe". Über die Wahl
der Stelle, wo der Bahnhof in Ludwigslust angelegt werden soll,
findet eine umständliche Korrespondenz statt. (Der Großherzog
wünschte ihn nicht in Kleinow, sondern vor dem Grabower Thor,
mußte aber den technischen Gegengründen nachgeben.) „Der Erlös
aus dem Verkauf des Landbeschälers Rockingham soll zur Beschaffung
guter Vollblutstuten für das Redefiner Gestüt verwendet werden.
Vielleicht finden sich solche bei den in Roggow und Sommersdorf
angekündigten Auktionen." Einer Erhöhung des Schulgeldes kann
nicht zugestimmt werden, da „diese Maßregel dem Zweck des
Gymnasiums ganz entgegen wäre".

Diese Beispiele mögen genügen. Aus den Antwortschreiben,
welche während der sechsmonatlichen Abwesenheit auf die 26 Berichte des Ministers von Lützow eingingen, ließe sich die Fürsorge
für das Kleine, die Vertrautheit mit den Details der Geschäfte
durch zahlreiche Belege nachweisen. Zum Schluß noch einige
charakteristische Bemerkungen:

„Was die Mehrforderungen des Hofmarschallamts und
Marstallamts betrifft, so bin ich damit in hohem Grad unzufrieden. Beide Behörden wissen sehr wohl, daß außerhalb des
Etats nichts gemacht werden soll, ausgenommen das, was sie
aus Ersparnissen bestreiten können. Hiernach ist auch jetzt bei
den in Rede stehenden Bauten zu verfahren. Sie sind entweder
aus eigenen Mitteln zu bestreiten oder in den Voranschlag des
nächsten Etats aufzunehmen. Das Ministerium darf das Geforderte nicht zahlen." ...

Bei ähnlichem Anlaß heißt es:

„Unser ganzes Bestreben muß dahin gehen, den Revenuen-
Etat ins Gleichgewicht zu bringen. Sonst sind die Mehraus-
gaben unverantwortlich." ...

„Die von Herrn P. (im Auftrag des Ministers) verfaßte
Beleuchtung der ›Erklärung‹ der Deputierten des Adels ist
sachlich zutreffend, doch billige ich nicht die Art und Weise, die

hier gewählt ist, da man das Vertrauen der Stände sich unbedingt erhalten muß." . . . .

„Der fortwährende Güterverkauf, noch dazu an Leute wie
X.[1], ist sehr traurig und wird unsere Verfassung doch noch dereinst stürzen."

Diese Besorgnis war nur allzubegründet. Der Übergang
der Güter aus dem Besitz adeliger Familien in den der Oppo-
sitionsmitglieder nahm mit jedem Jahre zu. 1846 hatte sich das
Verhältnis bereits so verschoben, daß in dem Schweriner Landesteil die Zahl der bürgerlichen Gutsbesitzer (320) die der adeligen
(298) überwog, obwohl die Zahl der Güter und der Hufenbesitz
der letzteren weit größer war[2]. Im Großherzogtum Strelitz war
das Verhältnis für den Adel günstiger. Dort standen den 34
adeligen Gutsbesitzern (56 Hauptgüter mit 297$\frac{1}{4}$ Hufen) 19 bürgerliche (20 Hauptgüter mit 75$\frac{3}{4}$ Hufen) gegenüber. Immerhin
hatte in beiden Landesteilen zusammen die bürgerliche Partei die
Majorität an Stimmen. Überhaupt bot der große Grundbesitz,
wenn in einer Hand vereinigt, nicht mehr ständische Rechte als
der kleine. Der Besitzer des gräflich Hahnschen Fideikommisses
z. B. verfügte über ein Areal von 124$\frac{3}{4}$ Hufen, hatte aber auf
dem Landtag nur e i n e Stimme. Die alten eingesessenen Familien
waren trotz ihres ausgedehnten Grundbesitzes gegen die numerische
Überzahl ihrer politischen Gegner im Nachteil. Die Mitbelehnung
von Söhnen und Angehörigen konnte denselben nicht aufwiegen.
So zählten u. a. die Familien Bassewitz 12 Hauptgüter beziehungsweise Stimmen auf 101 Hufen, Bernstorff 3 Stimmen auf
62$\frac{2}{4}$ Hufen, Maltzan 12 Stimmen auf 57$\frac{2}{4}$ Hufen. Auch erwies
sich der Latifundienbesitz oft als hinderlich für eine regelmäßige
Beteiligung an den Landtagsgeschäften.

---

[1] Ein ehemaliger Kammerpächter, von dem bekannt war, daß er seine
Leute schlecht hielt, und der deshalb zu Kammerpachtungen nicht mehr zugelassen wurde.
[2] In adeligem Besitz 431 Hauptgüter mit 1998$\frac{1}{4}$ Hufen, in bürger-
lichem 366 Hauptgüter mit 1077$\frac{1}{4}$ Hufen.

In den drei Jahren, welche uns noch von dem bedeutsamen
Zeitabschnitt der 48er Revolution trennen, reifte Friedrich Franz
mehr und mehr zum einsichtsvollen Regenten heran.   Mit Aus=
nahme einer kurzen Reise nach Kopenhagen (1845), eines Ausflugs
an die italienischen Seen (1847) und der gelegentlichen Besuche
an den verwandten deutschen Höfen widmete er sich während dieser
Zeit unausgesetzt den Pflichten seines Berufs.   Das Revolutions=
jahr fand ihn nicht unvorbereitet.   Daß er die ihm dabei zu=
fallende Aufgabe sehr ernst nahm, wie er die verwirrte Frage zu
lösen versuchte und ob er dabei durch seine nächste Umgebung
immer richtig beraten wurde, wird das nächste Kapitel darzulegen
haben.   Zu Beginn des Jahres 1848 schrieb er an einen Jugend=
freund:

„Mir geht es gut, so gut, wie es einem Fürsten gehen
kann, der seine Pflicht zu thun bestrebt ist: viel Arbeit, manche
bittere Erfahrung, manche freudige Stunde, ewige Sorge und
Unruhe, Sorge für die Gegenwart und Sorge für die Zukunft,
denn wir gehen im Vaterlande einer ernsten Zeit entgegen.
Doch es ist ja eine höhere Hand, welche die Geschicke der Menschen
lenkt, und wir haben nur unsere Schuldigkeit zu thun!" —

Achtes Kapitel.

Das Sturmjahr 1848.

Die Nachricht von der Abdankung und Flucht Ludwig Philipps traf am Morgen des 28. Februar in Schwerin ein. Der Großherzog feierte seinen 25. Geburtstag. Zur Beglückwünschung waren viele Mitglieder des Landadels erschienen, dazu auch auswärtige Gäste und unter ihnen die Gesandten Großbrittanniens, Rußlands und Preußens, Graf Westmoreland, Baron Meyendorf und Herr von Hänlein. Die Feier litt natürlich unter dem beunruhigenden Eindruck jener Nachricht. Die fremden Diplomaten äußerten sich sehr besorgt über die nächste Wirkung der Revolution auf die Nachbarstaaten und reisten sogleich ab. Übertriebene Gerüchte vermehrten die allgemeine Bestürzung. Am 2. März schrieb der Großherzog an den König:

„Die ernsten Ereignisse jenseits des Rheins haben mich natürlich auch in große Unruhe versetzt. Man fragt sich: was soll werden? und wir Kleineren blicken erwartungsvoll auf Dich. Da ich erst in der nächsten Woche nach Berlin kommen kann, so sende ich Dir den Obersten Hopffgarten mit der Bitte, ihm mündlich zu sagen, was Du zu thun gedenkst. Meiner zweifachen Pflicht werde ich nachkommen: Tante Helene findet, wenn sie es in Anspruch nimmt, eine offene Zuflucht bei uns. Sollte der Bund rufen, so werde ich rasch bei der Hand sein.

Verzeihe es der Wichtigkeit der Umstände, wenn auch ich in einem Augenblick, wo alles auf Dich einstürmt, Deine Zeit in Anspruch nehme, aber auf Preußens Adler steht unser Vertrauen!"

Am Schweriner Hof war man sehr besorgt über das Schicksal der Herzogin von Orleans. Man wußte nicht einmal, ob sie Frankreich verlassen, und befürchtete das Schlimmste. Der Großherzog beauftragte sogleich seinen Bruder, den Herzog Wilhelm, welcher in Bonn studierte, in Belgien Erkundigungen einzuziehen. Die Zeitungen hatten gemeldet, daß Mitglieder der vertriebenen Königsfamilie in Schloß Laeken angekommen wären. Der Herzog reiste nach Brüssel und erfuhr dort von dem preußischen Gesandten, man vermute die Herzogin mit ihren Söhnen in England. Bald darauf aber hieß es wieder, sie sei unerkannt mit geringer Begleitung über die deutsche Grenze geflüchtet und halte sich in Ems auf. Der militärische Begleiter des Herzogs, Premierlieutenant von Jasmund, wurde behufs näherer Information dorthin entsandt. Er berichtete dem Großherzog unter dem 6. März, daß sich in der That im „Englischen Hof" zu Ems seit einigen Tagen eine Dame mit zwei Knaben aufhalte, welche in Begleitung zweier französischer Herren und einer deutsch redenden Kammerfrau dort eingetroffen sei. Einer der Herren, Marquis von Mornay, war wieder abgereist. Der Besitzer des Hotels, Beicker, hatte angegeben, den Namen der Dame nicht zu kennen. Sie lasse sich Frau Marquise betiteln, verlasse ihr Zimmer nicht und empfange niemanden. Herr von Jasmund sandte seine Karte, wurde aber nicht vorgelassen. Ein Gleiches widerfuhr dem Adjutanten des in Koblenz kommandierenden Generals von Thile, dem Hauptmann von Tümpling, welcher die Generalin von Thile nach Ems begleitet hatte. Letztere wollte der Herzogin ihre Dienste anbieten. Erst nach mehreren Tagen, als Briefe der Herzogin Helene bei ihrer Mutter angelangt waren und diese nach Ems aufbrach, wurde mit Sicherheit festgestellt, daß jene fremde Dame wirklich die Herzogin war. Das Bedürfnis der Ruhe nach den schreckensvollen Tagen machte die Bewahrung eines strengen In-

kognitos begreiflich. Herzogin Helene hielt dasselbe aber auch
dann noch längere Zeit aufrecht, als ihr Aufenthalt längst öffentlich bekannt war. Selbst den Besuch ihrer nächsten Familienmitglieder lehnte sie ab. Der Großherzog sandte seinen Adjutanten
Herrn von Bülow mit einem Schreiben nach Ems, in welchem
er die Herzogin in herzlichster Weise aufforderte, nach Mecklenburg
zu kommen. Auch die Großherzogin-Mutter reiste ihrer Schwägerin entgegen, um diese Einladung mündlich zu wiederholen. Wir
werden hierauf später noch zurückkommen. Zunächst erforderte
die wachsende Gährung in Deutschland und die in Mecklenburg
sich verbreitende Unruhe die ungeteilte Aufmerksamkeit des Landesherrn. Am 8. März reiste der Großherzog nach Berlin, sprach
dort mit dem König und dessen Ministern und kehrte am 10.
beruhigter, als er gekommen, nach Schwerin zurück. Man hatte
ihm eine abwartende Haltung empfohlen. Canitz und Bodelschwingh hatten sich zuversichtlich geäußert. Schon die partielle
Mobilmachung des 4., 7. und 8. Armeecorps ließ erkennen, daß
man in Berlin mehr eine kriegerische Verwickelung mit Frankreich
als eine innere Bewegung besorgte. Auch schien die Heidelberger
Zusammenkunft vom 5. März und der Aufruf des Siebener-Aus-
schusses die Wünsche der aufgeregten Gemüter mehr auf die allgemeine deutsche Frage abzulenken. Allein der rasche Gang der
Ereignisse gab diesen Wünschen bald eine andere Richtung.

Am Tage nach seiner Rückkehr wurde dem Großherzog durch
eine Deputation des Schweriner Magistrats eine von vielen Einwohnern gezeichnete Petition überreicht, welche auf Revision der
Verfassung und Berufung eines außerordentlichen Landtages an-
trug. Tags darauf erschien eine Deputation der Rostocker Bürgerschaft mit einer sehr viel weiter gehenden Bittschrift. Die For-
mulierung dieser Forderungen war unter der Agitation des Advokaten Moritz Wiggers entstanden, der von diesem Tage an die
Führerschaft der radikalen Elemente in der Bevölkerung übernahm.
Die Petition umfaßte sechs Punkte:

1. Reform der Landesverfassung auf Basis einer Volksvertretung.

2. Mitwirkung zur Begründung eines Deutschen Parlaments.

3. Preßfreiheit und Aufhebung der Censur.

4. Unbegrenztes Versammlungsrecht.

5. Öffentliches und mündliches Gerichtsverfahren mit Schwurgerichten.

6. Allgemeine Volksbewaffnung mit Beschränkung der stehenden Heere.

Ähnliche Adressen liefen in den nächsten Tagen von allen Seiten ein. Eine wahre Petitionsflut ergoß sich nach Schwerin. Fast alle Landstädte, der Rostocker Rat und die Universität richteten Eingaben an den Großherzog. Viele Verbände entsandten Deputationen. Den allgemeinen Wünschen, unter welchen die Rostocker sechs Punkte häufig wiederkehrten, waren auch vielfach örtliche Beschwerden beigefügt. Überall beteiligten sich die Magistrate, teils durch einzelne Mitglieder vertreten, teils als geschlossene Korporation, an den Zuschriften. Ein ganz neues Element war in die Reformbewegung eingetreten. Wir haben im vorigen Kapitel gesehen, daß diese bisher ausschließlich von der bürgerlichen Partei der Gutsbesitzer ausgegangen war. Der Kampf hatte sich innerhalb der Ritterschaft abgespielt. Die Landschaft war von demselben ausgeschlossen gewesen und, wo sie sich einzumischen versucht, sowohl von der Regierung als auch von den streitenden Parteien in ihre Schranken zurückgewiesen. Als auf dem letzten Landtag 1847 Herr Pogge - Roggow zum ersten Mal den Kampf auf ein weiteres Gebiet verlegt und einen Antrag auf allgemeine Umgestaltung der Verfassung gestellt hatte, waren ihm zwar aus den Städten zustimmende und aufmunternde Adressen zugegangen, aber diese Beifallsäußerungen hatten auf die beratende Versammlung nicht den geringsten Einfluß geübt, und selbst die freisinnigen Parteigenossen des Antragstellers erschraken vor der Kühnheit eines Verlangens, das ihnen viel zu weit ging

und vorläufig wenigstens unzeitgemäß erschien. Das Scheitern
dieses Antrags, dem die Unterstützung der bürgerlichen Gutsbesitzer fehlte, bewies den demokratisch gesinnten Städtern, daß
die Opposition in der Ritterschaft für die Förderung ihrer
Wünsche nur ein schwacher Hebel sei. Sechs Tage im
März genügten, die Situation völlig umzugestalten. Jetzt
traten die Städte an die Spitze der Bewegung, und in
ihnen wiederum waren es die ihrer Natur nach regeren und
thätigeren radikalen Elemente, denen die Führerschaft zufiel.
Mit der Maßlosigkeit eines lange verhaltenen Mißmuts stellten
sie ihre Forderungen gleich so hoch, daß eine sofortige Befriedigung derselben gar nicht erwartet werden konnte. Die
Antwort, welche der Großherzog am 12. März auf die Rostocker Eingabe erteilte, war aber doch noch ablehnender,
als man vermutet hatte[1]. Sie war augenscheinlich unter der
Nachwirkung der in Berlin gewonnenen Eindrücke entstanden.
Noch schroffer war nach Ton und Inhalt der am 14. März
publizierte Regierungserlaß, welcher besagte, daß der Großherzog nicht gewillt sei, „Petitionen, die etwa in Lan-
desverfassungs- oder ähnlichen Angelegenheiten an ihn gerichtet werden möchten, weiter persönlich entgegenzunehmen
oder durch sein Regierungskollegium entgegennehmen zu
lassen, daher denn dergleichen Vorträge nicht durch Deputa-

---

[1] In derselben wies der Großherzog die Zumutung zurück, sich von
Zeitereignissen leiten zu lassen. Die Revision der Verfassung sei allerdings
ins Auge gefaßt, die Frage aber, ob dies auf dem nächsten ordentlichen Landtage
oder schon vorher auf einem außerordentlichen erfolgen solle, noch nicht entschieden. Die Kräftigung des Deutschen Bundes entspreche auch den Wünschen
der Regierung. Eine Regelung der Presse werde erfolgen, doch müsse der
Bürger auch gegen Mißbräuche auf diesem Gebiet geschützt sein. Dagegen
sei die Gewährung von Versammlungen durch das Bundesrecht beschränkt.
Verbesserungen der Justizpflege müßten der Beratung auf verfassungsmä-
ßigem Wege vorbehalten bleiben, und für die Volksbewaffnung liege kein
Bedürfnis vor u. s. w. Im ganzen waren die Zugeständnisse gering und
vorsichtig umkleidet.

tionen, sondern in dem gewöhnlichen Wege an ihre Bestimmung zu befördern seien".

Diese Publikation mochte sachlich vollkommen gerechtfertigt erscheinen, denn bereits hatte der Petitionssturm einen demonstrativen Charakter angenommen. Auch hatte das Gebaren einzelner Deputierter und die kecke aufbringliche Fassung mehrerer Eingaben deutlich verraten, daß man sich als Macht fühle und die Gewährung von Forderungen eventuell zu erzwingen nicht anstehen werde. Aber gerade in diesem Moment der Erregung wirkte der kühle Ton der landesherrlichen Abfertigung erbitternd. Dazu kamen die aufregenden Nachrichten von außen. Der Sieg der Revolution am 13. März in Wien, am 18. März in Berlin mußte auch in den kleineren Bundesstaaten einen Umschwung in der Regierungspolitik herbeiführen. Eine stürmische Versammlung in Rostock sprach ihr Mißtrauen gegen die großherzoglichen Räte aus und verlangte die Zurücknahme des Erlasses vom 14. Bürgermeister Bencard und Senator Zastrow gingen wieder nach Schwerin und erlangten auch eine mildere Auslegung der landesherrlichen Entschließung. Zugleich suchte die Regierung durch Bewilligung der Preßfreiheit (16. März) die Gemüter zu beschwichtigen. An demselben Tage fand in Güstrow eine von dem Gutsbesitzer Manecke-Vogelsang angeregte Versammlung der ritterschaftlichen Oppositionspartei statt, welche gleichfalls um sofortige Einberufung eines Konvokationstages petitionierte. Als nun auch der Engere Ausschuß sich in demselben Sinne äußerte, konnte die Regierung dem allgemeinen Andrängen nicht länger widerstehen und verhieß am 18. März die Einberufung eines außerordentlichen Landtags für einen näher zu bestimmenden Zeitpunkt im Monat Mai. Bald darauf wurde nach Verständigung mit Strelitz dieser Termin noch verfrüht und auf den 26. April anberaumt. Inzwischen hatte sich in den Anschauungen des Großherzogs eine entscheidende Wendung vollzogen. Er mußte die bis dahin gehegte Hoffnung, eine Reform auf ständischer Basis durchzuführen, aufgeben. Auch ein ferneres Temporisieren war unmöglich. Er entschied sich für das Repräsentativsystem, und die am 23. März

„An meine Mecklenburger" erlassene Proklamation sprach dies
unumwunden aus. Daß ihm dieser Schritt nicht leicht geworden,
bewiesen die Worte, die er später darüber niederschrieb:

„Ich hatte bisher gesucht, das monarchische und ständische Prinzip zu retten. Im Gegensatz zu letzterem erschien
mir das konstitutionelle ungeeignet, weil in der Theorie falsch
und in der Praxis nicht hinlänglich bewährt. Durch Gewalt
gedrängt, war ich entschlossen, den Andringenden mich oder die
Konstitution zur Wahl zu stellen. Da kam die Proklamation
des Königs vom 18., der Kampf in der Nacht auf den 19.!
Das alte System war gefallen, das konstitutionelle hatte gesiegt.
Jetzt galt es nur, die Einheit Deutschlands zu retten, auf die
Ideen des Königs einzugehen. Die Zukunft wird lehren, ob
dieser Weg der richtige war. Ich konnte keinen anderen ein=
schlagen nach Lage der Umstände und nach bestem Willen und
Wissen. So mußte ich denn ein Opfer bringen, aber es ist
ein schweres!" —

Wir erfahren hieraus, daß Friedrich Franz den Gedanken
einer Abdikation in jenen Tagen allen Ernstes erwogen hatte.
Bei der Minorennität seines Bruders wäre durch einen solchen
Schritt die Verworrenheit der Lage ins ungemessene vermehrt
worden. Man darf es als ein Glück betrachten, daß der junge
Fürst auf seinem Posten ausharrte und lieber das Opfer brachte,
welches die Zeit damals von so vielen seiner Standes= und
Gesinnungsgenossen forderte.

Die Proklamation begann mit den Worten:

„Die gewaltige Wendung der politischen Verhältnisse veranlaßt Mich, Meinem treuen Lande zu sagen, wie Ich's meine
und was Ich will."

Sie erklärte, daß ein freies, einiges Deutschland nur
unter Mitwirkung volkstümlicher Elemente wiedergeboren und
nur auf dieser Basis befestigt werden könne. Auf die Verfassungs=
reform eingehend, hieß es sodann:

„Es liegt die Notwendigkeit vor, daß Mecklenburg in die Reihe
der konstitutionellen Staaten eintrete, und weil Ich diese Not=
wendigkeit erkenne, so ist es Mein ernstlicher Vorsatz, daß

der Schritt unverzüglich geschehe, damit die Ungewißheit, welche zur Zeit über den künftigen Verhältnissen des Landes schwebt, sobald als irgend möglich gehoben werde." —

Die Entscheidung war gefallen, der Jubel in den liberalen Kreisen ein ungeheurer. An dem nächsten Sonntage nach Bekanntwerden der Publikation — es war der 26. März — versammelte sich eine große Volksmenge zu einer Ovation vor dem Neustädtischen Palais in Schwerin, von dessen Dach neben der mecklenburgischen auch die deutsche Flagge wehte. Wenige Tage vorher hatte der Deutsche Bund die Annahme der deutschen Farben proklamiert. Vom Balkon des Palais hielt der Großherzog folgende Ansprache:

„Meine Herren! Es ist ein tief erschütterndes, freudiges Gefühl, das Mich ergreift, wenn Ich in dieser ernsten, schweren Zeit die Herzen Meiner Mecklenburger sich zu Mir drängen sehe mit den Gefühlen des Dankes und der Treue. Möge Gott das Vaterland schützen in der neuen Bahn, in die es der Schwung der Zeit und der Völker hineingetragen! — Noch drängt es Mich, Meinen Schwerinern Meinen herzlichen innigen Dank auszusprechen für die Ruhe, Festigkeit und Treue mit welcher sie in der Zeit der Gefahr zu Mir gestanden sind, Ich werde es Ihnen niemals vergessen; es mag vielleicht ein Erbteil aus einer früheren Zeit gewesen sein von einem teuren, unvergeßlichen Gestorbenen. Aber jetzt hat sich das Band neu geschlungen zwischen Ihnen und Mir, und kein Sturm der Zeiten soll es zerreißen. — Gott schütze unser deutsches, unser mecklenburgisches Vaterland, deren vereinte Farben wir heute annehmen! Bringen wir beiden ein freudiges Hoch!" —

Die vier Wochen, welche zwischen diesem Zeitpunkt und der Eröffnung des Landtags lagen, wurden von der freisinnigen Partei nach Kräften ausgenutzt. Namentlich die Rostocker Agitatoren entfalteten eine große Rührigkeit. Der dortige Ausschuß der letzten Volksversammlungen hatte sich gewissermaßen in Permanenz erklärt. Von ihm ging die Einladung aus zu einer Vereinigung aller Reformfreunde, die am 2. April in Güstrow statt-

fand. Alle schwerinschen Städte mit Ausnahme von Dömitz,
alle strelitzschen mit Ausnahme von Fürstenberg hatten Deputierte entsandt. Spangenberg-Güstrow präsidierte der Versammlung, welche 173 Mitglieder zählte. Die eigentlichen treibenden
Kräfte aber waren die Rostocker Advokaten Kippe, Bolten und
Wiggers. Neben ihnen machten sich schon damals bemerklich aus
Schwerin: die Advokaten Marcus und Wehmeyer, aus Wismar:
Dr. Haupt, aus Parchim: Senator Wilbrandt und Advokat
Raabe, aus Stargard: Bürgermeister Siemssen, aus Neubrandenburg: Kandidat Boll, u. a. Die Versammlung entschied sich
ohne lange Diskussion für die Annahme von 17 Punkten, welche
die Rostocker Deputierten aufgestellt hatten und welche das Bestreben verrieten, der neuen Verfassung eine möglichst breite demokratische Basis zu geben. Vereinzelte Anträge, welche einer
neuen ständischen oder Interessenvertretung das Wort redeten,
wurden abgelehnt. Auch trat das Mißtrauen, welches man gegen
die Mitwirkung der alten Stände an dem Reformwerk hegte, sowohl auf diesem wie auf dem 14 Tage später gleichfalls in
Güstrow abgehaltenen Vereinstage sehr unverhohlen hervor. Es
fand seinen Ausdruck in der Bildung eines Überwachungskomitees,
welches aus zwölf Mitgliedern bestehend sich während des Landtags in Schwerin einfinden und einen Druck im Sinne der Güstrower Beschlüsse ausüben sollte. Hand in Hand ging damit nun
die Gründung von Reformvereinen, welche sich alsbald in allen
Städten und größeren Ortschaften des Landes bildeten und ihre
Direktive von einem Rostocker Centralkomitee erhielten.

Dieses rasch sich entwickelnde Vereinswesen war im Lande
etwas Neues, Ungewöhnliches, politische Agitation bis dahin unbekannt gewesen. Jetzt wurden die unteren Volksschichten plötzlich
und unvorbereitet zur Verhandlung über Fragen herangezogen,
die ihnen teils völlig fremd waren, teils überhaupt ganz außerhalb ihrer Bildungssphäre lagen. Schon oben wurde angedeutet,
daß selbst in den Städten die gebildeten Kreise, welche nicht zu
der ständischen Körperschaft in näherer Beziehung standen, an
den politischen Vorgängen und Differenzen nur geringen Anteil

nahmen, da ihnen jede Mitwirkung am öffentlichen Leben ent=
zogen blieb. Die Unzufriedenheit mit dem Bestehenden hatte den
Charakter mißmutiger Resignation angenommen. Weit mehr noch
hatte sich diese Indolenz geltend gemacht bei dem numerisch stärk=
sten Teil der Bevölkerung, bei den ländlichen Arbeitern und dem
städtischen Kleingewerbe. Hier waren neben dem niedrigen Bil=
dungsniveau auch die harte Tagesarbeit, die räumliche Entfer=
nung der Wohnstätten in einem schwach bevölkerten Landstrich
Hemmnisse für den freieren Blick gewesen. Bei den meisten die=
ser Leute reichte derselbe nicht weiter als bis an die engen Gren=
zen ihres Berufslebens. Daß sie nun ihre wirtschaftlichen Be=
dürfnisse, ihre Lokalinteressen und persönlichen Wünsche in die
Versammlungen hineintrugen, war ebenso natürlich, als daß die
Unmöglichkeit einer sofortigen Befriedigung derselben wiederum
Enttäuschung und Unmut hervorrief. Neugier, Standalsucht, das
Gefallen an politischer Kannegießerei führte immer neue Scharen
in die Reformvereine. Mangel an Autorität bei den Führern,
das Ausbleiben passender Belehrung und hier und da auch wohl
bewußtes Hetzen ehrgeiziger Intriganten veranlaßten in sehr
vielen Orten tumultuarische Auftritte und Excesse. Im Laufe des
April fanden derartige Krawalle statt in Röbel, Lübtheen, Tessin,
Kröpelin, Dargun, Rehna und Hagenow. Meistens waren die=
selben gegen mißliebige Bürgermeister oder Beamte gerichtet; nir=
gends aber hatten sie einen ernsten oder gefährlichen Charakter.
Die Neigung zu lärmenden Aufläufen, der Trieb der Nachahmung
waren dabei vorherrschende Faktoren. Jeder Ort wollte auch seine
kleine „Revolution" haben. Mit Hülfe der Bürgerwehr, die
überall eingerichtet war, gelang es gewöhnlich bald, die Ruhe
wiederherzustellen. Die bedenklicheren Ausschreitungen, welche
im September in Malchow und im Mai 1849 in Torgelow statt=
fanden, blieben glücklicherweise vereinzelt.

Die Reformvereine haben auf die Stimmung im Lande that=
sächlich einen großen Einfluß geübt. Schon die erste Heerschau,
welche auf der Generalversammlung vom 16. April in Güstrow
abgehalten wurde, konnte die Veranstalter mit Befriedigung und

Zuversicht erfüllen. Diese erstarkte immer mehr bei der Wahrnehmung, daß eine konservative Gegenströmung fehlte. Zwar
hatte der Landrat von Oertzen-Jürgenstorf den Versuch gemacht,
seine ritterschaftlichen Gesinnungsgenossen zu geschlossenem Auftreten zu veranlassen. Auch fand in Güstrow eine Art Partei-
tag statt, der von vielen abeligen und bürgerlichen Gutsbesitzern
besucht wurde. Allein die dort formulierte Erklärung enthielt
kein Programm. Sie beschränkte sich auf einen Appell an das
Vertrauen der Mitbürger. Die hierin und in den Manifesten
einzelner ritterschaftlicher Ämter (Stavenhagen, Neustadt Waren) gegebene Zusicherung, alle Vorrechte preisgeben und auch
die Nutzung der Landesklöster dem Gemeinwohl zum Opfer bringen
zu wollen, bewies nur die Mut- und Ratlosigkeit der altkonservativen Kreise. Ein Vorwurf soll hier nicht erhoben werden.
Die Plötzlichkeit der politischen Katastrophe machte ein Gefühl der
Betäubung erklärlich. Auch ließ die Unsicherheit und die manchem isolierten Wohnsitz drohende Gefahr Vorsicht und Nachgiebigkeit rätlich erscheinen. Aber die Thatsache, daß die Adelspartei
schon in den vorangehenden Jahren einer festeren Organisation
ermangelt hatte, daß es ihr überhaupt an entschlossenen Führern
fehlte, wurde jetzt peinlich empfunden.

Es mag unentschieden bleiben, ob durch ein zielbewußtes
Auftreten einzelner, mit genügender Autorität ausgestatteter
Männer in jenen Tagen der allgemeinen Erregung noch manches
hätte gerettet werden können, was man jetzt ohne Widerstand
preisgab. Die Thatsache aber, daß die konservativen Elemente
desorganisiert waren und während des ganzen Jahres 1848
ohne festen Zusammenhalt blieben, muß als ein charakteristisches
Merkmal jener Epoche konstatiert werden. Während des außerordentlichen Landtags, während der Wahlen im September und
noch während der ersten Kammersession im nächsten Winter blieb
diese Unentschlossenheit der Konservativen sehr fühlbar. Die
Regierung hätte hier einen Halt, wenn sie ihn gesucht, nicht gefunden. In den Wahlen zum Frankfurter Parlament wurde kein
einziger Konservativer durchgebracht. Hierbei mochte der Mangel

an Interesse für die nationalen Angelegenheiten nachteilig wirken. Der Ritterschaft lag ihre eigene Verfassung weit mehr am
Herzen als die des Reichs. Jetzt war das Wichtigste, jene Verfassung eben, verloren. Eine Entschädigung für die aufgegebenen
Rechte vermochte die Mitgliedschaft des Frankfurter Parlaments
nicht zu bieten. Bei dem mecklenburgischen Abel hatte das par-
tikularistische Interesse von jeher das deutschnationale überwogen.
Später, bei den Wahlen für die konstituierende Kammer, wurden
hie und da adelige Gutsbesitzer aufgestellt und auch vereinzelt
durchgebracht. Eine gewisse Lässigkeit in dem Kampf um die Sitze
war aber in den altständischen Kreisen unverkennbar. Sie hat
sich auch später, 1871, bei den Wahlen zum ersten Deutschen Reichstag, wieder gezeigt, wie überhaupt immer dann, wenn es galt,
Stimmen für eine Vertretung zu werben, die man seit alters her
gewohnt war als integrierenden Teil der Landstandschaft anzu-
sehen. Für eine Wahlagitation hat sich die altständische Partei
in Mecklenburg niemals recht erwärmen können. Diese Abneigung setzte sie in Nachteil gegen diejenigen Parteien, welche solche
Agitation geschickt und eifrig betrieben. Wir können begreifen,
daß damals, im Sommer 1848, die Ritterschaft nur widerwillig
in den Wahlkampf eintrat. Es war hart, die Mitgliedschaft an
der Legislative erst erstreiten zu müssen, nachdem man sie jahrhundertelang anstandslos ausgeübt. Solche Empfindungen sind
menschlich, sind natürlich. Aber wir dürfen auch nicht unerwähnt
lassen, daß das Fehlen einer konservativen Parteibildung für die
nächsten politischen Vorgänge entscheidend war, daß es den radikalen Elementen ein Übergewicht gab, welches ihnen nach der eigentlichen Stimmung des Landes nicht zukam, und daß die mecklenburgische Ritterschaft in dem rückhaltlosen Preisgeben aller ihrer
Rechte auf dem außerordentlichen Landtag mehr that, als die
Regierung, ja selbst als die Bevölkerung erwartete. Indem der
Landadel das neue Verfassungswerk ausschließlich der Vereinbarung zwischen den Landesherren und der neuen Kammer zuwies und dabei nur Bedingungen stellte, deren Erfüllung nicht
von ihm selbst abhing, enthob er sich zwar jeder Verantwortung

für die Verfassungsreform, entsagte aber auch jeder korporativen
Einwirkung auf dieselbe. Geleitet von dem Gefühl, daß nichts
oder doch nichts Wesentliches zu retten sei, trat er vom politischen
Schauplatz ab. Mißmut und Beklommenheit mögen der Grund
gewesen sein, daß die altständische Partei länger als ein Jahr
ohne festen Mittelpunkt, ohne Organ, ja eigentlich ohne Programm
blieb. Erst im Sommer 1849, als in Strelitz die Absicht, mit
der Kammer zu brechen, bestimmter hervortrat, gelang es der
Partei, sich zu konsolidieren.

Bis dahin wurden die Unentschiedenen im Lande ausschließ=
lich von der liberalen Agitation umworben und — solange noch
keine gemäßigte Mittelpartei bestand — von den Reformvereinen
angezogen. Ihre Zahl war namentlich in der Klasse des städti=
schen Kleingewerbes nicht unbeträchtlich. In diesen Kreisen be=
sorgte man jedoch die Folgen einer Gewerbefreiheit, welche der
Artikel 14 der Güstrower Beschlüsse anzukündigen schien. Hier lag
der Keim zu einer Spaltung der Reformpartei, die auch später
wirklich eintrat.

Von ähnlichen, praktischen Gesichtspunkten ausgehend, hatten
sich auch die Vereinigungen anderer Berufsklassen gebildet. So
fanden im April noch Versammlungen der Domanialpächter und
Bauern statt in Eldena, Güstrow und Schwerin. Zu den
Wünschen, über die man sich einigte, gehörten: Verwandlung der
Bauerhufen in freies Eigentum, Verkleinerung des Großgrund=
besitzes, Erwerbung eigenen Grundbesitzes durch die Tagelöhner,
Vertretung auf dem Landtage u. s. w. Auch in den Kreisen der
Schullehrer, der Rechtskandidaten und Handlungsdiener wurden
Wünsche und Beschwerden formuliert. Jeder Stand war bestrebt,
seine Ansprüche geltend zu machen, um an den Wohlthaten der
verheißenen Neuerungen zu participieren.

Am 26. April wurde der Vereinigte Landtag der beiden
Großherzogtümer in der Domkirche zu Schwerin eröffnet. Die
Ansprache des Großherzogs machte einen guten Eindruck. Die
Ritterschaft, namentlich der Adel in derselben, war sehr zahlreich
erschienen. Das Gefühl, daß man der Grablegung der alten

Verfassung beizuwohnen gekommen war, wirkte freilich nieder-
drückend; daß man noch einige der alten ständischen Institutionen
werde retten können, glaubte niemand. Immerhin konnte bei
der Beratung des Wahlgesetzes eine Stimmenmehrheit noch von
einiger Wichtigkeit sein. In der Schweriner Proposition wurde
zunächst auf den Zweck der Versammlung und die gestellte Aufgabe hingewiesen. Was sich schon früher aus inneren Gründen
als notwendig herausgestellt habe, sei durch die Bewegung, die
ganz Deutschland ergriffen und erschüttert habe, jetzt das dringendste Erfordernis geworden. Später hieß es wörtlich: „Jetzt
gilt es zunächst nur, eine Reform Unserer Landesvertretung herbeizuführen. Wir schlagen Unseren getreuen Ständen zu diesem
Zwecke vor:

1. die Auflösung der bisherigen Landesvertretung,
2. die Anbahnung einer neuen Ständeeinrichtung auf Grundlage von Wahlen im ganzen Lande,
3. den unveränderten Fortbestand übriger staatsrechtlicher Verhältnisse des Landes bis dahin, daß durch die Vereinbarung der Landesherren mit den neu zu erwählenden
   Ständen andere Einrichtungen getroffen sein werden."

Nach einer Berufung auf den Patriotismus der Stände und
Ankündigung eines Wahlgesetzes, dessen allgemeine Grundsätze
angedeutet wurden, betonte die großherzogliche Erklärung ausdrücklich: daß, was immer aufgebaut werde, auf mecklenburgischem
Boden zu bauen sei. Nur auf diese Weise sei es zu erreichen,
daß alle Landesteile sowie alle Interessen des Landes und der
Landeseinwohner dauernd ihre gehörige Vertretung fänden. Wörtlich wurde dann gesagt: „Es wird solchem nach zur Notwendigkeit, alle bisherigen staatsrechtlichen Verhältnisse bei Bestand zu
lassen, bis darüber mit den zu erwählenden Ständen ein anderes
vereinbart sein wird, jedoch wird infolge der dem Domanium
zu gewährenden Teilnahme an der Landesvertretung Unser bisher
unbeschränktes Gesetzgebungs- und Besteuerungsrecht in den Domänen fortfallen."

Der Wortlaut der hier citierten Sätze ist wichtig, weil sich

später in dem Staatsprozeß von 1850 Zweifel über die ursprüng=
lichen Intentionen des Großherzogs erhoben. Der Sinn derselben
wurde verschiedenartig gedeutet. Namentlich war dies hinsichtlich
des im letzten Satz gebrauchten Ausdrucks: „alle bisherigen Ver=
hältnisse" der Fall, mit welchem die Forderung eines sofortigen
Aufgebens der alten Rechte seitens der Stände in Widerspruch
zu stehen schien. Immerhin wurde später mit Recht gefolgert,
daß ihrem Gesamtinhalt nach die landesherrliche Proposition
dahin ging: Die Beschlüsse über die Neugestaltung der Verfassung
sollten zwar ausschließlich der neuen Landesrepräsentation anheim=
fallen, bis aber diese erfolgt seien, die alten Institutionen in
Kraft bleiben, mit Ausnahme nur der das Domanium betref=
fenden schon jetzt aufgegebenen Gerechtsamen.

Die Strelitzer Proposition, welche Regierungsrat Graf Basse=
witz als Kommissar vorlegte, schloß sich der Schweriner in allen
wesentlichen Punkten an, doch war dabei zugleich der Wunsch aus=
gesprochen, die alte Union aufrechtzuerhalten. Die Beratungen
nahmen nun ihren Anfang. Es wurde eine Kommitte gewählt,
welche die Proposition zu prüfen und die ständischen Gesichtspunkte
geltend zu machen hatte. Von den Berichten dieser Kommitte ist
namentlich der vierte von Wichtigkeit und erfordert eine nähere
Betrachtung, weil an diesen die spätere Klage der Ritterschaft an=
knüpfte. Schon vorher, am 29. April, hatten sich die Stände in
einem allgemein gehaltenen Beschluß dahin bereit erklärt, „ihre
bisherigen grundgesetzlichen Landstandschaftsrechte zu der Folge
aufzugeben, daß künftig nur gewählte Repräsentanten die Stände=
versammlung bilden" sollten. Jedoch war daran die ausdrückliche
Bedingung geknüpft, daß

1. „jener neuen Ständeversammlung durch einen Revers der
   Landesherren als Minimum diejenigen Rechte eingeräumt
   würden, welche den alten Ständen zugestanden, und daß

2. über alle von der Kommitte angeregten Fragen eine defi=
   nitive Einigung sowohl beider Landesherren mit den Stän=
   den als der Stände unter sich erzielt werde".

Hiernach also war von vornherein der ständische Verzicht an

die Erfüllung derjenigen Stipulationen gebunden, welche die Kommitte aufzustellen hatte. Dies geschah nun in dem 4. Kommitten-
bericht, welcher sich bestimmter dahin aussprach, daß „nachdem
der bisherige Rechtsboden verlassen sei, das Objekt der ständischen
Berechtigungen demnächst der höchsten Staatsgewalt anheimfalle,
welche darüber, unter Mitwirkung der von der Gesamtheit erwählten Stellvertreter, zu verfügen haben werde. Daraus folge
indessen nicht, daß eine gesetzliche Aufhebung der gegenwärtig bestehenden, mit dem Rechte der Landstandschaft nicht verbundenen
oder daraus hervorgegangenen Verhältnisse notwendig werde geschehen müssen."

Dieser Vorbehalt ging namentlich von der Erwägung aus,
daß durch eine vorzeitige Auflösung der alten Stände, und ehe
das Verfassungswerk vollendet, das Zwischenstadium einer absoluten Regierungsgewalt eintreten konnte. Dies wollte man vermeiden. Doch war auch die Rücksicht auf etwaige Meinungsverschiedenheiten zwischen den beiden Regierungen dabei maßgebend.
Deshalb hieß es im Hinblick auf den Zeitpunkt der Auflösung
wörtlich: „und erachtet Kommitte, daß jener Zeitpunkt der Vereinbarung zwischen den hohen Landesregierungen und den neuen
Repräsentanten zu überlassen sei, dergestalt, daß jene Auflösung erst in dem Augenblick eintritt, wo infolge
einer solchen, im Wege der neuen Verfassung erfolgten Vereinbarung die Landesherren die Ritter-
und Landschaft als politisch berechtigte Korporationen für aufgelöst erklären. Bis dahin werden auch die
ständischen Deputationen, die sonstigen ständischen Verwaltungen
und der Engere Ausschuß in unveränderter Weise fortbestehen."
Es wurde ferner vorgeschlagen, in Anbetracht der Unbestimmtheit
des für die Auflösung ausersehenen Zeitpunktes, den Engeren
Ausschuß inzwischen zur Bewilligung der ordentlichen Landes-
kontribution und Landesanlagen zu ermächtigen (was thatsächlich
später geschah). Schließlich ging der Bericht auf die eigentümlichen Verhältnisse der Seestädte Rostock und Wismar ein. Der
Stadt Rostock würden auch nach Verzicht auf die Landstandschaft

und den Sitz im Engeren Ausschuß die übrigen politischen Vorrechte verbleiben, welche auf der Basis der mit dem Landesherrn
errichteten Erbverträge und der mit Ritter- und Landschaft abgeschlossenen Stipulationen beruhten. Deshalb habe Rostock diese
Vorrechte, welche mit der Bildung einer Repräsentativverfassung
unvereinbar seien, durch besonderen Verzicht an die Staatsgewalt
zu übertragen und zwar v o r Abgabe einer definitiven Erklärung
der Ritter- und Landschaft über die Auflösung der bisherigen
Landesvertretung. Der Großherzog wurde ersucht, sich dieserhalb
mit der Stadt Rostock und ebenso auch mit der Stadt Wismar
zu benehmen, welche, mit Ausnahme der Landstandschaft, ähnliche Vorrechte besaß.

Dieser Kommitten-Bericht, bei dessen Fassung namentlich der
vorsitzende Landrat, von Blücher-Kuppentin, seinen Einfluß gel-
tend machte, verriet ebensoviel Umsicht als sachliche Objektivität.
Die gemachten Vorbehalte waren bei der ziemlich unbestimmten
Form der Propositionen durchaus gerechtfertigt, und wiesen die
Regierungen auf diejenigen Maßregeln hin, die für den Übergang
in das neue Verhältnis unerläßlich waren. Die Forderung von
Garantieen und die Rechtsverwahrung für den Fall, daß das
neue Verfassungswerk nicht zu stande käme, mochte manchem
Mitglied der alten Stände damals höchst überflüssig erscheinen.
Die liberale Partei hatte dafür nur ein Lächeln der Gering-
schätzung. Allein die Zeit hat gelehrt, daß jene Vorbehalte, wenn
sie auch nicht von der Hoffnung auf dereinstige Wirksamkeit ausgingen, doch auf einem klaren Rechtsgefühl fußten, welches bei
der späteren Unsicherheit der staatsrechtlichen Verhältnisse entscheidende Geltung erhielt.

Die Regierungen kamen den ständischen Wünschen teilweise
sogleich entgegen, indem ein Reskript vom 15. Mai den beantragten
Revers in der Weise ausstellte, daß der neuen Ständeversammlung zum mindesten diejenigen Rechte gewährt werden sollten,
welche die alten Stände besessen hatten. Schwieriger war eine
Verständigung über das Wahlgesetz. Die Verhandlungen darüber
nahmen oft einen stürmischen Charakter an, und Herr von Blücher

hatte als Vorsitzender mehrmals die Gallerie zur Ruhe zu ver=
weisen. Die Landesherren hatten vorgeschlagen, daß in der neuen
Kammer neben 33 Vertretern der städtischen und 29 der ländlichen
Bevölkerung, welche aus indirekter Wahl hervorgehen sollten,
auch der große Grundbesitz durch 23 direkt zu wählende Abgeord=
nete vertreten werde. Wegen des lebhaften Widerspruchs der
Landschaft, welche sich benachteiligt glaubte, wurde dieser Entwurf
modifiziert, dergestalt, daß auf die Städte 40, auf das Land 29
und auf den großen Grundbesitz 19 Sitze entfielen. Aber auch
dieser Versuch, eine dem alten System mehr angepaßte Inter=
essenvertretung durchzusetzen, mißlang. So blieb denn nur das
Prinzip der Kopfzahl übrig, und in den letzten Debatten stritt
man über indirekte und direkte Wahl, über Census und unbe=
schränkte Wahlfähigkeit. Die Städte bestanden auf indirekter Wahl,
womöglich ohne Census, die Ritter auf direkten Wahlen mit
geringem Census. Das Überwachungskomitee berief nun Depu=
tierte sämtlicher Reformvereine nach Schwerin, welche sich, etwa
200 an der Zahl, am 14. Mai dort einfanden. Das Gebaren
auf der Zuhörergallerie wurde so störend, daß die Sitzung ein=
mal (16. Mai) aufgehoben werden mußte. Die Ritterschaft hatte
inzwischen den Regierungen die Entscheidung über das Wahlgesetz
anheimgegeben, und diese fiel nunmehr im Sinne der Landschaft
aus. Währenddem war als Antwort auf den 4. Kommittenbericht
am 13. Mai ein schwerinsches Reskript erfolgt, in welchem der
Großherzog der ständischen Auffassung betreffs der Seestädte prin=
zipiell zustimmte. Sowie er sich eines Teils seiner Rechte im
Domanium bereits freiwillig begeben, so würden auch die See=
städte auf ihre Privilegien verzichten müssen. Eine solche Ver=
zichtleistung schon jetzt zu erzielen, sei unthunlich, weil die neue
Verfassung, welche auch die Verhältnisse der Seestädte im einzelnen
regeln werde, noch nicht vorliege. Daß letztere aber zu einer jene
Konsequenz im allgemeinen anerkennenden Erklärung bereit sein
würden, sei um so mehr zu erwarten, als ja bis dahin der status
quo unalteriert bleibe.

Mit dieser Zusicherung gaben sich die Stände zufrieden, re=

sümierten aber ihre Wünsche und Vorbehalte noch einmal in der
Schlußerklärung. Hierin hieß es unter anderem wörtlich: „Die
getreuen Stände machen die Auflösung der bisherigen Landesver=
tretung von der ausdrücklichen Bedingung abhängig, daß die See=
städte Rostock und Wismar generell es aussprechen, daß sie der
allgemeinen Gesetzgebung des Landes sich unterwerfen und ihre
bisherigen Privilegien und vertragsmäßigen Rechte nur insoweit
in Wirksamkeit verbleiben können, als sie mit dem Wesen der
neuen Verfassung und deren notwendigen Konsequenzen sich ver=
einbar zeigen werden." Schließlich wurden noch Vorschläge ge=
macht betreffs des Anschlusses des Fürstentums Ratzeburg an die
zu berufende Abgeordnetenversammlung, sowie betreffs des Fort=
bestandes der Union, des Wahlmodus und der provisorischen
Geschäftsordnung.

Der Landtag wurde nun am 17. Mai geschlossen. In dem
Schweriner Landtagsabschied interessieren uns vor allem folgende
Sätze:

„Rücksichtlich der ständischen Erklärung über die Rechte
und sonstigen Beziehungen, wie solche in dem 4. Kommitten=
berichte unter II 2c. aufgeführt sind, erklären Wir, soviel an
Uns liegt, Uns gleichfalls einverstanden. Wie das Verhältnis
zu Unseren Seestädten zu ordnen, haben Wir bereits in einem
besonderen Erlaß ausgesprochen. Wir sehen es als eine not=
wendige Folge der neuen Staatsform an, daß diese Verhält=
nisse in der dort angegebenen Weise festgestellt werden. Wir
werden über den Fortbestand der Union zwischen Mecklenburg=
Schwerin und Mecklenburg=Strelitz die erforderliche Beratung
zunächst unter beiden Landesregierungen veranlassen."

Der Strelitzer Abschied stimmte mit dem Schweriner im
wesentlichen überein. Die Versammlung löste sich auf, und nicht
ohne Wehmut schied manches Landtagsmitglied aus dem Ver=
bande, den man für immer gelöst wähnte. Nur die ständischen
Deputierten zum Engeren Ausschuß und die mit der Verwaltung
altständischer Institute, z. B. der Brandkasse, des Kreditvereins,

der Amtsverbände 2c., betrauten Ausschüsse blieben vorläufig noch in Wirksamkeit.

Auch auf den Großherzog hatte der bedeutsame Akt einen tiefen Eindruck gemacht. „Die alte ehrwürdige Verfassung ist zu Grabe getragen" — schrieb er am 17. Mai — „die Berliner Märztage haben diese Wendung heraufbeschworen!" —

Tags darauf, am 18. Mai trat die Nationalversammlung in der Frankfurter Paulskirche zu ihrer ersten Sitzung zusammen. Durch ihre Verhandlungen, ebenso wie durch den Verlauf des Feldzugs in Schleswig=Holstein, an welchem die mecklenburgischen Truppen teilnahmen, wurde die Aufmerksamkeit von der mecklen= burgischen Verfassungsfrage vorläufig abgelenkt. Beides kann hier nur flüchtig gestreift werden. Das Interesse an der Gestaltung der deutschen Angelegenheiten war in Mecklenburg nicht größer oder geringer als in anderen Bundesstaaten. Hier wie dort waren es vorzugsweise die liberalen Kreise, die sich an dem Ein= heitswerk beteiligten. Aus ihnen waren die Deputierten zu dem sogenannten Vorparlament hervorgegangen. Oberappellationsrat Kierulff und Dr. Schnelle=Buchholz hatten dem Fünfziger=Ausschuß angehört, während Herr Steber=Wustrow als Mitglied des Engeren Ausschusses die mecklenburgischen Stände in der Versammlung der 17 Vertrauensmänner vertrat. Auch die Wahlen zur kon= stituierenden Nationalversammlung waren durchweg liberal aus= gefallen. Die sieben mecklenburgischen Abgeordneten waren: Ober= appellationsrat Kierulff=Rostock, Oberlehrer Dr. Haupt=Wismar, Amtsverwalter Böcler=Schwerin, Rektor Reinhard=Boizenburg, Dr. Drechsler=Parchim, Gutsbesitzer Pogge=Roggow und Dr. Sprengel=Waren. An die Stelle des ausscheidenden Herrn Pogge trat später durch Ersatzwahl vom 9. Dezember der Kaufmann Mann=Rostock.

Die Frankfurter Vorgänge wie alles, was mit dem Ver= such, eine Centralgewalt zu begründen, zusammenhing, sollen hier unberührt bleiben. Eine besondere Rückwirkung auf die Ver= hältnisse Mecklenburgs haben sie nicht ausgeübt und die nach Frankfurt entsendeten Abgeordneten eine hervortretende Rolle dort

nicht gespielt. Einige derselben, namentlich Kierulff und Böcler,
waren in Ausschüssen thätig; alle waren voll Begeisterung für die
deutsche Sache.

Seit dem Frühjahr 1848 waren die mecklenburgischen Regierungen in Frankfurt durch den Regierungsrat Dr. Karsten vertreten, nachdem Herr von Schack aus Gesundheitsrücksichten seinen
Abschied genommen hatte [1]. Dr. Karsten nahm noch an den
letzten Sitzungen des Bundestags teil und wurde nach dessen Auflösung als Bevollmächtigter der beiden Großherzogtümer bei der
Centralgewalt beglaubigt (27. Juli). Er verblieb in dieser
Stellung bis zum Rücktritt des Reichsverwesers. Die Instruktionen, welche er von Schwerin erhielt, gingen in den ersten
Monaten dahin, das Einheitswerk auf jede Weise zu fördern; als
die Oberhauptsfrage näher rückte, wurde in unzweideutiger Weise
auf Preußen hingewiesen. Übrigens kam die Regierung ihren
bundesstaatlichen Verpflichtungen gewissenhaft nach. Die Erlasse
der Centralgewalt wurden rechtzeitig verkündigt, die eingeforderten
statistischen Nachweise übersandt und die Matrikularbeiträge gezahlt.
Großherzog Friedrich Franz folgte den Verhandlungen der Nationalversammlung mit Aufmerksamkeit. Wie seinem Urgroßvater

---

[1] Christof von Schack, geb. 2. Aug. 1780, war ein Sohn des Kammerherrn von Schack auf Kaden und Zülow und einer Tochter des Ober-
jägermeisters von Koppelow. Nachdem er in Halle und Göttingen studiert,
trat er in den mecklenburgischen Justizdienst, verließ denselben aber als
Instizrat, um sich nach dem Tode des Vaters der Bewirtschaftung seines
ausgedehnten Grundbesitzes zu widmen. An den Landtagsverhandlungen
regen Anteil nehmend, ward er Vicelandmarschall und später Landrat. Als
nach dem 1827 erfolgten Tode des Bundestagsgesandten von Pentz eine Neu-
besetzung dieses Postens notwendig ward — die Geschäfte wurden zunächst
interimistisch von dem Legationsrat von Meyer versehen —, fiel die Wahl
auf Herrn von Schack, welcher sich 1828 nach Frankfurt begab und in
seiner dortigen zwanzigjährigen Amtsführung seinem Lande hervorragende
Dienste leistete. Seiner Specialmission nach Paris ist schon oben gedacht
worden. Als Wirkl. Geh. Rat trat er wegen Kränklichkeit 1848 aus dem
Staatsdienst, zog sich auf eines seiner Güter, Brüsewitz bei Schwerin, zurück und starb am 14. August 1852 zu Bevey in der Schweiz, wohin er
sich auf ärztlichen Rat begeben hatte.

damals während des Wiener Kongresses die Einheit und Kraft des Reiches als höchstes und vor allem anderen zu erstrebendes Ziel vorgeschwebt, so war auch er jetzt bei der begonnenen Umbildung der bundesstaatlichen Verhältnisse bereit, jedwedes Opfer zu bringen, welches der Gesamtheit zu nutzen käme. Ob dieses Ziel mit oder ohne Österreich zu erreichen war, vermochte angesichts der Zerrüttung dieser Monarchie niemand zu sagen. Für Mecklenburg war wegen der geographischen Lage, der Konfession und der Verwandtschaft der regierenden Häuser ein Anschluß an Preußen geboten. Er wäre leichter und einfacher gewesen, wenn die Schwankungen Friedrich Wilhelms IV. den Gang der preußischen Politik nicht unausgesetzt beeinträchtigt hätten.

Weit mehr als durch die Frankfurter Verhandlungen wurde das Großherzogtum durch die schleswig-holsteinische Erhebung in Mitleidenschaft gezogen. Seine exponierte Lage als Nachbarstaat, die einer dänischen Invasion zugängliche langgestreckte Küste erforderten besondere Schutzmaßregeln. Der Handel der Seestädte wurde empfindlich getroffen. Schon am 30. März hatte der Großherzog einen Brief des Prinzen Friedrich August von Holstein erhalten, welcher schon damals an der Spitze der holsteinschen Bewegung stand. Der Prinz, der einen dänischen Angriff auf Rendsburg befürchtete, bat um schleunige Unterstützung durch Absendung des mecklenburgischen Dragonerregiments.

„Es ist von der größten Wichtigkeit", schrieb er, „daß der erste Vorstoß der Dänen abgewehrt wird. Diese sind uns an Kavallerie sehr überlegen. Wir fechten nicht nur für unser Recht, welches eine fanatische Partei uns entreißen will, sondern auch für Deutschland und haben dessen nördlichste Grenzmarken zu verteidigen. Wir hoffen, daß Deutschlands Fürsten uns nicht im Stich lassen werden, und insbesondere hoffen wir dies von denen, die uns am nächsten sind. Sie, gnädigster Herr, können uns in einem halben Tag mit der Eisenbahn Ihr Dragonerregiment von Ludwigslust nach Rendsburg senden, und wir alle werden Ihnen und Ihren Mecklenburgern dafür unsern herzlichsten Dank sagen."

Der Großherzog lehnte natürlich die in dieser Form unthun=
liche Requisition eines Truppenteils ab, erklärte sich aber zugleich
bereit, ein stärkeres Detachement aller Waffengattungen ins Feld
zu führen, sobald der Bund die Kriegserklärung beschlossen habe.
Nachdem am 12. April die Exekution gegen Dänemark durch ein
preußisches und ein kombiniertes Bundescorps verfügt war, setzte
sich am 14. die halbe Brigade unter dem Kommando des Oberst=
lieutenants von Raven II. über Ratzeburg und Oldesloe nach
Rendsburg in Bewegung. Sie bestand aus dem Garbebataillon
(Oberstlieutenant von Plessen), dem 2. Musketierbataillon (Major
Quistorp), einem Detachement Jäger und Schützen (Haupt=
mann Graf Leynhausen), 2 Schwadronen Dragoner (Major von
Below) und 4 Geschützen. Die mecklenburgischen Truppen traten
in Rendsburg unter den Befehl des hannöverschen Generals
Halkett und bildeten einen Teil der mobilen Division des 10.
Bundescorps.

Seit 33 Jahren hatten mecklenburgische Truppen nicht im
Feuer gestanden. Keiner der ausrückenden Offiziere besaß prak=
tische Kriegserfahrung. Die Truppen bestanden die Probe gut.
Alle Waffengattungen nahmen an Gefechten teil, einige hatten
starke Verluste. Die ersten erlitt die 4. Schwadron unter Ritt=
meister Baron von Robbe am 24. April bei Bilschau, wo sie die be=
fohlene Attacke auf sumpfigem Terrain ausführen mußte und sehr
unter dem Feuer des gedeckt stehenden Feindes litt. Um den
Vormarsch des preußischen Corps auf Jütland zu verschleiern,
besetzte die Division Halkett das festländische Ufer am Alsensund.
Sie hatte dort mehrere Wochen hindurch einen beschwerlichen und,
da eine Landung der Dänen von Alsen aus zu gewärtigen war,
einen aufregenden Dienst. Da sich die feindlichen Kanonenboote
sehr häufig im Alsensund zeigten, waren die Vorposten wieder=
holten Alarmierungen ausgesetzt. Der Übergang der Dänen auf
den bei Sonderburg geschlagenen Brücken veranlaßte am 28. Mai
ein hitziges Gefecht bei Düppel. An demselben nahmen neben
hannöverschen und braunschweigischen Truppen auch die beiden
mecklenburgischen Infanteriebataillone teil. Bei der Nübeler Mühle

war namentlich das Grenadiergardebataillon einem sehr heftigen
Angriff ausgesetzt. Oberstlieutenant von Plessen wurde verwundet,
Premierlieutenant von Hirschfeld fiel. (Die anderen Verluste
waren: 4 Unteroffiziere und Gemeine tot, 20 verwundet, 18
vermißt.) Die im Feuer gewesenen Truppen rückten nun in die
Reserve. Das überlegene Auftreten des Feindes machte das Nach-
ziehen von Verstärkungen nötig. Generalmajor von Elberhorst
ging daher am 21. Juni mit einem Detachement, bestehend aus
Mannschaften aller Waffen, nach Schleswig ab und übernahm
das Kommando der jetzt selbständigen mecklenburgischen Brigade,
zu welcher nun auch das nachrückende strelitzische Bataillon herangezogen wurde. Oberstlieutenant von Raven I. befehligte inzwischen
den im Lande zurückbleibenden Stamm. Anfangs August marschierte die Brigade nordwärts und nahm die Vorpostenstellung
an der jütischen Grenze ein. Nach längeren Unterhandlungen kam
am 26. der Waffenstillstand von Malmoe zu stande, und am
5. September traten die mecklenburgischen Truppen den Rückmarsch nach den heimischen Garnisonen an.

Kaum zurückgekehrt, mußte ein Teil derselben wieder ausmar-
schieren, um auf Ansuchen des Lübecker Senats zur Dämpfung
der dort ausgebrochenen Unruhen mitzuwirken [1]. Der Großherzog hatte zweimal, im Mai und August, seine im Felde stehenden Truppen inspiziert. Am 5. August hatte er ein militärisches
Ehrenzeichen „für Auszeichnungen im Kriege“ gestiftet, ein Kreuz
aus Geschützmetall darstellend. Er bestimmte, daß die erste aus-
gegebene Dekoration dem Bilde des im Kampf gefallenen Lieutenants von Hirschfeld hinzugefügt und im Offizierskasino aufbe-

---

[1] Das unter dem Befehl des Oberstlieutenants von Nußbaum stehende
Detachement bestand aus dem leichten Infanteriebataillon, einer Eskadron
Dragoner (Rittmeister von Bülow) und 4 Geschützen. Nach einmaliger Ablösung des leichten Infanteriebataillons am 11. Dezember durch 2 Compagnieen des Grenadiergardebataillons unter Befehl des Majors von Vieling-
hoff wurden die Dragoner und die Artillerie im November und Dezember,
die beiden Gardecompagnieen jedoch erst am 7. Februar 1849 wieder zurückgezogen.

wahrt werden solle und verlieh dieselbe Auszeichnung bei seiner
zweiten Anwesenheit im Felde dem Oberstlieutenant von Plessen,
dem Lieutenant von Quitzow und dem Unteroffizier Spalding von der
Artillerie, sowie dem Musketier Peters vom zweiten Bataillon.
Auch die Strandbefestigungen, welche an verschiedenen Punkten
der mecklenburgischen Küste (bei Wismar und Warnemünde) er=
richtet waren, wurden vom Großherzog besichtigt. Ein kurzer
Aufenthalt außerhalb seines Landes, welches er sonst während
dieser aufgeregten Zeit nicht verließ, wurde durch eine Reise nach
Eisenach (23.—26. Juni) veranlaßt, wo die Herzogin von Or=
leans seit dem Mai weilte. Es ist hier noch einiges nachzu=
holen.

Noch ehe der Aufenthalt der flüchtigen Herzogin genau bekannt
war, hatte sich die Erbgroßherzogin Auguste in Begleitung ihres
Hofmarschalls, Herrn von Rantzau, in die Gegend des Rheins
begeben und war auch mit ihrer Tochter glücklich zusammenge=
troffen, welche ihren Weg über Lille, Aachen und Köln genommen
hatte. Sobald man in Schwerin erfuhr, daß die beiden Fürstinnen
sich in Ems aufhielten, brach Großherzogin Alexandrine dorthin
auf, um ihrer schwergeprüften Schwägerin Trost und Zuspruch
zu gewähren und sie zur Annahme des vom Großherzog ange=
botenen Asyls zu bestimmen. Dieser hatte das Ludwigsluster
Schloß zur Verfügung gestellt. In Cassel erhielt Großherzogin
Alexandrine die Nachricht, daß Herzogin Helene ein Wiedersehen
nicht wünsche, ja daß sie ihre Schwägerin nicht empfangen werde,
falls diese nach Ems käme. Welche Gründe dieses auffallende
und selbst durch die Erinnerung an frühere, längst verjährte Miß=
helligkeiten nicht wohl zu rechtfertigende Verhalten veranlaßten,
mag unerörtert bleiben. Das Geltendmachen politischer Bedenken
konnte füglich nur als Vorwand angesehen werden. Versuche,
die Herzogin zu einer milderen, versöhnlicheren Haltung umzu=
stimmen, blieben erfolglos, und Großherzogin Alexandrine, welche,
von schwesterlicher Zuneigung und warmem Mitgefühl getrieben,
diese Reise unternommen hatte, kehrte über Hannover nach Meck=
lenburg zurück. Gegen das Unglück ist man nachsichtig. Das ab-

lehnende Verhalten der Herzogin hinterließ bei ihrer Familie keinerlei Verstimmung, und der Großherzog fuhr in den Bemühungen fort, seine Tante zur Rückkehr in die alte, ihr einst so
teuere Heimat zu bewegen.

Angesichts dieser Thatsachen, die sowohl dem Professor
Schubert als der Gräfin Harcourt bekannt sein mußten, ist es
auffallend, daß das Entgegenkommen der großherzoglichen Familie in den schon erwähnten Biographieen mit Stillschweigen übergangen wird. Bei der Gräfin Harcourt, welche weder diese Vorgänge und den Besuch des Großherzogs noch den später (1850)
stattgehabten Aufenthalt der Herzogin in Mecklenburg mit einem
Wort erwähnt, ist diese historische Ungenauigkeit offenbar einem
Übelwollen zuzuschreiben, welches für die am Orleansschen Hofe
herrschende Erbitterung bezeichnend ist. Brunier hat es in seinem
späteren Werk bereits unternommen, diese Lücke auszufüllen und
den Mißdeutungen zu begegnen, welchen das mecklenburgische
Fürstenhaus nach dem Erscheinen der ersten Biographieen ungerech-
terweise ausgesetzt war. Dies anerkennenswerte Bestreben erhält
indessen durch den mehrmals eingeflochtenen Vorbehalt: „wenn die
Berichte richtig sind" eine Abschwächung, welche der Unparteilichkeit des Autors alle Ehre macht, zugleich aber den Mangel
zuverlässigen Materials bekundet[1]. Dieses liegt nunmehr in aus-
giebigster Weise vor. Daß alle, auch die jüngeren Mitglieder der
großherzoglichen Familie, es gleich nach der Katastrophe an wiederholten Beweisen innigster Teilnahme nicht fehlen ließen, und
ihr Oberhaupt, der Großherzog, persönlich und thatkräftig diejenige
Hülfe anbot, welche von ihm erwartet werden konnte, dafür besitzen wir in den nachstehenden Briefen der Herzogin Helene wohl
das beste und beredteste Zeugnis. Sie sprechen zugleich für den
edlen Sinn der Fürstin und beweisen, daß, wenn gekränkter
Stolz und Bitterkeit über die getäuschten Hoffnungen es ihr in

---

[1] L. Brunier, Eine mecklenburgische Fürstentochter. Bremen 1872.
Seite 164.

den erften Tagen der Flucht unmöglich machten, den Ihrigen per-
fönlich zu begegnen, doch ihr Herz auf die Dauer nicht unempfind-
lich blieb gegen die Beweife der Liebe, die ihr aus diefem Kreife
entgegengebracht wurden. Der Lefer wird die einfeitige und un-
richtige Darftellung der Gräfin Harcourt darnach felbft zu berich-
tigen in der Lage fein.

„Ems, den 9. März 1848. Mit gerührtem Herzen und
innigem Dank, mein lieber teurer Fritz, habe ich Major von Zülow
empfangen; ich habe Dein treu liebendes Herz erkannt in dem
Auftrag, den Du ihm gegeben. In fo fchwerer Prüfung, wie
die meinige, ift es eine Wohlthat, fo treue Gefinnungen, fo
warme Teilnahme zu finden. Nie werde ich es vergeffen, wie
Du Dich in diefer für mich fo wichtigen Begebenheit benommen
haft, und mein Herz wird Dir ftets dafür dankbar fein. Herr
von Zülow wird Dir fagen, wie mich Dein Wunfch gerührt
hat, mich felbft aufzufuchen, mir durch Deinen Befuch und ein
Übereinkommen einen Troft zu gewähren; Du beweift mir dadurch, daß Du das alte mecklenburgifche, biedere Herz bewahrft,
das ich ftets in Dir geliebt. Er wird Dir aber auch aus-
einanderfetzen, inwiefern es fo wichtig für mich ift, in der
größten Abgefchiedenheit und Zurückgezogenheit zu leben, und
niemand zu fehen, mein Inkognito ftreng zu bewahren. Es ift
jetzt meine erfte und einzige Pflicht, mich meinen Kindern ganz
zu widmen und für fie zu thun, was ich vermag; — fchweigen,
mich ftill verhalten, abgefchieden leben, unfichtbar werden,
foviel es nur immer möglich ift, das ift jetzt meine Aufgabe. —
Du wirft das begreifen, Du haft zu viel Einficht, um es nicht
zu thun, und Du wirft mein Herz darum nicht verkennen.
Vielleicht in fpäteren Zeiten wird es mir möglich fein, Dich
wiederzufehen, mein lieber Fritz; es wird mir dann lieb und
tröftlich fein, doch jetzt wäre es nicht gut noch ratfam. Ich
bleibe fürs erfte ftill und abgefchieden in Ems, bis die Bade-
zeit Menfchen herführt, dann werde ich fehen, wohin ich meinen
Wanderftab fetze, noch weiß ich es nicht, aber Gott wird fchon
raten. — Daß Mama gekommen ift, ift mir ein unendlicher

Trost fürs Herz, ein Anhalt und ein Schutz der Welt gegenüber,
sie ist mir von Gott gesandt, und mehr kann und werde ich
nicht wünschen.

Dein Bruder hat sich wie Du, voll Liebe und Herz benommen, — ich habe es erst vor 2 Tagen erfahren, — danke
ihm dafür, ich erkenne recht von Herzen seine Gesinnungen.
Gott stärke Dich in Deinen Pflichten und erleuchte die deutschen
Fürsten, den König von Preußen besonders, dem ein so Ernstes
bevorsteht; in seiner Hand liegt, wie im Jahre 1830 in der
Hand seines Vaters, das Los Europas — er wird weise handeln
wie er und den Frieden zu erhalten wissen.“ — —

„Ems, den 23. April 1848. Unser guter Herr von Rantzau
wird Dir diese Zeilen bringen, mein lieber teurer Fritz, und
meine Grüße und meine Wünsche zu dem Gelingen alles
Schweren, was Dir der Himmel bescherte. Ich trenne mich
mit schwerem Herzen von ihm, denn in diesen Zeiten bleibt
man lieber mit denen vereint, welche treu ergeben sind, wie er,
doch müssen wir dies Opfer bringen, weil seine Gesundheit es
erfordert.

Über unsere Pläne kann ich Dir noch nichts mitteilen, sie
hängen noch von manchen Umständen ab, deren Lösung ich noch
erwarte — sollten sie mich aber jemals früher oder später zu
Dir führen, früher oder später in das ehemals so still friedliche
Land unserer Väter, so ist es meinem Herzen eine Lust, auf
Deine Liebe und Teilnahme bauen zu können und mich der
brüderlichen Worte zu erinnern, die Du vor 2 Monaten schriftlich an mich richtetest. In jedem Fall, ich mag ihnen folgen
oder nicht, mein Herz bleibt Dir stets innig dankbar dafür, laß
mich Dir dies nochmals wiederholen — sei auch mein Ver-
mittler bei Wilhelm, der sich so überaus herzlich und liebevoll
benommen und dessen Besuch mir recht, recht rührend gewesen.“ — —

„Eisenach, den 12. Juni 1848. Soeben erhalte ich Deinen
lieben freundlichen Brief, mein lieber Fritz, während unter
meinem Fenster auf dem Markt die tausendjährige Studenten-

schar in bunter Mischung hin und her flutet, um dann auf die
Wartburg zu ziehen, wo sie Deutschlands Schicksal zu bestimmen
gedenkt. Es soll mich aber dieser Lärm nicht hindern, Dir zu
danken und Dir zu sagen, wie sehr ich mich auf Deinen lieben
Besuch freue. Es ist wirklich gar zu gut von Dir, Dich Deinen
vielen und schweren Geschäften zu entreißen und uns diese Freude
zu bereiten, und ich erkenne diesen Beweis Deiner Liebe und
Teilnahme recht innig. Manches werden wir zu besprechen
haben. Eine Stunde traulichen Gesprächs ist mehr wert als
tausend Briefe. Darum erwarte ich auch diesen lieben Augenblick und berichte nichts von dem vielen, was alle Gemüter in
Anspruch nimmt. Mit treuer, herzlicher Liebe

Deine alte, Dir innig ergebene Tante Helene."

„Eisenach, den 13. Juni 1848. Es ist uns leid, mein
lieber Fritz, für diesmal auf die Freude verzichten zu müssen,
Dich zu sehen, doch begreifen wir wohl, wie in dieser Zeit jeder
Tag ein Neues bringt und wir nicht auf die Festigkeit irgend
eines Planes bauen können. Da Du mir so gute Gründe an-
führst, können wir Dein Ausbleiben nur billigen, hoffen aber
fest auf eine Entschädigung, welche Du so freundlich selbst an-
deutest, und bitten Dich nur, uns durch ein Wort den Tag
Deiner bestimmten Ankunft wissen zu lassen, und ob Du mit
dem Morgen- oder Abendzug ankommen wirst. Es ist dies doch
nötig, um Dich zu empfangen, wenn auch nicht äußerst her-
zoglich, doch unter unserem jetzigen Dach, wo Du gewiß Dich
heimischer fühlen wirst als unter Fremden, und wo wir Dich
durchaus sehen wollen.

Ich schrieb während des furchtbarsten Spektakels der trin-
kenden und singenden Studenten, welche ihren nahen Abschied
feiern, sich aber bisher sehr vernünftig benommen haben, kein
politisches Element in ihre Beratungen aufgenommen haben und
nur Universitätsfragen in einer Eingabe an das hohe Parlament
richten wollen. Sie haben eine allgemeine Studentenschaft geschlossen im Gegensatz zu der ehemaligen Burschenschaft

ober Landsmannschaft, — gegen das Triumvirat haben sie auch
ein wenig protestieren wollen, doch führt das nun wohl im
Grunde zu nichts. Sie haben sich gegen uns, obgleich sie 1500
an der Zahl, sehr vernünftig benommen. Die Mecklenburger
haben uns ein Ständchen gebracht, sonst sind zum Glück keine
Demonstrationen ausgebrochen. Heute abend aber ist der Kom-
mers etwas bunt." — —

Der verschobene Besuch des Großherzogs fand noch in dem-
selben Monat statt. Am 24. Juni traf er in Eisenach ein. Das
Wiedersehen war ergreifend. Die elf Jahre der Trennung hatten
des Unerwarteten so viel gebracht. Beide waren in der Schule des
Lebens gereift. Dem erneuten Vorschlag ihres Neffen, ihren Wohnsitz nach Mecklenburg zu verlegen, hielt Herzogin Helene verschiedene
Gründe entgegen. Sie fürchte, ihre mütterlichen Verwandten in
Weimar, die ihr gleichfalls soviel Teilnahme bezeigt hätten, durch
Verlassen des einmal angenommenen Asyls zu verletzen. Die Ab-
geschiedenheit in Eisenach sei ihr zusagend, der Umstand, daß dort
kein Hof residiere, in gewisser Hinsicht ein Vorzug. Ihre Aufgabe
sei, sich vom politischen Treiben und vom Verkehr mit deutschen
Höfen möglichst fernzuhalten, damit die Erziehung ihres ältesten
Sohnes zum Thronerben Frankreichs auch nicht dem Schein eines
antifranzösischen Einflusses ausgesetzt sei. In Mecklenburg wäre
dies weniger leicht. Die in Orleansschen Kreisen bekannten einstigen
Differenzen könnten der Prätendentschaft ihres Sohnes nachteilig
werden.

Ein anderer Grund, vielleicht der stärkste, blieb unaus-
gesprochen. Es hätte zuviel Selbstüberwindung dazu gehört, in
den Ort zurückzukehren, den sie einst so selbstbewußt und hoffnungs-
freudig verlassen, und in dem Kreis derer zu leben, die alles das
vorhergesagt, was sich jüngst auf so schreckliche Weise erfüllt hatte.
Aber auch für diese unausgesprochene und doch so menschliche Empfindung hatte der zartfühlende Neffe Verständnis. Er drang
nicht weiter in die Herzogin und schloß diese Unterredung mit der
Versicherung, daß, wenn sie je ihre Ansicht ändern sollte, jene Zufluchtsstätte ihr auch in Zukunft offen stünde. Tags darauf kehrte

er nach herzlichem Abschied in sein Land zurück, wo neue und sehr
ernste Verwicklungen seiner harrten.

Noch während des Aufenthalts in Eisenach war die Kunde
von dem Pariser Arbeiteraufstand und den mehrtägigen Barrikaden=
kämpfen nach Deutschland gelangt. Es stand zu besorgen, daß die
Flamme der Empörung auch hier aufs neue auflodern werde.
Friedrich Franz nahm seine Rückreise über Berlin. Dort war die
Ruhe nur äußerlich hergestellt. Er fand Hof und Armee durch
den Zeughaussturm erbittert, die Regierung machtlos und unent=
schlossen. Die Berliner Aufruhrtage gaben auch anderswo Anlaß
zu neuer Erregung, die nunmehr in Mecklenburg, angefacht durch
das ungestüme Gebaren der Reformpartei, eine kritische Phase
herbeiführte. Den nächsten Anlaß zu regierungsfeindlichen Demon=
strationen bot das am 13. Juli veröffentlichte Wahlgesetz[1]. Die
Reformvereine sahen sich in ihrer Hoffnung getäuscht, daß zunächst
ein Entwurf erscheinen werde, zu dessen Beratung und Feststellung
ihre Führer herangezogen würden. In seiner nunmehr definitiven
Fassung entsprach das Gesetz ihren Wünschen nicht. Die Aus=
stellungen richteten sich vorzugsweise gegen die Zerlegung in über=
mäßig kleine Wahlabteilungen, die Beschränkung der Wahlfähigkeit
durch das Niederlassungsrecht, den Alterscensus von 30 Jahren
für die Abgeordneten und einige Wahlmodalitäten.

Das Rostocker „Centralkomitee", in welchem seit kurzem an
Stelle des gemäßigteren Dr. Kippe der radikale Moritz Wiggers
den Vorsitz führte, berief einen allgemeinen Reformtag auf den
21. Juli nach Güstrow. Advokat Wiggers und Oberlehrer Dr. Ernst
leiteten die Versammlung. Die dort gefaßten Beschlüsse sind be=
zeichnend für das gehobene Machtbewußtsein der Partei. Noch nie
waren ihre Führer so siegesgewiß, so entschieden und gebieterisch
aufgetreten. An die Stelle allgemein formulierter Wünsche trat
jetzt ein bestimmter gefaßtes politisches Bekenntnis, welches nach
Aufzählung vieler Punkte den prinzipiellen Grundsatz dahin for-

---

[1] Bei der Feststellung desselben war die Strelitzer Regierung durch
Justizrat Buchka als Kommissar vertreten.

mulierte: „Wir wollen, daß der Volkswille als das höchste Gesetz
des Staates gilt." Dies Bekenntnis sollte jedes Vereinsmitglied
durch Namensunterschrift anerkennen. Die Zeit maßvoller Petitionen
hielt man für abgethan. Der Antrag auf Entlassung der Minister,
welcher bei den Großherzögen durch Deputationen überreicht werden
sollte, bewies, daß die Führer sich für stark genug und berechtigt
hielten, nunmehr an der Regierungsgewalt persönlich teilzunehmen.
Ein dritter Beschluß ferner drückte die Zustimmung aus zu dem
in Frankfurt gestellten Mohlschen Antrag, betreffend die Aufhebung
der Vorrechte und Titel des Adels. Hierbei machte sich zugleich
die Mißstimmung gegen den mecklenburgischen Adel in sehr heftigen
Angriffen Luft. Unter anderem stellte der Vorsitzende Ernst den
seltsamen Antrag, daß es jedem freistehen sollte, sich in Zukunft
adelige Titel und Wappen nach Belieben beizulegen. Schließlich
dekretierte man, daß der nächste Landtag das neue Staatsgrundgesetz einfach festzustellen habe, ohne an eine Vereinbarung mit den
Landesregierungen gebunden zu sein.

Aber dieser Tag des Triumphes — denn als solchen betrachteten ihn die Veranstalter — ward zugleich zum verhängnis-
vollen Wendepunkt. Mit diesem Tage begann eine Verschiebung
in der Parteibildung, welche eine zuerst allmähliche, dann aber
immer stärker zunehmende Zersetzung im liberalen Lager bewirkte.
Die Alleinherrschaft der Reformvereine hatte ihren Gipfelpunkt,
damit aber auch ihre Endschaft erreicht. Die Proklamation, welche
Wiggers im Namen der Güstrower Versammlung erließ, öffnete
manchem die Augen, drängte die Zweifler und Bedenklichen aus
den Vereinen. Die Zahl der Unterschriften entsprach nicht den
gehegten Erwartungen. Je näher der Termin der Wahlen heranrückte, desto mehr machte sich das Bedürfnis geltend, Mittelpunkte
und Vereinigungen für diejenigen zu schaffen, denen die jüngsten
Güstrower Beschlüsse zu weit gingen. Der Rostocker Rat hatte
sich offen dagegen erklärt. Selbst mehrere Reformvereine, wie die
von Wismar und Laage, nahmen das Programm nicht an und
lösten sich auf; andere protestierten gegen einzelne Punkte. Elemente
zu einer neuen Parteibildung waren überall vorhanden. Auch

biesen günstigen Zeitpunkt ließ die konservative Partei ungenützt.
So blieb denn die Begründung der neuen Vereine Männern von
gemäßigter, aber doch entschieden liberaler Richtung überlassen. In
ben nunmehr ins Leben tretenden „konstitutionellen Vereinen"
sammelten sich alle Gegner des Güstrower Programms. Entsprechend der Mannigfaltigkeit der darin vertretenen Richtungen
konnten die Vereine ein festes Gefüge nicht erhalten. Ihre Mitglieder
gehörten überwiegend dem gebildeten Mittelstand an. Beamte,
Kaufleute, viele Geistliche und später auch ein großer Teil des begüterten Adels traten ihnen bei. Der erste konstitutionelle Verein
trat unter Professor Hegels Anregung anfangs September in Rostock
zusammen. Schwerin und Bützow folgten, und im Laufe desselben
Monats bildeten sich fast in allen Städten gleiche Vereinigungen.
Ihre Statuten betonten überall das Festhalten am monarchischen
Prinzip, die Gleichstellung der Rechte des Fürsten und des Volkes,
die Einführung zeitgemäßer Reformen und die Abwehr anarchistischer
und aufrührerischer Bestrebungen. Der Ausschluß der Öffentlichkeit bei ihren Sitzungen und die Enthaltung von agitatorischen
Werbungen gab den Vereinen einen Charakter vornehmer Ab-
geschlossenheit, der ihren Einfluß auf die unteren Volksschichten
mindern mußte. Der Rührigkeit der radikalen Führer waren sie
auf diesem Gebiet nicht gewachsen. Dennoch bildeten sie zu den
Bestrebungen der letzteren ein sehr nützliches Gegengewicht, und
die Erbitterung, mit welcher jene die konstitutionellen Vereine be-
fehdeten, bewies deutlich genug die Furcht vor einer gefährlichen
Gegnerschaft.

Leider führte diese Erbitterung und die durch solche Kämpfe
gesteigerte Erregung wiederum zu Ausschreitungen, welche in einzelnen Ortschaften einen gefahrbrohenden Charakter annahmen und
die Requisition von Militär notwendig machten[1]. Das Rostocker

---

[1] So in Groß-Tratow, Kraase und Möllenhagen (31. Juli), in Blücher-
hof (5. August) und in Malchow (8. September). Auf den Gütern, wo sich
die Tagelöhner zu Drohungen und Gewalttätigkeiten gegen die Gutsherr-
schaft hatten hinreißen lassen, genügte das Erscheinen des Militärs, um die
Ruhe wieder herzustellen. In Malchow wurde die Volksversammlung nach

Centralkomitee mißbilligte zwar in einem Rundschreiben das un-
gesetzliche Verhalten der Vereinsmitglieder und lehnte jede Verantwortlichkeit für die Excesse ab. Die Thatsache aber blieb un-
bestreitbar, daß die Verhetzung namentlich der ländlichen Arbeiter
von Mitgliedern und selbst Vorständen der Reformvereine ausging. Die gerichtliche Untersuchung stellte dies später fest. Es
zeigte sich dabei, daß die Disciplin in dieser Partei bereits in be-
denklicher Weise gelockert war. Unverstand und Übereifer der
Unterführer, welche mit ihrem Generalvorstand nicht in der nötigen
Fühlung standen, vermehrten die Verwirrung. So sah sich zum
Beispiel das Rostocker Komitee zu der Erläuterung genötigt, daß
das Güstrower Programm mit seinem Passus über den Volks-
willen nicht auf die Einführung einer Republik abziele. Hatte
doch der Advokat Otto aus Grabow in einem Aufruf an alle
mecklenburgischen Demokraten für die Annahme der republikanischen
Staatsform Propaganda gemacht und seine Meinungsgenossen zu
einer Zusammenkunft nach Schwerin entboten.

War durch das Güstrower Manifest der Reformpartei in dieser
Weise nur Verwirrung und Uneinigkeit im eigenen Lager hervorgerufen, so blieb auch die in Verbindung damit erhobene Minister-
anklage zunächst ohne praktische Wirkung. Daß eine Vereinigung
von Privatpersonen, denen ein gesetzliches Mandat fehlte, in keiner
Weise befugt sein konnte, eine Kontrolle über die Besetzung der
Staatsämter auszuüben, war einleuchtend. Die Reformvereine
fühlten sich aber schon als organische Körperschaft und anticipierten
in dem Ausspruch eines Mißtrauensvotums die Rechte, welche den

schwachem Widerstand aufgelöst und der Führer der Bewegung und Vorstand
des dortigen Reformvereins, Rechtskandidat Lübbert, verhaftet. Auf den
meisten Gütern hatten die Besitzer aus den zuverlässigeren Leuten eine Wehr-
mannschaft gebildet zum Schutz von Familie und Eigentum. Brandstiftungen
waren übrigens äußerst selten. Da der größte Teil der Truppen im Felde
stand und auch die Garnisonen schwach besetzt waren, so konnten nur kleine
Detachements für die Aufrechterhaltung der Ordnung verwendet werden. Daß
diese genügten, beweist, daß die Störungen keinen sehr ernsten Charakter
hatten.

Vertretern der Gesamtbevölkerung erst später zufallen konnte. Abgesehen von der formalen Unzulässigkeit eines solchen Schritts war
aber auch die sachliche Begründung der Anklage völlig unzureichend.
Großherzog Friedrich Franz beschränkte sich darauf, das Schriftstück aus den Händen der Deputierten (Ernst, Beutell und Gedecke)
entgegenzunehmen, und machte seine weitere Entschließung von der
Einreichung einer gründlicheren und ausführlicheren Darlegung der
erhobenen Beschwerden abhängig. Diese wurde nun von Wiggers
ausgearbeitet. · Die wesentlichsten Beschwerdepunkte waren: Begünstigung einer Willkürherrschaft der Bürgermeister mit Heranziehung von zwei einzelnen Fällen (Hagenow und Neukalen),
Thatenlosigkeit bei den ersten Bewegungen, Verzögerung des Reformwerks, die bei der Umwandlung des Münzfußes bewiesene Fahr-
lässigkeit und die Mangelhaftigkeit des Wahlgesetzes. Auch das
frühere Verhalten der Regierung bei den Streitigkeiten der Ritterschaft wurde einer Kritik unterzogen. Aus diesen Gründen wurde
die Entlassung aller Minister und Regierungsräte gefordert und
der von der Güstrower Versammlung als Vertrauensmann bezeichnete Herr Stever-Wustrow für die Bildung eines neuen Ministeriums empfohlen.

Bald darauf erschien in Schwerin eine anonyme, von einem
Anhänger der Regierung verfaßte Schrift, welche die erhobenen
Beschuldigungen Punkt für Punkt widerlegte und der Wiggersschen
Argumentation eine Menge von Unrichtigkeiten, Entstellungen und
Übertreibungen nachwies. Die Münzreform sei ohne die bemängelten
Umwandlungskosten überhaupt nicht herzustellen gewesen. Die an-
gebliche Begünstigung der Bürgermeister wurde an der Hand des
Aktenmaterials als grundlose Beschuldigung dargestellt. Auch der
Vorwurf der Thatenlosigkeit konnte unschwer zurückgewiesen werden.
Waren doch frühere Reformversuche gerade von der Regierung
ausgegangen und an dem Widerstand der Stände gescheitert.
Mochten die Angaben dieser Entgegnung zutreffend sein oder nicht,
soviel war gewiß, daß die Wiggersche Anklageschrift den Nachweis einer Unfähigkeit zum Regieren keineswegs erbracht hatte und
überhaupt von einem irrtümlichen, lediglich das Parteiinteresse

berücksichtigenden Standpunkt ausging. Denn selbst wenn einige
der angeführten Thatsachen richtig und mit den Wünschen der
Reformpartei nicht in Einklang zu bringen waren, so ergab sich
hieraus keineswegs die Notwendigkeit eines Rücktritts der Staatsbeamten, welche — wie früher, so auch jetzt noch — dem Landesherrn ausschließlich verantwortlich waren. Die Schwäche der
Wiggersschen Deduktion verriet sich denn auch darin, daß die Vorgänge anderer Bundesstaaten als Beweismittel herangezogen wurden.
Das Resümee schloß mit den Worten: „Haben ja doch auch fast
in allen deutschen Ländern die Männer des ancien régime volkstümlichen Ministern weichen müssen."

Dieser deutliche Hinweis auf die eigentlichen Wünsche der
Partei, der es an Ministerkandidaten nicht fehlte, blieb aber völlig
unberücksichtigt. Die großherzogliche Antwort vom 14. August
war sehr bestimmt und abweisend. Wenn auch der Großherzog
es den Deputierten freigelassen habe, ihre Ansichten schriftlich vor-
zutragen, so habe es doch nicht im mindesten die Absicht sein
können, ihnen eine Befugnis einzuräumen, welche zur Zeit weder
einzelnen noch Privatvereinen zustehe, und die auch später nach
Einführung verantwortlicher Ministerien nur von den Repräsentanten aller Staatsangehörigen geübt werden dürfe. Als darauf
(am 28. August) der Rostocker Centralausschuß in einer zweiten
Eingabe das Gesuch um Ministerentlassung in dringenderer Form
wiederholte, erfolgte (am 6. September) ein noch schärferes Re-
stript, in welchem der Großherzog erklärte, daß er auch unerinnert
darauf Bedacht nehmen würde, sich mit angemessenem Rate zu
umgeben. Er sei nicht geneigt, einer auf allgemeines Raisonnement
und schiefe Anwendung auswärtiger Verhältnisse sich stützenden
Stimme Gehör zu geben; auch müsse er es entschieden zurück-
weisen, wenn man es ohne allen Beruf unternehme, ihm für die
Bildung der Behörden Ratschläge zu erteilen und sogar ihn an
die Erfüllung seines fürstlichen Wortes zu erinnern. Ebenso wurde
eine an demselben Tage empfangene Deputation von 50 Mitgliedern,
welche erschienen war, um eine Abänderung des Wahlgesetzes zu
erwirken, abschlägig beschieden. Die Wahlen selbst waren für den

26. September beziehungsweise 1. Oktober bereits ausgeschrieben, und der Großherzog erklärte eine Zurücknahme der erlassenen Verfügung für unstatthaft.

Wenngleich die vorhin erwähnte Zurechtweisung deutlich bekundete, daß Friedrich Franz nicht gewillt war, sich von demokratischen Klubs seine Minister aufbringen zu lassen, so war doch schon von ihm selbst früher die Frage erwogen, ob er bei seinen bisherigen Ratgebern auch diejenige Unterstützung finden werde, deren er für die Durchführung des Reformwerks gerade in der nächsten Zeit bedurfte. Der Zusammentritt der Kammer stand in einigen Wochen bevor. Hitzige Wortgefechte waren zu erwarten. Die Arbeit am Ministertisch war voraussichtlich keine leichte. Sie erforderte Männer, welche die Überzeugungen und Pläne des Landesherrn teilten. Mit dem leitenden Staatsmann stand diese Übereinstimmung außer Frage. Lützow war seit lange der Verfechter einer ständischen Reform und neuerdings ein offener Anhänger des konstitutionellen Prinzips. Seine Ratschläge waren für alle nachmärzlichen Entschließungen maßgebend gewesen. Sich gerade jetzt dieser Kraft zu berauben, lag nicht der geringste Anlaß vor. Abgesehen davon, daß ein Ersatz schwierig und jedenfalls Herr Stever ohne administrative Vorbildung, also schwerlich im stande war, die Gesamtleitung der Regierungsgeschäfte zu übernehmen, war auch der Großherzog teils Herrn von Lützow persönlich zugethan, teils von der Notwendigkeit seines Verbleibens im Amte überzeugt.

Anders verhielt es sich mit Minister von Levetzow. Dieser stand noch immer auf dem Boden altständischer Überzeugungen. Ein prinzipieller Gegner der Verfassungsreform, hatte er, wie die meisten seiner Gesinnungsgenossen, den gegenwärtigen Zustand als eine Notlage aufgefaßt, welche Konzessionen erheischte. Unabhängig durch ein bedeutendes Vermögen und frei von jeglichem Bestreben, eine hervortretende politische Rolle zu spielen, hatte er in den letzten unruhigen Monaten auf seinem Posten nur deshalb ausgeharrt, weil sein Fürst dies wünschte und die Leitung der Domanialkammer ihn mit der Ausarbeitung des Verfassungsentwurfes über-

haupt nicht in direkte Berührung brachte. Jetzt, wo die Teilnahme
an dieser Arbeit auch an ihn herantrat, mußte sich die prinzipielle
Meinungsverschiedenheit zwischen ihm und Lützow mehr fühlbar
machen. Konflikte im Schoß des Regierungskollegiums schienen
unvermeidlich, und diese wären bei der ohnehin schon so großen
Zerfahrenheit höchst bedenklich gewesen. So erneuerte er denn jetzt
sein schon früher einmal eingereichtes Abschiedsgesuch, welches der
Großherzog zwar mit Bedauern, aber doch in der Überzeugung
annahm, daß durch den Rücktritt Levetzows die Ausarbeitung des
Verfassungsentwurfs erleichtert und eine Einheitlichkeit des Regierungssystems erzielt werde, auf die er im Hinblick auf den
bevorstehenden parlamentarischen Kampf ganz besonderen Wert
legen mußte. Mit Levetzow schied auch der Regierungsdirektor
von Oertzen[1] aus dem Kollegium. Auch er war ein Gegner des
Konstitutionalismus. Beide hatten bisher das konservative Element
in der Regierung vertreten. Die anderen Räte waren der überwiegenden Mehrzahl nach von ausgesprochen liberaler Gesinnung.
Trotzdem hatte die Güstrower Versammlung auch ihre Entlassung
gewünscht.

Um auch den Anschein zu vermeiden, daß der Austritt jener
beiden Staatsbeamten durch die Demonstration der Reformvereine
erzwungen sei, wie dies bei dem Ministerwechsel in Strelitz augenscheinlich der Fall gewesen[2], erfolgte die Ausstellung des Abschieds-

---

[1] Friedrich Albrecht von Oertzen, Sohn des Landrats von Oertzen auf
Mittendorf, trat zuerst in den Justizdienst, wurde 1828 als Kanzleirat der
Regierung zur Beschäftigung überwiesen, bald darauf zum Assessor und 1831
zum Regierungsrat ernannt. 1843 erfolgte seine Beförderung zum Regierungsdirektor, eine Stellung, die nach seinem Ausscheiden nicht wieder
besetzt wurde und später überhaupt einging. Mit der Pensionierung wurde
ihm der Titel Geheimer Rat und später (1872) noch die Geheimratswürde
mit dem Prädikate Exzellenz verliehen.

[2] Ebenso wie in Schwerin war auch in Neustrelitz am 7. September
eine Deputation der Reformvereine erschienen, um die Abänderung des Wahlgesetzes zu erwirken. Diese Demonstration nahm unter Beteiligung einer
Volksmenge, welche sich vor dem Schloß versammelte und noch durch einen
Zuzug aufgeregter Massen aus dem nahen Alt-Strelitz verstärkt wurde, einen
drohenden Charakter an. Bei der Abwesenheit fast des ganzen Kontingents —

patents für Levetzow erst am 14., für Lertzen am 24. Oktober. Überdies besagte das erstere, daß der Großherzog „in Erwägung der höchst schätzbaren Dienste, welche der Minister von Levetzow seinem hochseligen Herrn Vater und ihm in mannigfach schwierigen Verhältnissen geleistet, nur ungern in dessen Gesuch eingewilligt habe" und daß Herr von Levetzow den Zeitpunkt selbst bestimmen möge, wann er auszuscheiden wünsche. Die Geschäfte als Mitglied der Reluitions- und Schuldentilgungskommission werde derselbe bis auf weiteres noch fortführen.

---

dasselbe stand gegen Dänemark im Felde — war ein bewaffneter Widerstand unmöglich. Um sich der aufgeregten Menge zu entziehen, von der ein Teil bereits durch die Fenster in das Erdgeschoß gedrungen war, mußte sich Groß= herzog Georg entschließen, auf Anraten seines jüngeren Sohnes — der Erb= großherzog weilte im Bade — mit seiner Familie im nahen Marstall Wagen zu besteigen und sich für einige Stunden von der Stadt fernzuhalten. Die junge Erbgroßherzogin Augusta, ihren 6 Wochen alten einzigen Sohn auf dem Arm, legte bei diesem Anlaß seltenen Mut und große Besonnenheit an den Tag. Später, als die Aufregung sich etwas gelegt, erschien der Groß= herzog auf dem Balkon, begleitet von dem Herzog Georg und den Deputierten Petermann und Lehmann. Er gab beruhigende Zusicherungen, worauf die Menge sich zerstreute. Tags darauf nahmen Minister von Dewitz und Re= gierungsrat Graf Bassewitz ihre Entlassung. Durch diesen Erfolg ermutigt, veranlaßten die Reformer neue stürmische Volksversammlungen und forderten in einer Adresse, welche am 11. September von den Herren Roloff, Siemssen, Dr. Richter und Dr. Stolzenberg überreicht wurde, die Verantwortlichkeit des neu zu ernennenden Ministeriums. Auch dies wurde vom Großherzog zugestanden. In einer Mitteilung des mit der Leitung der Geschäfte interi= mistisch betrauten Regierungsrats von Bernstorff an die Schweriner Re= gierung hieß es mit Bezug auf jene Entschließung: „Bei der in den hiesigen Landen fortdauernd bestehenden großen Aufregung und nach dem hiesigen Stande der öffentlichen Meinung haben Seine Königliche Hoheit der Groß= herzog die fragliche Entschließung, ohne vorgängige Kommunikation mit Seiner Königlichen Hoheit dem Großherzog von Mecklenburg=Schwerin, zu treffen nicht umhin gekonnt und bitten Allerhöchstdieselben daher, dies durch die ganz ungewöhnliche Dringlichkeit der Umstände geneigtest zu entschuldigen." Großherzog Friedrich Franz mißbilligte dieses übereilte Zugeständnis, und Minister von Lützow mußte erklären, daß dasselbe den Schweriner Verhält= nissen bei den bevorstehenden Kammerverhandlungen in keiner Weise prä= judizieren könne. Auch in Strelitz wurden nun die Verfassungsarbeiten von den Regierungsgeschäften getrennt und erstere dem Justizrat Buchka über= tragen, der bald darauf nach Schwerin ging, um an den Beratungen der Vorlagen teilzunehmen.

Die Hoffnung der Reformvereine, daß das Ausscheiden Levetzows und Oertzens einen Systemwechsel bedeute, erfüllte sich nicht. Minister von Lützow blieb im Amt und wurde durch Verfügung vom 28. Oktober zum Vorsitzenden einer Kommission ernannt, welcher in Zukunft alle auf die Verfassungsangelegenheit bezüglichen Geschäfte übertragen werden sollten. Immerhin konnten die Reformvereine es als einen Erfolg betrachten, daß Stever und Dr. Kippe zu Mitgliedern dieser Kommission ernannt wurden, zumal letzterer dem Rostocker Centralausschuß angehörte. Als viertes Kommissionsmitglied war Landsyndikus Groth (Rostock) bestellt worden. Die Kommission repräsentierte somit in ihren Mitgliedern die verschiedensten Schattierungen der liberal=konstitutionellen Partei. Soweit sie nicht von den Führern der letzteren bearbeitet wurde, war denn auch die Bevölkerung mit der vom Großherzog getroffenen Entscheidung zufrieden. Ruhestörungen kamen von jetzt an nicht mehr vor. Die gewerblichen Kreise, müde der steten Beunruhigung und Erwerbsstörung, wandten sich immer mehr von den radikalen Führern und Verführern ab. Die Volksversammlungen, Demonstrationen und damit verbundenen Aufregungen hatten entschieden an Reiz verloren. Die Tagesarbeit trat in ihre Rechte, und mit der kühleren Jahreszeit machte sich auch ein kühleres Urteil geltend.

An einer publizistischen Vertretung der gemäßigteren Anschauungen hatte es bisher völlig gefehlt. Diesem Mangel wurde jetzt durch Begründung eines größeren politischen Organs, der in Schwerin erscheinenden „Mecklenburgischen Zeitung", abgeholfen. Die Regierung unterstützte dasselbe teils durch eine Subvention, teils durch Zuwendung der amtlichen Bekanntmachungen, welche bisher im „Offiziellen Wochenblatt" erschienen waren. Die Leitung der neuen Zeitung übernahm infolge Berufung durch die Schweriner Regierung der Universitätsprofessor K. Hegel, welcher dem maßlosen Gebaren der demokratischen Partei und ihres Führers M. Wiggers in der „Rostocker Zeitung" scharf entgegengetreten war.

Die „Mecklenburgische Zeitung", von nun an Organ der konstitutionellen Partei, erschien erst nach den Wahlen. Der Agitation

der Reformvereine — in deren Dienst neben der einflußreichen „Ro=
stocker Zeitung" und dem „Güstrower Wochenblatt" fast alle Lokal=
blätter der kleineren Landstädte standen — hatte in der Wahl=
campagne somit noch nicht wirksam begegnet werden können. Als
die Kammer am 31. Oktober zusammentrat, verfügte diese Partei
über 55 Sitze und besaß mithin in der 103 [1] Mitglieder zählenden
Versammlung anfangs die absolute Majorität. Die Eröffnung
fand in der Schweriner Domkirche statt. An die Rede des Groß=
herzogs schloß sich eine Ansprache des strelitzischen Kommissars Buchka.
Beide Ansprachen wurden wegen der gleichlautenden Zusicherung
einer volkstümlichen, auf staatsbürgerlicher Freiheit und Gleichheit
begründeten Verfassung von der demokratischen Mehrheit mit Be=
friedigung begrüßt. Auch das Erscheinen des Großherzogs bei
dem im Schauspielhaus an demselben Abend abgehaltenen Bankett
und das den Abgeordneten tags darauf im Schloß gegebene Fest=
mahl bekundeten das persönliche Entgegenkommen des Landes=
herrn und ließen ein einheitliches Zusammenwirken von Regierung
und Volksvertretung erhoffen. Allein schon die ersten Sitzungen
verrieten die heterogene Zusammensetzung der Versammlung, und
die sich schärfer abgrenzende Parteibildung förderte bald unversöhn=
liche Gegensätze zu Tage. Bei der Präsidentenwahl hatte natur=
gemäß die Linke gesiegt und drei ihrer Mitglieder: Wiggers, Wil=
brandt und Wenzlaff durchgebracht. Bei den nächsten Debatten
über die Geschäftsordnung aber und bei den Ausschußwahlen trat
bei dieser Partei eine Spaltung ein, welche ihre Überlegenheit
bedeutend herabminderte. Die Parteigruppierung in den ersten
Monaten der Session war folgende:

1. Rechte: 9 Mitglieder: von der Kettenburg=Matgendorf,
von Dewitz—Milzow, von Dewitz—Krumbeck, Frh. von Maltzahn—
Lenschow, Graf von Oeynhausen—Brahlstorf, von Rieben—
Galenbeck, Justizrat von Liebeherr, Hofrat Meyer—Malchow,

---

[1] Für Schwerin 85, für den Stargardschen Kreis 15 und für das
Fürstentum Ratzeburg 3 Sitze.

Brennereibesitzer Rose—Grabow. Ohne bestimmtes Programm vertrat diese Vereinigung doch entschieden einen konservativen Standpunkt und erblickte in den Vorlagen der Regierung schon ein zu weit gehendes Maß von Zugeständnissen, welches man thunlichst herabzumindern habe. Kettenburg und Dewitz—Milzow zeigten sich als geistvolle und gewandte Redner. Bei der numerischen Schwäche der Partei mußte man sich meistens auf Proteste beschränken [1].

2. **Rechtes Centrum**: 25 Mitglieder, darunter 7 bürgerliche Gutsbesitzer, 6 Bürgermeister, 3 Prediger, 2 Advokaten, mehrere Beamte ꝛc. Die Partei vertrat eine gemäßigt liberale Richtung und war größtenteils aus den konstitutionellen Vereinen hervorgegangen. Die Parteileitung lag in den Händen von Dr. Bolten und den beiden Bürgermeistern Brückner und Brandt. Neben ihnen machten sich noch bemerkbar: Oberappellationsrat Ackermann—Rostock, Gutsbesitzer Bencard auf Mechelsdorf, Advokat Burchard, Bürgermeister Hofrat Engel, Senator Fabricius, Gutsbesitzer Hillmann auf Scharstorf, Gutsbesitzer Koch auf Dreveskirchen, Dr. med. Marung, Pastor Masch, Erbpächter Mühlenbruch zu Hof Bergrabe, Gutsbesitzer Müller auf Warnkenhagen, Pastor Mussehl—Kotelow, Gutsbesitzer Pogge auf Roggow, Bürgermeister Pries, Pastor Scharff, Bürgermeister Schultetus, Amtsverwalter von Thünen—Lübz, Gutsbesitzer Wendhausen auf Gorschendorf und Bürgermeister Siemssen. Die Partei bildete das wirksamste Gegengewicht gegen die radikale Linke. Viele ihrer Mitglieder waren noch Anhänger des ständischen Prinzips und nur soweit zu Koncessionen geneigt, als

---

[1] Bei der Hauptwahl waren noch zwei adeligen Gutsbesitzern, von Oertzen-Jürgenstorf und von Frisch-Klockfin, Mandate erteilt worden. Da beide ablehnten, wurde für den ersteren von Dewitz-Krumbeck, für den letzteren der Tagelöhner Lase-Liepen gewählt. Die Rechte schmolz später durch den Austritt mehrerer Mitglieder bedeutend zusammen. Maltzahn und Kettenburg legten ihr Mandat im Laufe des April 1849 nieder. Die beiden Dewitz resignierten am 21. Juni beziehungsweise 9. Juli.

es für das Zustandekommen der neuen Verfassung unerläßlich
schien. Nur in ihrer Feindschaft gegen den Abel deckten sich ihre
Ansichten mit denen der weiter links stehenden Gruppen. Diese
Abneigung schrieb sich noch aus den früheren ständischen Differenzen her und verhinderte lange ein Zusammengehen mit der
Rechten, für welches sonst manche Vorbedingungen vorhanden
waren.

3. Linkes Centrum: gebildet größtenteils aus den Seces-
sionisten, welche durch das despotische Gebaren der radikalen
Führer aus den Reihen der Linken gedrängt waren. Von diesen
als Abtrünnige betrachtet und aufs heftigste angegriffen, wurden
sie immer mehr in die Arme des rechten Centrums getrieben,
von welchem sie weniger durch den Unterschied der Meinungen
als durch den Ursprung des Mandats getrennt waren. Die 16
Mitglieder dieser Partei waren sämtlich mit Hülfe der Reformvereine gewählt. Unter der Führung des Oberappellationsgerichts-
rats Trotsche, welcher politisch bisher nicht hervorgetreten war,
vereinigten sich diese Männer zu einem gemäßigt-demokratischen
Programm. Unter ihnen befanden sich mehrere Juristen, Domanial-
beamte, Gymnasiallehrer ꝛc., Oberlehrer Dr. Ernst—Güstrow,
Amtsverwalter Gerresheim—Ribnitz, Dr. med. Hesse—Sternberg,
Erbpächter Karnatz—Neu-Jamel, Advokat Krüger—Wittenburg,
Erbpächter Prien—Güritz, Advokat Dr. Spangenberg—Güstrow,
Amtsverwalter Witt—Dömitz und Advokat Wehmeyer—Schwerin
gehörten dieser Gruppe an.

4. Linke: Zu den 44 Mitgliedern, welche der Partei nach
der Secession verblieben, gehörten vorzugsweise: 6 Advokaten,
5 Ärzte, 4 Geistliche, 3 Universitätsprofessoren, 4 Kaufleute,
2 Bürgermeister, 6 Realschullehrer und die gewählten Gewerbetrei-
benden des platten Landes. Die Landwirtschaft war nur durch
2 Pächter und 1 Tagelöhner, der Grundbesitz gar nicht darin
vertreten. Die meisten Mitglieder hatten sich schon in den Reformvereinen und Volksversammlungen weiteren Kreisen bekannt
gemacht. Zu ihren Wortführern gehörten namentlich: Professor
Julius Wiggers und Advokat Moritz Wiggers—Rostock, Senator

Pohle—Schwerin, Eisenbahnbureauchef Soltau, Kaufmann Kleffel, Professor Wilbrandt—Rostock, Professor Türk—Rostock, die Advokaten Klooß—Rostock, Dr. Marcus—Schwerin und Otto—Grabow, ferner Dr. med. Raber, Oberlehrer Reuter—Güstrow, Advokat Deiters—Wismar, Lehrer Dr. Wenzlaff, Dr. med. Schwarz, Bürgermeister Boldt—Hagenow, Advokat Baeder—Gehlsdorf, Dr. Harbrat—Basse, Rektor Roloff, Stadtrichter Dr. Petermann—Strelitz und Gerichtsrat Reinhold.

Das Programm war bereits in den Güstrower Beschlüssen vom 21. Juli und dem späteren Manifest niedergelegt. Hatte sich bei der Partei schon in den letzten Monaten die Neigung zum Terrorismus geltend gemacht, so trat auch jetzt während der Sitzungen vielfach Leidenschaftlichkeit und ungestümes Gebaren zu Tage. Überzeugungstreue, Begeisterung für die Sache, der sie dienten, und rednerische Begabung konnten manchen Führern dieser Gruppe nicht abgesprochen werden, aber die Erbitterung, mit welcher sie den Kampf führten und welche der Verdruß über

Abfall vieler Meinungsgenossen oft bis zur Ungerechtigkeit steigerte, gab ihrer Polemik eine unnötige verletzende Schärfe. Aus dem glühenden Haß gegen die alte Verfassung und alles, was damit zusammenhing, entsprang eine Maßlosigkeit im Fordern von Neuerungen, welche bewirken mußte, daß die besonnenen Elemente sowohl in der Versammlung als in der Bevölkerung sich mehr und mehr zusammenschlossen und so eine Stärke fanden, die ihnen ursprünglich gefehlt hatte.

Als 5. Gruppe endlich wären noch die Wilden zu erwähnen, welche keiner Partei beitraten. Zu ihnen gehörten u. a. die vier Kommissare, von Lützow, Stever ꝛc., die Gutsbesitzer von Klinggräff und von der Decken und Geheimer Ministerialrat Störzel. Gegen Ende der Session wuchs diese Gruppe noch an durch den Austritt mehrerer Mitglieder der Linken, welche unentschlossen zwischen den Parteien stehen blieben, in den meisten Fällen aber mit der gemäßigten Majorität stimmten. Der Regierungsrat Prosch, welcher durch Nachwahl das von Dr. Schnelle—Buchholz wegen Kränklichkeit niedergelegte Mandat erhielt, befand sich im

18*

Auftrag der Regierung längere Zeit außer Landes und nahm seinen Sitz erst im April ein. Auf den Gang der Beratungen, welche bis in den August des nächsten Jahres hineinreichten, kann hier füglich nicht eingegangen werden. Wichtig ist für uns nur das Endergebnis. Zwei wesentliche Aufgaben lagen der Kammer vor: die Vereinbarung mit den beiden Regierungen über das neue Staatsgrundgesetz und die Feststellung des durch diese Umgestaltung beeinflußten Unionsverhältnisses der Großherzogtümer. Beide Aufgaben sind ungelöst geblieben. Die erstere gelang nur insoweit, als eine Vereinbarung der Kammer mit der Schweriner Regierung zu stande kam, während die Strelitzer Regierung von der gemeinsamen Arbeit zurücktrat. Die Regelung des Unionsverhältnisses aber scheiterte vollständig, und dies Mißlingen führte zu offenem Bruch zwischen den Landesregierungen und weiter zu dem bekannten Staatsprozeß.

Da die neue Repräsentativverfassung aber in den schwerinschen Landen thatsächlich circa 11 Monate bestanden hat, so wird immerhin eine kurze Darstellung ihrer Entstehung ebenso wie der strelitzerseits daran geübten Kritik nicht zu umgehen sein, zumal die späteren Proteste und Einwände sich gegen das von der Schweriner Regierung dabei eingeschlagene Verfahren richteten. Auch wird zu untersuchen sein, ob und inwieweit das letztere rechtlich begründet war, beziehungsweise welche Erklärung es durch den Zwang der Umstände fand.

Beide Regierungen hatten der Kammer durch ihre Kommissare einen Verfassungsentwurf [1] vorlegen lassen. Die in den ersten Sitzungen noch sehr überlegene Partei der Linken setzte es durch, daß derselbe einer Beratung im Plenum entzogen und der Verfassungsausschuß mit der Ausarbeitung eines auf rein demokratischen Prinzipien fußenden Gegenentwurfes beauftragt wurde.

---

[1] Die Ausarbeitung desselben sollte ursprünglich der bekannte Staatsrechtslehrer Dahlmann übernehmen. Da dieser aber wegen seiner vielseitigen Thätigkeit in der Frankfurter Nationalversammlung ablehnte, wurde sie mittelst Erlaß vom 29. Juni dem Landsyndikus Groth übertragen und dieser

Die Kommissare erklärten ihr Einverständnis damit, daß dieser
letztere Entwurf an Stelle des von der Regierung aufgestellten der
ersten Lesung zu Grunde gelegt werde. Dies war ein zwar for-
males, aber immerhin doch wichtiges Zugeständnis. Wenigstens
wurde es von der Linken als ein Sieg betrachtet und steigerte
deren Selbstgefühl. Von dem Großherzog war die Frage erwogen
worden, ob dieses Beiseiteschieben seiner Vorlage ein triftiger
Grund sei, die Verhandlungen abzubrechen und die Kammer aufzulösen. Er stand indessen davon ab, einmal, weil es sich hier
um einen formalen Punkt handelte, und sodann, weil die Beratungen erst eben begonnen hatten und man hoffen konnte, im
weiteren Verlauf derselben zum kommissarischen Entwurf zurückzukehren, was auch thatsächlich später geschah.

In dem aus 14 Mitgliedern bestehenden Ausschuß saßen
zehn Angehörige der Linken und nur vier Mitglieder des Centrums. Die ansehnliche Mehrheit, über welche die radikale Partei
verfügte, brachte natürlich auch in dem neuen Entwurf ihre Gesichtspunkte zur Geltung. Die Redaktion übernahmen Petermann
und Türk. Der Ausschuß arbeitete gründlich, aber langsam. Vier
Monate vergingen, ehe der erste, kleinere Teil des Entwurfs
vor das Plenum gebracht wurde. Bis dahin mußte sich in 52
Sitzungen die Versammlung mit Petitionen, Beschwerden und
einer Menge nebensächlicher Angelegenheiten beschäftigen. Der ba-
bei geübte Redekampf vermochte das öffentliche Interesse für diese
Verhandlungen nicht rege zu erhalten. Kleinliches Parteigezänk,

---

vom Engeren Ausschuß ermächtigt, diese Arbeit auszuführen. Der Entwurf
wurde dann in einer vom Minister von Lützow präsidierten Kommission durchberaten. An den Vorarbeiten waren u. a. beteiligt: die Regierungsräte
Karsten, Prosch und von Bassewitz, die Justizräte Tschierpe, Ditmar, Kaysel
und Schmidt, Geheimer Kammerrat von Plessen, Geheimer Ministerialrat
Störzel, Kriminalrat von Bülow. Seitens der Strelitzer Regierung war
für die dortige Vertretung ursprünglich Regierungsrat von Bernstorff de-
signiert. Da dieser aber nach dem Rücktritt des Ministers von Dewitz nicht
abkömmlich war — er übernahm später dessen Stelle —, so erhielt Justizrat Buchka das Kommissorium, welches er vom September 1848 an bis zur
Auflösung der Kammer dauernd versah.

persönliche Reibungen drängten sich ungebührlich hervor und wurden aus dem Schoß der Versammlung in die Presse und selbst
in die geselligen Beziehungen übertragen. Die gegenseitigen Angriffe ließen sehr oft einen würdigen und selbst anständigen Ton
vermissen. Anonyme Pamphlete und Spottgedichte, wie z. B. „Die
Menagerie der Wilden" und „Landtagsbilder", welche in mehreren Lieferungen erschienen, zeichneten sich weniger durch Schärfe
des Witzes als durch Maßlosigkeit der Sprache aus. Bei dem
Mangel sachlichen Beratungsstoffes wäre es gewiß zweckmäßiger
gewesen, die Kammer auf einige Monate zu vertagen. Allein di
Regierung war sich über das Vertagungsrecht nicht klar, mochte
auch wohl der Ansicht sein, daß die Vereinigung aller ihrer
Gegner in Schwerin weniger gefährlich wäre als deren agita-
torische Thätigkeit in den verschiedenen Reformvereinen des Landes.
Zudem konnte bei dem Umschwung der politischen Lage in den
anderen deutschen Bundesstaaten ein Hinausschieben der Beratung
nützlich sein.

Großherzog Friedrich Franz folgte den Kammerverhandlungen
mit gespannter Aufmerksamkeit. Die Amtsauditoren B. von
Bülow und O. von Wickede mußten den Sitzungen beiwohnen und
unmittelbar nachher mündlichen Bericht erstatten. Fast täglich
fanden Besprechungen mit den Kommissaren statt. Daneben ließ
sich der Großherzog noch durch erfahrene Juristen, so namentlich
durch die Herren Groth, Ditmar und den Vicepräsidenten des Oberappellationsgerichts Viereck Vorträge halten über schwierige Fragen
des Staatsrechts und der Rechtspflege. Die Konferenzen mit den Räten
dauerten oft bis spät in die Nacht. Es wurden die Erklärungen der
Kommissare beraten, der Wortlaut offizieller Kundgebungen festgestellt und Vereinbarungen über die einzuschlagende Haltung der
Regierung getroffen. Oft kam es zu scharfen Diskussionen zwischen
den Kommissaren, wobei der Großherzog entscheidend oder vermittelnd eintreten mußte. Minister Lützow erschien ihm mitunter
zu nachgiebig gegen die Kammer, und im Mai 1849 finden sich
in den hinterlassenen Aufzeichnungen die ersten Andeutungen

über eine schwankende Haltung des Ministers, welche dem Großherzog unsympathisch war und bedenklich erschien.

Diese Aufzeichnungen geben andererseits sicheren Aufschluß
über die damaligen Ansichten des Fürsten selbst. Er teilte keineswegs Lützows Überzeugung von dem Wert des Konstitutionalismus. Er war nur von der Unvermeidlichkeit desselben durchdrungen und hielt ihn wie so viele andere für die einzige Grundlage einer Einigung Deutschlands. Für Mecklenburg hätte er eine
Reform auf ständischer Basis entschieden vorgezogen. Die Vorgänge im Frühjahr 1848 machten die Ausführung dieser Idee
unmöglich. Selbst bei den alten Ständen hatte man damals
keinen Halt gefunden. Nachdem nun einmal die Bahn des Konstitutionalismus betreten, war Friedrich Franz entschlossen, das
begonnene Werk auch durchzuführen. Der kommissarische Verfassungsentwurf hatte seine Sanktion erhalten. Er betrachtete es
als die nächste Aufgabe, seine Annahme bei der Kammer durchzusetzen, und hielt nun an derselben mit einer Zähigkeit fest, welche
durch Widersprüche und Einwände nur gesteigert wurde. Indem
sein Blick so auf dieses eine Ziel gerichtet war', schenkte er dem
in Deutschland sich inzwischen vollziehenden Umschwung vielleicht
nicht diejenige Beachtung, die er verdiente, unterschätzte auch wohl
die Folgen, welche ein einseitiges Vorgehen ohne Verständigung
mit dem Strelitzer Fürstenhause notwendig herbeiführen mußte.
Die Entstehung und der Verlauf dieses Konflikts wird uns später
beschäftigen.

Wie weit das Unionsverhältnis überhaupt noch bestand, ob
es durch einen neuen Hausvertrag zu regeln und die Mitwirkung
der Kammer dabei notwendig sei, über alles dies herrschte damals allgemeine Unklarheit. Die verschiedenartigsten Ansichten
wurden aufgestellt. Die Rechtskundigen stritten darüber in der
Presse. Das Übergangsstadium, welches die Beschlüsse des letzten
außerordentlichen Landtags geschaffen, ließ die Grenzen der Berechtigungen nicht mehr klar erkennen. Wie ernst Friedrich Franz
seine Aufgabe erfaßte, zeigen die Worte, die er in der letzten
Stunde des ereignisschweren Jahres 1848 niederschrieb:

„Europas äußere wie innere Gestalt, mit Ausnahme
zur Zeit von England und Rußland, hat das Jahr 1848 um=
gestürzt. Was noch steht, ist erschüttert; wie bald wird es
nachstürzen? Was auf seinen Grundlagen erbaut werden soll,
wird es zum Heil, zum Segen gereichen? Mein Gott, segne
Deutschland, segne Mecklenburg! Lasse mich meine Pflicht thun
unverrückt nach Deinem Willen, mit aller meiner Kraft und
sei es mit Dahingabe meines Lebens! Am Sylvesterabend werfe
ich gern einen recensierenden Rückblick auf die Art, wie ich
meiner äußeren und inneren Aufgabe nachgekommen. Ein Ur=
teil über das erstere habe ich noch nicht, und wird erst die
Zukunft lehren, ob der Weg, den ich mit Mecklenburg ge=
gangen, der richtige gewesen ist. Eine alte, mit dem Lande
verwachsene Verfassung, die aber teilweise nicht mehr paßte,
ist begraben. Die Schablone des Tags ist angelegt. Sie ist
falsch und nicht das absolute Heil. Ein unerschütterter Thron
und Achtung vor dem Gesetze sind aber dem Lande erhalten;
gesunder Sinn ist im Volke. Warum sollte es mit Gott nicht
gehen? — Als Mensch bin ich schwer geprüft und habe er=
fahren, daß Not beten lehrt, d. h. meine Kraft, meinen Mut
habe ich wieder bei Gott gesucht, und er hat mich nicht im
Stich gelassen! Vertrauen auf seine Weisheit und Allmacht
ließen mich den rechten Gesichtspunkt nicht verlieren. Die sich
lebhaft zeigende Liebe des Mecklenburgers für seinen Fürsten
erfreute mich, das Richtige in dem Sturmesdrang der Zeit
begeisterte mich. Entschieden hat mich die schwere Prüfung ge=
fördert. Gott ist mir wieder näher getreten, mein Streben
nach Heiligung ist erwärmt. Möge mir mein Heiland dabei
helfen im Jahre 1849!"

Neuntes Kapitel.

Der Verfassungsstreit. Krisen und Konflikte.

————

Schon die ersten Tage des beginnenden Jahres fügten zu den mannigfachen Schwierigkeiten der Lage eine neue hinzu. Sie entsprang einer prinzipiellen Meinungsverschiedenheit, welche schon längere Zeit zwischen den Höfen von Schwerin und Strelitz bestand, neuerdings aber schärfer zum Ausbruck gekommen war. Die Anfänge des Zwiespalts reichten in die bewegten Märztage von 1848 zurück. Der Gegensatz in den Anschauungen der beiden Landesherren ließe sich mit wenig Worten etwa so bezeichnen: Großherzog Friedrich Franz hatte seinem Lande in der Proklamation vom 23. März eine konstitutionelle Verfassung verheißen und war entschlossen sein Versprechen zu erfüllen. Großherzog Georg, durch eine so unbedingte Zusicherung nicht gebunden, war ihm auf diesem Wege nur widerwillig gefolgt. Das alte ständische Prinzip war ihm wert und jede Gelegenheit erwünscht, die betretene Bahn wieder zu verlassen. Noch stärker machte sich dieser Gegensatz bei den leitenden Ministern beider Länder geltend. Der Leser wird sich erinnern, daß derselbe schon früher bei dem Schriftwechsel zwischen Dewitz und Lützow anläßlich der ritterschaftlichen Differenzen zu Tage getreten war. Auch Bernstorff teilte die Ansichten seines Fürsten. Diese Divergenz der Anschau-

ungen in den leitenden Kreisen fand indessen auch ihre Begründung und Unterstützung in der Stimmung der Bewohnerschaft
beider Landesteile. In Strelitz war das konservative Element im
Verhältnis ungleich stärker als in den schwerinschen Landen. Es
fehlten dort die größeren Städte, namentlich die Seestädte und
der ausgebreitete bürgerliche Grundbesitz.

Wenn sich nunmehr der Zwiespalt der Meinungen trennend
zwischen die stammverwandten Fürstenhäuser schob, wenn der
Unterschied des Alters — Großherzog Georg zählte 70, Großherzog Friedrich Franz 25 Jahre —, wenn die Ungleichheit des
Temperaments auch merkliche Abweichungen in der Würdigung
politischer Neuerungen erklärlich machte, so muß gleich hier
betont werden, daß die persönlichen Beziehungen der bis dahin
eng befreundeten Regenten durch den beginnenden Konflikt sogut
wie gar nicht berührt wurden. Von jeher hatte ein herzliches
Einvernehmen zwischen den beiden Höfen geherrscht. Fiel auch
im weiteren Verlauf der Krisis ein flüchtiger Schatten darauf,
so ist es doch später in seinem vollen Umfang wieder hergestellt
worden. Die Darstellung des Konflikts, so peinlich an sich diese
Episode auch für beide Teile war, wird dadurch erleichtert. Es
war ein Prinzipienstreit, eine verwickelte Rechtsfrage, in welcher
beide Parteien vollkommen bona fide handelten. Und diese Rechtsfrage erschien den Zeitgenossen damals so unklar, daß nur wenige im Jahre 1849 den Ausgang des Streits vorherzusagen gewagt haben würden. Denn neben den Rechtsgründen, welche
später entscheidend waren, sprach auch die Stimme der Zeiterei-
nisse mit, und in der Verwirrung des Jahres 1849, bei dem
Donner der Geschütze und dem wilden Zuruf der leidenschaftlich
erregten Massen, war dieselbe keineswegs deutlich und klar ver-
nehmbar.

Seit seinem Regierungsantritte hatte Friedrich Franz mit
dem von ihm hochverehrten Oheim einen vertraulichen Briefwechsel
unterhalten. In allen wichtigen Angelegenheiten war die offizielle
Korrespondenz von persönlichem Meinungsaustausch begleitet gewesen. In den ersten Stadien der Märzbewegung war die Über-

einstimmung noch eine vollständige. Friedrich Franz hatte über
die in Berlin gewonnenen Eindrücke (12. März) und über seine
Maßnahmen zur Abwehr der Petitionsflut berichtet. Großherzog Georg antwortete am 22. März:

„Ich kann die innige Zufriedenheit Ihnen nicht lebhaft
genug schildern, bester Großherzog, mit der mich Ihr heute
erhaltener Brief erfüllt hat: er ist aus meiner Seele geschrieben. Mehr braucht es demnach wohl nicht, um Ihnen die
Überzeugung zu geben, daß ich zur Abwehr einer neuen, konstitutionellen Verfassung mit Ihnen fest zusammenhalten werde,
solange als dies nur immer thunlich sein wird!"

Inzwischen aber vollzog sich die dem Leser bekannte Wand-
lung in der Schweriner Politik. Die nach Strelitz übersandte
Proklamation vom 23. März vermehrte dort die Bestürzung,
welche die jüngsten Vorgänge in Berlin schon erregt hatten. Großherzog Georg schrieb an Friedrich Franz am 26., daß ihn lange
nichts so erschreckt und betrübt habe wie die Kunde von der
Schweriner Proklamation. Da es aber ein fait accompli sei, so
müsse er seinerseits „auch etwas Ähnliches erlassen". Er bat aber
dringend nichts zu übereilen, die Propositionen zum bevorstehenden Landtag sorgfältig zu erwägen und seine Ansicht bei allen
weiteren Schritten vorher einzuholen. Diesem Verlangen wurde
auf das bereitwilligste entsprochen. Während der nun folgenden
Landtagsverhandlungen traten wohl einige Differenzpunkte hervor,
doch wurden dieselben leicht ausgeglichen, und die Landtagsabschiede
bekundeten, wenigstens nach außen hin, ein Einverständnis der
beiden Regenten. Auch während der nächsten Monate blieb dasselbe ungetrübt. Die Strelitzer Regierung schloß sich, wenngleich
mit innerem Widerstreben, den Schweriner Maßregeln in der
Verfassungsreform an, und Großherzog Georg gab in der
Ministerentlassung vom 8. September dem Druck der demokratischen Partei sogar weiter nach, als dies in Schwerin geschehen war. Um so freudiger begrüßte er den politischen Umschwung, welcher im Herbst 1848 in Preußen durch das Ministerium Brandenburg seinen Ausdruck fand. Von diesem Zeit-

punkt an steuerte die Strelitzer Politik im Kielwasser der preußischen. Während Großherzog Friedrich Franz unverrückt an seinem Programm festhielt und die Einführung einer konstitutionellen Verfassung als eine zwar unwillkommene, aber unabwend-
bare Notwendigkeit betrachtete, begann in Strelitz die Hoffnung
zu keimen, daß die überall in Deutschland erstarkende reaktionäre
Strömung die unfertigen Grundlagen des neuen Systems wieder
hinwegspülen werde.

Den Anlaß zu einer schärferen Betonung dieses Standpunktes
und zugleich zum Beginn des Zerwürfnisses mit der Kammer
bot der Beschluß der letzteren vom 13. Dezember, betreffend die
Auflösung der alten Stände[1]. Die Abgeordnetenversammlung
hatte in ihrer 25. Sitzung einen darauf bezüglichen Gesetzentwurf
angenommen und dessen Verkündigung bei den Regierungen beantragt. Minister von Lützow war geneigt, darauf einzugehen und
bestimmte auch den Großherzog, in diesen Akt zu willigen. Ein
vom Landsyndikus Groth ausgearbeitetes Gutachten motivierte diese
Entschließung.

Die Schweriner Kommissare waren der Meinung, daß rechtliche Bedenken dem Antrag der Kammer nicht entgegenstünden.
Die Wahl des Zeitpunkts für die Aufhebung der alten Stände
war nach den Abmachungen des außerordentlichen Landtags von
1848 ausdrücklich der Vereinbarung beider Regierungen mit der
neuen Ständekammer vorbehalten. Die Berechtigung dazu konnte
den drei Kompaciscenten füglich nicht bestritten werden. Aber
auch hinsichtlich der Vorbehalte, welche auf dem vorjährigen Land-

---

[1] Das hierauf bezügliche Gesetz besagte im Artikel 1: „Die politische
Gewalt der Landstände und ständischen Korporationen hört auf." Artikel
2 wahrte dem Engeren Ausschuß seine administrative Wirksamkeit in der
bisherigen Weise, sowohl hinsichtlich der privatständischen und gemeinsamen
Kassen, des Archivs 2c. als auch betreffs der privatrechtlichen Verhältnisse
der ritterschaftlichen Brandkasse, des Kreditvereins u. s. w. Art. 3 und 4
bestimmten, welche unter ständischer Konkurrenz eingesetzten Behörden einstweilen in Funktion bleiben und welche administrativen Maßregeln dagegen
der Landesregierung ausschließlich überlassen werden sollten.

tage gemacht waren, glaubte die Schweriner Regierung jetzt freie
Hand zu haben. Wie sich der Leser erinnern wird, betraf der
eine dieser Vorbehalte den Verzicht der Seestädte auf ihre Sonderrechte. War auch ein solcher förmlicher Verzicht nicht erfolgt,
so hatten doch die Seestädte (Rostock am 21. Juli, Wismar am
15. August) Erklärungen abgegeben, welche — wie der von den
Kommissaren häufig gebrauchte Ausdruck lautete — die Erfüllung der ständischen Bedingung genügend sicherten. Allerdings
hatte die Rostocker Erklärung die Bereitwilligkeit zur Aufgabe der
Privilegien nicht unbedingt ausgesprochen, vielmehr dieselbe an
gewisse Voraussetzungen geknüpft und den Anspruch auf Entschädigung erhoben. Da aber Regierung und Kammer zur Anerkennung dieser Entschädigungsansprüche bereit waren — wirklich
erfolgte dieselbe später durch einen Beschluß in der 84. Sitzung
—, so hielt Lützow diese Angelegenheit für prinzipiell erledigt und
selbst einer formellen Regelung nicht bedürftig. Hieraus erklärt
es sich, daß die Schweriner Regierung auf einen bestimmten Verzicht der Seestädte, von welchem doch die Aufhebung der alten
Stände ausdrücklich abhängig gemacht war, nicht weiter drang,
— ein Verzicht, dem die Seestädte bei schärferer Nötigung nach
Lage der Sache füglich nicht hätten ausweichen können. Man
glaubte vielmehr, daß die definitive Regelung dieser Angelegenheit,
namentlich der Entschädigung, erst nach Publikation des neuen
Staatsgrundgesetzes erfolgen könne und daß „dem, was von der
Ritter- und Landschaft auf dem letzten außerordentlichen Landtag
bedungen worden, genügt" sei. Der Irrtum, welcher in dieser
Auffassung lag, sollte später verhängnisvoll werden. Er bot den
wesentlichsten Anhaltspunkt für die Klage der Ritterschaft.

Der zweite Vorbehalt, von dessen Erfüllung die Aufhebung
der alten Stände abhängig gemacht war, besagte bekanntlich, daß
die beiden Landesregierungen mit der einzuberufenden Abgeordnetenversammlung sich über die neue Verfassung vereinbaren sollten. Hiernach hätte — das Einvernehmen der beiden Regierungen
vorausgesetzt — dem Antrag der Kammer vom 13. Dezember
überhaupt nicht entsprochen werden können, solange die Bera-

tungen über die Verfassung noch fortdauerten und eine allseitige
Einigung nicht erzielt war. Allein auch betreffs dieses Punktes
hatten Minister von Lützow und seine Schweriner Kollegen ihre
eigene Ansicht. Sie behaupteten, die Landstände hätten auf dem
außerordentlichen Landtag ihre Landesvertretungsrechte mit nur
einstweiliger Reservation hinsichtlich des Steuerbewilligungsrechts
sofort und definitiv aufgegeben. Dieser Verzicht sei landesherr-
licherseits im Landtagsabschied angenommen. Demnach besäßen die
alten Stände das Recht der Landesrepräsentation nicht mehr.
Dieses sei ausschließlich der Abgeordnetenversammlung zugefallen.
Die administrativen Befugnisse, welche dem Engeren Ausschuß
noch gewahrt blieben, könnten allerdings die Funktion eines Fort-
bestandes der alten Stände begründen, indessen entbehrten sie ohne
das Recht der Landesvertretung einer repräsentativen Bedeutung.
Die Potestivierung des Engeren Ausschusses zur Bewilligung
von Kontributionen stelle sich als eine Ausnahme dar, welche,
lediglich aus dem praktischen Bedürfnis hervorgegangen, schon
ihrem Zweck nach nur eine temporäre Maßregel sein könne. Diese
Deduktion sollte dahin führen, den letztgenannten ständischen Vorbehalt seiner sachlichen Berechtigung zu entkleiden und ihn, als
im Widerspruch mit dem thatsächlichen Verzicht auf die Landesvertretung, einer formalen Erledigung als nicht bedürftig hinzustellen.
Wären die beiden Regierungen mit der Kammer über den Zeitpunkt der Auflösung einig, glaubte Lützow, so wären rechtliche
Hindernisse nicht vorhanden. In diesem Sinne schrieb er nach
Strelitz. Bernstorffs Antwort (28. Dezember) war sehr zurückhaltend.

„Buchka hat mir das Pro Memoria von Groth mitge-
teilt, dessen Motivierung ich jedoch bei aller Anerkennung der
scharfsinnigen Auffassung des Verfassers nicht überall richtig finden kann. Die große Schwierigkeit und die gewichtigen Bedenken bei Beantwortung jener Frage verkennt man hier gewiß
nicht; glaubt aber doch, daß die Genehmigung des von der
Abgeordnetenkammer beantragten Gesetzentwurfs zur Zeit nicht
zu verantworten sein würde. Ich möchte mir noch jetzt den

Vorschlag erlauben, über den Zeitpunkt der Auflösung im Hinblick auf diesen Gesetzentwurf die Erklärung des Engeren Ausschusses zu erfordern. Mir scheinen gewichtige Gründe dafür zu sprechen. Einige der diesseitigen Abgeordneten suchen die Ferienzeit nach Möglichkeit zu neuer Agitation zu benutzen, und es gelingt ihnen auch, Volksversammlungen zu stande zu bringen, aber man traut ihnen schon weniger, wie denn alle Verständigen durchaus kein Vertrauen zu der Abgeordnetenkammer mehr haben. Vielleicht schlägt die öffentliche Meinung bald noch entschiedener um, indem man allgemeiner erkennt, wohin das tolle Treiben der Linken führt. Indessen ist leider auch der letzte Funke von Hoffnung erloschen, daß es möglich sein werde, mit dieser Abgeordnetenkammer eine irgend brauchbare Verfassung zu stande zu bringen."

Noch bestimmter lautete die zwei Tage später (30. Dezember) abgehende offizielle Erwiderung. Der vorgelegte Entwurf einer kommissarischen Erklärung wurde abgelehnt.

„Die Ansicht", hieß es weiter, „geht hier dahin, daß auch bei dem größten Entgegenkommen gegen die Wünsche der Abgeordnetenkammer nichts von den Bedingungen nachgelassen werden kann, von welchen die alten Stände ihre Aufhebung ausdrücklich abhängig gemacht haben."

Das Schreiben ging auf diese Bedingungen näher ein und gab zu erkennen, daß man dieselben keineswegs für erfüllt halte, wie in Schwerin angenommen wurde.

Die Wege der beiden Regierungen gingen also in dieser wichtigen Frage schon prinzipiell auseinander. Durch wiederholte Interpellation gedrängt, schlug Lützow die Abgabe einer allgemein gehaltenen Erklärung vor, welche die Auflösung der alten Stände prinzipiell verhieße, den Zeitpunkt aber noch von weiteren Beratungen abhängig mache. Auch dies wurde in Strelitz abgelehnt.

Inzwischen waren dem Großherzog Friedrich Franz von zwei verschiedenen Seiten Zuschriften zugegangen, welche, wenn sie auch sein Vertrauen auf die Richtigkeit der Lützowschen Deduktionen nicht erschütterten, ihn doch von der Unzweckmäßigkeit

einer vorzeitigen Aufhebung der alten Stände überzeugten. König
Friedrich Wilhelm IV. schrieb am 7. Januar:

„Verzeih Deinem treuen Onkel, wenn er Dich plagt.
Ich vernahm nämlich, daß man auf dem Punkte steht, in
Strelitz eine oppositionelle Stellung gegen Schwerin einzunehmen und zwar, weil Dein Ministerium darauf bringt, die ur-
alte mecklenburgische Verfassung schon jetzt für aufgelöst zu erklären. Ich erkläre Dir hier bestimmt, mein teuerster Fritz,
daß mir's nicht in den Sinn kommt, mich in Megapolitana
einzumischen, und das um so weniger wegen des eigenen mecklenburgischen Titels. So weit aber glaub' ich im vertraulichen
Schreiben an meinen lieben Freund und Nachbarn gehn zu
dürfen, daß ich Dich darauf aufmerksam mache, wie ich bei
unseren ständischen und Landtagswirren es vorsichtig bis heut
vermieden habe, die Auflösung der alten ständischen Verfassung
auszusprechen. Man kann nicht wissen, wozu das einmal gut
sein kann. Das Zerstören ist so leicht, das Zerstörte wird
aber oft vergeblich zurückgewünscht. Einem etwaigen Drängen
Deines Landtags auf solches Auflösungsdekret kann sehr logisch
und unwidersprechlich entgegengestellt werden, daß man die
Auflösung des Alten nirgend und zu keiner Zeit, wo man nach
Grundsätzen verführe, ausgesprochen habe, ohne daß das Neue
nicht fix und fertig und zur Einführung bereit gewesen wäre.

Deine Truppen sind ja excellent und zuverlässig. Gieb
nur nicht zu, daß die Soldaten die schlechten Klubs und Vereine besuchen dürfen. Ich küsse Deine liebe Mutter, der ich
dies Blättchen vorzulesen bitte. Ich umarme Dich viel hundert
Mal und bitte um die Fortdauer Deiner Freundschaft und
Deines Vertrauens als   Dein treuer Oheim
                                         Friedrich Wilhelm."

Diesen Brief überbrachte der General von Bonin mit dem
gleichzeitigen Auftrag, über die beabsichtigte Haltung Preußens in
der deutschen Frage mündlich Aufklärung zu geben. Auch über
die schwebende Angelegenheit der Militärkonvention sollte er unter-
handeln. Der Großherzog antwortete am 10.

„Bonin, der morgen früh wieder abzugehen gedenkt, hat sich von dem gesamten Zustande hier möglichst unterrichtet und wird Dir mündlich seinen Rapport machen können. Er wird auch zwei kurze Beleuchtungen über die Frage des Zeitpunktes der Auflösung der alten Stände mitbringen, wovon die eine, entworfen vom Minister von Lützow, die politische Lage der Sache, die andere, welche der Landsyndikus Groth zusammengestellt hat, mehr die juristische Seite behandelt. An eine Auflösung der alten Verfassung, insoweit sie nicht von dem Aufhören der alten Stände ergriffen wird, deren politische Gewalt aber auch jetzt schon ruht, denke ich im gegenwärtigen Augenblick durchaus nicht, sondern muß entschieden der Grundsatz festgehalten werden, daß sie solange in voller Kraft bleibt, bis eine andere mit der Abgeordnetenkammer vereinbart sein wird.

Es stellt sich nun die politische Unmöglichkeit heraus, in einem nicht absolut regierten Lande gleichzeitig mit zwei Landesversammlungen zu regieren, wovon die eine nur die künftige Verfassung fertig zu machen hat, während die andere bei allen Gesetzgebungsgegenständen und bei allen extraordinären Geldbewilligungen befragt werden und zustimmen muß, und nun nicht einmal zusammengerufen werden kann. Der Strelitzer Kommissarius teilt auch durchaus diese Ansicht, und wird hier stets mit möglichster Berücksichtigung dortiger Ansichten verfahren werden. Der innere Zustand des Landes in Bezug auf Ruhe und Ordnung bessert sich sehr und bin ich Deinen kräftigen Maßregeln darin sehr dankbar. Auch über unsere Kammer macht man sich keine Illusion, und ich bin fest überzeugt, daß ich den größten Teil des Landes für mich habe, wenn es bei der rechten Veranlassung zum Konflikt oder zum Bruch käme. Du hast mir durch Bonin noch eine mündliche wichtige Eröffnung machen lassen, und werde ich den Zeitpunkt abwarten, wo Du mich zum Handeln wirst auffordern lassen. Von vornherein stimmte meine Ansicht mit der hier im Lande herrschenden und erst kürzlich auch von der Kammer ausge-

sprochenen Ansicht überein, daß dauernde Ruhe in Deutschland
nur durch eine möglichste Verwirklichung der Einheitsidee zu
erreichen sein wird, daß daher die Centralgewalt eine starke
sein müsse. Da aber die Eigentümlichkeit Deutschlands keine
große Centralisation verträgt, so muß unsere oberste Gewalt
ihren Halt in einem starken Träger derselben finden. Den
kann aber nur Preußen geben, und darum wünsche ich
Preußen an die Spitze. Auf welche Weise dies zu erreichen ist und ob die mir mitgeteilte Idee dies verwirklichen
wird, steht nicht zu meiner Beurteilung; ich werde aber gerne
zu jeder Maßregel mitwirken, die Preußen ausdrücklich oder
faktisch zum dirigierenden Organ macht. Bonin hat mich durch
die Schärfe seiner Auffassung frappiert und danke ich Dir für
seine Hersendung."

Das Lützowsche Gutachten befriedigte aber den König nicht.
Die mecklenburgische Verfassungsfrage lag ihm so sehr am Herzen,
daß er wenige Tage später noch einen zweiten Specialgesandten
mit dem nachstehenden Brief nach Schwerin schickte:

„Charlottenburg, den 14. Januar 1849.
Teuerster Fritz!

Indem ich Dir herzlichen Dank für die gütige Aufnahme
von Bonin und für die Mitteilungen sage, die Du mir gemacht und hast machen lassen, sende ich, natürlich ganz privatim, Deinen alten Bekannten, den Generalmajor von Gerlach.
Er hat genaue Kenntnis von allem genommen, was Bonin
zurückgebracht hat, und kennt, durch seines Freundes Voß Lehren und Instruktionen, die mecklenburgischen Dinge ziemlich
genau. Ich bitte Dich, ihn huldvoll zu empfangen und anzu-
hören. Er wird Dich zugleich in meinem Namen in Kenntnis
setzen, wie es mit den Dingen steht, von denen ich Dich durch
Deine Mutter im Herbst unterrichten ließ. Österreich und ich
sind einig, und wir werden bald entscheidende Schritte in
Frankfurt vornehmen. Das muß auf den Stand der Revolution und folglich auch auf ihre Früchte in Mecklenburg entscheidend wirken. Übereile also vor allem nichts. Ich hoffe,

durch Gottes Gnade wird sich alles mit einigen Opfern für die deutschen Fürsten noch ganz leiblich stellen. Was aber tot ist, ist tot; darum töte nichts. Zürne nicht meiner freund-nachbarlichen Sollicitud für Mecklenburg. Dein treuer Oheim

　　　　　　　　　　　　　　　Friedrich Wilhelm.

P. S. Ich wage noch die Andeutung, daß mein Rat der des Temporisierens ist. Dazu gehören mutige und beharrliche Hände. Fehlen Dir dieselben, so schaffe sie Dir. Besseres kann ich Dir nicht raten."

General von Gerlach blieb mehrere Tage in Schwerin. Während seiner Anwesenheit traf auch Herzog Georg von Mecklenburg-Strelitz, der zweite Sohn des Großherzogs, mit einem Brief seines Vaters ein. Es waren darin alle schon früher er-hobenen Bedenken noch einmal in eindringlicher Form geltend ge-macht. Der mit Friedrich Franz II. eng befreundete Herzog sollte dieselben mündlich erläutern. Die von Lützow vorgeschlagene Erklärung wurde beanstandet. Es fanden mehrere Konferenzen statt, an welchen der Herzog, General von Gerlach und die Schweriner Kommissare teilnahmen. Der Strelitzer Hof sprach durch seinen Specialbevollmächtigten unverhohlen die Absicht aus, den Verfassungsentwurf zurückzuziehen, wenn die Kammer, wie bestimmt zu erwarten stand, denselben nicht annähme. Groß-herzog Friedrich Franz seinerseits bestand darauf, daß der Ver-such der Verständigung auch dann noch fortzusetzen und alles auf-zubieten sei, um das neue Staatsgrundgesetz mit dieser Versamm-lung zu stande zu bringen. General von Gerlach suchte zu ver-mitteln. Das einzige jedoch, wozu sich Friedrich Franz und seine Räte nach längeren Debatten bestimmen ließen, war die Erklä-rung, die Auflösung der alten Stände nicht einseitig mit der Kammer zu vereinbaren und den Zeitpunkt vorläufig hinauszu-schieben. Der Standpunkt des Großherzogs, sowohl in der deut-schen Frage wie in der Verfassungsangelegenheit, ist sehr scharf gekennzeichnet in dem Antwortschreiben, welches er dem preu-ßischen Specialgesandten für den König mitgab. Wir ersehen dar-aus, wie ernst Friedrich Franz seine Aufgabe als Bundesfürst

　　　　　　　　　　　　　　　　　　　　19*

und Landesherr auffaßte, wie reiflich er dieselbe nach allen Sei=
ten hin erwog. Der Brief lautet:

„Schwerin, den 17. Januar 1849. — Lieber Onkel! Du
haft mir durch meinen alten Gerlach noch weitere Eröffnungen
in der bewußten Auflösungssache der alten Stände und in
Bezug auf die Oberhauptsfrage machen lassen, welche insoferne
in Verbindung stehen, als aus glücklicher Lösung dieser eine
andere Behandlung jener hervorgehen möchte. Was nun diese
betrifft, so gehe ich von meinem allerdings beschränkten Stand=
punkte von der Ansicht aus, daß gesicherte Zustände in Deutsch=
land nur gegründet werden können, wenn man den Idealen
der Zeit, wie sie das Jahr 1848 ans Tageslicht gebracht, ge=
hörig Rechnung trägt und das Frankfurter Experiment nicht
zerstört, sondern sorgsam benutzt, indem es mir als der selbst=
geschaffene Angelpunkt erscheint, an dem man Deutschland in
seinem tiefsten Leben fassen und leiten kann. Daher bedarf das
dort im Bau begriffene Werk einer Vollendung in seinem
Geiste; das ist die Centralgewalt, für welche der Träger ge=
funden werden muß. Das kann nur der König von
Preußen sein; anders kann ich es mir nicht denken. Du
mußt die Sache aber besser übersehen können, und ich werde
mich daher auch der Verwirklichung einer anderen Idee an=
schließen, wenn durch meinen Beitritt kein Wortbruch gegen
mein Volk und keine Inkonsequenz gegen mein Verhalten seit
dem März her von mir verlangt wird. Was die ständische
Frage angeht, so handelt es sich einfach darum, den von mir
herausgegebenen Verfassungsentwurf ins Leben zu führen. Da=
zu besonders ist meine jetzige Abgeordnetenversammlung zusam=
menberufen und mit der Erfüllung oder Nichterfüllung dieser
Aufgabe steht oder fällt sie. Fällt sie aber, so bleibt jene Auf=
gabe immer noch bestehen, und es fragt sich: »was nun thun?«
»Die alten Stände einrufen und mit ihnen weiter beraten«
scheint die einfache Antwort. Da liegt der Punkt, von dem
aus diese Sache zu betrachten ist, daß nämlich diese alten
Stände kein vereinigter Landtag sind, mit dem sich reden läßt,

sondern in partes gehende Korporationen, die der Schriftsteller
des Adels, Herr von Glöden, nicht einmal geeignet hält ein-
berufen zu werden, nur um ein anderes Wahlgesetz zu beraten.
Sie müssen also immer vorher verfassungsmäßig aufgelöst werden, ehe man energisch bei der Beratung der Verfassung gegen
die jetzige Versammlung verfährt, wenn man sich nicht jedes
Mittels berauben wollte, dies Ziel weiter zu verfolgen. Um
jedoch Deinem Wunsche, nichts zu übereilen, soweit nachzukommen, als ich es nach dem von mir verfolgten Wege für
möglich halte, werde ich bis zum 31. Januar einen Ausspruch
der Kammer gegenüber in dieser Sache vermeiden, dann aber
gezwungen sein fortzuschreiten. Ich danke Dir für das Interesse, das Du für eine glückliche Lösung unserer sehr schwierigen Verhältnisse bezeigst. Ich werde versuchen, furchtlos und
gerade meinen Weg zu gehen, und mag dann Gott das Weitere fügen.

Ich verbleibe Dein gehorsamer Neffe Fritz.

Ein Paar Worte erlaube ich mir noch, nach Art der
Damen in einem Postskriptum folgen zu lassen. Jene Frist
bis zum 31. konnte ich mir auch deshalb auflegen, da ich durch
die Verhandlungen mit Strelitz und mit einigen ständischen
Verwaltungsbehörden vorher schwerlich und auch vielleicht
dann noch nicht in den Stand gesetzt sein werde mich zu äußern; überhaupt ist wegen der sehr inhaltschweren Verhandlungen
mit der Kammer an die wirkliche Auflösung der Stände
erst in 4 bis 6 Wochen zu denken. Was Deinen Wunsch,
die Versammlung strenge in ihre Schranken zurückzuweisen, an-
langt, so muß man dabei auf die Entstehungsgeschichte derselben
zurückgehen, um zu erkennen, was ihre Kompetenz ist und ob
darnach diese oder jene Handlung der Kammer ein Übergriff ist.
Nun ist aus den landesherrlichen Propositionen auf dem Frühjahrslandtage, aus dem Eingehen der Stände auf dieselben und
aus Arbeiten in diesem Sinne nicht zu leugnen, daß man ihr
hat fast die Stellung einer förmlichen Ständeversammlung einräumen wollen, und daß teils durch den Vorbehalt der alten

Stände, mehr noch durch das sonst so günstige Zögern mit
Zusammenberufung der Kammer die Idee des beschränkten Mandats entstanden ist. Gerlach hat dies auch verstanden und ist
in den Stand gesetzt, Dir dies näher auszuführen, was ich nur
im Umrisse bezeichnen konnte. Daß meine Kommissarien wohl
mitunter sich etwas zu passiv verhalten haben, lag wesentlich
in diesem Umstande, doch werden sie bei der Diskussion der
Verfassung hoffentlich Gelegenheit haben, Energie und Festigkeit
zu zeigen.   Dein Fritz."

Gleichzeitig erklärte Lützow in einem ministeriellen Schreiben,
welches Herzog Georg mit nach Strelitz nahm, im Auftrage seines Herrn:

„Trotzdem über den politischen Schaden oder politischen
Vorteil einer Auflösung der alten Stände im jetzigen Augenblicke zwischen beiden Höfen noch keine Übereinstimmung statt-
findet, gebe ich die Zusicherung, daß, hausvertragsmäßigen
Verpflichtungen zufolge, eine einseitige und zustimmende Erklärung über Auflösung der Ritter= und Landschaft nicht statt-
haben wird, sehe jedoch einer baldigen Verständigung über
einige vom Strelitzer Hofe hingestellte Punkte entgegen."

Diese Verständigung wurde aber nicht erzielt. Der fortgesetzte Schriftwechsel zwischen den beiden Ministerien förderte vielmehr noch weitere Gegensätze zu Tage. Der bedenklichste lag in
der Auffassung über das Unionsverhältnis. Man muß zugeben,
daß bei dem damaligen Übergangsstadium diese Frage äußerst
verwickelt, eine staatsrechtliche Definition sehr schwierig war. Auf
dem Frühjahrslandtag von 1848 hatte Strelitz bekanntlich den
Wunsch ausgesprochen, die Union möge fortbestehen. Seitdem
hatte die Angelegenheit geruht. Jetzt wurde sie durch Anträge
der Kammer, welche auf Klarstellung des Verhältnisses drang,
wieder angeregt. Die Schweriner Kommissare erklärten indessen,
die Regelung des Unionsverhältnisses könne nur durch einen neuen
Staatsvertrag herbeigeführt werden. Schon diese Äußerung ließ
erkennen, daß man die alte Union für erloschen betrachte. In
Strelitz dagegen sah man dieselbe noch als zu Recht bestehend an und

verlangte nur deren Anpaffung an die Grundlagen des neuen
Repräsentativfhftems[1]. Die Argumentation des Schweriner Stand=
punkts fußte darauf, daß die alte Union fich nach dem L. G.
Erbvergleich nur auf Ritter= und Landfchaft und deren Hinter=
faffen bezogen habe. (In der That waren davon im Schweriner
Landesteil das gefamte Domanium, die Stadt und Herrfchaft
Wismar und das Bistum Schwerin mit Ausnahme der Neuftadt
Schwerin, im Strelitzer Landesteil das gefamte Domanium
mit der Stadt Neu=Strelitz und das Fürftentum Ratzeburg aus=
gefchloffen gewefen.) Im Sinne diefer Unterfcheidung habe die
Union alfo nur hinfichtlich derjenigen Rechte, adminiftrativen Ein=
richtungen und Inftitute beftanden, welche fich aus der Gemein=
fchaft von Ritter= und Landfchaft ergeben hätten. Nach Preis=
geben diefer Rechte fei mithin die Union erlofchen und könne eine
Neubildung nur im Wege eines Staatsvertrags konftituiert wer=
den. Diefe Deduktion wurde von Strelitz nicht für zutreffend er=
achtet. Die Unterhandlungen über Abfchluß eines Staatsvertrags
verfprachen bei folcher Lage der Dinge kein Refultat und gerieten
ins Stocken.

Während der erften fechs Monate des Jahres 1849 verließ
der Großherzog Schwerin nur einmal für einige Tage im März,
und auch diefer Ausflug nach Berlin hatte einen politifchen Zweck.
Seine Thätigkeit blieb geteilt zwifchen aufreibenden Regierungs=
gefchäften und militärifchen Befichtigungen. Nur felten ging er
auf die Jagd. Auch an gefelligen Zerftreuungen nahm er we=

---

[1] Beftärkt wurde die dortige Regierung hierin durch die Zuftimmung
der Bevölkerung. Diefe beantwortete die auf Trennung der beiden Landes=
teile abzielenden Anträge der Kammer mit Proteften und Entrüftungs=
meetings. Selbft die Reformvereine waren gegen Aufhebung der Union.
In einer am 4. März in Stargard abgehaltenen Volksverfammlung wurde
eine Erklärung feftgeftellt, welcher fämtliche Strelitzer Reformvereine bei=
traten. „Wir proteftieren", hieß es darin, „gegen die Zerftückelung des Lan=
des Mecklenburg und gegen die Zerreißung des Mecklenburger Volks, das
feit Jahrhunderten eins gewefen ift durch Gefetz und Sitte und eins blei=
ben will nun und immerdar."

niger teil als sonst. Abends pflegte er das Theater zu besuchen,
welches in jener Saison über besonders gute Kräfte verfügte.
Flotows Opern Martha und Strabella, Marschners Hans Hei-
ling und vor allem Meyerbeers Hugenotten übten eine starke Zug-
kraft aus. Schwerin war sehr belebt, viele Abgeordnete waren
von ihren Familien begleitet. Der Großherzog liebte es, sich in
befreundeten Häusern zum Thee anzusagen, wo er im engsten
Kreise zwanglos verkehren konnte. Am häufigsten geschah dies
bei Graf Bassewitz—Schlitz, Baron Maltzahn—Lenschow, von
Dewitz—Milzow und in den Familien der Herren von Lützow,
von Storch, von Sell und von Zülow. Größere Hoffeste fanden in diesem Winter nicht statt. Dagegen wurde in dem Kon-
zertsaal des Schauspielhauses eine Reihe von Subscriptionsbällen
veranstaltet. Die Grenzen der Beteiligung waren ziemlich weit
gesteckt. Der Hof besuchte dieselben, und der Großherzog verkehrte dort mit Personen aus allen Ständen, tanzte auch vorzugsweise mit den Damen der nicht hoffähigen Gesellschaftskreise,
unter denen sich manche schöne und anmutige Erscheinung befand.
Sein freundliches, gewinnendes Wesen erwarb ihm die persönlichen Sympathieen selbst derjenigen Klassen, welche in dem politischen Kampf sonst zu den erbitterten Gegnern fürstlichen Ranges
und Ansehens gehörten. Seiner Verstimmung über manches, was
in der Kammer geschah und geredet wurde, gab er im gesellschaftlichen Verkehr keinen Ausdruck, obwohl die Übergriffe der
Versammlung auf das Verwaltungsgebiet häufig einen geradezu
verletzenden Charakter trugen. Hierher gehörten z. B. die Zumutung, daß das an die Truppen erlassene Verbot der Beteiligung an politischen Versammlungen wieder aufgehoben, die
nach Malchow verlegte Compagnie von dort zurückgezogen werden
sollte, sowie die Beschlüsse, daß die Beschränkung bei den Heiraten der Offiziere aufzuheben, die Beförderung von Unteroffi-
zieren zu Offiziersstellen zulässig sei, daß die Verpachtung von
Kammergütern sistiert werden solle, endlich die Interpellation
über verschiedene Maßregeln der Verwaltung und Ähnliches mehr.
Die geistige Aufregung dieser Monate, die fortgesetzte Spannung,

der Mangel körperlicher Bewegung wirkten nachteilig auf die
Gesundheit des 25jährigen Fürsten. Er fühlte sich müde, er-
schöpft und hatte häufig Anwandlungen von Schwermut, in denen
er sich körperlichem Siechtum und einem frühen Tod verfallen
wähnte. Ein Gefühl der Vereinsamung überkam ihn dann; die
Sehnsucht nach häuslichem Glück und seine Wünsche in dieser
Hinsicht hatten immer eine bestimmte Richtung. Er glaubte damals noch nicht an die Möglichkeit, daß diese sich erfüllen könnten, und das Entsagen wurde ihm schwer.

Einen Trost in diesen trüben Tagen gewährte indessen die
bei einem besonderen Anlaß wieder deutlich hervortretende Anhänglichkeit vieler Mecklenburger an ihr altes Fürstenhaus. Am
23. Februar, dem Geburtstag der Frau Großherzogin Mutter,
wurde das Standbild Paul Friedrichs auf dem Alten Garten ent-
hüllt. Aus vielen Orten waren Deputationen erschienen, die
Bürgerwehren von Rostock, Wismar, Doberan, Bützow und
Grabow waren durch je ein starkes Kontingent vertreten. Unter
ihnen fiel namentlich die Grabower Bürgergarde durch ihre alte,
historische, aus dem Jahre 1807 stammende Uniform auf. Der
Zudrang des Publikums war schon am frühen Morgen ein so
starker, daß nur mit Mühe der Platz für den Großherzog und
sein Gefolge frei gehalten werden konnte. Die Festrede hielt
Pastor Bartsch, welcher neben dem Geh. Ministerialrat Störzel,
dem Hofbaurat Demmler und anderen Schweriner Herren Mitglied des Komitees gewesen war[1]. Nach der Enthüllung defi-
lierten die Truppen, die Bürgerwehren und die Gewerke vor dem
Standbild. Die Parade kommandierte der am 5. Januar zum

---

[1] Das Standbild war von Professor Rauch modelliert und in dem
gräflich Einsiedelschen Hüttenwerk Lauchhammer in Bronze gegossen worden.
Die Granitplatten des Sockels entstammten zwei Blöcken, welche auf den
Feldmarken Perlin und Görslow gefunden und von den Besitzern dieser
Güter, Graf Bassewitz und von Behr, geschenkt worden waren. Die Ge-
samtkosten des Denkmals beliefen sich auf 16 553 Thaler und waren durch
freiwillige Beiträge aufgebracht.

Brigadecommandeur ernannte Oberst von Witzleben. Derselbe
hatte bis dahin in preußischen Diensten gestanden. Es war das
erste Mal, daß diese Stellung einem Nichtmecklenburger übertragen
wurde, und der Großherzog hatte sich nicht leichten Herzens dazu
entschlossen. Allein die Durchführung der strafferen preußischen
Disciplin, der neuen Gefechtsweise, die Einführung mancher
administrativen Neuerung, welche die veränderte Wehrverfassung
im Gefolge hatte, ließ es notwendig erscheinen, die militärische
Oberleitung einem Offizier zu übertragen, welcher genau mit
dem preußischen Heerwesen vertraut war. Als daher gegen Ende
1848 General von Elderhorst um seine Versetzung in den Ruhestand einkam, wandte sich der Großherzog an den König mit der
Bitte, ihm eine geeignete Persönlichkeit vorzuschlagen und deren
zeitweiligen Übertritt in den mecklenburgischen Militärdienst zu
gestatten. Friedrich Wilhelm IV. war gern auf die Wünsche seines Neffen eingegangen und seine Wahl auf den Oberst von
Witzleben gefallen, einen hochgebildeten, energischen und in jeder
Hinsicht ausgezeichneten Offizier [1]. Derselbe erklärte sich zur Übernahme dieser Vertrauensstellung bereit unter dem Vorbehalt, daß
ihm der Rücktritt nach Preußen unter Berücksichtigung seines An-
ciennitätsverhältnisses offen stehen würde. Die Wahl war eine
glückliche. Witzleben zeigte sich seiner Aufgabe durchaus gewachsen.
Die Reorganisation wurde energisch angegriffen und geschickt
durchgeführt. Er hatte es dabei nicht immer leicht. Die begreifliche Verstimmung der älteren Offiziere über den Einschub, die
Abneigung der Civilbehörden gegen alles Fremde, namentlich gegen
das preußische Wesen, das Unbequeme mancher Neuerungen, alles
dies bereitete Schwierigkeiten, welche zu überwinden waren. Der
kurze Befehlston, die Schärfe der Kritik und andere Eigentümlichkeiten der preußischen Schule waren ungewohnt, und manches

---

[1] Auch der Prinz von Preußen hatte ihn warm empfohlen und zugleich bemerkt, daß eine gewisse Derbheit und Breite seines Auftretens
frappieren könnte, seine Tüchtigkeit aber nicht beeinträchtige. (Brief vom
23. November 1848.)

ward als Härte empfunden, was in Preußen längst als Notwen=
digkeit erkannt war. Allein schon in dem kleinen badischen Feld=
zug zeigten sich die Vorzüge des neuen Systems. Welche Ver=
dienste sich Witzleben während seiner elfjährigen Führung des
mecklenburgischen Kontingents erworben hat, sollte aber erst viel
später in den großen Feldzügen zu Tage treten.

Schon damals, im Frühjahr 1849, war die Einführung einer
schärferen Mannszucht bringend geboten. Die Wühlereien der
Reformvereine hatten wieder begonnen und erstreckten sich auch
bis in die Kasernen und Quartiere der Mannschaften. Hie und
da im Lande führten die Aufreizungen wieder zu tumultuarischen
Auftritten, und zwei Schwadronen mußten (am 17. Januar) für
kurze Zeit nach Waren verlegt werden. Um den abenteuerlichen
und geradezu lächerlichen Ausstreuungen zu begegnen, mit welchen
viele Agitatoren die Unzufriedenheit bei den ländlichen Tagelöh=
nern zu schüren, die Vorstellung von einer kommunistischen Güter=
verteilung bei ihnen zu erwecken suchten, entschloß sich der Groß=
herzog zu einem direkten Appell an den gesunden Sinn seiner Un=
terthanen. Am 9. März erschien eine Proklamation, welche mit
den Worten begann:

„Es ist mir von vielen Seiten zur Kunde gekommen,
daß euch Arbeitern in den Städten, euch Tagelöhnern in den
Gütern und euch Einliegern in den Dörfern von Unberufenen
in Volksversammlungen und sonst, durch Wort und Schrift,
sogar mit Berufung auf Mich, über Verteilung des Grund=
besitzes Aussichten eröffnet und Verheißungen gemacht worden,
welche, da sie den Boden des Rechts verlassen und Eingriffe
in das Eigentum eines anderen enthalten, nicht in Erfüllung
gehen können; deshalb wende ich mich an euch, die ihr Mei=
nem landesväterlichen Herzen und Meiner Liebe ebenso nahe
steht als irgend einer meines Volkes, um euch zu warnen,
unerfüllbaren Hoffnungen Raum zu geben und euch zu Hand=
lungen verleiten zu lassen, deren Folgen für euch nur sehr
nachteilig werden würden.“

Es wurde nun darauf hingewiesen, daß durch Einsetzung

von Schiedsgerichten der Weg beschritten sei, um begründeten
Übelständen unverzüglich abzuhelfen und berechtigte Ansprüche zu
befriedigen. Die neue Gesetzgebung werde die Lage der Arbeiter
verbessern. Nie könne dies aber dahin führen, in das Eigentum
anderer, welches unverletzlich sei, einzugreifen. Die Proklamation
schloß mit den Worten:

„Ihr werdet hierbei diejenige Berücksichtigung finden,
worauf ihr begründeten Anspruch machen dürft; Ich erwarte
aber von euch, daß ihr Meiner Ermahnung Gehör gebt,
ruhig der weiteren Entwickelung der mecklenburgischen Zustände
entgegenseht und es nicht selbst durch ein gesetz- und ordnungs-
widriges Benehmen vereitelt, Meine landesväterliche Absicht
für euch in Ausführung zu bringen.“

Diese landesherrliche Kundgebung übte eine gute Wirkung.
Allerdings versetzte die in andern Teilen Deutschlands ausbrechende
Revolution auch in Mecklenburg die unruhigen Köpfe wieder in
Aufregung. Allein es blieb bei vereinzelten Excessen [1], unter denen
die Plünderung und der Brand des Schlosses in Torgelow der
bedeutendste war. Militärische Detachements stellten die Ruhe
bald wieder her. Auch in der Abgeordnetenversammlung
machte sich jetzt ein Stimmungswechsel geltend. Ebenso wie der
Sturm der Berliner Märztage die Bewegung in Mecklenburg angefacht hatte, so wirkte jetzt auch der dort sich vollziehende Umschwung ernüchternd und mäßigend. Die nächste Wirkung war
ein Wechsel in der Besetzung des Präsidiums gewesen. Die bei-

---

[1] Ein Zwischenfall in Neu-Strelitz blieb ohne weitere Folgen. Dort
war die Aufregung größer. Eine Wiederholung der stürmischen Demonstrationen vom vorigen Herbst wurde geplant. Um ihr zu begegnen, erbat
Großherzog Georg von seinem Neffen, dem Könige von Preußen, das Einrücken zweier Eskadrons des in Pasewalk garnisonierenden Kürassierregi-
ments. Dieselben trafen ein und blieben kurze Zeit im Lande. Die
Schweriner Regierung protestierte gegen dies Hereinziehen fremder Truppen,
und die Kammer fühlte sich veranlaßt, die Strelitzer Minister für „strafbar“
zu erklären, worauf der Strelitzer Kommissar den Sitzungssaal verließ.
Die Angelegenheit blieb damit auf sich beruhen.

den Centren, welche nunmehr mit der Rechten die Majorität im
Hause besaßen, hatten als zweiten Vorsitzenden Dr. Bolten und
bei der Wahl am 31. Januar den Oberappellationsgerichtsrat Trotsche
als ersten Präsidenten durchgebracht. Die Suprematie der Linken
war damit gebrochen und die Verständigung der gemäßigten
Majorität mit der Regierung wesentlich erleichtert. Zunächst freilich war man noch weit voneinander entfernt. Ende Februar
legte der Verfassungsausschuß seinen Gegenentwurf vor. Als Vorbild für den Entwurf hatte augenscheinlich die belgische Verfassung
gedient. Jedes Eingehen auf die Eigentümlichkeiten deutschen
Volkslebens, auf die partikularen Verhältnisse Mecklenburgs oder
gar auf ständische Gliederung war sorgfältig vermieden. Vielmehr
verriet sich der leitende Grundgedanke deutlich genug in den beiden
ersten Paragraphen, welche lauteten: „das Volk ist die Quelle
aller politischen Gewalt" und „die Regierungsform ist monar-
chisch-demokratisch".

In der ersten Lesung ging dieser Entwurf fast unverändert
durch. Wie aber zu erwarten gewesen, erklärten die Kommissare,
daß derselbe für die Regierungen unannehmbar und eine Verständigung auf dieser Basis unmöglich sei. Die Linke beharrte auf
ihrem Standpunkt. Das Centrum dagegen, dem es vor allem
auf das Zustandekommen einer Repräsentativverfassung ankam,
und dem die Forderungen der Linken ohnehin zu weit gingen,
zeigte sich zu Koncessionen bereit. In den nun beginnenden und
mehrere Monate hindurch dauernden Verhandlungen erlangten die
Regierungen, gestärkt durch die überall mehr hervortretende anti-
demokratische Strömung, ein so entschiedenes Übergewicht, daß
sie nach fortgesetzter Nötigung und nach langen Umwegen die
Kammer endlich wieder auf den Ausgangspunkt, den kommissarischen Entwurf, zurückführten. Bei diesen Verhandlungen trat
die Parteiverschiebung immer deutlicher hervor. Das linke Centrum
trennte sich vollständig von der Linken, das rechte verschmolz mit
der Rechten. Die Majorität gab schon in der zweiten Lesung die
Theorie von der Herrschaft des Volkswillens völlig auf und
amendierte den Entwurf im Sinne des Gleichgewichts der Ge-

walten. Gleichzeitig schied Dr. Kippe aus der großherzoglichen
Kommission aus. Sein Zusammenhang mit den Reformvereinen
und seine überhaupt sehr nach links neigenden Anschauungen
schufen Schwierigkeiten, welche sein ferneres Verbleiben unthunlich
machten. Der Großherzog entließ ihn in freundlicher Form und
ernannte an seiner Stelle ein Mitglied der Rechten, den Justizrat
von Liebeherr, zum Kommissar. Auch hierdurch wurde die Verständigung mit der Mehrheit wesentlich gefördert.

Die auf die Grundrechte bezüglichen Paragraphen des Aus-
schußentwurfs, welche namentlich bei der Abschaffung des Adels
eine schärfere Fassung hatten, fielen bei der zweiten Lesung, indem die Regierungen eine Verweisung auf die in der Reichsverfassung niedergelegten Grundrechte für genügend hielten. Ebenso
wurde die oberbischöfliche Gewalt des Großherzogs wiederher-
gestellt und an Stelle der zweijährigen die vierjährige Kam-
merperiode angenommen. Die ganzen Beratungen der zweiten
Lesung bezeichneten einen fortgesetzten Rückzug der Kammer in der
Richtung auf den kommissarischen Entwurf. An diesem hielt die
Regierung nunmehr entschieden fest. Die veränderte Lage dahin
auszunutzen, um die Kammer über den kommissarischen Entwurf
hinaus noch weiter nach rechts zu drängen, hielt der Großherzog
seiner Würde nicht für angemessen.

Das entschiedene Auftreten der Regierung wurde in Berlin
mit Befriedigung wahrgenommen. Der König schrieb seinem
Neffen:

„Wenn meine Nachrichten aus Mecklenburg wahr sind,
dann soll dieser Brief ein Gratulationsbrief sein. Demnach
soll nämlich Dein Gouvernement Mut und Entschlossenheit
gegen die heillose Abgeordnetenkammer deployieren. Gebe Gott,
daß es wahr ist! Das ist die erste Bedingung zu allem Guten.
In diesem Fall wird die Strelitzer Erklärung [1] Euch ein wah-

---

[1] Dieselbe betraf die Unzulässigkeit einer Aufhebung der alten Verfassung vor Abschluß des Staatsgrundgesetzes.

res Auxilium sein und kann zum Guten helfen. Es ist mir
nicht um eine neue Antwort von Dir auf meine letzte Mitteilung zu thun, da Du gleich mir ein sehr geplagter Mann
bist. Mut und Entschlossenheit ist unser aller Losung jetzt!"

Ähnlich äußerte sich der Prinz von Preußen. Er schrieb
dem Großherzog am 12. Februar:

„Ich sollte glauben, die Erfahrungen, die wir gemacht
haben, würden jeder anderen Regierung die Augen öffnen, wohin Schwäche des Gouvernements führt, und wie sich sofort
alles zum Guten umgestaltet, sobald von demselben Kraft,
Energie und Konsequenz gezeigt wird. Nicht nur bei uns, sondern überall zeigt es sich, daß die Regierungen sich vor einer
handvoll miserabler Menschen beugen, die nicht einen Funken
Courage haben, wenn sie auf diese irgendwo stoßen; ihre Parole ist eben: tout oser, unsere Parole muß sein: oser
davantage. Also nur Kraft, Mut und Ausdauer. Dazu hast
Du doch eine zu schöne und gute Geschichte Deines Landes und
Deiner Familie, um wohlfeilen Kaufs Dein Ansehen Preis zu
geben. Vor allem löse Deinen Landtag nicht auf, wie Du es
im Schilde führst; der ist ein Anker, den Du nicht lösen darfst.
Auch wir haben unseren Provinziallandtag noch nicht aufgelöst.
Das kann erst geschehen, wenn die neuen Verhältnisse vollständig reguliert sind. Handelt man anders, so heißt das, absicht-
lich die Schiffe hinter sich abbrennen. Das thut man, wenn
man einen edlen Zweck vor sich hat, wo es heißt: siegen oder
sterben. So etwas darf man aber nicht thun, wenn man sich
im Zustand der Notwehr gegen unberechtigte Übergriffe befindet. Du und Dein Minister haben bisher weder auf die Ansicht von Strelitz noch auf die unsers Königs gehört. Ich
habe es demungeachtet für zu wichtig gehalten, Dir auch meine
Ansicht auszusprechen, damit Du siehst, daß auch ich von einem gewiß ruhigen und unparteiischen Standpunkt aus dieselben Vorstellungen Dir machen muß, wozu mir Dein im
letzten Brief bewiesenes Vertrauen von neuem ein Anrecht gab."

In jene Zeit fiel die Spannung zwischen dem Berliner

und Wiener Kabinett über die Stellungnahme zu den Beschlüssen der Nationalversammlung. Der Prinz schrieb darüber
anfangs Februar:

„Wenn ich immer zögerte, Dir auf Deinen Brief vom
29. v. M. zu antworten, so geschah es, weil wir von Tag zu
Tag der Gegenerklärung Österreichs auf unsere Note vom 23.
Januar entgegensahen. Nun ist sie eingetroffen und wird allerdings die ganze Sachlage durch dieselbe etwas schwieriger, wie
vorherzusehen war. Indessen unser Zweck ist erreicht, Österreich hat sich ausgesprochen. Wir haben nie daran gedacht und
denken auch heute noch nicht daran, uns gegen Österreich zu
stellen. Es wird also nun darauf ankommen, in welcher Art
bei den ferneren Verhandlungen in Frankfurt a. M. wir zwei
Großmächte uns begegnen und nähern werden. Mir scheint
dazu alle Gelegenheit vorhanden, wenn nur die zweite Lesung
der Verfassung, die vorläufig auf nächsten Montag angesetzt ist,
etwas hinausgeschoben wird. — Deine Bemerkung über die
Stellung Österreichs neben Deutschland erscheint mir die ganz
richtige. Wenn aber Österreich erklärt, in Deutschland bleiben zu wollen, wird es sich durch die Verhandlungen in
Frankfurt erst ergeben, wie es dies versteht und auszuführen
gedenkt, und was die übrigen Staaten dazu sagen werden.
Hierzu wird freilich eine Verständigung der Fürsten nötig sein.
Ob ein Königskollegium zu stande kommt, muß sich gleichfalls
aus den bei Camphausen eingehenden Vorlagen ergeben. Wäre
Österreich auf die Stellung eingegangen, sich neben Deutschland
zu stellen — die ich als die allein richtige betrachte —, so
wäre es gewiß dazu gekommen, Preußen, wenn auch nur als
Reichsverweser, vorläufig zeitlebens, dann später vielleicht
erblich, an die Spitze des engeren Deutschlands zu stellen.
Doch hätte dies auch wiederum von den Fürsten abgehangen,
da der König nur von ihnen, und niemals allein von der
Nationalversammlung, eine solche Stellung annehmen würde.
— Käme eine solche Nebeneinanderstellung Deutschlands und
Österreichs noch zu stande, so muß dahin gestrebt werden, daß

ein so enges Bündnis zwischen ihnen erzielt wird, daß sie zusammen nach außen als eins erscheinen und in Bezug auf
das ius belli et pacis in das engste, untrennbarste Bündnis
treten. Eine gegenseitige Garantie des Besitzstandes, im Fall eines
Angriffs, wäre wohl kein zu hoher Preis für eine solche Nebeneinanderstellung! Daß Österreich seine besondere Diplomatie
behält, erscheint unter allen Umständen in der Natur der Dinge
zu liegen. Wenn ich soweit Deine Fragen beantwortet habe, so
siehst Du doch ein, daß es eigentlich noch zu früh war, zu antworten, weil alles noch schwankt.“

Eine eingehende Korrespondenz fand in dieser Zeit zwischen
beiden Höfen betreffs der Militärkonvention statt. Durch die
vom Reichsministerium verfügte Erhöhung der Aushebung au
2°/₀ der Bevölkerung und entsprechende Verstärkung der Kontingente war der Verband des 10. Bundesarmeecorps gelöst.
Strelitz hatte sogleich einen Militärvertrag mit Preußen abgeschlossen. Auch von Schwerin aus waren Verhandlungen in diesem Sinne eingeleitet. Die erste Anregung dazu scheint von General von Radowitz ausgegangen zu sein, welcher als preußischer Kommissar in Frankfurt den mecklenburgischen Bevollmächtigten und den in militärischer Specialmission gleichfalls dort anwesenden Oberst von Hopffgarten auf die politische Wichtigkeit
eines Militärverbands aufmerksam machte. Bei der ersten Lesung
der Reichsverfassung war die staatliche Selbständigkeit der Bundesstaaten an die Stellung eines Kontingents von mindestens
6000 Mann geknüpft worden. Dieser Forderung würde zwar
Mecklenburg mit einem Kontingent von 2% der Bevölkerung
noch genügt haben. Indessen stand zu befürchten, daß bei der
zweiten Lesung die Grenze erheblich höher gesteckt werde.

„Die Freunde größerer Heeresformationen“, hatte Dr. Karsten
am 28. Dezember 1848 berichtet, „die Begünstiger eines centralen
Reichsregiments und die Widersacher alles kleinstaatlichen Lebens
überhaupt werden sich verbinden, um die Leistungen zu einer auch für
beide Mecklenburg unerreichbaren Höhe hinaufzuschrauben und über-

haupt das Kleine dem Großen in die Arme zu werfen.
Es scheint der Lieblingsgedanke des Generals von Radowitz
zu sein, militärische Associationen zu stande zu bringen, wenig=
stens ist seine mir wiederholt ausgesprochene Ansicht die, daß
es ratsam sei, nicht erst die Diskussion des Entwurfs über das
Heerwesen zu erwarten, sondern schon jetzt zu Verbindungen
entweder mit gleichgearteten Staaten, als Holstein, Oldenburg,
Braunschweig, oder mit einem großen Nachbarstaate, z. B.
Preußen, zu schreiten. Ein Vertrag mit Preußen z. B. würde
seiner Meinung nach Mecklenburg der Reichsgewalt gegenüber
militärisch ganz außer Frage stellen und Preußen gegenüber in
Friedenszeiten gleichwohl eigene Verwendungen, Dislokationen,
ja Offiziersanstellungen bis zu einem gewissen Grade übrig
lassen können, da es im wesentlichen nur darauf ankomme,
das mecklenburgische Militär etwa eine 17. preußische Division
werden zu lassen."

Der Großherzog, der schon damals anfing, dem Heerwesen
eine besondere Vorliebe zu widmen, ging auf die Anregung ein.
Herr von Hopffgarten führte die Unterhandlung mit dem preu=
ßischen Kriegsminister. Der Prinz von Preußen schrieb seinem
Neffen darüber:

„Daß auch Du Dein Militär uns anschließen willst,
scheint mir eine sehr weise Maßregel. Nur durch größere
Truppenverbände, welche Garnison= und Personenwechsel ge=
statten, scheint es mir möglich, die Armee noch vor der Hand
in Gesinnung und Disciplin zu erhalten. Wenngleich Dein
Kontingent bisher eine rühmliche Ausnahme von vielen anderen
im Guten machte, so wird dessen Anschluß an unsere Armee
doch gewiß die wohlthätigsten Folgen haben. Um Dir meine
Meinung von der deutschen Wehrverfassung zu zeigen, sende
ich Dir die Anlage, aus der Du ersehen wirst, was ich über=
haupt für Ansichten über Soldatenbildung hege" [1].

---

[1] Die beigefügte Druckschrift war betitelt: „Bemerkungen zu dem Ge=
setzentwurfe über die deutsche Wehrverfassung." Sie bezog sich auf die dem
Frankfurter Parlament gemachte Vorlage und enthielt eine scharfe Kritik

Die Militärkonvention kam am 22. Mai zu stande, wurde aber vorläufig noch nicht publiziert, weil Lützow davon einen üblen Eindruck in der Kammer und eine Störung der Verständigung in der Verfassungsfrage befürchtete. Ursprünglich hatte das Schweriner Kontingent auf Wunsch des preußischen Kriegsministeriums dem 4. Armeecorps angeschlossen werden sollen, obwohl, wie der König selbst einräumte, Geographie und Stammverwandtschaft auf das 2. oder 3. Armeecorps hinwiesen. Der Großherzog setzte indessen durch, daß seine Truppen dem Verband des 3. Armeecorps eingefügt wurden, lehnte auch das Anerbieten des Königs ab, das Gardebataillon für den Kriegsfall dem Kommando des preußischen Gardecorps zu unterstellen. Er wünschte den Brigadeverband seines Kontingents zu erhalten. Bald sollte dasselbe eine neue Feuerprobe bestehen.

Als nach Ablauf des mit Dänemark abgeschlossenen Waffenstillstandes (3. April) die Wiederaufnahme der Feindseligkeiten an der Nordgrenze in Aussicht stand, begann auch in Mecklenburg die Einziehung der Reserven (7. April). Der badische Aufstand veranlaßte aber eine anderweitige Verwendung der Truppen. Einer Requisition des Reichskriegsministers vom 14. Mai zur Truppensendung nach Frankfurt, welche an beide Großherzog-

---

vieler darin aufgenommener Bestimmungen. (Erst neuerdings (September 1889) ist die Autorschaft des Prinzen von Preußen öffentlich bekannt geworden. Nach einer Mitteilung des Berliner Tageblatts befindet sich ein Exemplar auf der Königl. Bibliothek, versehen mit nachstehender Bemerkung: „Der Verfasser dieser Broschüre ist Seine Königliche Hoheit der Prinz von Preußen. Höchstderselbe hat dies Exemplar mit seinem nebenstehenden Namenszug versehen und es der Königl. Bibliothek bestimmt. Mit der Vorbereitung zum Druck, dem Druck selbst und der angemessenen Verbreitung war seiner Zeit der Unterzeichnete beauftragt. Berlin, den 18. März 1855. L. Schneider, Königlicher Hofrat." Die Broschüre wurde an verschiedene deutsche Fürsten, preußische Generale und solche Personen versendet, welche bei der damals beabsichtigten neuen Organisation des deutschen Heerwesens einwirken konnten. Die überzeugende Kraft der Darstellung machte einen außerordentlichen Eindruck und bewirkte, daß der Gesetzentwurf beiseite gelegt wurde.

tümer erging, entsprach nur die Schweriner Regierung[1]. Am
22. Mai und an den folgenden Tagen ging die mobile Brigade
unter dem Kommando des Oberst von Witzleben mit der Eisenbahn über Harburg nach Köln ab, von wo sie mit Dampfschiffen
rheinaufwärts befördert wurde, um sich dem bei Frankfurt koncentrierten Corps anzuschließen. Die dort vereinigten ·Truppen
befehligte Generallieutenant von Peucker. Das mecklenburgische
Kontingent bestand aus dem Grenadiergarbebataillon (Common-
deur Major von Bietinghoff), dem 1. Musketierbataillon (Major
von Koppelow), 2 Jägercompagnieen (Oberstlieutenant von Nußbaum), dem Dragonerregiment (Oberstlieutenant von Bernstorff)
und einer Batterie (Hauptmann von Schöpffer); es zählte 78
Offiziere, 2825 Kombattanten, 177 Nonkombattanten mit 892
Pferden. Die 1. Eskadron des Dragonerregiments kommandierte
Herzog Wilhelm, damals 22 Jahre alt Der Großherzog und
seine Frau Mutter waren beim Ausmarsch in Ludwigslust an-

---

[1] Strelitz hatte abgelehnt. Herzog Georg schrieb dem Großherzog
Friedrich Franz darüber aus Berlin am 21. Mai:

„Ich bin hierher in derselben Angelegenheit geschickt, in welcher Du
Deinen Bruder vor wenigen Tagen hergesandt, und ich höre, Ihr wer=
det der Aufforderung Peuckers Folge leisten. Mein Vater ist entschlossen,
es nicht zu thun, einmal weil er nicht kann, und dann, weil er nicht
will. Den ersten Punkt anlangend hat das preußische Ministerium er=
klärt, daß Preußen nicht imstande sei, für den Fall eines Ausmarsches
unseres Kontingents eine dauernde Garnison nach Strelitz zu verlegen.
Mein Vater will seine Truppen aber auch nicht schicken, weil die meck=
lenburgische Brigade nach Karstens Brief lediglich eine Ablösung für die
bisherige Frankfurter Garnison sein soll. Daß Peucker dort das Kommando übernehmen soll, ist eine unglückliche Wahl und vermehrt die
Konfusion. Er hat die Requisition veranlaßt und soll nun die Truppen
als preußischer General führen, während der Reichsverweser und Herr
Jochmus sie als Reichstruppen in Empfang nehmen würden."
Diese Besorgnisse erwiesen sich als unbegründet. Das mecklenburgische
Kontingent rückte sehr bald vor den Feind, und die Oberbefehlsfrage bot
keine Schwierigkeiten. Daß man in Schwerin der Requisition Folge gab,
entsprang dem Wunsch, die deutsche Centralgewalt zu stützen, solange die
Hoffnung auf deren Erhaltung möglich war, wenn man auch das Verhalten
der Nationalversammlung keineswegs billigte und deren Auflösung für be=
vorstehend hielt.

wesend. Letztere begab sich bald darauf mit der Herzogin L. zur Kur nach Marienbad. Friedrich Franz fühlte sich in Schwerin recht einsam. Gern hätte er selbst seine Truppen ins Feld geführt. Die täglichen Kammerverhandlungen während der heißen Sommermonate wirkten ermüdend, die Angriffe der Linken gegen die Regierung erbitternd. Als der Abgeordnete Raber die Interpellation anmeldete, „ob es wahr sei, daß in den nächsten Tagen noch mehr mecklenburgisches Militär zur Schlachtbank nach Baden geschickt werden solle", riß auch dem sonst ziemlich langmütigen Minister von Lützow die Geduld. Er erging sich in sehr heftigen Ausdrücken gegen die Würdelosigkeit in der Form dieser Anfrage und verband damit eine scharfe Replik verschiedener in der Kammer gefallener Äußerungen.

Auch die Zerfahrenheit der deutschen Angelegenheiten bereitete dem Großherzog Verdruß und Enttäuschung. War es doch gerade die Rücksicht auf die Reichsverfassung und die davon erhoffte Kräftigung Deutschlands gewesen, die ihn auf die Bahn des Konstitutionalismus geführt. Jetzt schien dies Opfer vergeblich gebracht, das Einigungswerk gescheitert. Schon beim ersten Auftauchen der Oberhauptsfrage hatte Friedrich Franz sich rückhaltlos für Preußen erklärt. Die Weisungen, welche Regierungsrat Karsten erhielt, lauteten in dieser Hinsicht sehr bestimmt. Noch im Beginn des Jahres 1849 glaubte der Großherzog fest an die Ausgestaltung einer Centralgewalt. Er korrespondierte darüber mit dem Könige, dem Prinzen von Preußen und dem Minister Grafen von Arnim. Sehr bezeichnend für sein Verlangen, daß Preußen nun endlich die Führerschaft übernehme, ist der Brief, den er am 2. April an den König richtete:

„Lieber Onkel!

Du wirst gewiß entsetzlich mit dem Kaiser geplagt, den man Dir im Namen eines großen Teils von Deutschland jetzt anträgt, und ich möchte Dir daher gerne dies Schreiben ersparen, das natürlich auch davon handelt. Da aber jeder Unberufene hier mitspricht, so dürfen gewiß die nicht schweigen, die hier von Rechts wegen mitzureden haben, und ein solches

Wesen bin ja auch ich. Soweit ich die Stimmung in meinem
Lande kenne, ist der Mittelstand für die Annahme und sieht
darin die Wiederkehr festerer Zustände und der Ordnung.
Außer der äußersten Rechten und äußersten Linken sind die
politischen Parteien dafür und haben sich dafür ausgesprochen.
Auch meine Ansicht geht dahin, daß, wenn Du nach Deinem
Gewissen diese Stellung annehmen kannst, ich dies mit Freuden
begrüßen würde, weil ich meine, daß neben ihrer absoluten
Rechtmäßigkeit jede Einrichtung ihre Lebensfähigkeit in der Idee
hat, von der sie getragen wird.   Das aber ist entschieden wahr,
daß die Idee der Einheit in den Herzen unseres Volkes unver-
tilgbar lebt und nach Verwirklichung strebt, und daß auf die
Dauer haltbare Zustände nicht geschaffen werden können, wenn
diese Idee unberücksichtigt bleibt.   Ob in der Entstehung und
Beschaffenheit der Würde, die man Dir anträgt, etwas liegt,
was Dir die Annahme in dieser Gestalt bedenklich macht, kann
ich natürlich von meinem Standpunkte nicht beurteilen.   Mir
und einer Reihe anderer Fürsten liegt aber das Bedürfnis
klar vor, daß eine die Einheitsidee des Volkes be-
rücksichtigende, starke Centralgewalt geschaffen
werde, in der Preußen, den günstigen Zeitpunkt benützend,
das bestimmende Moment wird, nicht Österreich mit
seinen fremden Interessen, deren zu großem Einfluß wir großen-
teils die tief wurzelnde Abneigung gegen den Bund und dessen
schnellen Sturz zu danken haben.   Nur ein starkes Einheits-
organ kann die Schwäche der kleinen Staaten einigermaßen
ausgleichen und die zersplitterten Kräfte dem Ganzen nutzbar
machen.   Verzeihe mir also, wenn ich Dich anflehe, daß Du,
ganz nach Deiner Überzeugung handelnd, diesen großen Moment nicht vorübergehen lassest, sondern ihn benutzest, um
Deutschland eine seinen Bedürfnissen entsprechende, definitive
Form zu geben: im Staatenbund den Bundesstaat
mit Preußen an der Spitze!

Dein Dir treu ergebener Neffe
Fritz."

Inzwischen hatte der König bereits entschieden. Die von der Nationalversammlung angebotene Kaiserkrone war abgelehnt. Am 3. April erfolgte die bekannte Cirkulardepesche, in welcher Preußen zur Begründung eines engeren Bundesstaats aufforderte. Dieses Projekt befriedigte den Großherzog nur teilweise. Ihm lag die Vereinigung aller deutschen Territorien am Herzen. Würdigte er gleich die Gründe, welche den König zur Ablehnung der Kaiserkrone bestimmt hatten, so waren ihm doch dessen häufige Schwankungen unverständlich. Das Unstete, Unzusammenhängende in der preußischen Politik beunruhigte und schmerzte ihn. „Wir stehen auf einem Wendepunkt", schrieb er wenige Tage später an den König, „und in Deiner Hand liegt es vornehmlich, das zerrissene, beängstigte Deutschland wieder auf sichere Bahnen zurückzuführen." Er fuhr selbst nach Berlin, sprach mit seinem Oheim, aber die mündliche Auskunft war auch nicht zufriedenstellend. Namentlich schien ihm das Preisgeben alles dessen, was in der Nationalversammlung mit soviel Mühe erreicht war, bedenklich. Die preußische Depesche vom 3. April ließ deutlich erkennen, daß man der Reichsverfassung einen anderen Entwurf gegenüberstellen und sich darüber mit denjenigen Regierungen verständigen wolle, die dem Bundesstaat unter preußischer Führung beizutreten geneigt wären. Die an Regierungsrat Karsten dieserhalb am 5. April erlassene Instruktion war daher nicht so bestimmt gefaßt, wie es Preußen beantragt hatte. Für die Stellungnahme gegenüber den Beschlüssen der Nationalversammlung und den nicht beitretenden Bundesstaaten — so hieß es darin — ließen sich zur Zeit bestimmte Weisungen nicht erteilen und habe der Bevollmächtigte sich an die früheren Instruktionen zu halten. „In diesen haben Wir es wiederholt ausgesprochen, daß die Gründung der Einheit und Kraft Deutschlands und die Sicherung der freien Entwickelung der Rechte des deutschen Volkes dasjenige ist, was erstrebt werden muß, und daß Wir zu allen Opfern und Hingebungen von Unserer Seite bereit sind, die zu diesem Ziele führen."

Dr. Karsten war ein warmer Anhänger des Konstitutiona-

lismus. Er mußte sich hierin eins mit seinem Minister. Als
daher unter dem Einfluß Gagerns der Zusammenschluß vieler
Bevollmächtigten zu einer die Reichsverfassung anerkennenden Erklärung erfolgte, glaubte der mecklenburgische Vertreter, sich seinen
27 Kollegen unbedenklich anschließen zu können. Auch befand sich
derselbe damit im Rahmen seiner Instruktion. Die 28 Bevollmächtigten erklärten am 14. April ihre Zustimmung zu den Beschlüssen der Nationalversammlung und richteten gleichzeitig an
den preußischen Bevollmächtigten eine Kollektivnote, in welcher
sie die Erwartung aussprachen, daß auch Preußen diesem Schritt
beitreten werde. Die Demarche bewies, wie sehr man sich in
Frankfurt über die Intentionen des Berliner Kabinetts täuschte,
wie wenig man begriff, daß die Reichsverfassung dort bereits aufgegeben war und der König der Volksvertretung eine Vereinigung
der Fürsten gegenüberstellte. Jedenfalls hatten die Unterzeichner
der Kollektivnote nicht vorausgesehen, daß ihr Schritt in Berlin
in dem Maße verstimmen würde, als es nun thatsächlich geschah.

Am 24. April berichtete Dr. Karsten:

„Durch ihre Beitrittserklärung haben die 28 Staaten die
Last von sich ab auf mächtigere Schultern gewälzt und ihre
Stellung mit einem Schlage sehr erleichtert. Nimmt der König an, so ist Wunsch und Ziel aller erreicht; lehnt er ab,
so entsteht ein Vakuum in Deutschland, in welchem ohnehin
Bewegungen und Einrichtungen ganz neuer Art erforderlich
sein werden, weil sich dann hoffentlich die Nationalversammlung ganz ruhig auflösen wird. Geschieht aber keins von beiden, sondern gelingt es, Modifikationen der Verfassung zwischen
Preußen und der Nationalversammlung zu stande zu bringen,
so werden die 28 auch hierin bereitwilligst submittieren, da
sie keineswegs die Verfassung anerkannt haben, weil sie so ist,
sondern obgleich sie so ist.“

Keine dieser Erwartungen bestätigte sich. Preußen trat vielmehr in seiner Cirkulardepesche vom 28. April mit einem neuen
selbständigen Vorschlag hervor, indem es die Bundesregierungen

zu einem Kongreß nach Berlin einlud, um über die Vorlage
einer neuen Reichsverfassung zu beraten. Der latente Konflikt
zwischen der Frankfurter Nationalversammlung und dem Berliner
Kabinett wurde dadurch zum offenen Bruch, die Lage der 28
Staaten, welche die Verfassung anerkannt hatten, eine schwierige.
Die meisten Regierungen, auch die Schweriner, beschlossen eine
abwartende Haltung einzunehmen und den Kongreß vorläufig nicht
zu beschicken. Auf einen wiederholten dringenden Antrag Preußens [1] antwortete Lützow ausweichend; der König war sehr un-
gehalten über Mecklenburgs Beteiligung an der Kollektivnote vom
14. April, nannte das Verhalten Karstens eigenmächtig und strafbar und wünschte dessen Desavouierung. Der Großherzog ver-
weigerte dieselbe und nahm seinen Bevollmächtigten in Schutz.
Er glaubte sich von Frankfurt noch nicht lossagen zu dürfen und
zögerte mit dem Eintritt in das neue, von Preußen vorgeschlagene
Bundesverhältnis. Hierin ließ er sich auch durch ein Schreiben
des Großherzogs Georg von Mecklenburg-Strelitz nicht umstimmen.
In diesem wurde gleichfalls die Desavouierung Karstens dringend
angeraten. Es könne die Kammer weder verletzen noch frappieren,
wenn sie erführe, daß die beiden Landesherren der Bedingung
treu geblieben wären, die Reichsverfassung nur im Wege einer
Vereinbarung abzuschließen und ihre Anerkennung davon abhängig
zu machen. Dieser Grundsatz sei vor ganz Deutschland ausgesprochen und aller Welt bekannt. „Was nun den zweiten Punkt
betrifft" — hieß es darin weiter — „den nämlich, keinen Bevollmächtigten nach Berlin zu schicken, so halte ich es für meine
heiligste Pflicht, Sie zu beschwören, von diesem Entschluß abzustehen. Ich kann die Motive nicht verstehen, nach welchen aus
einer solchen Beschickung Gefahr für Mecklenburg erwachsen könnte.
Ganz anders wäre es allerdings, wenn Preußen erklärt hätte,
die deutsche Verfassung sei umgestoßen oder solle umgestoßen
werden. Dann würden wir zu dem Abwarten berechtigt sein,
welches Sie schon jetzt als empfehlenswert betrachten, weil wir

---

[1] Note der Königl. Preuß. Gesandtschaft d. d. Hamburg, den 5. Mai.

nicht im stande wären, weder die Verfassung zu halten noch eine
neue ins Leben zu rufen." Entsprechend dieser Anschauung sandte
Großherzog Georg den Erbgroßherzog in Begleitung des Herrn
von Oertzen—Leppin und des Regierungsrats von Bernstorff nach
Berlin, um an den dortigen Verhandlungen teilzunehmen.
Friedrich Franz war übrigens von der Notwendigkeit freundnach=
barlicher Beziehungen zu Preußen vollkommen durchdrungen. Nur
die raschen und plötzlichen Wendungen der dortigen Politik waren
ihm nicht zusagend. Seit den Märztagen von 1848 waren diese
allzuhäufig gewesen. Bei der unberechenbaren Stimmung des
Königs war nicht abzusehen, ob nicht dieser neueste Schritt bald
wieder zurückgethan werde. Er hielt es für geratener, abzuwarten,
und der Gang der Ereignisse sollte ihm recht geben.

Auch Herr von Lützow riet dazu, wenngleich aus anderen
Motiven. Er konnte sich nicht entschließen, das Frankfurter Ver=
fassungswerk aufzugeben, mochte es noch so mangelhaft sein. Er
erblickte in der Nationalversammlung und in der Centralgewalt
noch die wesentlichsten Träger des Einheitsgedankens, die Stützen
des konstitutionellen Systems. Bestimmend für ihn war auch
dabei die Rücksicht auf die Abgeordnetenkammer, welche sich stür=
misch für die Reichsverfassung erklärte. Dem Minister galt das
mecklenburgische Verfassungswerk, mithin eine Verständigung mit
der Kammermajorität, als das wichtigste Ziel. Diesem wurden
alle anderen Erwägungen geopfert. Eine solche Nachgiebigkeit gegen
die Volksvertretung war aber nicht nach dem Sinne des Groß=
herzogs, und in diese Zeit fielen jene ersten Mißhelligkeiten
zwischen ihm und seinem Minister, welche schon früher angedeutet
wurden.

Eine großherzogliche Botschaft vom 11. Mai über die
Stellung zur Reichsverfassung befriedigte die Kammer nicht. Aller=
dings hatten die Kommissare auf eine Interpellation Müllers—
Fürstenberg erklärt, daß vorläufig keine Bevollmächtigten nach
Berlin geschickt werden sollten. Die Mitteilung aber, daß der
Großherzog zwar seine Bedenken gegen die Reichsverfassung über=
wunden habe, daß aber deren Wirksamwerden noch von einer

verfassungsmäßigen Bildung des Reichsverbandes und Lösung der
Oberhauptsfrage abhänge [1], wurde mit der Erklärung beantwortet:
die Versammlung erwarte, daß die Regierungen sich durch eine
Beteiligung an den Berliner Konferenzen keinesfalls mit den
Frankfurter Beschlüssen in Widerspruch setzen, vielmehr mit allen
Kräften dahin wirken werden, einer Anerkennung der Reichsver=
fassung die allgemeine Geltung zu verschaffen.

Dieses Verlangen fand noch allgemeineren Ausdruck in de=
monstrativen Kundgebungen, in Adressen und Aufzügen. An dem
Schweriner Festzug beteiligten sich zahlreiche Abgeordnete. Als
sogar von radikaler Seite öffentlich der Antrag gestellt wurde,
der Centralgewalt zur Durchführung der Reichsverfassung bewaff=
nete Hülfe zu leisten, mußte durch eine energische Verwarnung
des Großherzogs wieder dem wühlerischen Treiben dieser Partei
begegnet werden.

Inzwischen trieben die Frankfurter Zustände immer mehr der
Auflösung zu. Schon am 20. Mai hatte Herr von Lützow an
das Reichsministerium eine Note gerichtet, in welcher er den
Standpunkt der mecklenburgischen Regierung darlegte. Wenn diese
durch den Akt der Anerkennung ihre Hingebung an die deutsche
Einheit bewiesen habe, so sei sie doch stets von dem Gesichtspunkt
ausgegangen, daß die Territorial= und Oberhauptsfragen noch der
Lösung bedürften. Sie könne demnach weder zu Schritten, welche
auf die gewaltsame Durchführung der Reichsverfassung gerichtet
sein würden, die Hand bieten, noch Anordnungen treffen, welche
voraussetzen würden, daß die Reichsverfassung bereits in volle
Wirksamkeit getreten sei. Diese Erklärung war durch die Zu=
mutungen veranlaßt, welche der Vorstand der Nationalversamm=
lung an alle Regierungen gerichtet hatte und die auf sofortige
Publikation der Reichsverfassung abzielten. Am 24. Mai wurde
Dr. Karsten angewiesen, sich jeder weiteren Beteiligung an den

---

[1] Auch der Strelitzer Kommissar äußerte sich in ähnlichem Sinne.
Großherzog Georg schloß sich jetzt der Schweriner Auffassung an.

Verhandlungen der 29 Bevollmächtigten (Württemberg war hinzu=
getreten) zu enthalten, da ein Zusammenwirken Mecklenburgs mit
jenen Staaten in der Verfassungsfrage für jetzt weder wünschens=
wert noch überall möglich sei. Die letzten Frankfurter Vorgänge
hatten auch Herrn von Lützow von der Haltlosigkeit seiner bis=
herigen Bundespolitik überzeugt. Als daher Braunschweig den
Antrag stellte, daß die 29 Staaten unter der Führung Württem=
bergs einen Sonderbund bilden, die Reichsverfassung einführen
und die Wahlen zum Parlament ausschreiben möchten, bedurfte
es einer Verwarnung Preußens (Note vom 22. Mai) nicht mehr,
um diesen Vorschlag kurzer Hand abzulehnen. Herr von Lützow
erwiderte dem Grafen Brandenburg auf jene Note:

> „Es gereicht uns zur besonderen Befriedigung, daß wir
> uns in dem Schreiben an das Reichsministerium sowie in
> der Erwiderung nach Braunschweig eine freie Stellung gewahrt
> haben und so ganz zu dem Standpunkt gekommen sind, welche
> das Königliche Gouvernement als den in unserer Lage geeigneten
> bezeichnet. Wir fühlen uns sehr beruhigt so dazustehen, daß
> eine freie Entschließung über Vorschläge erfolgen kann, von
> denen wir erwarten dürfen, daß sie nur zum Heil und zum
> Frieden Deutschlands führen werden.“

Der Aufstand in Sachsen und Baden mußte diese Annähe=
rung beschleunigen. Am 20. Juni ging Herr Stever als Special=
bevollmächtigter nach Berlin und schloß nach kurzen, befriedigenden
Verhandlungen mit dem Minister von Canitz am 27. den Beitritt
des Großherzogtums zum Dreikönigsbündnis ab [1]. Hiermit war
der großherzoglichen Politik eine bestimmte Richtung gegeben.
Übrigens stellte sich heraus, daß die Besorgnis vor aufregenden
Scenen in der Kammer und Entrüstungsmeetings im Lande un=
begründet gewesen. Die scharfen Deklamationen der Linken gegen

---

[1] Nach den vorliegenden Berichten Stevers waren dabei alle mecklen=
burgischen Wünsche berücksichtigt und die näheren Bestimmungen über
Reichsgericht und Verwaltungsrat späteren Vereinbarungen vorbehalten
worden. Nur über den Verfassungsentwurf und das Wahlgesetz ließ Preußen
keine Diskussion zu.

den Beitritt zum Dreikönigsbunde hatten für das Haus keine überzeugende Kraft. Dasselbe genehmigte in seiner 135. Sitzung sowohl den Bündnisvertrag als auch den Beitritt zum Bundesschiedsgericht und das Wahlgesetz für den neu zu berufenden Reichstag. Die Krisis war ohne Konflikt überstanden, die alte Reichsverfassung aufgegeben. In dem engen Anschluß an Preußen, und gewiß hierin allein, war die Möglichkeit gewährt, aus dem Wirrsal der deutschen Fragen ungefährdet herauszukommen. Großherzog Friedrich Franz hat seitdem diese Bahn nicht mehr verlassen.

Während in Frankfurt der mühsam errichtete deutsche Einheitsbau in Trümmer ging, eröffneten sich in Schwerin der Durchführung des Verfassungswerks günstigere Aussichten. Allerdings war die schwierigste Frage, die der Aufhebung der alten Stände, immer noch nicht gelöst. Da eine Verhandlung darüber mit Strelitz wenig Erfolg versprach, wandte sich Herr von Lützow an den Engeren Ausschuß, indem er ihm die Absicht der Regierung mitteilte, demnächst zu dieser Auflösung zu schreiten. Die Antwort, welche Herr von Blücher als Vorsitzender des Engeren Ausschusses erteilte, war sehr zurückhaltend. Es wurde darin auf die zwischen den Regierungen schwebenden Differenzen hingewiesen und die Erwartung ausgesprochen, daß den ständischen Bedingungen des vorjährigen Landtags vor Annahme des Auflösungsgesetzes genügt werde. Dem Schreiben lag eine Rechtsverwahrung des Rostocker Deputierten an. Es hieß darin: „Die Stadt Rostock habe durch ihre Erklärung vom 21. Juli v. J. in die Aufhebung ihrer Landstandschaft und ihrer Sonderrechte ausdrücklich nur unter Bedingungen gewilligt, welche bisher nicht 'einmal zugesagt, geschweige denn erfüllt wären." Ihr Deputierter müsse daher „vor vollständiger Erfüllung dieser Bedingungen gegen alle und jede Alterierung der staatsrechtlichen Stellung und wohlerworbenen Privilegien Rostocks Verwahrung einlegen".

Es kann befremdlich erscheinen, daß auch dieser eindringliche Protest den Minister von Lützow nicht auf die staatsrechtliche

Wichtigkeit jener Vorbehalte aufmerksam machte, und er die An=
gelegenheit mit den Seestädten nicht definitiv und formell gültig zum
Abschluß brachte. Er hielt auch jetzt noch die in der Kammer abge=
gebene Erklärung der Bereitwilligkeit zur Übernahme der Entschädi=
gungen durch den Staat für ausreichend und beruhigte sich dabei. Sein
Hauptaugenmerk blieb nach wie vor auf das Zustandekommen des
Staatsgrundgesetzes gerichtet, und in dem Maße, wie das Stre=
litzer Interesse hieran erkaltete, befestigte sich bei ihm der Ent=
schluß, dasselbe in jedem Fall und selbst um den Preis eines
Bruchs mit der verbündeten Regierung zu stande zu bringen.
In diesem Sinne wirkte er fortgesetzt auf seinen Fürsten ein,
welcher in so kritischer Zeit und bei dem Mangel einer geschlosse=
nen konservativen Partei sich von seinem Minister nicht trennen
wollte noch konnte.

Inzwischen nahmen die Verhandlungen mit der Kammer
einen rascheren Verlauf. Das Wahlgesetz wurde unter Beseitigung
der Strelitzer Vorschläge ganz nach dem Schweriner Entwurf fest=
gesetzt und dementsprechend auch dem Großherzogtum Strelitz[1]
angepaßt, welchem statt der geforderten 36 nur 18 Abgeordnete
zuerkannt wurden. Schließlich wurden beide Gesetze, das Staats=
grundgesetz und das Wahlgesetz, in der 136. Sitzung gemeinsam
zur Abstimmung gebracht und mit 55 gegen 34 Stimmen ange=
nommen. Was den so aus zweiter Lesung hervorgegangenen
beiden Entwürfen noch an Übereinstimmung mit der ursprüng=
lichen Schweriner Vorlage mangelte, wurde in den weiteren Ver=
handlungen soweit ausgeglichen, daß die Schweriner Kommissare
sich mit der Fassung des in dritter Lesung festgestellten Wortlauts
einverstanden erklärten. Die noch in letzter Stunde bei der Kammer
erreichten Zugeständnisse waren: das unbeschränkte Kammerauf=
lösungsrecht, schärfere Feststellung des Veto, Anheimgabe der

---

[1] Der Strelitzer Entwurf vom 14. Juli gelangte gar nicht zur De=
batte, und die von der Schweriner Vorlage abweichenden Vorschläge blieben
gänzlich unberücksichtigt. Mit Recht war man hierüber in Strelitz ver=
stimmt, und dieser Vorgang bot den ersten Anlaß zu den später erhobenen
Ausstellungen und Beschwerden.

Grundrechte an die künftige Reichsverfaſſung und Erhöhung des Cenſus für die Wahlen. Das Miniſterverantwortlichkeitsgeſetz war kurz vorher von der Kammer in einer Faſſung beſchloſſen worden, welche ſeitens der Kommiſſare die Erklärung veranlaßte, daß es für die Regierung unannehmbar ſei und nicht werde verkündigt werden. Über das Einführungsgeſetz dagegen hatte man ſich ver= ſtändigt; ebenſo über die Regelung der großherzoglichen Einkünfte.

Mit der letzteren Angelegenheit hatte ſich der Finanzausſchuß bereits lange, aber erfolglos beſchäftigt. Er erklärte die Vor= lagen, welche zur Feſtſtellung einer Civilliſte und Abſonderung des Hausguts vom Domanium dienen ſollten, für ungenügend. Namentlich die von Strelitz eingereichten Liſten boten keinen ſiche= ren Anhalt für die Verteilung der Landeseinkünfte. Erſt am 10. Auguſt, alſo kurz vor der Auflöſung, kam der Ausſchußbe= richt und zwar für Schwerin allein zur Verteilung und wegen der Kürze der Zeit ſehr bald zur Abſtimmung. Die Forderungen der Kommiſſare gingen im weſentlichen durch. Trotz des Wider= ſpruchs der Linken, welche der Überweiſung eines bedeutenden Grundbeſitzes an den Fürſten prinzipiell abgeneigt war, wurde die Fundierung der großherzoglichen Einkünfte auf einen Teil des Domaniums bewilligt. Zu dieſem Zweck wurden 74 ausgewählte Güter (darunter 8 Bauerndörfer) im Geſamtbetrage von 228 Hufen und ein Forſtareal von rund 166200 Quadratruten von dem Domanium ausgeſchieden und als Hausgut der Schatulle überwieſen. Außerdem erhielt der Großherzog neben den zur Krondotation beſtimmten unbeweglichen und beweglichen Gegen= ſtänden eine Civilliſte von jährlich 175 000 Thalern, einen jähr= lichen Zuſchuß von 10 000 Thalern für die Erhaltung der zur Krondotation gehörigen Schlöſſer, und auf acht Jahre eine jährliche Beihülfe von 100 000 Thaler für die Vollendung des Schloßbaues in Schwerin. Auch die Forderungen betreffs der Apanagen und Wittumsgelder wurden anſtandslos bewilligt, wie denn überhaupt in dieſer delikaten Angelegenheit die Kammer das Beſtreben ver= riet, die fürſtliche Stellung des Landesherrn durch die Gewäh= rung eines angemeſſenen Einkommens zu erhalten.

Aber alle diese Vereinbarungen waren nur mit der Schweriner Regierung zu stande gekommen. In den ersten Augusttagen war in Strelitz der Entschluß, von dem Verfassungswerk zurückzutreten, zur Reise gelangt. Daß Großherzog Georg die Weiterführung desselben seitens der Schweriner Regierung damals noch nicht hindern wollte, beweist der nachstehende Brief, ebenso, daß das persönliche Einvernehmen der beiden Regenten auch jetzt ein ungetrübtes blieb.

„Strelitz, den 5. August 1849.

Ich müßte sehr undankbar sein, lieber Großherzog, wenn ich die Art, in der Sie sich über den von mir gefaßten Entschluß aussprachen, nicht ganz zu würdigen wüßte. Sie haben mir dadurch einen erneuten Beweis wahrer Achtung und Freundschaft gegeben, und wie sollte mir dies nicht wohlthun? Es ist mir daher angenehm, Ihnen sagen zu können, daß ich auf ein bringendes Bitten meiner Söhne, und namentlich von Fritz, den bewußten Entschluß noch nicht unwiderruflich festgestellt habe. In Bezug auf Ihren Wunsch, daß diesseits dem Abschluß des Schweriner Verfassungswerks kein Hindernis in den Weg gelegt werden möchte, kann ich Ihnen die aufrichtige Versicherung geben, daß, wenn auch abweichende Ansichten und Überzeugungen uns auf verschiedene Wege führen, doch dem dortseitigen Vorschreiten von hier aus keinerlei Hindernis in den Weg gelegt werden soll, welches ohne irgend bringendes Interesse oder gar aus bloßer Chicane sich darstellen würde, wogegen freilich noch nicht abzusehen ist, inwieweit die Maßregeln, welche im hiesigen Interesse notwendig werden dürften, Ihrem weiteren Vorgehen in der Verfassungsfrage hinderlich werden können. Indem ich nochmals für Ihren so freundschaftlichen Brief herzlich danke, bin und bleibe ich der alte, treue Onkel   Georg."

Dem Großherzog Friedrich Franz war diese Absage des verwandten Fürstenhauses sehr schmerzlich. Ihm lag nach wie vor sehr viel an dem Zusammengehen der beiden Regierungen, aber zu einem Bruch mit der Kammer wollte er es jetzt, wo man dem

Abschluß so nahe war, nicht kommen lassen. Zu einem Anlaß dazu hätte es auch ihm nicht gefehlt. Ein in jene Verhältnisse vollständig eingeweihter, heute noch lebender Staatsmann äußerte sich darüber kürzlich[1] wie folgt:

„Es blieben schließlich doch noch einige Punkte übrig, bei welchen die Kammer eigensinnig an ihrem eigenen Entwurf festhielt. An den Großherzog trat somit die Frage heran, entweder ein Zugeständnis zu machen und den in allen übrigen Teilen vereinbarten Entwurf anzunehmen oder unter Hinweis auf die Differenzpunkte den ganzen Entwurf abzulehnen. Die Verfassungsreform wäre dann gescheitert und eine überaus unklare und schwierige Sachlage entstanden, zumal derzeit niemand auch nur an die Möglichkeit einer Rehabilitierung der alten Stände dachte. Bei der Unwichtigkeit der übriggebliebenen Differenzpunkte würde der Großherzog auch nicht dem Vorwurf entgangen sein, daß dieselben von ihm nur als Vorwand benutzt seien, um von seinen früheren und namentlich durch Herausgabe des kommissarischen Entwurfs gemachten Zusicherungen loszukommen. Daß diese letztere Erwägung seine Entschließung wesentlich beeinflußt hat, glaube ich indessen nicht. Sein Lebensprinzip ist immer gewesen, sich klar zu machen, was das Pflichtgemäße und seiner Würde Entsprechende sei, und darnach ohne irgend welche Menschenfurcht zu handeln. Diesem Prinzip ist er auch in dem vorberegten, kritischen Moment treu geblieben. Schwer genug ist ihm der Entschluß geworden, das Machwerk der Kammer zu sanktionieren."

Aber auch Großherzog Georg beharrte auf seinem Vorsatz. Am 11. August verlas der Strelitzer Kommissar in der Kammer eine Botschaft seines Fürsten, in welcher derselbe seine fernere Mitwirkung an den Verfassungsberatungen versagte.

„Nach dem Stande der Sache", hieß es darin, „und nach der Art und Weise, wie die Abgeordnetenversammlung

---

[1] In einem Schreiben an den Verfasser dieses Werks.

die letzten, sowie überhaupt die von Neu-Strelitz aus gemachten, auf die besonderen Verhältnisse des dortigen Landes bezüglichen Vorlagen zum Teil ohne nähere Beratung grundsätzlich abgelehnt habe, müsse die Hoffnung auf eine Verständigung aufgegeben werden."

Ein formeller Anlaß zu diesem Schritt lag zunächst in dem rücksichtslosen Verhalten der Kammer vor, welche die mittelst Botschaft vom 6. August strelitzerseits erhobenen Forderungen[1] und Einwände nicht einmal einer Beratung gewürdigt und die von dort kommenden Vorschläge von jeher geradezu mit einer verletzenden Gleichgültigkeit behandelt hatte. Allein der wahre Grund der Absage lag nicht in der Empfindlichkeit über den Modus der Verhandlung.

Ein längst vorhandener, prinzipieller Gegensatz trat damit zu Tage. Die konstitutionell gesinnte Majorität der Kammer mochte ihn früher schon herausgefunden haben. Ihre Gefügigkeit gegen die Schweriner Anträge, ihre unverhohlene Rücksichtslosigkeit gegen die Strelitzer entsprang der Empfindung, daß die Freunde des konstitutionellen Systems nur bei der Regierung des größeren Landesteils zu finden waren, und daß auch zwischen den beiden Fürsten eine prinzipielle Meinungsverschiedenheit bestand. War auch das hieraus entspringende Verfahren in keiner Weise zu rechtfertigen — es waren Anträge gestellt, welche fast auf eine Mediatisierung des Strelitzer Fürstenhauses hinausliefen[2] —, mochten auch die Folgen eines Bruchs mit Strelitz nicht ge-

---

[1] Dieselben betrafen: Modifikationen des Wahlgesetzes, welches für die Strelitzer Verhältnisse nicht passe, Festhalten an dem suspensiven Veto nach Maßgabe des kommissarischen Entwurfs und an der zweijährigen Finanzperiode, völlige Streichung der Grundrechte, deren Feststellung der demnächstigen Reichsverfassung zu überlassen sei, u. s. w.

[2] Die konstitutionellen Vereine im Strelitzer Lande richteten Adressen an den Großherzog Georg, in welchen sie ihre Freude bezeigten, daß der Strelitzer Kommissar in der 52. Sitzung gegen die der dortigen Staatsgewalt zugemutete Beschränkung Verwahrung eingelegt habe, und um Aufrechterhaltung der Union baten.

nügend gewürdigt werden, — in der Sache selbst irrte man nicht:
dem latenten Zwiespalt der beiden Regierungen mußte bald ein
offizieller Bruch folgen. Die Kammer beantwortete die Strelißer
Botschaft durch einen rechtlich ganz unwirksamen Beschluß, indem
sie auf Antrag Kippes die Union für aufgehoben erklärte und die
Schweriner Regierung aufforderte, daß Verhältnis beider Landesteile durch einen Staatsvertrag neu zu ordnen. Eine Abberufung
der Strelißer Abgeordneten fand nicht statt, doch hatten schon
viele derselben Schwerin vor der Krisis verlassen. Nur die Mitglieder der Linken harrten aus. Am 22. August wurde die Kammer
aufgelöst. Der Großherzog von Mecklenburg-Streliß bekundete
übrigens durch sein gleichfalls am 22. erlassenes Auflösungsdekret,
daß er, wie in dem obigen Brief verheißen war, den Abschluß
der Vereinbarung zwischen der Kammer und der Schweriner
Regierung nicht stören wollte. Nur die eigene Beteiligung hatte
er abgelehnt.

Die Gründe dieses Entschlusses haben wir hier nicht zu untersuchen. Auch mag es dahin gestellt bleiben, inwieweit derselbe durch Einwirkung aus altständischen Kreisen gefördert wurde.
Thatsache ist, daß gerade kurz zuvor die konservative Partei auf
dem Kampfplatz erschienen war und in der Begründung einer
eigenen Zeitung die Wahrung ihrer Interessen in die Hand genommen hatte. Die erste Nummer dieses Blattes, des „Norddeutschen Korrespondenten", erschien zu Rostock am 15. Juli. Die
Redaktion war dem aus Naumburg berufenen Herrn von
Florencourt in Verbindung mit dem Herrn Friedrich Maaßen—
Rostock übertragen worden. Der Zusammenschluß der Partei
hatte sich nur sehr langsam und allmählich vollzogen. Bis zum
Spätherbst 1848 waren die Mitglieder der Ritterschaft, soweit sie
nicht überhaupt ganz vom politischen Leben sich zurückgezogen
hatten, den konstitutionellen Vereinen beigetreten und hatten dort
dem Radikalismus entgegenzuwirken gesucht. Erst nach dem
Umschwung der Dinge in Berlin war am 29. November 1848 in Rostock durch den Justizrat von Paepcke auf Lütgenhof ein konservativer Verein ins Leben gerufen, welcher unter der Bezeichnung

„Allgemeiner politischer Verein"[1] den Zweck verfolgte, „dem Geist der Revolution und Anarchie mit allen ihm zu Gebote stehenden, gesetzlich erlaubten Mitteln entgegenzuwirken".

Die an den Großherzog gerichtete Adresse (10. Dezember) betonte indessen noch „das Festhalten an den Grundsätzen der konstitutionellen Monarchie" und legte den Schwerpunkt auf den Schutz der Freiheit, des Eigentums und des Wohlstands aller Staats=angehörigen. In den Statuten des Vereins, welcher sich bald über das ganze Land ausdehnte und anfangs Februar 1849 etwa 550 Mitglieder zählte, war der konservative Gedanke vorhanden, der altständische aber noch keineswegs bemerkbar. Erst in dem Maß, wie die Schwierigkeiten der Verfassungsberatung zunahmen, erwachte auch in den Kreisen der Ritterschaft und namentlich des Adels die Hoffnung, dem ständischen Prinzip, wenn auch nur in abgeschwächter Form, wieder Geltung zu verschaffen. Am 21. März erließ der Verein an beide Großherzöge eine Adresse, in welcher er sie zum kräftigen Widerstande gegen die Demokratie aufforderte und dabei seines Beistands versicherte. Aber erst durch eine Veränderung des Statuts, mit welcher der Verein die Sammlung eines Aktienkapitals für die zu gründende Zeitung verband, wurde im Mai ein Vereinigungspunkt geschaffen, wel=chem nunmehr alle dem Konstitutionalismus abholden Elemente zuströmten. Hand in Hand mit scharfen Angriffen gegen die liberale Partei, gegen die Grundrechte, das suspensive Veto und schließlich das ganze Verfassungswerk selbst gingen nunmehr juristische Untersuchungen über die schwebenden Rechtsfragen, und als im August der Strelitzer Hof durch seine offene Absage einen neuen Mittelpunkt für die antikonstitutionellen Bestrebungen dar=bot, erging an den Landrat von Blücher im Norddeutschen Korre=spondenten der öffentliche Aufruf, sich aus der Ruhe zu erheben. Mit den Worten: „Landrat werde hart" mahnte ihn ein für das ständische Prinzip begeistert eintretender Gesinnungsgenosse an seine

---

[1] Als Vorstand waren gewählt die Herren von Oertzen—Leppin, von Paepcke—Lütgenhof, Rettich—Rosenhagen, Crull—Wismar, Maue—Gr. Siemen.

Pflichten als Ältester des Landeskollegiums. Achtzehn Monate lang hatte die mecklenburgische Ritterschaft abseits der politischen Arena gestanden, und wenn die Dinge jetzt eine Wendung nahmen, die ihren Interessen förderlich wurde, so mußte sie einräumen, wenig oder nichts dazu beigetragen zu haben. Die Besiegung der Revolution war nicht ihr Werk gewesen. Andere Kräfte hatten den Kampf durchgefochten. In Preußen hatte die Landesaristokratie energische Gegenwehr geleistet; ihre Mitglieder waren in Wort und Schrift gegen den Radikalismus zu Felde gezogen, einige als Opfer gefallen. Ihr Organ, die Kreuzzeitung, hatte in kritischer Zeit das Panier der Konservativen hochgehalten. Sie war in weiten Kreisen verbreitet und beeinflußte Hof und Minister. In Sachsen und Baden war die Erhebung mit den Waffen niedergekämpft. Diese Phase war nun abgeschlossen. Aber während in anderen Staaten eine relative Beruhigung eintrat, sollte in Mecklenburg der Konflikt nun erst recht beginnen. War das neue Staatsgrundgesetz gültig oder nicht? War die Union ein Hindernis für dessen Anwendung? Konnte die faktische Trennung der beiden Landesgebiete in eine legale hinübergeleitet werden? Und wie war dies möglich? Alle diese Fragen beschäftigten die öffentliche Meinung, und die altständische Partei trat, wie man anerkennen muß, von jetzt ab mit größter Entschiedenheit auf.

Zunächst waren es natürlich die Regierungen, denen die Klarstellung der Verhältnisse oblag. Ein umfangreicher Schriftwechsel liegt vor. Derselbe zog sich durch mehrere Wochen hin. Hier können nur die Hauptzüge dieses Meinungsaustausches berührt werden. Am 25. August schrieb Bernstorff, daß der dortigen Regierung zur Entwirrung der staatsrechtlichen Verwicklung nur zwei Wege offen ständen: „die Octrohierung einer Verfassung für Mecklenburg-Strelitz oder ein Rekurrieren auf die bisherigen, rechtlich noch fortbestehenden Stände". Der erstere Weg widerstrebe dem Rechtsgefühl des Großherzogs, solange sich noch ein Auskunftsmittel zur Lösung der Frage in legaler Weise darbiete. Auch von einer einseitigen Beratung mit dem Engeren Ausschuß oder den Stargardschen Ständen sehe man dort vorläufig ab. Er

schlage daher die Einberufung eines außerordentlichen Landtages
nach Malchin oder Neubrandenburg behufs Feststellung der Verfassung vor. In seiner Antwort vom 28. erklärte Lützow die
Annahme dieses Vorschlags für unmöglich. Dadurch, daß das
Staatsgrundgesetz für die Schweriner Landesteile vereinbart sei
und sein Allergnädigster Herr durch einen besonderen Akt die Haltung und Bewahrung dieser Verfassung angelobt habe, liege nunmehr die unabweisbare Verpflichtung vor, auf der betretenen
Bahn zu beharren. Es folge hieraus, daß es nur noch der formellen Aufhebung der faktisch schon nicht mehr bestehenden Union
bedürfe, um dann zur Ausführung des festgestellten Verfassungswerks schreiten zu können. Er beantrage daher die formelle Aufhebung der Union. Sei dieselbe ausgesprochen, so würde kein
Hindernis mehr bestehen, daß die Strelitzer Regierung mit den
Ständen des Stargardschen Kreises direkt in Unterhandlung trete.
Der Engere Ausschuß dagegen sei wegen Mangel ausreichender
Vollmachten hiezu nicht befugt.

Hierauf erklärte das Strelitzer Ministerium, es könne die
Einwilligung zur Aufhebung der Union nicht erteilen, um sich
nicht das letzte Mittel zur Lösung der Verfassungsfrage abzu-
schneiden. Jener Aufhebung müsse überhaupt die Aufhebung der
alten Stände vorangehen, und diese wiederum sei nicht angängig
wegen Nichterfüllung der gestellten Bedingungen. Die Lützowsche
Replik wiederum griff diesen Standpunkt an. Er vermöge nicht
einzusehen, daß die von der einen Regierung erzielte Verständigung mit der Volksvertretung unwirksam bleiben solle, weil es der
anderen Regierung nicht gelungen sei, diese Vereinbarung herbeizuführen. In fortgesetzter Duplik und Triplik wurde nun die
Frage hin und hergeschoben, ohne daß man der Einigung näher
rückte. Am 31. August forderte Strelitz den Engeren Ausschuß
auf, eine Erklärung über ein neues Wahlgesetz abzugeben, welches
nur für die dortigen Landesteile maßgebend sein sollte. Wenn die
Vollmachten des Engeren Ausschusses dafür nicht ausreichten, so
möge er eine entsprechende Erweiterung derselben seitens seiner
Mandanten erwirken. Dieser von Schwerin nicht gebilligte Schritt

mußte die Spannung verschärfen. Dennoch hoffte Großherzog Georg durch Entsendung eines Specialbevollmächtigten im Wege mündlicher Unterhandlung noch einen Ausgleich zu erzielen. Landrat von Rieben—Galenbeck ging zu diesem Behuf Anfang September nach Schwerin. Allein auch diese Konferenzen führten zu keinem befriedigenden Ergebnis.

Der prinzipielle Standpunkt war ein zu verschiedener, auch die Auffindung eines Auswegs dadurch erschwert, daß gerade das, was der eine Teil wünschte, dem andern die Lösung der Frage unmöglich machte. In Schwerin wollte man vollständige Trennung, um das letzte Hindernis zur Einführung der Verfassung zu beseitigen. In Strelitz mußte man an der Union festhalten, weil dadurch allein die Möglichkeit gewährt wurde, mit dem Engeren Ausschuß und den alten Ständen in Verbindung zu bleiben und einem verfassungslosen Zustand zu entgehen. Die Schwierigkeit schien unlösbar, und schon in einem Schreiben Bernstorffs vom 5. September findet sich die erste Andeutung, daß es zweckmäßig sein möchte, die Vermittlung des in Berlin tagenden Verwaltungsrats oder des Bundesschiedsgerichts anzurufen, dessen Ausspruch sich zu unterwerfen Großherzog Georg bereit sei.

Lützows Erwiderung war sehr bestimmt. Von einer Vermittelung jener Instanzen könne man sich nichts versprechen. Richterliche Entscheidungen würden nur einen Sinn haben, wenn es sich um die Frage handle, ob die Union überhaupt aufzulösen sei. Darüber aber werde nicht gestritten, denn Strelitz verhandle ja durch Herrn von Rieben nur über die Modalitäten. Strittig sei nur der Zeitpunkt der Auflösung. Diese Frage qualifiziere sich nicht zu einem schiedsrichterlichen Spruch. Man werde gern die Verkündigung des für die Schweriner Lande zu Recht bestehenden Gesetzes noch hinausschieben, die ganze Lage der Verhältnisse sei aber derart, daß eine fortgesetzte Dauer der bestehenden Rechtsunsicherheit dem Lande die größten Nachteile bereiten würde. Auf längere Unterhandlungen könne man sich nicht mehr einlassen. Er beantrage daher bringend und wiederholt die schleunige Lösung des Unionsverhältnisses. In Strelitz ging man hierauf nicht ein, und da die Unterhandlung über den neuen Staatsvertrag kein Resultat versprach, so wurde Herr von Rieben abberufen mit der gleichzeitigen Zusicherung, die Verhandlungen, wenn es gewünscht würde, wieder aufzunehmen.

So standen die Angelegenheiten in den letzten Septembertagen. Wir müssen noch einmal zum Juni zurückkehren, um die militärischen Ereignisse des Sommers in Kürze nachzuholen. Am 10. Juni schrieb Großherzog Friedrich Franz nach Marienbad:

„Einige Tage sind mir ohne Dich recht einsam vergangen, liebe Mama, wenn auch das bewegte politische Leben und das anfangs noch schöne Wetter diese Leere leichter ertragen ließen. Des Morgens gearbeitet und zum Exerzieren, mittags Sitzung und Krankenbesuche, zum Essen wenige Leute, nachmittags in den Schloßgarten und abends bei irgend jemand zum Thee, das sind die einzelnen Züge meines äußeren Lebensbildes. Die Campagne in der Pfalz hat begonnen, und ich bin sehr gespannt auf die nächsten Nachrichten. Unseren Truppen geht es gut, der Geist ist ausgezeichnet und sie gefallen sehr. Auch hier ist man sehr fleißig. Die Rekruten haben schon geschossen, und morgen werde ich mit der Besichtigung beginnen. Wilhelm ist sehr wohl und wird stets gelobt. Ich lebe still und fleißig und sehne mich nach Beendigung des Landtags, um zu Dir und meinen Truppen eilen zu können. Leider ist aber vor Anfang Juli keine Aussicht dazu." —

Am 12. Juni übernahm der Prinz von Preußen an Stelle Peuckers den Oberbefehl über die in der Pfalz und in Baden operierenden Truppen. Sie bestanden aus drei Corps, welche die Generale von Hirschfeld, Graf Groeben und von Peucker kommandierten. Zu dem Peuckerschen Corps, dem sogenannten Neckarcorps, gehörte die mecklenburgische Brigade. Der Großherzog hatte gewünscht, daß sein Kontingent einem preußischen Corps eingefügt werde, und schrieb dieserhalb an seinen Oheim, den Prinzen von Preußen. Letzterer antwortete:

„Deine Truppen ganz unter das hiesige Corpskommando zu stellen, ist teils aus militärischen Operationsgründen, teils aber auch deshalb noch nicht zulässig, weil ich keine Anzeige habe, daß Du offiziell dem preußischen Bündnis beigetreten bist. Solange dies nicht geschehen, stehen Deine Truppen auf Reichsrequisition im Felde, und ich kann und darf sie nicht ihrem Obercommandeur, der zwar ein preußischer, aber zugleich Reichsgeneral ist, entziehen."

Die mecklenburgische Brigade kam bald zur Aktion. Ein Teil derselben überfiel in der Nacht vom 12. auf den 13. Juni die Vorhut der Freischärler in Waldmichelbach und Siebels-brunn und zersprengte dieselbe nach ernstlichem Gefechte. Das Neckarcorps ergriff nun die Offensive und drängte die Insurgenten über Käserthal gegen Schriesheim zurück. Nach diesem günstigen Erfolge wandte sich Oberst von Witzleben auf Ladenburg. Zwischen drei und vier Uhr wurde die Stadt mit dem Bahnhof genommen und bis auf die Eisenbahnbrücke vorgegangen, wo sich ein stehendes Gefecht entspann. Oberst von Witzleben hoffte auf Unterstützung und versuchte daher, sich in dieser sehr exponierten Stellung zu behaupten. Endlich, als keine Unterstützung kam, räumte er, von drei Seiten her angegriffen, zwischen 9 und 10 Uhr abends nach einem sehr hartnäckigen Gefecht seine Position und zog sich mit den auf das äußerste erschöpften Truppen nach Hebbesheim zurück, wo er von befreundeten Bataillonen aufgenommen wurde. Tags darauf griffen die Insurgenten kräftig an. Bei Groß-Sachsen fand ein heftiges Gefecht statt. Nachdem Peucker Verstärkungen von dem Groebenschen Corps erhalten, unternahm er einen Flankenmarsch durch den Odenwald nach Eberbach und weiter gegen Gernsbach, wo wiederum die zwei Jägercompagnieen und 2 Geschütze bei dem Avantgardengefecht gegen Mieroslawstis Freischaren zur Aktion kamen. In der Affaire bei Ladenburg hatten die Mecklenburger leider starke Verluste gehabt. Eine Depesche Witzlebens vom 18. meldete:

„Schreeb, Klein, Huth II. verwundet und in Heidelberg. Stenglin verwundet in Darmstadt zurückgeblieben.

Vom Gardebat.	1 Toter	9 Verwundete	10 Vermißte.
= 1. Musket.-Bat.	— =	25 =	14 =
= Jägerbat.	2 Tote	10 =	— =
Von den Dragonern	— =	— =	10 =
Von der Artillerie	2 =	3 =	— =

Um 16 000 Spitzpatronen wird gebeten. Artillerie und Jäger sind ausgezeichnet."

Bald langten auch eingehendere Berichte in Schwerin an. Der Großherzog schrieb darüber an seine Mutter am 23.:

„Nach einem Bericht von Müller hat Peucker am 18. an Witzleben sagen lassen, daß die gefallen Geglaubten: Schreeb, Hauptmann Klein und Lieutenant Huth vom 2. Bataillon im Hospital in Heidelberg sich befänden und gut behandelt würden. Dies hat hier große Freude verbreitet, ich fürchte zu schnell[1]; denn der Hauptmann von Klein schreibt seiner Frau aus Rastatt, ist am Knie verwundet und sagt nichts von Schreeb und Huth. Auch meldet keine Zeitungsnachricht aus Heidelberg etwas von gefangenen oder blessierten dort befindlichen mecklenburgischen Offizieren. Aus allen Nachrichten geht hervor, daß sich die sämtlichen Truppen gut geschlagen haben. Der Oberst von Witzleben ist persönlich sehr brav gewesen, auch Gamm hat sich ausgezeichnet. Müller und Bilguer haben blessierte Pferde. Adolf Etenglins Wunde (die Kugel ist am Ellbogen unten eingedrungen und an der oberen Fläche des Unterarms herausgeschnitten worden) ist nicht leicht, giebt aber gegründete Aussicht auf vollständige Heilung. Der Portepeefähnrich von Bülow wird gelobt. Am 16. hat Witzleben mit 5 Bataillonen, 5 Geschützen und unserm Kavallerieregiment, welche einzeln stehende Truppenteile er sich zusammenholte, auf eigene Faust entscheidend auf das glückliche Resultat des Gefechts eingewirkt. Garde und Musketiere waren am 16. nicht im Feuer. Wilhelm ist am Abend des 15. und am 16. den ganzen Tag im

---

[1] Leider sollte sich bald bestätigen, daß Hauptmann von Schreeb gefallen war; dagegen war Lieutenant von Huth am Leben, wenngleich schwer verwundet, und wurde später aus der Gefangenschaft befreit.

Feuer gewesen. Gestern sind die beiden Schützencompagnieen unter Oeynhausen und 6 Artilleriemunitionswagen abgegangen. Ein Geschütz wird auch ausgewechselt werden müssen, da es sehr beschädigt ist. Lieutenant Kossel war mit seinem Zuge einer bayerisch-hessischen Kolonne im Odenwald zugeteilt, hat mit Erfolg eine feindliche Position beschossen und sich die Anerkennung seines Kommandanten erworben. Er hat einen Verwundeten und ein totes Pferd. Ich bin sehr stolz auf meine braven Truppen."

Nach kurzer Rast in Karlsruhe (28. Juni — 3. Juli) marschierte die Brigade über Pforzheim, Sulz, Rottweil und Villingen nach Donaueschingen, woselbst in der Stadt und deren Umgegend für längere Zeit Quartiere bezogen wurden. Der Feldzug war damit beendet, aber die Occupation dauerte noch zwei Monate. Auf eine Anfrage des Großherzogs wegen Rückkehr seines Kontingents antwortete der Prinz von Preußen am 25. August:

„Da Rastatt gefallen ist, so wird Dein Wunsch, Deine Truppen zurückkehren zu sehen, sich wohl realisieren lassen, doch bin ich in diesem Augenblick noch außer stande, den Termin anzugeben, da erst eine Totaldislokation über ganz Baden ermittelt werden muß, wovon die Verminderung der Armee abhängt. Ich würde es für politisch wichtig halten, wenn von jedem Kontingente ein Bataillon hier zur Occupation des Landes bliebe, damit man Preußen nicht allein läßt. Daß Du Fritz Karl und mir Dein Kriegskreuz verleihen willst, erkennen wir mit herzlichem Dank an und sehen demselben entgegen, da der König es uns gewiß anzulegen erlauben wird. Es freut mich, ein Zeichen zu tragen, das viele Deiner braven Truppen tragen werden.

Wilhelm habe ich öfter zu meiner Freude bei mir gesehen."

Als die Auflösung der Abgeordnetenkammer dem Großherzog die Möglichkeit gewährte, sein Land für längere Zeit zu verlassen, eilte er nach Baden, um, wie im Vorjahre, seine im Felde ste-

henden Truppen zu sehen und Auszeichnungen zu verleihen[1]. Am
7. September begab er sich über Frankfurt, wo er den Prinzen
von Preußen begrüßte, nach Karlsruhe, dem Hauptquartier des
Generals Grafen Groeben. Herzog Wilhelm und Oberst von Witzleben waren dorthin entgegengekommen. Man besichtigte die
Stätten der Gefechte bei Ladenburg, besuchte in Heidelberg den an
seinen schweren Wunden noch darniederliegenden Lieutenant von
Huth und traf am 8. abends in Donaueschingen ein. Der Großherzog blieb drei Tage dort, besichtigte die Truppen, speiste mit
den Offizieren und besuchte die im Museum und Schützenhaus
veranstalteten Feste. Eine betrübende Störung entstand durch den
sehr plötzlichen Tod des Generals Hanneken, welcher die bei
Donaueschingen stehenden Truppen befehligte. Am 12. trat der
Großherzog die Rückreise an, stattete den Höfen von Karlsruhe,
Darmstadt und Hannover Besuche ab und traf am 18. über
Hamburg, wohin ihm die Großherzogin=Mutter entgegengereist
war, wieder in Schwerin ein. Zwei Tage später langten auch
schon das Garde= und das Jägerbataillon dort an. Der Transport der Infanterie war wieder auf Dampfschiffen bis Köln und
von da mit der Eisenbahn erfolgt. Artillerie und Dragoner traten
den Rückmarsch nach der Heimat zu Fuß an und erreichten ihre
Garnisonen am 16. bezw. 17. Oktober. Die Bevölkerung bereitete den heimkehrenden Truppen überall einen festlichen Empfang.

Die letzte Septemberwoche brachte dem Großherzog eine Reihe un-
ruhvoller Tage, harter Kämpfe und schwerwiegender Entschließungen. Fünf Wochen waren seit der Auflösung der Kammer ver-

---

[1] Das Militärverdienstkreuz wurde dem Prinzen von Preußen, dem
Prinzen Friedrich Karl von Preußen, dem Herzog Wilhelm von Mecklen=
burg, sowie neben einigen fremdherrlichen Offizieren den nachstehenden meck=
lenburgischen Offizieren verliehen:
Oberst von Witzleben, Oberstlieutenant von Nußbaum, Oberstlieute=
nant von Bernstorff, den Hauptleuten von Bilguer, von Graebeniß, Graf
Normann, von Schoepffer, Paepcke, den Premierlieutenants von Gamm,
Baron von Stenglin, von Klein, von Bülow, den Secondelieutenants von
Bülow und von Huth), dem Oberarzt Dr. Störzel, dem Unterarzt Dr.
Richter.

strichen. Am 23. August hatte der Großherzog in Gegenwart
der vier Kommissare und der drei von der Abgeordnetenversammlung dazu erwählten Urkundspersonen [1] das vereinbarte Staatsgrundgesetz nebst dessen Anlagen eigenhändig unterschrieben. Mit
Spannung erwartete das Land die Entscheidung. Minister von
Lützow glaubte sie nicht länger hinausschieben zu dürfen. Am
10. Oktober erfolgte die Publikation des Staatsgrundgesetzes und
die Aufhebung der bisherigen Landesverfassung. Welche Motive
diesem Akt zu Grunde lagen, wird im Zusammenhang mit den
daraus sich ergebenden Folgen im nächsten Kapitel behandelt werden. Eine neue, schwere Aufgabe trat an den Großherzog heran.
Er war sich des Ernstes der Lage vollkommen bewußt. Das
Jahr 1849, wahrlich, stellte harte Anforderungen an seine geistige
Spannkraft, häufte unablässig das Maß der Regierungssorgen,
aber es gewährte ihm auch eine reiche Entschädigung: die endliche
Erfüllung seiner geheimsten, jahrelang gehegten Wünsche. Ein
heller Lichtstrahl war in die umwölkte Gegenwart gefallen! Am
25. Juli hatte sich Großherzog Friedrich Franz mit Auguste,
Prinzessin von Reuß-Schleiz-Köstritz verlobt! —

---

[1] Es waren dies der Präsident Trotsche und die beiden Vicepräsidenten Bolten und Marcus.

Zehntes Kapitel.

Erster Ehebund. Das Ende der Krisis und der Freienwalder Schiedsspruch.

———

Am Fuße des Riesengebirges, in dem anmutigen Hirsch-berger Thal, liegt das Rittergut Stonsdorf. Das Herrenhaus, ein geräumiger Bau von einfachen Verhältnissen und schmuckloser Architektur, stammt aus früheren Jahrhunderten. Umgeben von stattlichen Bäumen, von Wirtschaftsgebäuden und einem schönen, sich weithin erstreckenden Park, gewährt es aus seinen Fenstern einen weiten Ausblick auf die fruchtbare Thalniederung und die wal-bigen Ausläufer des Gebirges.

Hier wohnte seit dem 1841 erfolgten Tode des Prinzen Heinrich LXIII. Reuß dessen Witwe Prinzessin Karoline, geborene Gräfin zu Stolberg-Wernigerode. Der heimgegangene Prinz war zweimal vermählt. Seiner ersten Ehe mit Gräfin Eleonore zu Stolberg (geboren 26. Oktober 1801, gestorben 14. März 1827) waren sechs Kinder entsprossen, von welchen im Jahre 1849 noch vier am Leben waren: Prinzessin Johanna, geboren 1820 und seit 1843 vermählt mit dem Prinzen Ferdinand von Schönaich-Carolath; Prinz Heinrich IV., geboren 1821 und zu dieser Zeit königl. preußischer Lieutenant im Regiment der Garde du Corps; Prin-zessin Auguste, geboren 26. Mai 1822, die Braut des Großherzogs

Friedrich Franz; Prinz Heinrich VII., geboren 1825, Lieutenant im 8. preußischen Ulanenregiment, welches in Bonn garnisonierte. Der zweiten, 1828 mit der Schwester seiner verstorbenen Gemahlin geschlossenen Verbindung entstammten sechs Kinder. Die ältesten, zwei Söhne im Alter von 18 und 19 Jahren, standen bereits im preußischen Militärdienst, die jüngeren waren auf der Schule. Zwei Töchter befanden sich mit der älteren Halbschwester, Prinzessin Auguste, unter der mütterlichen Obhut.

Seit der letzten Begegnung während des Dresdener Aufenthalts, welche 1840 im Schloß Klipphausen stattgefunden, hatte Friedrich Franz die Prinzessin nur einmal flüchtig wiedergesehen. Er hatte damals das Riesengebirge bereist und dabei einen Besuch in Stonsdorf gemacht. Zu einer Erklärung war es indessen nicht gekommen. Die Erinnerung an die Eindrücke, die er schon in Dresden empfangen, war nie erloschen. Mochte auch der Gedanke, ihr seine Hand anzutragen, früher nur vorübergehend und unbestimmt in ihm aufgetaucht sein, mochten die wechselnden Eindrücke der ersten Regierungsjahre, die nach anderen Zielen hinweisenden Ratschläge seiner Umgebung jenen Gedanken zeitweise zurückgedrängt haben, — immer wieder trat er mit zwingender Gewalt an ihn heran. Der Zug des Herzens war zu mächtig, um die Herbeiführung einer Entscheidung noch länger hinauszuschieben, und im Juli 1849 hatte Friedrich Franz von seiner Frau Mutter die Einwilligung zu den einleitenden Schritten erbeten und erhalten. Unvermögend, die Ungewißheit länger zu ertragen, und voll Bangigkeit über den Ausgang seiner Werbung schrieb er sogleich nach Stonsdorf. Am 22. Juli trafen die Antworten der Prinzessin und ihrer Mutter ein; sie machten ihn, wie er selbst äußerte, zum „Glücklichsten der Menschen", und schon am folgenden Tage trat er die Reise nach Schlesien an. In Potsdam traf er mit Großherzogin Alexandrine und Herzogin Luise zusammen, welche von Marienbad zurückkehrten. Auch das Königspaar nahm herzlichen Anteil an dem wichtigen Familienereignis. In Begleitung des Prinzen Heinrich IV., welcher sich ihm in Berlin anschloß, setzte der Großherzog am Abend des 24. mit dem

schlesischen Nachtzug die Reise fort, verließ in Bunzlau die Bahn
und traf zu Wagen über Löwenberg und Hirschberg am Nachmittag des 25. in Stonsdorf ein, wo er nun aus dem Munde
der Prinzessin die Gewißheit seines Glücks empfing. Die Verlobung wurde im engsten Familienkreise gefeiert. Der Großherzog
konnte nur wenige Tage in Stonsdorf bleiben, und sie vergingen
nur allzuschnell. Man machte Ausflüge in die reizvolle Umgegend und tauschte Besuche aus mit den benachbarten Familien
der Gräfin Reden und des Grafen Schaffgotsch, welche in Buch-
wald und Warmbrunn prachtvolle Landsitze besaßen. Am 28.
trat der fürstliche Bräutigam seine Rückreise an. Die Verfassungs-
wirren machten die Heimkehr unaufschiebbar. Bei der tags darauf stattfindenden Ankunft in Schwerin wurde ihm von der Bevölkerung ein festlicher Empfang bereitet. Abends war die Stadt
illuminiert. Die Kunde von der Verlobung des Landesherrn hatte
sich rasch verbreitet; überall erregte sie Freude und Anteil.

Inmitten des wüsten politischen Treibens jener Tage, welches
so viele häßliche und rohe Leidenschaften entfachte, in dieser politisch
und social zersetzten Atmosphäre, in der Parteigeist, Eigennutz und
Strebertum miteinander rangen, mußte es wohlthuend, geradezu
erfrischend wirken, einen jungen Fürsten zu sehen, der, einem rein
menschlichen, edlen Gefühl nachgebend, die Frage nach hohem
Rang, Ansehen und Reichtum außer acht ließ. Daß er nicht
eine politisch vorteilhaftere Verbindung mit einem der mächtigeren
souveränen Höfe suchte, daß er der ersten Jugendliebe treu blieb
und die Erfüllung dieses Wunsches allen anderen Rücksichten vor-
anstellte, konnte der hohen Braut von vornherein nur die wärmsten
Sympathieen erwecken. Diese Empfindungen wurden noch gesteigert durch alles, was über deren Charakter und Wesen bekannt wurde. Die Prinzessin hatte sehr zurückgezogen gelebt, aber
die wenigen, welche ihr näher getreten waren, rühmten ihre ge-
winnende Erscheinung, ihre Herzensgüte und wahre Frömmigkeit.
Ein ernster, klarer Christenglaube, frei von schwächlichem oder
unduldsamem Wesen, hatte von je in den Familien ihrer Eltern
eine bleibende Heimstätte gefunden. Die sanfte Festigkeit, welche

auf dem Grund dieſer religiöſen Überzeugung wurzelte, war es vor allem geweſen, welche Friedrich Franz zu der jungen Prinzeſſin hingezogen. Ihre Fähigkeit, in entſcheidenden Lagen klar und richtig zu urteilen, andere zu tröſten und zu beraten, hatte ſich in letzter Zeit noch mehr entwickelt. Er wußte, daß er in den Kämpfen des Lebens eine treue Gefährtin an ihr haben würde.

Gleich nach Schluß der Kammerverhandlungen eilte er wieder nach Stonsdorf. Auch diesmal war der Aufenthalt nur kurz bemeſſen (25. Auguſt bis 3. September), da die Inſpektion der in Baden ſtehenden Truppen nahe bevorſtand. Am 6. September trafen die nächſten Angehörigen der großherzoglichen Familie mit Ausnahme des durch Unwohlſein zurückgehaltenen Herzogs Guſtav in Dresden zuſammen. Auch Erbgroßherzogin Auguſte, Herzogin Marie von Sachſen-Altenburg und Herzogin Helene von Orleans waren gekommen. Die Prinzeſſin Braut, von ihrer Mutter begleitet, wurde hier dem Familienkreiſe vorgeſtellt, in welchen einzutreten ſie beſtimmt war. In freudigſter Stimmung beſuchte der Großherzog die wohlbekannten Stätten, welche einſt Zeugen ſeiner aufkeimenden Neigung geweſen. Sein erſter Gang war, wie immer hier, in das Blochmannſche Inſtitut. Mit ſeinen alten Lehrern durchſtreifte er die Galerien und Sammlungen. In Pillnitz, wo auch das preußiſche Königspaar anweſend war, fand zu Ehren der Verlobten ein Diner ſtatt. In dem fürſtlichen Familienkreiſe, welcher ſich zur Begrüßung der zukünftigen Großherzogin in Dresden verſammelt hatte, befand ſich noch eine zweite glückliche Braut. Vor wenig Wochen hatte ſich Herzogin Luiſe mit dem Prinzen Hugo von Windiſchgrätz verlobt. Auch bei dieſem Bund war die Herzensneigung entſcheidend geweſen. Die Herzogin hatte den Prinzen in den böhmiſchen Bädern kennen gelernt. Derſelbe, damals 26 Jahre alt, alſo in gleichem Alter mit dem Großherzog, war der zweite Sohn des Fürſten Veriand, eines Bruders des durch die Einnahme von Wien berühmten Feldmarſchalls. Er war 1840 in die Armee getreten und zwar zuerſt beim 28. Infanterieregiment Graf Latour. Jetzt ſtand er als Rittmeiſter und Eskadronscommandeur bei den Palatinalhuſaren

Nr. 12, hatte in diesem Regiment den Feldzug mitgemacht und befand sich noch in Italien in Garnison. Die Verlobung war am 5. August in Doberan gefeiert worden.

Das gleichzeitige Verlöbnis zweier Sprossen des alten Fürstenhauses war schon an sich ein seltenes Vorkommnis, und daß die Liebe, nicht die Konvenienz, hierbei als Chestifterin auftrat, erhöhte das Interesse daran, namentlich in denjenigen Kreisen, in welchen die Wünsche des Herzens den äußeren Standesrücksichten nur zu häufig geopfert werden müssen. Die Gleichartigkeit der Lage, die Übereinstimmung der Motive, welche jene herbeigeführt, hatte die beiden Geschwister einander noch näher gebracht. Großherzog Friedrich Franz hing mit großer Zärtlichkeit an seiner Schwester. Seine Zustimmung zu deren Wahl hatte er bereitwillig erteilt und dabei die Bedenken bekämpft, welche bezüglich der Verschiedenheit des Ranges und der Konfession geäußert sein mochten. Er ebnete die Schwierigkeiten, welche die Regelung der Rangfrage am Wiener Hof hervorrief[1], und sorgte für eine gesicherte Begründung des jungen Hausstandes, der unter den Auspizien eines bewegten, wechselvollen Garnisonlebens beginnen sollte.

Die Vermählung der beiden fürstlichen Brautpaare erfolgte noch in demselben Herbst in Ludwigslust. Der nahe liegende Gedanke einer Doppelhochzeit mußte aufgegeben werden, weil die dabei entstehenden Etikettefragen eine Vereinigung der Feierlichkeiten nicht wohl thunlich erscheinen ließen. So fand denn die Trauung des prinzlichen Paares vierzehn Tage früher, am 20. Oktober, statt, und zwar zuerst nach protestantischem Ritus durch den Oberhofprediger Walter, sodann nach katholischem durch den Pfarrer Brocken in der von Friedrich Franz I. erbauten, im Schloßgarten gelegenen katholischen Kirche. Von der Familie des Bräutigams waren anwesend: dessen Eltern, Fürst Veriand und Fürstin Eleonore, eine geborene Prinzessin

---

[1] Herr von Hopffgarten ging zu diesem Behuf später nach Wien, und der Kaiser kam den mecklenburgischerseits geäußerten Wünschen auf das bereitwilligste entgegen.

von Lobkowitz, sowie dessen Geschwister Prinz Ernst und Prinzessin Gabriele, und der Herzog von Ratibor.

Die Vermählung des Großherzogs war auf den 3. November angesetzt. Am 1. traf die fürstliche Braut, von ihrer Mutter und ihren vier ältesten Brüdern begleitet, in Wittenberge ein, wo sich die zum persönlichen Dienst bestimmten Damen, Oberhofmeisterin Gräfin von Bassewitz und die Hofdamen von Rantzau und von Maltzahn bereits eingefunden hatten. (Oberst von Sell, welcher bald darauf zum Oberhofmeister der jungen Großherzogin ernannt wurde, und Kammerherr Baron Le Fort waren bis Stonsdorf entgegengereist.) Tags darauf begab sich der Großherzog nach Wittenberge und führte seine hohen Gäste im Extrazug nach Grabow, wo Großherzogin Alexandrine mit ihren Kindern die Prinzessinnen begrüßte. Von hier ging es zu Wagen nach Ludwigslust. Schon einmal war auf diesem Wege eine fürstliche Braut der neuen Heimat zugeeilt, — damals 1837, als Herzogin Helene die Reise nach Frankreich antrat. Diesmal war es eine festlichere Brautfahrt. In raschem Trabe führte eine Reihe offener Kaleschen die Hochzeitsgesellschaft dem nahen Ziel zu, umgeben und begleitet von Dragonern, Postillonen und berittenen Bauern aus der Umgegend. Es war ein klarer, sonniger Herbsttag, der Ort war reich geschmückt und ein festlicher Empfang vorbereitet. Der Großherzog ritt zur Seite des Wagens, in welchem Prinzessin Auguste saß. Langsam bewegte sich der Zug nun durch die Reihen der Gewerke, Seminaristen und Schulkinder, welche in den Straßen bis zum Schloß Spalier bildeten.

Bei den Festlichkeiten der nächsten Tage zeigte der großherzogliche Hof sich wieder in seinem alten Glanz. Das letzte der in Ludwigslust abgehaltenen Hoffeste größeren Stils war das Jubiläum von 1835 gewesen. Großherzog Friedrich Franz hielt wie seine Vorfahren auf eine würdi e Repräsentation, auf reiche und geschmackvolle Ausstattung. Außer den schon erwähnten Gästen und der Herzogin Marie von Sachsen-Altenburg waren die am Schweriner Hof beglaubigten auswärtigen Gesandten und Deputationen der Univerfität, der höheren Landesbehörden und fast aller

22*

Städte anwesend. Der Strelitzer Hof war durch den Hofmarschall,
Grafen von der Schulenburg, vertreten. Den Anteil des Königs
von Preußen bekundete der nachstehende Brief. Er bewies zugleich, daß die Meinungsverschiedenheit in der Verfassungsfrage
und der offizielle preußische Protest eine Rückwirkung auf die persönlichen Beziehungen der beiden Fürsten nicht ausgeübt hatte.

„Sanssouci, den 2. November 1849.

Mein teuerster, bester Fritz!

Erlaube mir, Dir heut schon im voraus meine aller-
innigsten Glück- und Segenswünsche zu der Art auszusprechen,
wie Du morgen den Tag des heiligen Bischofs von Tongern
begehen willst. In dieser Stunde hält die Großherzogin-
Braut vielleicht ihren Einzug in Ludwigslust. Gott segne und
geleite ihre Schritte zur guten Stunde in das hohe Haus. Em-
pfiehl mich ihr aufs lebhafteste und wärmste. Daß ich wahren
und echten Anteil an Deinem Glück nehme, weißt Du. Dasselbe ist durch still genährte, tief innere Treue vorbereitet und
mit edelster Grundlage versehen. Deine Braut bekennt von
der Kindheit an dasjenige, was allein der Seele, dem Hause,
dem Volke Leben, Heil und Gedeihen bringt. Wohl Dir!

Daß wir hier den morgenden Tag des erwähnten heiligen Huberti nach dem Herkommen im Walde zu sein gedenken, ist Dir bekannt. Es macht aber nur, daß wir auf
das Wohl des durchlauchtigen neuvermählten Paares, in zahl-
reicher Gesellschaft und bei fröhlichem Hörnerklang, trinken
werden. Möge die Sonne Deinem Festtage so freundlich
leuchten, wie gestern und heute. Die zwei jungen Windisch-
grätz werden an der Jagd teilnehmen.

Ich umarme Alexandrine und Wiwi viele Tausend Male und
Dich, Du teurer Fritz, und küsse der Braut die Hände. Gott
mit Euch! Mit treuer Anhänglichkeit und Freundschaft immerdar Dein treuer Onkel und Nachbar Friedrich Wilhelm."

Die Trauung, welche Oberhofprediger Walter vollzog, fand
am 3. November abends 6½ Uhr im Goldenen Saale statt. Tags

darauf war der Kirchgang und am 7. der Einzug in Schwerin[1]. In beiden Residenzen war die Begrüßung durch die Bevölkerung eine herzliche. Die Spannung zwischen Fürst und Volk war oder schien doch beseitigt. Dennoch fiel ein Schatten auf die Feststimmung. Die Ritterschaft, namentlich der alte, eingesessene Adel, der sonst zu den Familienfesten des Regentenhauses stets gern und zahlreich gekommen, war diesmal fern geblieben. Was diese demonstrative Kundgebung veranlaßt hatte, führt uns wieder auf das Gebiet der politischen Vorgänge. Wir hatten dasselbe in dem Augenblick verlassen, wo mit der Verkündigung des Staatsgrundgesetzes ein entscheidender Schritt gethan und die Bahn des Konstitutionalismus definitiv betreten war. Betreffs der Motive, welche diesem Staatsakt zu Grunde lagen, ist noch einiges nachzuholen.

Wie schon erwähnt, war die altständische Partei noch in zwölfter Stunde auf dem Kampfplatz erschienen. Der Ausschuß des allgemeinen politischen Vereins suchte jetzt das Versäumte nachzuholen. In Wort und Schrift ward die neue Verfassung bekämpft. Am 21. August reichten die Herren von Müller—Rankendorf und von Plüskow—Kowalz als „Deputierte der Ritterschaft" beim Großherzog einen Protest ein, dessen schroffer, lebhafter Ton sehr von früheren Eingaben dieser Art abstach. Durch den Rücktritt der Strelitzer Regierung von den Verhandlungen der Kammer — hieß es darin — seien alle späteren Beschlüsse derselben ungültig, denn die Vereinbarung sei nach den Erklärungen des letzten Landtags ausdrücklich an die Mitwirkung beider Landesherren gebunden. Auch die alte Union bestehe noch, und die Vorbehalte betreffs der Seestädte seien nicht erfüllt. Demungeachtet habe die Schweriner Regierung die Vereinbarung einseitig zu Ende geführt. Ganz entschieden müsse der in der groß-

---

[1] Zur Notifikation der Vermählung begab sich Herzog Wilhelm nach Petersburg, Herzog Gustav nach Eisenach zur Herzogin von Orleans. Zu gleichem Zweck wurden entsendet: Hofmarschall von Bülow nach Berlin, Generaladjutant von Hopffgarten nach Wien, Oberhofmeister von Sell nach Strelitz und Kammerherr Baron Robbe nach Schleiz.

herzoglichen Schlußerklärung liegenden Annahme widersprochen
werden, als könne durch eine nachträgliche, selbst hausvertrags=
mäßige Aufhebung der Union der bis dahin bestandene Mangel
dergestalt ergänzt werden, daß die von vornherein ungültig ge=
faßten Beschlüsse dadurch Rechtskraft erlangten. Die einseitige
Publikation sei rechtlich nicht zulässig. Aus diesen Gründen
müßten die Unterzeichner namens ihrer Kommittenten entschiedenen
Protest einlegen und der Ritterschaft die Befugnis wahren, ihre
Rechte zum Besten des Landes geltend zu machen.

Diesem Protest schlossen sich eine Reihe gleichartiger Eingaben
der ritterschaftlichen Amtskonvente an. Die dabei entwickelten
Gesichtspunkte waren dieselben wie die in dem eben erwähnten
Schriftstück geltend gemachten. Auch in allen späteren Schritten
der Ritterschaft fußte dieselbe auf dieser Rechtsdeduktion, so daß
hierauf nicht wieder zurückgekommen zu werden braucht. In dem=
selben Sinne sprach sich ein von den Landräten unter dem
11. September eingereichter Vortrag aus   Anknüpfend an die
von Strelitz ausgegangene Aufforderung [1] zur Prüfung eines neuen
Wahlgesetzes, wies derselbe in ernsten, beweglichen Worten hin auf
das Bedenkliche des heraufbeschworenen Konflikts. Das in seiner
Form sehr würdig gehaltene Schriftstück erklärte, daß die unter=
zeichneten Landräte [2] sich aus eigener Bewegnis in ihrer Stellung
und durch ihren Eid als Räte der Fürsten und der Krone ge=
drungen fühlten, ihre Ansichten mit Offenheit darzulegen. Dieser
Schritt würde schon früher gethan sein, wenn nicht die Hoffnung
bestanden hätte: beide Landesherren würden nur eine solche Ver=
fassung mit der Abgeordnetenkammer vereinbaren, die formell auf
einer legalen Grundlage beruhe, materiell aber den Interessen aller
Landeseinwohner die genügende Gewähr leiste. Diese Eigen=

---

[1] Es war dies die Zuschrift vom 31. August, auf welche Bernstorff
in dem weiter oben mitgeteilten Briefwechsel mit Lützow hingewiesen hatte.

[2] Es waren dies von Blücher—Kuppentin, von Leers—Schönfeld, Baron
Maltzan—Rothenmoor, Graf Eyben—Sehin, von Rieben—Galenbeck, von
Barner—Bülow. Die beiden Landräte von Blücher—Sulow und von
Oertzen—Jürgenstorf befanden sich zur Zeit im Auslande.

schaften könne man aber der einseitig vereinbarten Verfassung nicht
zuerkennen. Nach näherer Entwickelung der dabei in Betracht
kommenden Gesichtspunkte wurde eine Verwahrung gegen die
Verkündigung dieser Verfassung ausgesprochen, und ein Rekurrieren
auf die alten Stände, mithin die Berufung eines Landtags, als
der einzige gesetzlich mögliche Weg bezeichnet, um für beide Mecklenburg eine gültige Verfassung zu stande zu bringen. Dann hieß
es wörtlich — und dieses ist bezeichnend für die damals bei der
altständischen Partei noch herrschende gemäßigte Anschauung —:
„Wir sind weit entfernt, unter dem Rekurrieren auf die alten
Stände eine Rückkehr zu der alten Verfassung, oder vielmehr ein
Festhalten derselben, bezeichnen zu wollen. Mag man diese für
heilsam oder nachteilig für das Gedeihen unseres Vaterlandes
halten, so unterliegt es doch keinem Zweifel, daß nach den landesherrlichen Erklärungen und denen der Stände auf dem Landtage
von 1848 das Land ein Recht hat auf eine Repräsentativverfassung und auf diejenigen Institutionen, die als eine notwendige
Folge einer solchen Verfassung zu betrachten sind. Ein ebenso
großes Recht haben aber auch alle Einwohner des Landes, und
mithin auch die alten Stände, auf die Erfüllung des fürstlichen
Wortes, daß eine solche Verfassung an die Stelle der alten treten
und ein solches definitives Wahlgesetz erstrebt werden solle, wodurch alle Landeseinwohner gehörig vertreten und allen Interessen
die genügende Rücksicht gewährt würde. Nur in dem Vertrauen
auf diese wiederholte fürstliche Zusicherung erklärten sich, abgesehen von den sonstigen Bedingungen, Ritter- und Landschaft
zur Niederlegung ihrer landstandschaftlichen Rechte bereit."
    Während auf die Eingabe der Herren von Müller und
von Plüskow der Bescheid kurz dahin lautete, daß der Großherzog
„sich nicht veranlaßt sehe, in dieser Sache eine Resolution zu erteilen, da ihm die Eigenschaft der Unterzeichner als Deputierte
der Ritterschaft nicht bekannt sei" [1], ging den Landräten unter dem

---

[1] Ein solches Mandat der gesamten Ritterschaft lag in der That nicht
vor, doch beriefen sich die beiden Antragsteller später in einem zweiten

24. September ein in der Form gnädiges Reskript zu, in welchem der Standpunkt der Regierung ausführlich dargelegt, die Zulässigkeit eines Protestes aber entschieden bestritten wurde. Nach einem Rückblick auf den bisherigen Gang der Verhandlungen hieß es, die Verschiedenheit der Propositionen zum außerordentlichen Landtag und der auf diesem von den Ständen gefaßten Beschlüsse sei zwar unverkennbar, aber lediglich formell. Denn der Verzicht der Stände auf die Landesvertretung habe damals durch die landesherrliche Annahme bindende Rechtskraft erlangt. Nicht allein die Bereitwilligkeit zu einem solchen Verzicht sei damals ausgesprochen — wie es die Auffassung der Landräte zu sein scheine —, sondern dieser Verzicht sei thatsächlich erfolgt. Ritter- und Landschaft seien demnach nicht mehr die Landesrepräsentanten und könnten es ohne rechtsgültige Aufhebung jenes Staatsakts nicht wieder werden. Eine Berufung der Stände zum Zweck der Ausübung landstandschaftlicher Rechte sei mithin unthunlich. Die Bedingungen betreffs der Seestädte seien teils erfüllt und die von letzteren abgegebenen Erklärungen genügend, teils sei deren Erfüllung gesichert, indem nur noch Entschädigungsfragen einer gütlichen oder rechtlichen Austragung vorbehalten blieben. Wenn die Landräte noch von anderen Voraussetzungen gesprochen, welche unerfüllt geblieben, und wenn damit die Mängel der neuen Verfassung gemeint seien, so zweifle der Großherzog nicht, daß diese

---

Schreiben darauf, daß ihnen in einer zu Schwerin abgehaltenen Versammlung von Amtsdeputierten die Wahrung der ritterschaftlichen Interessen übertragen sei. Auf jenem Amtskonvent wären Plau und Schwaan gar nicht vertreten, der Güstrower Deputierte nicht mit ausreichenden Vollmachten versehen gewesen. Sie hätten indessen die Wünsche der überwiegenden Majorität in der Weise, wie es geschehen, zum Ausdruck bringen zu müssen geglaubt. — Auf dem Konvent zu Rostock am 6. Oktober wurde dies Verhalten durch einen seitens der Versammlung ausgesprochenen Dank gebilligt. Dennoch war ein großer Teil der Ritterschaft, meist bürgerlichen Standes, gegen diese Verwahrung und für die neue Verfassung aufgetreten. Aus den meisten ritterschaftlichen Ämtern ergingen an den Großherzog Ermutigungsadressen von den Anhängern dieser Richtung. Von einer Einmütigkeit der Ritterschaft in dieser Frage konnte also keine Rede sein, doch wuchs die altständische Partei in dem Maß, wie deren Aussichten auf Erfolg zunahmen.

Verfassung zum Wohl des Landes dienen werde, wenngleich sie
wie jedes Werk von Menschenhänden Mängel aufweisen möge
und insbesondere die Zeit ihrer Entstehung nicht verleugnen
könne. „Wir wollen jedoch", so schloß das Schreiben, „die
Treue eurer Meinung nicht verkennen. Ihr dagegen werdet nach
dieser rückhaltslosen Darlegung von Uns nichts anderes erwarten,
als daß wir den Forderungen der Gerechtigkeit genügen. Von
euch erwarten wir dagegen mit voller landesherrlicher Zuversicht,
daß ihr eure abweichende Ansicht demnächst dem Gesetze unter=
ordnet und nach wie vor das Eurige zur Beförderung der Wohlfahrt
des Landes thun werdet."

Die entschiedene Sprache dieses Schriftstücks ließ keinen Zweifel
mehr darüber zu, daß die Regierung entschlossen war, die neue
Verfassung einzuführen. Verschiedene Anzeichen deuteten darauf,
daß die Verkündigung nahe bevorstehe. Die ständische Partei in
der Ritterschaft hatte den Engeren Ausschuß im August auf=
gefordert, einen allgemeinen Konvent zu berufen. Da die land=
schaftlichen Mitglieder des Ausschusses ihre Mitwirkung versagten,
kam nur die Ausschreibung eines ritterschaftlichen Konvents zu
stande. Als Gegenstand der Verhandlungen wurde bezeichnet die
Wahl eines Deputierten an Stelle des ausscheidenden Staats=
rats Stever; Verhandlungen über andere Gegenstände blieben vor=
behalten. Der Konvent wurde am 5. und 6. Oktober in Rostock
abgehalten. Anwesend waren gegen 250 Mitglieder der Ritter=
schaft, darunter etwa 100 bürgerliche. Die letzteren waren größten=
teils konstitutionell gesinnt und nur deshalb erschienen, um die
Schritte der adeligen Mitglieder zu hemmen. Unter Führung des
Deputierten zum Engeren Ausschuß Engel=Charlottenthal pro=
testierten sie nicht nur gegen die ausgeschriebene Ergänzungswahl,
welche in der Abstimmung auf Herrn von Müller=Rankendorf
fiel, sondern auch gegen alle Beschlüsse in Verfassungsangelegen=
heiten. Die Wahl zum Engeren Ausschuß müsse auf einem Land=
tag oder allgemeinen Konvent vorgenommen werden, und andere
Beschlüsse seien nicht zulässig, wenn nicht die Gegenstände der Be=
ratung in den Einberufungsschreiben genau bezeichnet wären. Die

Majorität der Versammlung ließ diese Einwände unbeachtet, ging auf die Beratung der Verfassungsfrage ein und faßte, auf Grund der Anträge eines eingesetzten Specialausschusses, in der Schluß= sitzung vom 6. Oktober die nachstehenden Beschlüsse, welche den Ausgangspunkt des nunmehr mit der Schweriner Regierung ein= geleiteten Rechtsstreits bildeten: Einreichung einer Rechtsverwahrung bei dem Großherzog von Mecklenburg=Schwerin durch drei De= putierte (gewählt wurden Rettich—Rosenhagen, Graf von Bassewitz— Schwießel und von Dewitz—Milzow); Bevollmächtigung derselben zur Beantragung eines Ausgleichs auf Grund der Patentverord= nung vom 28. November 1817, eventuell die Beschreitung des Rechtswegs unter Anrufung des Trägers der Bundesgewalt; Bei= ordnung von Vertrauensmännern[1], um, wenn es nötig werden sollte, die Berufung eines neuen Konvents zu erlangen, welcher auch eventuell außerhalb der Landesgrenzen abgehalten werden könnte.

Die drei Konventsdeputierten begaben sich sogleich nach Schwerin und erbaten am 8. eine Audienz. Als diese verweigert wurde, behändigten sie tags darauf dem Generaladjutanten die Rechtsverwahrung mit dem Antrag auf eventuelle Beschreitung der Kompromißinstanz. Die am 12. hierauf erfolgende Antwort, welcher am 10. die gesetzliche Aufhebung der alten Stände vor= angegangen war, ging dahin, daß der Großherzog die Antragsteller als Deputierte der Ritterschaft nicht anerkennen, ein Bescheid daher nicht erteilt werden könne.

Diese Antwort und die Verweigerung der Audienz erregte in ständischen Kreisen eine tiefgehende Verstimmung. Es wurde schmerzlich empfunden, daß der Großherzog einer Erörterung über die brennende Tagesfrage auswich, daß er den Rat von Männern ablehnte, die eine mächtige Partei im Lande vertraten, eine Partei, mit welcher die Landesherren von jeher in enger Fühlung gestanden hatten. Der Norddeutsche Korrespondent, welcher es

---

[1] Diese waren Graf von Bernstorff—Wedendorf, von Restorff—Rosen= hagen, Landrat von Oertzen—Jürgenstorf, von der Kettenburg—Matgendorf, von Dewitz—Krumbeck und von Oertzen—Roteow.

für paffend hielt, die feiner Partei angethane Kränkung durch einen
Trauerrand zur augenfälligeren Anfchauung zu bringen, erging
fich in heftigen Angriffen gegen die Regierung. Herr von Floren=
court, der in feiner Polemik die Grenzen der Mäßigung über=
haupt fehr weit gefteckt hatte, ließ fich zu Ausfällen beleidigendfter
Art gegen die Minifter hinreißen. Er ging fo weit, die Räte
des Fürften der Unehrlichkeit und des bewußten Betrugs zu be=
zichtigen. Herr von Lützow und feine Kollegen verfchmähten es,
den aufgeregten Redacteur gerichtlich zur Rechenfchaft zu ziehen.
Aber die konftitutionelle und demokratifche Preffe blieb die Ant=
wort nicht fchuldig. Die journaliftifche Fehde[1] der nächften Wochen
übertraf an Heftigkeit ihrer Ausdrücke noch die bewegtefte Zeit
des Vorjahres. Wenn die Mitglieder der Ritterfchaft im Hinblick
auf die tiefgehenden Differenzen fich nicht entfchließen konnten, den
Hoffeftlichkeiten der doppelten Vermählungsfeier beizuwohnen, fo
entfprang dies fehr natürlichen Empfindungen. Daß von ein=
zelnen Herren derartige Entfchlüffe in der Zeitung angekündigt
wurden, war indeffen weder notwendig noch taktvoll und trug
nur dazu bei, den Konflikt auf das Gebiet perfönlicher Reizbar=
keit zu übertragen. Bei all diefen Angriffen fah man das eine,
daß die Schweriner Regierung auch ihrerfeits auf dem Boden des
Rechts zu ftehen nicht nur behauptete, fondern diefen Standpunkt
durch Gründe verteidigte. Nicht eine Octrohierung, nicht der be=
wußte Eingriff in die Rechtsfphäre lag hier vor, fondern ein
ftaatsrechtlicher Akt, der die Billigung der Mehrheit der Staats=
bürger — als folche mußte die Kammermajorität angefehen wer=
den -- gefunden hatte und von deffen Rechtsgültigkeit Landesherr
und Regierung vollkommen überzeugt waren. Diefe Anficht
konnte irrig, ihre Begründung anfechtbar fein. Klar erwiefen war
ein folcher Irrtum aber nicht. Er konnte auch auf feiten der
Gegenpartei liegen. In der That waren die Verhältniffe durch
das Proviforium fo verfchoben, die Erklärungen des außer-

---

[1] Profeffor Hegel hatte die Redaktion der Mecklenburgifchen Zeitung
fchon im September niedergelegt und feine akademifche Lehrthätigkeit wieder
aufgenommen. Als neuer Redacteur war Dr. F. Wedemeier eingetreten.

ordentlichen Landtags so wenig klar, so voller Widersprüche, daß
dieselben recht wohl eine verschiedenartige Interpretation zuließen.
Auch die Heranziehung des älteren mecklenburgischen Staatsrechts,
des Erbvergleichs, wie der durch Gewohnheitsrecht entstandenen
Rechtsnormen trug keineswegs zur Klärung der Frage bei. Soviel aber war gewiß und mußte auch übelwollenden Gegnern einleuchtend sein, daß der Großherzog nur konsequent handelte, wenn
er von dem nun einmal für richtig erkannten Standpunkt aus
weiter vorschritt. Im Frühjahr 1848 hatte er sich mit dem
ganzen Lande, auch mit den jetzigen Gegnern aus der Ritterschaft,
hinsichtlich der einzuleitenden Verfassungsänderung in Übereinstimmung befunden. Die Auflösung der alten Stände war allgemein
als notwendig anerkannt. Sie war im Prinzip unbedingt zugestanden worden, in der Ausführung an Bedingungen geknüpft,
welche die Regierung als erfüllt ansah. Denn darüber, ob die
Mitwirkung der Strelitzer Regierung für das Zustandekommen des
Verfassungswerks unerläßlich sei — wie die Ritterschaft behauptete —, darüber wurde eben gestritten. Auch der Umstand, daß
die Schweriner Regierung mit ihrer Rechtsdeduktion den Weg der
Öffentlichkeit beschritt, ihre Gründe der Kenntnisnahme aller
Unterthanen zugänglich machte, sprach für deren innere Überzeugung nicht allein von der Notwendigkeit, sondern von der
Rechtmäßigkeit des eingeschlagenen Verfahrens. Großherzog Friedrich Franz hatte sich nicht leichten Herzens zu einem Schritt entschlossen, der ihn, wie er wohl wußte, mit den Agnaten seines
Hauses, mit dem verwandten Strelitzer Hof und den angesehensten
Mitgliedern des Landadels in Konflikt bringen mußte. Aber er
war nicht der Mann, vor persönlichen Widerwärtigkeiten oder
administrativen Schwierigkeiten zurückzuschrecken, wenn er sich auf
dem richtigen Wege glaubte, wenn es die Durchführung eines
Unternehmens galt, das er für notwendig und nützlich hielt, obwohl es für ihn selbst mit Opfern mancher Art verbunden war.
Gleich nach seiner Rückkehr von Baden war es seine nächste Sorge
gewesen, sich selbst Klarheit über die Rechtslage zu verschaffen.
Er war dabei naturgemäß auf die Beihülfe seiner ersten Räte an-

gewiesen. Die Männer seines Vertrauens, welche bestimmt waren, das neue Gesamtministerium zu bilden, wurden beauftragt, sich gutachtlich zu äußern. Dieselben übergaben unter dem 30. September und 8. Oktober zwei ausführliche Denkschriften.

In der ersten wurden die Einwände der Ritterschaft widerlegt und in eingehender Beweisführung vier Hauptpunkte begründet:

1. Ritter- und Landschaft haben im Frühjahr 1848 auf das Recht der Landesvertretung verzichtet. Die gewählte Abgeordnetenkammer war daher die wahre Landesrepräsentation.

2. Die von Ritter- und Landschaft gestellten Bedingungen sind erfüllt oder doch deren Erfüllung für die weitere Entwickelung der Verfassung gesichert worden. Das letztere steht dem ersteren nach Lage der Sache gleich.

3. Die Union hat keinen wesentlichen Inhalt mehr, ist daher nur noch ein Name und kann der Rechtsgültigkeit der vereinbarten Verfassung nicht im Wege stehen.

4. Wäre die letztere dennoch ungültig, so gäbe es nur den einen Weg, die ganzen Verhandlungen zu erneuern und noch einmal die Abgeordnetenkammer auf Grund des Wahlgesetzes von 1848 einzuberufen.

Die Begründung der Punkte 2 und 3 zeigte einige Schwächen, welche die gegnerische Partei auch sehr bald heraus fand. Die Behauptung, daß die Bedingung betreffs der Seestädte erfüllt sei, war angesichts des dem Leser bekannten neuerlichen Protestes der Stadt Rostock mindestens gewagt. Die Erledigung mochte Schwierigkeiten bieten und die Regierung soweit im Rechte sein, daß Rostock durch seinen Einspruch das ganze Verfassungswerk umzustoßen nicht befugt wäre. Aber formell geregelt war diese Angelegenheit nicht und eine sachgemäße Darlegung hätte den Landesherrn vermutlich zu anderen Entschlüssen geführt.

Auch die betreffs der Union geltend gemachte Anschauung war eine rein subjektive. Denn wenn die Denkschrift den Bestand einer Union der Großherzogtümer unter Hinweis auf die

nicht einbegriffenen Landesteile (Domanium, Wismar, Ratzeburg
u. f. w.) beftritt, fo war doch durch die Union der Stände ein
fo enges Band gefchaffen, als es in einem Patrimonialftaat überhaupt nur gefchehen konnte. Auf das Unionsverhältnis ging
daher die zweite Denkfchrift noch näher ein. In weiterer Ausführung deffen, was hierüber fchon in dem Refkript an die Landräte gefagt war, wurde die Anficht verteidigt, daß die von Strelitz
erhobenen Einwände die Verkündigung des Staatsgrundgefetzes für
den Schweriner Landesteil nicht aufhalten könnten. Aus Rückficht
für Strelitz habe man faft zwei Monate gewartet. Die Verhandlungen verfprächen aber auch für die nächfte Zeit kein befriedigendes Ergebnis. Die zunehmende Rechtsunficherheit im Lande
laffe es ganz unzuläffig erfcheinen, die Angelegenheit ins Un-
gewiffe zu vertagen.

Es ftänden nunmehr zwei Wege offen, der, das Strelitzer
Gouvernement durch richterlichen Spruch zur Abgabe einer zu-
ftimmenden Erklärung anzuhalten oder ohne Verzug felbftändig
mit der Publikation vorzugehen. Das erftere würde in privatrechtlichen Verhältniffen für das Ratfamere zu halten fein, wäre
aber hier unthunlich. Das zweite Verfahren fei dagegen in ftaats-
und völkerrechtlichen Beziehungen allein möglich und in aner-
kannter Üblichkeit. „Die Unterzeichneten" — fo fchloß das Akten-
ftück — „find fich der großen Bedeutung des von ihnen Beantragten vollbewußt und ermeffen richtig die Verantwortlichkeit,
welche fie durch diefen Rat auf fich nehmen. Eine wiederholte
forgfältige Erwägung aller einfchlagenden Verhältniffe hat aber
immer zu demfelben Refultate geführt, und können fie daher mit
gutem Gewiffen nichts anderes erbitten als den Befehl Ew. Königlichen Hoheit zur fofortigen Publikation der vereinbarten Ver-
faffung und des Gefetzes wegen Auflöfung von Ritter- und Landfchaft." Gezeichnet: von Lützow, Steber, von Liebeherr, Meyer[1].

---

[1] Diefe waren zu Mitgliedern des neuen Gefamtminifteriums defigniert.
Die erften drei hatten als Kommiffare fungiert. Hofrat Meyer, bisher
Bürgermeifter in Malchow, trat neu in den Staatsdienft. Die Ernennung
erfolgte am 10. Oktober. Hand in Hand damit ging eine Reorganifation

Hand in Hand mit diefen Berichten gingen noch häufige mündliche Erörterungen. In den erften Oktobertagen wurden faft täglich lange Konferenzen abgehalten, an denen auch die Regierungsräte Karften, Knaudt, von Baffewitz und Profch teilnahmen. Der Großherzog war nicht gewillt, die Verantwortlichkeit auf feine Räte abzuwälzen. Er wollte felbft urteilen, felbft entfcheiden. Es waren das fchwere Tage für den jungen Fürften. Die Aufzeichnungen feines Tagebuches bekunden es. Er fchreibt von „bangen Zweifeln, feelifchen Kämpfen, innerer Unruhe und furchtbaren Krifen". Die Schwächen der Rechtsdeduktion fcheinen ihm nicht alle entgangen zu fein. Doch gab die Überzeugung von der politifchen Notwendigkeit den Ausfchlag. Auch an Gegenvorftellungen aus dem Kreis feiner Umgebung fehlte es nicht. Prinzeffin Augufte, mit welcher er am 5. Oktober in Berlin zufammentraf, zeigte fich fehr beunruhigt. Er fuchte und fand Troft im Gebet. In einer fünfftündigen Sitzung am 10. Oktober wurde die Publikation befchloffen. Gleichzeitig mit derfelben erfolgte die Verkündigung des Wahlgefetzes, der Vereinbarung über das Domanium, die Civillifte und die Apanagen.

Der Würfel war gefallen, die Entfcheidung noch befchleunigt durch die Nachricht, daß der Verwaltungsrat fich einmifchen wolle. Friedrich Franz bezeichnete diefen Tag als einen der fchwerften Prüfungstage feines Lebens. Auch der Fackelzug der Schweriner Bürger, das Hoch der Volksmenge und die Freudenrufe der liberalen Preffe vermochten nicht, ihm volle Befriedigung zu gewähren. Seine Zweifel dauerten fort. Als er bald darauf zum Geburtstag des Königs nach Berlin reifte, mußte er fich überzeugen, daß fein Schritt den dortigen Hof- und Regierungskreifen fehr ungelegen kam. Die preußifche Politik bewegte fich in entgegengefetzter Richtung. Die eigentlichen Schwierigkeiten der Lage aber follten nun erft beginnen. In Konfequenz der Aufhebung

---

der leitenden Staatsbehörde. Diefelbe zerfiel in vier koordinierte Departements: Auswärtiges (von Lützow, der zugleich Minifterpräfident war), Finanzen (Stever), Juftiz (von Liebeherr), Inneres (Meyer). Die letztgenannten drei Herren wurden zu Staatsräten ernannt.

der ständischen Körperschaft mußten auch deren Behörden aufgelöst
werden. Den Klostervorständen, den Deputierten zur Schulden-
tilgungskasse und den unter ständischer Konkurrenz eingesetzten
Kommissionen wurde die Frage vorgelegt, ob sie unter Anerkennung der neuen Verfassung ihre Geschäfte provisorisch fortführen
oder niederlegen wollten. Die Antworten fielen der politischen
Parteistellung entsprechend aus. Die Landräte hatten noch unter
dem 8. Oktober einen Vortrag eingereicht, in welchem sie sich
gegen den erhobenen Vorwurf der Unklarheit ihrer früheren Darlegung verwahrten und auf eine Erledigung im Rechtswege hinwiesen. Sie wurden nun mittelst Restripts vom 12. ihres Eides
entbunden. Der Strelitzer Regierung wurde von der Publikation
unter Beifügung der oben citierten Denkschriften Anzeige erstattet
und die Bereitwilligkeit zur Fortführung der mit Herrn von Rieben
gepflogenen Unterhandlungen ausgesprochen. In Bernstorffs Antwort vom 13. hieß es, daß man die Rechtsgründe, worauf sich
die Schweriner Entschließung stütze, nicht für zutreffend erachte und
auch den politischen Gründen nicht eine Bedeutung beimessen
könne, welche die Verlassung des Rechtswegs erheische. Der Großherzog sehe daher zu seinem lebhaften Bedauern kein anderes Auskunftsmittel als die schwebende Frage zur richterlichen Entscheidung des provisorischen Bundesschiedsgerichts in Erfurt zu bringen
und habe die dazu erforderlichen Einleitungen treffen lassen.

Zu diesem Protest gesellte sich, wie zu erwarten stand, noch
eine Reihe anderer. Zunächst derjenige der Agnaten des Hauses.
Derselbe war unterzeichnet von den Herzögen Wilhelm und Gustav,
dem Bruder und Großoheim des Großherzogs, und dem Herzog
Georg von Mecklenburg-Strelitz (der Beitritt des Erbgroßherzogs,
welcher zur Zeit in England weilte, erfolgte erst später). Am
9. Oktober berichtete Graf Hessenstein, daß dieses Schriftstück durch
den Strelitzer Bevollmächtigten Herrn von Oertzen-Leppin dem
Verwaltungsrat übergeben sei und dieser beschlossen habe, die
Schweriner Regierung aufzufordern, in der Angelegenheit nicht
weiter vorzugehen. Diese Nachricht war es gewesen, welche

Miniſter von Lützow beſtimmt hatte, auf ſofortige Publikation zu bringen. Der Proteſt der Agnaten war darauf begründet, daß

1. der größte Teil des Domaniums ohne genügend nach= gewieſene Notwendigkeit und im Widerſpruch mit den Be= ſtimmungen des Hamburger Vergleichs durch die Verein= barung mit der Kammer alieniert werde, und

2. wichtige Prärogative der Krone ohne Not preisgegeben ſeien, indem es dem Intereſſe des Geſamthauſes wider= ſpreche, die landesfürſtliche Würde den Beſchlüſſen einer gewählten Verſammlung für alle Zeiten unterzuordnen.

Das perſönliche gute Einvernehmen zwiſchen dem Großherzog und ſeinen nächſten Verwandten blieb durch dieſen mehr formellen Akt unberührt. Derſelbe ſollte nur dazu dienen, das Gewicht der Gegenvorſtellungen zu vermehren, und eventuell den Ausgangs= punkt bilden für eine etwa vom Großherzog ſelbſt ſpäter ge= wünſchte Umkehr. Auch die Beziehungen zum Strelitzer Hofe wurden durch die ſtaatsrechtliche Differenz nicht getrübt. Friedrich Franz ſprach den lebhaften Wunſch darnach aus, und Großherzog Georg antwortete am 31. Oktober:

„Es würde undankbar von mir gehandelt ſein, lieber Groß= herzog, wenn ich es unterlaſſen könnte, Ihnen meine Erkennt= lichkeit für den Brief auszudrücken, den Wenckſtern[1] mir von Ihrer Hand übergeben hat. Seien Sie überzeugt, daß Ihr Wunſch, die Familienbande durch unſer beider beſtehendes po= litiſches Zerwürfnis nicht leiden zu ſehen, von mir auf das lebhafteſte geteilt wird. Thun Sie demnach aber auch fort= während das Ihrige dazu, um dies bisher gottlob ungetrübte Verhältnis auch ferner aufrechterhalten zu können. An mir ſoll die Schuld wenigſtens gewiß niemals liegen, wenn auch dies teuere Gut jemals verloren gehen ſollte.“

Auf denſelben Motiven, welche dem Proteſt der Agnaten zu Grunde gelegen hatten, fußte auch derjenige der Krone Preußen.

---

[1] Der Oberſt und Kammerherr von Wenckſtern war zur Vermählung der Herzogin Luiſe nach Ludwigsluſt geſandt worden.

Derselbe gelangte nach Schwerin in Form einer am 22. November
vom König vollzogenen und vom Minister von Schleinitz gegen=
gezeichneten Akte. Der König habe durch den Eventualsuccessions=
vertrag von 1442 und dessen mehrmals, zuletzt 1752 und 1787,
erfolgte Erneuerung ein besonderes Interesse an der Sache und
erkläre, der neuen Verfassung, solange die schwebende Rechts=
ungewißheit ihre Erledigung nicht gefunden habe, keine rechts=
verbindliche Kraft beilegen zu können.

Es folgte nun ein fortgesetzter diplomatischer Schriftwechsel
zwischen Berlin und Schwerin. Zunächst bestritt der Großherzog
in einer Gegenerklärung vom 15. Dezember die Zulässigkeit einer
Einmischung in die inneren Landesangelegenheiten auf Grund der
angezogenen Successionsverträge. Die Heranziehung des Do=
maniums zu den Lasten des Staatshaushalts sei unvermeidlich
gewesen und die Annahme, daß dem Landesherrn nur ein suspen=
sives Veto zustehe, nicht zutreffend, das absolute vielmehr durch
besondere Bestimmung gesichert. Der Großherzog habe, dem Vor=
gange und den Aufforderungen Sr. Majestät im vorigen Jahre
folgend, seinem Lande Verheißungen gegeben und diese in den
Verhandlungen festgehalten und durchgeführt. Wenn jetzt dagegen
aufgetreten werde, so sei er bereit, den dazu Berechtigten vor dem
durch Sr. Majestät Fürsorge entstandenen Schiedsgerichtshofe zu
Erfurt zu Recht zu stehen. Unmittelbar darauf traf eine zweite
Note aus Berlin ein, in welcher angezeigt wurde, daß demnächst
eine provisorische Bundeskommission zu Frankfurt in Wirksamkeit
treten werde[1], welche sich auch mit der mecklenburgischen Ver=
fassungsfrage beschäftigen solle. Unter Hinweis auf die Klage der
Ritterschaft, welche jener Kommission zur Entscheidung vorliegen
werde, wurde nun das Verlangen gestellt, den status quo nicht
zu verändern und namentlich von der beabsichtigten Aufhebung
des Engeren Ausschusses Abstand zu nehmen. In ihrer sofortigen
Antwort vom 16. Dezember erklärte die Schweriner Regierung,

[1] Auf Grund der zwischen Preußen und Österreich am 30. September
getroffenen Übereinkunft, welcher die meisten Bundesstaaten beigetreten waren.

daß fie außer ftande fei, das geftellte Begehren zu erfüllen und die Aufhebung des Engeren Ausschuffes noch zu verschieben. Diese fei eine dringend gebotene Verwaltungsmaßregel, durch welche kein Recht verrückt oder deffen Geltendmachung erschwert würde. Eine Bezugnahme auf die Patentverordnung von 1817 ftehe übrigens vereinzelten Mitgliedern der Ritterschaft nicht zu. Ein Schritt dieser Art könne nur von der Gesamtheit der Stände ausgehen. Die Regierung wolle fich keineswegs dem Rechtswege entziehen. Dieser aber führe vor das Bundesschiedsgericht zu Erfurt, wo bereits eine Klage der Strelitzer Regierung anhängig gemacht fei[1]. Es könne nicht über dieselbe Sache vor zwei verschiedenen Behörden verhandelt werden, ohne die bedenklichste Verwirrung herbeizuführen. Schließlich wurde auf die Erklärung hingewiesen, welche der Vorfitzende des Verwaltungsrats am 8. Oktober abgegeben, daß Preußen fich in der Bundeskommiffion ftets als Vertreter und Organ der durch Bündnis vom 26. Mai vereinigten Staaten betrachten und Anordnungen feiner Kommiffion, soweit fie nicht adminiftrativer Art feien, dem Verwaltungsrat zur Beurteilung vorlegen werde.

Dieser Appell an die Inftanz des Verwaltungsrats, welcher noch durch eine besondere Eingabe unterstützt wurde, konnte eine praktische Wirkung nicht mehr ausüben, da die Union eigentlich

---

[1] Die Klageschrift war am 20. Oktober von dem Königl. Preußischen Juftizrat Lüdicke als Anwalt der Strelitzer Regierung eingereicht worden. Sie fuchte zu begründen, daß der Großherzog von Mecklenburg-Schwerin infolge des noch beftehenden Unionsverhältniffes verpflichtet fei, die von Strelitz beantragte Mitwirkung zur Konvokation eines Landtages zu gewähren. Die politischen Erwägungen müßten bei einer zweifellos klaren Rechtslage außer Betracht bleiben. Zugleich wurde der Antrag geftellt, die Schweriner Regierung zur Erhaltung des status quo zu veranlaffen. Diesen Antrag lehnte das Bundesschiedsgericht später mit dem Hinweis ab, daß es nur zu richterlichen Entscheidungen, nicht aber zu einem Eingriff in Verwaltungsmaßregeln befugt fei. Die Verteidigungsschrift der Schweriner Regierung wurde von dem Großherzogl. Kanzleiadvokaten Dr. Schliemann verfaßt und am 5. Januar 1850 eingereicht. Dieselbe ftützte fich auf die schon mehrfach erwähnten Gegengründe, betonte aber auch die politische Notwendigkeit des Vorgehens der Schweriner Regierung.

nur noch dem Namen nach bestand und die Leitung der deutschen
Angelegenheiten bereits in die Hände Österreichs hinüberzugleiten
begann. Legationsrat von Schack, welcher seit Anfang Oktober
als Bevollmächtigter beim Verwaltungsrat fungierte, erhielt denn
auch als Antwort auf die Schweriner Note nur die ausweichende
Mitteilung, daß die Kompetenzfrage zur Zeit nicht erörtert werden
könne, daß man aber zur preußischen Regierung das Vertrauen
hege, sie werde die Rechte ihrer Bundesgenossen wahren. Auf
einen Antrag der Strelitzer Regierung, ein Inhibitorium zu erlassen,
ging der Verwaltungsrat nicht ein, da eine solche Maßregel außerhalb seiner Befugnisse läge.

Gegen Jahresschluß trat auch die österreichische Regierung
mit einem Protest hervor. Eine Note des Fürsten Schwarzenberg
vom 27. Dezember teilte mit, daß eine Deputation der mecklenburgischen Ritterschaft sich mit einer Vorstellung an den Kaiser
gewendet und die Absicht angezeigt habe, die Bundeskommission
zur Wahrung ihrer Rechte anzurufen. Die nun folgenden Ratschläge und Abmahnungen waren dieselben wie die von Berlin
aus geäußerten. Nur wußte man in Wien am 27. Dezember
noch nicht, daß der Engere Ausschuß bereits am 20. aufgehoben
war. Überhaupt war man am Ballplatz über die mecklenburgischen
Zustände sehr ungenügend informiert. General von Hopffgarten
hatte dies festgestellt, als er kurz vorher in Wien war. Er berichtete am 16. November:

„Der Fürst Schwarzenberg fing bei dem gestrigen Besuch
sogleich von den mecklenburgischen Zuständen an zu sprechen,
und mußte ich manche irrigen Vorstellungen bekämpfen, da auch
hier wohl gewirkt und man eingenommen gegen Euer Königlichen Hoheit Regierung ist. Strelitz wird als ungerecht behandelt angesehen und hat Mitleiden erregt. Im weiteren Gespräch gestand mir der Fürst Schwarzenberg, daß er die neue
Verfassung gar nicht und die mecklenburgischen Zustände im
allgemeinen nur wenig kenne. Seine Majestät der Kaiser fragte
nur im Laufe der Unterhaltung nach der Stimmung im Lande
und der Haltung des Militärs."

Die österreichische Note wurde von Lützow in höflich ab=
lehnender Form beantwortet und dabei bemerkt, der Großherzog
bedaure, daß der Kaiser seine Verwendung für die Reklamanten
habe eintreten lassen. Das Mandat derselben sei von einer nicht
legal konstituierten Versammlung erteilt. Schließlich wurde die Er=
wartung ausgesprochen, daß die kaiserliche Regierung keine Schritte
unternehmen werde, welche geeignet seien, die Rechte und die
Selbständigkeit der großherzoglichen Regierung zu gefährden.

Das letzte und wichtigste Aktenstück in der langen Reihe
dieser Proteste war die Note der provisorischen Bundeskommission
vom 11. Januar 1850. Die Kommission, bestehend aus zwei
österreichischen Mitgliedern (von Kübeck und von Schönhals) und
zwei preußischen (von Radowitz und Bötticher) war am 20. De=
zember in Frankfurt zusammengetreten und hatte schon am nächsten
Tage die Klage der drei Konventsdeputierten entgegengenommen.
Diese Herren legten zugleich ein umfangreiches Aktenmaterial vor.
Die Kommission gewann aus dessen Durchsicht die Überzeugung
von der Legitimation der Beschwerdeführer. Auch hielt sie sich
auf Grund der Bestimmungen des Vertrags vom 30. September
1849 zur Übernahme der Funktionen einer Kompromißinstanz be=
fugt. Auf diese Befugnisse gestützt, erforderte nun die Kommission
eine Äußerung der Schweriner Regierung zur Sache und erklärte
jedes weitere Vorschreiten bis zur definitiven Entscheidung für
rechtlich wirkungslos.

Inzwischen war die Regierung aber aller Proteste ungeachtet
mit der Durchführung des Staatsgrundgesetzes weiter vorgegangen.
Für die von den Ständen bisher besetzten Landesbehörden wurden
Kommissare ernannt, so u. a. zur Revision des Landkastens Bürger=
meister Langfeld—Güstrow, zum Verwalter des ritterschaftlichen
Kreditvereins Vicekanzleidirektor Martini—Rostock, zur Abnahme
der Administrationsobjekte des Engeren Ausschusses Amtsverwalter
Böcler—Schwerin. Die Mitglieder des Engeren Ausschusses
waren aufgefordert, am 20. Dezember, dem Termine der Über=
gabe, in ihrem Sitzungslokal zu erscheinen. Als der groß=
herzogliche Kommissar, Amtsverwalter Böcler, die Aufforderung

zur Übergabe des Archivs und der Kassen verlesen hatte, stimmte
die Hälfte der acht Mitglieder[1] dieser Maßregel zu, während
die andere Hälfte die Rechtmäßigkeit derselben bestritt. Auf die
Seite der Regierung traten der Rostocker Deputierte Bürgermeister
Dr. Bencard, der ritterschaftliche Deputierte Engel—Charlottenthal,
sowie die Bürgermeister Floerke—Parchim und Langfeld—Güstrow.
In der Opposition befanden sich die Landräte von Blücher—
Kuppentin und Baron von Maltzan—Rothenmoor, der ritterschaft=
liche Deputierte von Dewitz—Kölpin und Bürgermeister Brückner—
Neubrandenburg. Bei der sich somit ergebenden Stimmengleichheit
erklärte der Regierungskommissar, daß er die Besitzergreifung unter
allen Umständen, eventuell unter Heranziehung der bewaffneten
Macht, vollziehen werde, und nahm als Zeichen dieser Besitz=
ergreifung den Schlüssel eines der Aktenschränke an sich, worauf
die erstgenannten vier Herren sowie der Bürgermeister Brückner das
Sitzungslokal verließen. Die drei Deputierten Blücher, Maltzan
und Dewitz glaubten jedoch nur dem Anblick des requirierten Militärs
weichen zu sollen, damit der Akt gewaltsamer Austreibung zweifel=
los feststünde. Um indessen das Aufsehen zu vermeiden, welches
die Herbeiholung eines Truppendetachements notwendig veranlassen
mußte, wurde nach längerer, lebhafter Unterhandlung mit dem
Kommissar die Vereinbarung getroffen, daß das Erscheinen
eines einzigen bewaffneten Soldaten im Sitzungszimmer den
Gewaltakt symbolisieren sollte, und demgemäß ein Musketier auf
der Kommandantur requiriert. Als dieser eintrat, verließen auch
die drei genannten Herren das Verhandlungslokal, nachdem sie
vorher einen Protest gegen die vorgenommene Besitzergreifung zu
Protokoll gegeben und die Zusicherung erhalten hatten, daß ihnen
Abschriften des Protokolls ausgeliefert würden. Die vier oppo-
sitionellen Mitglieder des Ausschusses traten dann später in Neubrandenburg noch einmal zu einer Sitzung zusammen (4. Januar
1850) zum Zeichen, daß sie sich ihrer Pflichten nicht für ent=

---

[1] Der auf dem Konvent der Ritterschaft gewählte Herr von Müller—
Rankendorf war nicht erschienen, da die Landschaft sein Mandat beanstandete.

bunden und den Engeren Ausschuß nicht als aufgelöst betrachteten. Da dessen Sitzungen an einen bestimmten Ort nicht gebunden seien und auch die Strelitzer Regierung den Rostocker Gewaltakt als rechtsgültig nicht anerkenne, so sei die Fortexistenz des ständischen Instituts durch jene Maßregel nicht betroffen worden. Von einer eigentlichen Wirksamkeit konnte indessen füglich nicht die Rede sein, da ein Teil der Ritterschaft und die überwiegende Majorität der Landschaft die Verfügung der Schweriner Regierung als zu Recht bestehend ansah. Selbst die liberale Presse widmete dem ehrwürdigen ständischen Institut einen ehrenvollen Nachruf, in dem sie dessen Verdienste in der Gesetzgebung und bei der Begründung gemeinnütziger Anstalten vollkommen anerkannte. Sie beklagte indessen, daß der Würde des letzten Akts durch jene unnötige Heranziehung eines einzigen Soldaten Eintrag geschehen sei, und mochte nicht unrecht haben, wenn sie diese Art, den Gewaltakt zu symbolisieren, als überflüssig und zu satirischen Bemerkungen herausfordernd bezeichnete.

Die letzten Trümmer des alten ständischen Baues hatte die Schweriner Regierung hauptsächlich deshalb noch hinwegräumen zu müssen geglaubt, um für die Wahlen das Terrain frei zu machen. Diese wurden nunmehr ordnungsmäßig abgehalten, und die erste Abgeordnetenversammlung für die Schweriner Landesteile trat am 27. Februar 1850 zusammen. Aus der Eröffnungsrede des Ministers von Lützow ergab sich der Wille der Regierung, auch fernerhin an dem Staatsgrundgesetz festzuhalten, und die Zuversicht, dies mit Erfolg durchzuführen. Ein einmütiges Zusammengehen von Regierung und Volksvertretung sei aber unerläßlich. Die Kammer ging mit Ruhe an die Erledigung ihrer Aufgaben. Stürmische Sitzungen fanden nicht statt. Der Anteil des Landes an den Verhandlungen war diesmal weit geringer als im Vorjahr. Man prophezeite schon jetzt der Versammlung keine lange Dauer. Der mächtige Rückhalt, welchen die ständische Partei in Berlin, Wien und Frankfurt gefunden, belebte deren Hoffnungen, wirkte lähmend auf die Haltung der Konstitutionellen. Im Januar war noch, angeregt durch ein Rostocker Komitee, welches die

liberalen Führer zu Mitgliedern zählte, eine Massenadresse an den
Großherzog zu stande gekommen, welche jeden hemmenden Eingriff in die neue Verfassung als einen Akt rechtloser Gewalt zurück-
wies. Die Adresse war angeblich von 27 000 Männern unterzeichnet.
Auch am Tage nach der Kammereröffnung war dem Ministerium
noch von dem konstitutionell gesinnten Teil der Ritterschaft eine
Eingabe überreicht, welche gegen das Vorgehen der drei Konventsdeputierten protestierte. Aber schon wenige Wochen später hatte
sich die Stimmung im Lande sehr geändert. Es gab jetzt viele,
welche fanden, daß der Konstitutionalismus doch auch nicht jene
Glückseligkeit herbeiführe, die sie von ihm erhofft, daß die Steuern
nicht geringer wurden und die Herrschsucht der Parteiführer oft
noch drückender war als der frühere Einfluß der Landesautori-
täten. Das Unbehagliche eines ungewissen Rechtszustandes beförderte den Wunsch nach einer endlichen, definitiven Regelung,
und mancher war geneigt, um diesen Preis selbst die Rückkehr
zu den früheren Verhältnissen in den Kauf zu nehmen.

Aber längst waren es nicht mehr die Wünsche der Bevölkerung, sondern die Entschließungen der Kabinette, welche in Ver-
fassungsfragen den Ausschlag gaben. Und mit der mecklenburgischen beschäftigten sich jetzt die einflußreichsten deutschen Höfe.
Fürst Schwarzenberg verstand es, die ständischen Konflikte in
Mecklenburg und Kurhessen geschickt für seine Bundespolitik zu
benutzen. Er kannte die Abneigung Friedrich Wilhelms IV. gegen
das konstitutionelle Wesen und suchte ihm mehr und mehr das
Unionswerk zu verleiben, indem er gegenüber der Union, die auf
parlamentarisch moderner Grundlage beruhte, den alten Bund und
Österreich als die Verteidiger des monarchisch-konservativen Prinzips erscheinen ließ. Die Stahl-Gerlachsche Partei arbeitete in
demselben Sinne. Dem König erschien jetzt das Bündnis vom
26. Mai 1849 als ein Fehler, die Reichsverfassung, die er selbst
vorgeschlagen, als ein peinliches Zugeständnis, von dem man
loszukommen suchen müsse. Alles, was mit dem parlamentarischen
System zusammenhing, wurde ihm verhaßt.

„Ich bitte Dich auf das allerdringendste" — hatte er im

November an den Großherzog geschrieben, — „verschiebe die
Vereidigung Deiner Truppen, bis Du die Sache auf der nächsten
Diät nochmals beraten haben wirst. Du erhältst noch ein offizielles
Schreiben des Auswärtigen Amts desselben Inhalts. Ich bin fest
entschlossen, sonst die Auflösung unserer Militärkonvention auf das
eifrigste zu betreiben. Das scheint mir allein schon ein wichtiger
Aufschiebegrund. Ein wichtigerer aber ist die gräßliche Verstim-
mung Deiner Offiziere. Die zu beruhigen ist heilige, politische
Klugheits= und Regentenpflicht. Du verweigerst nicht, brichst
keine Zusage, verschiebst aber pour des raisons majeures."

Der Großherzog befolgte diesen Rat.

Die neue Wendung in der preußischen Politik, welche teils
durch die Stimmung des Königs, durch den Abfall Sachsens und
Hannovers von der Union, teils durch die drohenden Noten Öster=
reichs veranlaßt wurde, drückte sich auch in der offiziellen Be=
handlung der mecklenburgischen Verfassungsfrage aus. Am
6. Januar hatte die Strelitzer Regierung sich den Schritten
der Konventsdeputierten angeschlossen und bei der provisorischen
Central=Bundeskommission gleichfalls den Erlaß eines Inhibitoriums
beantragt. Der Fall lag insofern anders, als es hier nicht eine
ständische Korporation, sondern eine dem Unionsverband an=
gehörende Regierung war, welche gegen eine andere verbündete
Regierung den Schutz der Centralbehörde anrief. Nach dem
Bündnis vom 26. Mai gehörte diese Angelegenheit unbedingt zur
Kompetenz des Verwaltungsrats. Derselbe entschied denn auch,
— nachdem Strelitz (am 18. Januar) wegen der Dringlichkeit
die vorläufige Vertagung eines Beschlusses darüber beantragt
hatte, daß diesem Ansinnen keine Folge zu geben, die Strelitzer
Regierung vielmehr zu ersuchen sei, ihren Antrag bei der Bundes=
kommission freiwillig zurückzuziehen (25. Januar). Die letztere
sei zum Eingehen auf den Strelitzer Antrag nicht befugt.
Während aber Preußen so im Verwaltungsrat noch eine ver=
mittelnde Rolle spielte und als Schutzmacht des engeren Bundes
auftrat, sprach es andererseits der Bundeskommission, in welcher
es neben Österreich allein vertreten war, unbedenklich die Ent=

scheidung über die mecklenburgische Verfassungsfrage zu. Unverkennbar war hier der österreichische Einfluß ausschlaggebend
gewesen. Die Zwitterstellung Preußens als Vormacht des halb-
zerfallenen, engeren Staatenverbands und als Mitglied der Centralbehörde des gesamten deutschen Bundes trat bei dieser Angelegenheit
deutlich zu Tage. Diese schwankende und unklare Haltung, welche
den Schweriner Hof lange in Ungewißheit darüber ließ, wessen
man sich von Berlin zu versehen habe, entsprang den Wider-
sprüchen, welche zwischen dem Unionsvertrag und dem österreichisch-
preußischen Separatbündnis vom 30. September lagen. Auch die
Besprechung in den preußischen Kammern führte zu keiner Klärung
der Frage. In der Abgeordnetenkammer, wo die mecklenburgische
Angelegenheit durch eine Interpellation Beselers angeregt wurde,
erklärte Herr von Schleinitz am 21. Januar, daß die auf Garantie
bezüglichen Anträge früher zur Kompetenz des engeren Rates der
Bundesversammlung gehört hätten, nunmehr aber zur Kompetenz
der Bundeskommission ständen. Die Regierung bedaure zwar,
daß die mecklenburgische Ritterschaft sich nicht an das Erfurter
Schiedsgericht gewandt habe, sie sei demgegenüber aber ohne Einfluß, da durch das Bündnis vom 26. Mai nur die Regierungen,
nicht aber einzelne Korporationen verpflichtet seien, sich jenem
Schiedsgericht zu unterwerfen. In der ersten Kammer, wo die
Angelegenheit gleichfalls zur Sprache gebracht und einem Ausschuß
zur Berichterstattung überwiesen war, wurde eine schärfere Kritik
geübt. Der Ausschuß fand, daß die Central-Bundeskommission
vielleicht befugt sei, ein Schiedsgericht zu bestellen, keineswegs aber
der richterlichen Entscheidung durch Beschlüsse vorzugreifen habe.
In diesem Sinne könne das im Schreiben der Kommission vom
11. Januar gestellte Ersuchen auf Erhaltung des status quo nur
den Charakter eines Rats haben, dessen Befolgung dem Ermessen
der Schweriner Regierung überlassen bleibe.

Die gleiche Auffassung war auch in Schwerin die herrschende
gewesen und jenes Schreiben der Bundeskommission von dem
Gesamtministerium in kühl ablehnender Form beantwortet worden
(19. Januar). Indessen ging aber der Abbröckelungsprozeß inner-

halb der Union unaufhaltsam vorwärts. Kurheffen trat zurück.
Das österreichische Übergewicht in der deutschen Frage kam immer
entschiedener zum Ausbruck. Die vermittelnde Rolle des Ver=
waltungsrats war ausgespielt. Der Schwerpunkt lag wieder in
Frankfurt. Mit dem erstarkenden Einfluß der Bundescentralgewalt
wuchs auch das Gewicht der von dort erlassenen Verfügungen.
Als daher am 28. März die Bundeskommission ihren entscheidenden
Ausspruch in der mecklenburgischen Verfassungsfrage kundgab,
war ein Appell an andere Gewalten nicht mehr möglich. Das
Schreiben, welches die Kommission unter diesem Datum an die
großherzogliche Regierung erließ, erklärte die gegen ihre eigene
Kompetenz in dieser Sache erhobenen Einwendungen für nicht be=
gründet. Die Legitimation der Reklamanten sei so weit geführt,
daß der im Artikel III der Patentverordnung vom 28. November
1817 vorausgesetzte Fall als vorhanden anzuerkennen sei und die
Berufung eines Schiedsgerichts von der großherzoglichen Regierung
nicht verweigert werden könne. Dieses Schiedsgericht werde zu=
gleich auch über die gegen die Legitimation der Reklamanten er=
hobenen Einwendungen endgültig zu entscheiden haben. Nach Maß=
gabe dieser Entscheidung wurde die großherzogliche Regierung er=
sucht, binnen drei Wochen einen oder zwei Schiedsrichter zu
wählen und sich barüber zu erklären, ob sie von dem Recht einer
Auswahl aus den seitens der Reklamanten zu präsentierenden zwei
oder vier Schiedsrichtern Gebrauch machen wolle.

Diesem Schreiben war eine umfangreiche Abhandlung bei=
gefügt, welche die Entscheidungsgründe enthielt. Der erste Teil
umfaßte eine historische Untersuchung, der zweite die Kompetenz=
frage. In diesem wurde der Einwand bestritten, daß die Garantie
der Patentverordnung an das Organ des Bundestags gebunden
gewesen und mit diesem aufgehoben sei. Diese Garantie bilde
vielmehr einen Teil des Bundesrechts, welches noch fortbestehe
und von dem jeweiligen Träger der Bundesgewalt geschützt werden
müsse. Bundesrecht könne ein Landesherr nicht einseitig aufheben,
noch weniger aber ein Recht, für welches eine specielle Bundes=
garantie eingesetzt sei. Der dritte Abschnitt behandelte die Legitimation

der Kläger. Derselbe gelangte zu dem Schluß, daß die Verab-
säumung vorgeschriebener Formen bei dem Rostocker Konvent nicht
nachgewiesen und auch der von der Regierung erhobene Einwand,
daß die dort erschienenen Mitglieder die ausgebliebenen nicht vertreten könnten, unzulässig sei. Der Fall, den die Patentverordnung
im Auge gehabt, liege hier unzweifelhaft vor, und die Beschwerde
der Kläger habe demnach berücksichtigt werden müssen. Der Großherzog beschloß, dieser Aufforderung Folge zu geben. Lag auch
hierin noch keineswegs die Anerkennung der gegnerischen Ansprüche,
denn das Schiedsgericht sollte ja auch die Legitimation der Reklamanten erst prüfen, so war doch die Anerkennung einer Kompromiß=
instanz an sich schon ein Schritt, der ihn von seinen bisherigen
Räten trennen mußte. Ein Personalwechsel war unvermeidlich.
Die vier Mitglieder des Kabinetts hatten die Verkündigung des
Staatsgrundgesetzes unter voller Verantwortlichkeit angeraten. Sie
hatten die Kompetenz der Bundeskommission bestritten, den ritterschaftlichen Konvent als eine illegale Versammlung bezeichnet. Die
Beschreitung des Rechtswegs auf dieser Basis war ihrer Ansicht
nach mit dem neuen Staatsrecht nicht vereinbar. Entschloß sich
der Landesherr dennoch dazu, so mußten sie abtreten. Dieser Fall
war vom Großherzog vorausgesehen und die Wahl eines Nach-
folgers für Lützow schon seit Wochen erwogen. Er hatte den
Rat des Königs von Preußen erbeten und dieser ihm den Unter-
staatssekretär Grafen von Bülow als den geeigneten Mann bezeichnet. Eine vertrauliche Mission, mit welcher der König den
Grafen betraute, gab Gelegenheit zu einer mündlichen Aussprache,
und am 24. März bot der Großherzog in dem nachstehenden Schreiben
dem preußischen Staatsmann die Leitung des Ministeriums an:

„Herr Graf! Sie wissen, in welcher Lage sich ein Nachbar-
land, durch Bande des Blutes fest mit Ihrem Königshause verbunden, befindet, welche Gefahr demselben von einer Verlänge-
rung dieses Zustandes droht, welchen Wert der König auf diesen
Gegenstand legt. Jetzt ist der Moment da, wo sich die Sache
wenden läßt, ohne bestehendes Recht zu brechen, ohne meine
Stellung zu kompromittieren. Ich will ihn erfassen. Ich kann

es aber nur, wenn mir ein Mann zur Seite steht, der mit richtiger An- und Einsicht auch Kraft und Entschlossenheit verbindet, um in der schwierigen Zwischenzeit bis zum Urteilsspruch das Ruder mit Ernst zu führen. In Ihnen, Herr Graf, glaube ich diesen Mann gefunden zu haben. Daß es ein großes Opfer ist, was ich Ihnen zumute, weiß ich, ebenso, daß Ihnen Ihre Dienstverhältnisse, Ihre Qualität als Nichtmecklenburger, die Lage der Sache selbst Bedenken erregen können. Um Ihnen Ihr Dienstverhältnis zu sichern, habe ich Se. Majestät gebeten, Ihnen den Rücktritt einige Jahre offen zu halten. Es ist mit seiner Zustimmung, daß ich Ihnen diesen Antrag mache. Daß Sie kein Landsmann sind, thut im jetzigen Augenblick wenig, da die siegreiche Durchführung unserer Stellung Ihnen die mecklenburgischen Herzen schon zuführen wird, andererseits Ihnen Männer zur Seite gestellt werden können, die unsere inneren Verhältnisse genau kennen. Die Lage der Sache endlich, meine ich, muß den wohldenkenden Mann treiben, die rettende Hand zu bieten. Schlagen Sie ein in die Hand, die sich hoffend und vertrauensvoll Ihnen darbietet! Die Rettung eines versinkenden Landes ist eine schöne Aufgabe. Ist sie vollbracht, so steht Ihnen ja ein Bleiben oder Gehen ganz frei, und ein schönes Bewußtsein haben Sie sich auf immer gewonnen. Der Oberst von Sell ist beauftragt, Ihnen nähere Aufschlüsse zu geben und etwaige Wünsche Ihrerseits entgegenzunehmen. Auch bin ich bereit, ehe Sie sich entscheiden, etwa wieder in Ludwigslust mündlich mit Ihnen diese Sache zu besprechen.

Ihr ergebenster
Friedrich Franz."

Wenige Tage später traf die Note der Central-Bundeskommission ein. Der Großherzog erklärte seinen Ministern sofort, daß er den Vorschlag des Schiedsgerichts annehme, und diese reichten ihre Entlassung ein, welche genehmigt wurde. Mit Spannung sah man dem Zusammentritt der Kammer entgegen, welche sich während des Osterfestes vertagt hatte.

Zu der Sitzung des 3. April fand ein ungewöhnlich starker
Zudrang des Publikums statt. Eine Volksmenge umlagerte das
Haus. Die Galerieen waren dicht besetzt. Man erwartete etwas
Ungewöhnliches. Nachdem Minister von Lützow die Frankfurter
Note verlesen hatte, erklärte er, daß das Ministerium nicht mit
dem kundgegebenen Willen S. K. H. des Großherzogs einverstanden
sei und deshalb seine Entlassung erbeten und erhalten habe. Diese
Äußerung rief ein Bravo der Versammlung hervor. Der Präsident
Wiggers unterbrach Herrn von Lützow mit der Bemerkung, daß
er nach dem soeben Gehörten den Ministern nur in ihrer Eigen-
schaft als Abgeordnete noch das Wort geben könne. Das Ministerium sei entlassen und daher nicht mehr als solches für diesen
Akt verantwortlich. Herr von Lützow bestand indessen noch auf
der Verlesung einer großherzoglichen Verordnung und bezeichnete
dies zugleich als den letzten Akt des abtretenden Ministeriums.
Diese Verordnung verfügte die dreimonatliche Vertagung der
Kammer. Als der Präsident hierauf wiederholte, daß er dem
Ministerium die Befugnis zu amtlichen Kundgebungen in der Versammlung nicht einräumen könne, verließen die Minister den Saal.
Die Abgeordneten Böcler und Brandt empfahlen von der Tribüne
die Annahme der Vertagung, doch hielt Wiggers seine Ansicht
aufrecht und wurde dabei von der Linken unterstützt. Zwischen-
rufe und Lärm auf den Galerieen gaben dem Vorgang einen
sensationellen Charakter. Die Mitglieder der Rechten verließen
gleichfalls den Saal, wodurch das Haus beschlußunfähig wurde.
Der Präsident beraumte nun eine Sitzung auf den folgenden Tag
an. Da aber nur die ihrer Anzahl nach nicht beschlußfähige Linke
dazu erschienen wäre, wurde dieselbe wieder abgesagt. Die
28 Mitglieder dieser Fraktion protestierten gegen die Vertagung
sowohl wie gegen die Befolgung der Frankfurter Beschlüsse. Der
Eingriff der Bundeskommission sei allein schon deshalb abzulehnen,
weil der Beitritt zum österreichisch-preußischen Bündnis die Zustimmung der Volksvertretung nicht erhalten habe. Auch ein Teil
der Rechten überreichte eine Eingabe, in welcher die Unterordnung
unter die Bundescentralgewalt beanstandet und als eine verfassungs-

widrige Preisgabe von Souveränitätsrechten bezeichnet wurde.
Wenn die Abgeordneten in dieser Weise ihren Pflichten als Volks-
vertreter nachzukommen bestrebt waren, so konnte eine Einwirkung
auf den Gang der Ereignisse doch von solchen Protestationen nicht
mehr erwartet werden. Der zum Mitglied des neuen Kabinetts
designierte Oberappellationsgerichtsrat Dr. von Schröter trat mit
den Konventsdeputierten zu Rostock in Unterhandlung und eröffnete
denselben die Bereitwilligkeit des Großherzogs, den in Rede
stehenden Rechtsweg zu betreten. Infolge der dabei getroffenen
Vereinbarung über den Modus des zu bestellenden Schiedsgerichts
richtete der Großherzog an den König von Hannover das Ersuchen,
einen der Schiedsrichter zu ernennen, während die Kläger sich mit
einem gleichen Gesuch an den König von Preußen wandten.
Hannöverischerseits wurde dazu der Geh. Kabinettsrat a. D. Freiherr von Schele bestimmt, preußischerseits der Vicepräsident des
Obertribunals Dr. Goetze. Diese beiden Herren wählten in einer
zu Minden abgehaltenen Besprechung den Königlich Sächsischen Wirklichen Geheimen Rat und Präsidenten des Oberappellationsgerichts
Dr. von Langenn zum Obmann. Das Schiedsgericht war damit
konstituiert. Es hatte sein Urteil zu fällen auf Grund jener Patentverordnung von 1817, welche Friedrich Franz I. zur Austragung
von Differenzen zwischen Landesherren und Ständen erlassen hatte.
Als Herr von Plessen damals im Mai 1818 mit soviel Entschiedenheit die Übernahme der Garantie des Bundes durchsetzte —
der Leser wird sich dieses Vorgangs aus dem ersten Kapitel erinnern —, mochte er nicht ahnen, welch wichtigen Dienst er damit
dem Lande und insbesondere der alten ständischen Verfassung
leistete. Bot doch jener Bundesbeschluß jetzt nach 32 Jahren das
einzige Mittel zur Lösung der überaus verwickelten Rechtsfragen.
Obwohl jede der streitenden Parteien nur e i n e Schrift einzureichen
hatte, nahmen doch die Arbeiten des Schiedsgerichts mehr als
drei Monate in Anspruch. Um dem Zusammentritt der Kammer
zu begegnen, mußte daher deren Auflösung und später, als die
Zeit der Neuwahlen heranrückte, auch deren Verschiebung verfügt
werden.

Das neue Ministerium war schon am 15. April zusammengetreten. Den Vorsitz als Ministerpräsident übernahm Graf Bülow. Es war das erste Mal, daß ein ausländischer Staatsmann mit der Leitung der Regierungsgeschäfte betraut wurde. Die Brandenstein, Plessen und Lützow waren aus dem einheimischen Verwaltungsdienst hervorgegangen, im Lande angesessen und mit den Eigentümlichkeiten der ständischen Verhältnisse wohl vertraut gewesen. Bereits war die höchste militärische Stelle mit einem Preußen besetzt. Jetzt wurde ein Preuße leitender Minister. Dies mußte Verstimmung und übelwollende Kritik hervorrufen. Dazu kam, daß gerade jetzt (7. Mai) die schon vor Jahresfrist abgeschlossene Militärkonvention offiziell bekannt gemacht wurde, wonach das mecklenburgische Kontingent dem 3. preußischen Armeecorps angeschlossen war und von nun an die Benennung Division führen sollte. Die liberale Presse sprach von einer verschleierten Mediatisierung, von einem völligen Aufgehen in Preußen, die demokratische, ohnehin erbittert über die Frankfurter Einmischung, gab ihrem Unwillen noch unverhohlener Ausdruck. Dennoch war gerade die Berufung eines in den Streit der Parteien in keiner Weise verwickelten Ausländers ein Akt kluger Berechnung und strenger Unparteilichkeit. Hätte der Großherzog seinen ersten Ratgeber aus den Reihen der Adelspartei oder aus denen der streng Konstitutionellen gewählt, also aus einer der sich schroff gegenüberstehenden politischen Gruppen, so hätte er dem Vorwurf der Parteinahme schwerlich ausweichen können, der, so unberechtigt er bei einem in der Wahl seiner Räte unbeschränkten Souverän auch sein mochte, dennoch der Vermutung einer geheimen Begünstigung des einen oder anderen Teils Vorschub geleistet hätte. Die Wahl des Grafen Bülow, der in seiner früheren diplomatischen Verwendung auch in Preußen nicht Gelegenheit gehabt hatte, einen scharf begrenzten Parteistandpunkt einzunehmen, kennzeichnete vor aller Augen ein Prinzip reinster Objektivität. Seine beiden Kollegen waren politisch bisher noch nicht hervorgetreten.

Herr von Brock gehörte als Gutsbesitzer der mecklenburgischen Ritterschaft an. Als bisheriger Kammerrat war er mit dem Ver-

waltungsdienst wohlvertraut. Der Großherzog übertrug ihm unter
Beförderung zum Staatsrat das Finanzdepartement. Auch Herr
von Schröter war Mecklenburger von Geburt. Seine Familie gehörte zwar nicht zum eingeborenen oder recipierten Adel — sein
Vater war in Dänemark nobilitiert —, hatte aber bis 1845 ein Rittergut besessen. Als Jenenser Student war Schröter Burschenschafter
gewesen, hatte auch das Wartburgfest mitgemacht, sich später aber
vom politischen Treiben der Jung=Deutschen ferngehalten. Er hatte
sich dann in Jena habilitiert und den Ruf eines tüchtigen Juristen
erworben. Diesem verdankte er seine Berufung an das Appellations=
gericht in Parchim, mit dem er später nach Rostock übersiedelte.
Seine streng konservativ=kirchliche Richtung stand seit Jahren außer
Zweifel. Die unklare Schwärmerei des einstigen Burschen=
schafters hatte er längst abgestreift. Er übernahm in dem neuen
Kabinett das Departement der Justiz, mit welchem die geistlichen=
Unterrichts= und Medizinal=Angelegenheiten verbunden wurden. Graf
Bülow stand dem Ministerium der auswärtigen Angelegenheiten
vor. Für dasjenige des Innern wurde keine passende Persönlichkeit
gefunden. Es blieb eine Reihe von Jahren unbesetzt. Die
Regierungsräte Knaudt und von Bassewitz versahen die interimistische
Vertretung. Das neue Kabinett war ohne Frage ein konservatives
im modernen Sinne, aber sicher war es kein altständisches, wenigstens
nicht in den ersten Jahren seines Bestehens. Erst in dem Maße,
wie die rückläufige Strömung bei den tonangebenden Kabinetten
die Oberhand gewann, suchte und fand das Ministerium eine
festere Anlehnung bei der altständischen Partei. Die Richtung,
welche der Großherzog einschlug, wurde fortan auch für seine Räte
maßgebend. Einen dominierenden Einfluß, wie ihn Lützow besaß,
hat keiner dieser oder der späteren Minister wieder ausgeübt.

Um keinen Zweifel darüber aufkommen zu lassen, daß die
neue Kabinettsbildung keineswegs eine Reaktion bedeute, erließ der
Großherzog an demselben Tage, an welchem die Einsetzung des
Ministeriums erfolgte, eine Proklamation an seine Unterthanen.
In derselben setzte er die Gründe klar und offen auseinander,
welche ihn zur Befolgung der von Frankfurt ergangenen Auf-

forderung bestimmt hatten. „Es besteht", so hieß es darin wört=
lich, „eine Zerrissenheit in Meinem Lande fort, welche das moralische
und das materielle Wohl desselben in hohem Grade gefährdet.
Während sich, infolge derselben, ein Teil von aller Mitwirkung
zu dem neuen Baue des Vaterlandes zurückhält, ein anderer Teil
nicht abläßt, in seiner verderblichen Richtung fortzuwirken und
den obwaltenden Zwiespalt für seine Zwecke auszubeuten, liegt es
unter diesen Umständen nicht in der Macht der zwischen diesen
Parteien Stehenden, Mir eine zureichende Unterstützung zu ge=
währen."

Zum Schluß erklärte der Großherzog, daß er durch die Ge=
währung der Kompromißinstanz nur dem Recht seinen Lauf ge=
lassen habe, welches in Mecklenburg stets heilig gehalten worden
sei. „Um so mehr werde Ich inzwischen den bestehenden Rechts=
zustand nicht einseitig verändern und — wie auch die Rechtssprüche
ausfallen mögen — an dem durch meine Proklamation vom
23. März 1848 von Mir betretenen Wege festhalten. Mögen daher
alle, die es mit Mecklenburg wohl meinen, Mir vertrauen und
mit Mir dahin zusammenwirken, aus dem gegenwärtigen Über=
gange gesegnete Früchte zum Heile des Vaterlands zu gewinnen!"

Am 11. September erfolgte von Freienwalde a. O. aus, wo=
selbst die Sitzungen des Schiedsgerichts stattgefunden hatten, die
Publikation des Erkenntnisses. Durch dasselbe wurden

1. die gegen die Legitimation des klagenden Teils der Ritter=
   schaft erhobenen Einwendungen verworfen,

2. das Staatsgrundgesetz vom 10. Oktober 1849 und das
   Gesetz wegen Aufhebung der landständischen Verfassung für
   nichtig erklärt;

3. wurde der Großherzog für verbunden erachtet, einen Land=
   tag nach Anleitung des Erbvergleichs für den Herbst des
   Jahres 1850 auszuschreiben [1].

----

[1] Auf die dem Schiedsspruch beigegebenen, 53 Druckseiten umfassenden
Entscheidungsgründe näher einzugehen, gestattet hier der Raum nicht. Es
mag genügen, die Hauptpunkte kurz zusammenzufassen:

Ad 1. Das Recht der Landesvertretung hafte nicht an der Gesamtheit
der Korporation, sondern an den einzelnen Individuen. Deshalb sei im

Dieser Urteilsspruch wurde am 14. September durch landes=
herrliche Verkündigung mit dem Zusatz bekannt gemacht, daß un=
gesäumt die erforderlichen Einleitungen getroffen werden sollten,
um das auf dem Frühjahrslandtag von 1848 begonnene Werk
der Reform unter Mitwirkung der Landstände wieder aufzunehmen.
Eine Verordnung von demselben Tage setzte die für nichtig er=
klärten Gesetze außer Wirksamkeit.

Die Wirkung des Urteilsspruchs in den Kreisen der konstitu=
tionell Gesinnten war begreiflicherweise eine sehr niederschlagende.
Man sah sich genau auf den vormärzlichen Standpunkt zurück=
versetzt. Die Arbeit von mehr als zwei Jahren, die Frucht mühe=
vollen Ringens, war verloren und zwar allem Anschein nach voll=
ständig verloren. Denn das konnte man sich nicht verhehlen, daß
die Ritterschaft jetzt selbst bei einer Wiederaufnahme des Reform=
werks die Zugeständnisse nicht wiederholen werde, welche der

Gegensatz zu der repräsentativen Volksvertretung, welche nach Stimmenmehr=
heit beschließe, jedes einzelne Mitglied der alten Stände und um so mehr
natürlich eine Gruppe derselben (hier ein Teil der Ritterschaft) befugt, die
ständischen Rechte zu verteidigen und gegen deren Verletzung zu klagen. Die
Einwände der beklagten Partei gegen die Form der Konventsberufung seien
teils unwesentlich, teils hinfällig und die Legitimation der Kläger un=
zweifelhaft.

Ad 2. Die Bedingungen betreffs der Seestädte seien erwiesenermaßen
nicht erfüllt. Die Erklärungen des Landtagsabschieds könnten für die Stände
nicht bindend sein. Thatsächlich hafte an allen späteren Verhandlungen und
Akten das vitium, daß vor Erfüllung der gestellten Bedingungen das Gebiet,
auf dem verhandelt und beschlossen wurde, nicht frei war und nicht zur
Disposition stand. Betreffs des Vorbehalts wegen der Konkurrenz beider
Landesherren sei das Thatsächliche außer Streit. Es folge daraus die Nicht=
zurechtbeständigkeit der von dem Schweriner Landesherrn einseitig erlassenen
Verfügungen. Rechtlich folge aus der Nichterfüllung der Bedingungen, daß
die Landstände ihre Rechte noch innehätten.

Ad 3. Durch einmaligen Gebrauch sei das Wahlgesetz von 1848 kon=
sumiert, eine nochmalige Anwendung desselben unzulässig. Weder die Ritter=
schaft noch der Großherzog von Strelitz könnten durch nochmalige Beratung
mit einer Abgeordnetenkammer gezwungen werden, von ihren Bedingungen
zurückzutreten. Das Recht der Landesvertretung beruhe, nachdem der ein=
malige Versuch fehlgeschlagen, noch jetzt und zwar nun wieder ohne Modifikation
bei den Landständen. Eine Weigerung, dieselben zu berufen, sei demnach
rechtswidrig.

24*

Frühlingssturm von 1848 ihr abgerungen. Auch die wohl-
meinenden Absichten des Großherzogs boten solchem Widerstand
gegenüber nur geringe Gewähr. Man durfte es den Männern,
welche einer ehrlichen Überzeugung folgend für die Reform gestritten hatten, nicht verargen, wenn sie nunmehr einem Gefühl
tiefer Entmutigung Raum gaben, wenn sie verbittert durch das
vollständige Fehlschlagen jahrelanger Hoffnungen schweren Herzens
daran gingen, den Kampf wieder von vorne aufzunehmen. Auch
der Umblick in dem Gebiet der allgemeinen Politik mußte lähmend
wirken. In allen deutschen Bundesstaaten, ja in ganz Europa
war die Abspannung der bisher treibenden Kräfte, die rückläufige
Bewegung in der Staatsleitung unverkennbar. Wohin dieselbe
führen, wie lange sie andauern werde, vermochte damals niemand
abzusehen. Warschau, Olmütz, Dresden waren die nächsten ver-
hängnisvollen Etappen auf diesem Wege. Die Bundesreform war
vollständig gescheitert, Preußen gedemütigt, Österreich in der Reak-
tivierung des alten Bundestags nicht mehr behindert.

Daß der allgemeine Umschwung in der politischen Lage ohne
Rückwirkung auf den ferneren Gang der mecklenburgischen Verfassungsfrage bleiben werde, konnte füglich nicht erwartet werden,
dennoch blieben Liberalismus und Demokratie nicht unthätig. Zunächst machte sich der Unmut über den Ausgang des Rechtsstreits
in zahlreichen Protesten Luft. Da ein Appell von dem Freienwalder Schiedsspruch nicht möglich war, so richteten sich die Angriffe der Tagespresse und der zahlreich erscheinenden Druckschriften
gegen die Einsetzung dieses Schiedsgerichts[1]. Man bestritt dem

---

[1] Am eingehendsten ist dieser Gegenstand später erörtert worden von
Dr. Julius Wiggers in einer staatsrechtlichen Abhandlung: „Das Ver-
fassungsrecht im Großherzogtum Mecklenburg-Schwerin." Berlin 1860. Diese
Schrift und die frühere desselben Verfassers: „Die mecklenburgische konstituierende Versammlung." Rostock 1850, sind so ziemlich die einzigen Werke,
welche eine historische Darstellung der Verfassungskrisis geben. Weniger
eingehend ist Friedrich Soltau: „Neueste Zustände und Ereignisse in Mecklenburg." Schwerin 1851. In diesen Schriften ist der Parteistandpunkt bestimmt festgehalten. Merkwürdigerweise ist die Litteratur über jene bewegte
Epoche überhaupt nicht ergiebig. Die große Zahl kleiner Flugschriften ist

Großherzog die Berechtigung, ſich dem Urteil zu unterwerfen.
Durch die Verkündigung des Staatsgrundgeſetzes ſei ein neues
Staatsrecht begründet und der Landesherr an dieſes gebunden.
Von dieſem neuen Staatsrecht aus beurteilt, ſei derſelbe gar nicht
befugt geweſen, ohne Zuſtimmung der Volksvertretung die Kom-
promißinſtanz anzuerkennen. Aber auch mit den Normen des
alten Staatsrechts ſtehe das eingeſchlagene Verfahren im Widerſpruch. Die Patentverordnung vom 28. November 1817 ſei nur
beſtimmt geweſen, Differenzen zwiſchen dem Landesherrn und den
beſtehenden Ständen zu ſchlichten, nicht aber nach deren fak-
tiſcher Aufhebung die Wiedereinführung einer beſeitigten Verfaſſung
zu ermöglichen. (Die Kritik überſah dabei, daß gerade dieſe Aufhebung beſtritten wurde.) Außerdem ſei die Bundesgarantie mit
der Auflöſung des Bundestags erloſchen und könne nicht auf die
Central-Bundeskommiſſion übergehen; die Ritterſchaft ſei auch nicht
befugt geweſen, die Intereſſen der Landſchaft, ohne welche doch
die Rekonſtruktion der ſtändiſchen Vertretung nicht denkbar ſei,
gewiſſermaßen mit zu vertreten u. ſ. w. Die Entſcheidungsgründe
wurden auch im Detail bemängelt, namentlich in ihrem hiſtoriſchen
Teil. Endlich erachtete man es nach allgemeinen Rechtsgrund-
ſätzen für unzuläſſig, daß der König von Preußen, der doch durch
ſeinen Proteſt in der Frage intereſſiert geweſen, zur Beſtellung
eines Schiedsrichters erkoren ſei. Die Deduktion aller dieſer Pro-
teſte drehte ſich gewiſſermaßen im Kreiſe, indem ſie von dem Verzicht der Landſtände als von einer feſtſtehenden Thatſache ausging
und damit zu Schlüſſen gelangte, welche mit jener angeblichen
Thatſache freilich nicht in Einklang zu bringen waren. Daß das

meiſt polemiſchen Inhalts oder behandelt einzelne Detailfragen, die gerade
vorübergehend das öffentliche Intereſſe in Anſpruch nahmen. Hierher gehören z. B. eine Reihe kleiner Schriften von Pohle und verſchiedene Aufſätze
von von Oertzen—Leppin, F. Genzken, R. Oeſten, A. von Malſchitzki u. a. über die
Aufrechterhaltung bezw. Aufhebung der Union. Eine Beleuchtung jener
Verfaſſungskämpfe vom konſervativen Standpunkt aus iſt bisher nicht er-
ſchienen. Die kleineren Schriften von Lützow und Gloeden geben keine er-
ſchöpfende Darſtellung und erheben nicht den Anſpruch, für hiſtoriſch-wiſſen-
ſchaftliche Abhandlungen zu gelten.

Schiedsgericht aber gerade berufen war, über den rechtlichen Bestand oder Nichtbestand jener Thatsache zu entscheiden, wollte man
im liberalen Lager nicht zugeben, da mit diesem Zugeständnis
allerdings auch die Anerkennung des ungünstigen Urteilsspruchs
verbunden war.

Von aktuellerer Bedeutung als die Preßfehde war indessen
der Versuch, die aufgelöste Kammer noch einmal zu versammeln.
Man stützte sich dabei auf einen Paragraphen des (bereits auf=
gehobenen) Staatsgrundgesetzes, welcher bestimmte, daß in Fällen,
wo die Anordnung von Neuwahlen unterlassen sei, die Kammer
12 Wochen nach ihrer Auflösung auch ohne Einberufung zusammen=
treten solle. Der Präsident berief also die Mitglieder auf den
24. September nach Schwerin. Der größte Teil der früheren
Abgeordneten folgte dieser Aufforderung. Da aber das Ministerium
nach vorhergegangenem öffentlichen Verbot (18. September) den
Zusammentritt polizeilich zu hindern erklärte und hierzu auch Ver=
anstaltung traf, wurde die Sitzung wieder abgekündigt. 26 Mit=
glieder der Linken trafen nun in dem nahe gelegenen Ostorf
zusammen und unterzeichneten eine später veröffentlichte Erklärung,
worin sie das Volk zum Zeugen anriefen, daß sie nichts unter=
lassen hätten, um ihrer durch das Gelöbnis übernommenen Pflicht
zu genügen. Auch von 25 Mitgliedern der Rechten, unter welchen
sich die abgetretenen Minister von Lützow und Stever befanden,
wurde eine ähnliche Rechtsverwahrung unterzeichnet und diese dem
Ministerium eingereicht. Proteste gegen die Verfügungen vom
14. September gingen von verschiedenen größeren und kleineren
Städten ein. Eine Beantwortung derselben erfolgte nicht. Das
Ministerium schritt konsequent vor auf dem mit jener Verkündigung
eingeschlagenen Wege.

Die Wiedereinsetzung des Engeren Ausschusses fand am 28.
September statt. Die Deputierten Engel—Charlottenthal und von
Müller—Rankendorf fehlten bei diesem Akt, ersterer, weil er auf
dem Boden des Staatsgrundgesetzes stand, letzterer, weil seine Wahl
von den landschaftlichen Deputierten beanstandet war. Die anderen
Mitglieder waren zugegen. Auch die sonstigen ständischen Behörden

traten wieder in Funktion; die Landräte wurden durch ein groß-
herzogliches Reskript reaktiviert. Die Landschaft, welche ohne ihr
Zuthun und gegen ihren Willen wieder in den Besitz ihrer alten
Korporationsrechte gelangt war, hielt am 7. und 8. Oktober zu
Güstrow einen Konvent ab. Einige Bürgermeister, welche Abgeordnete gewesen waren, erneuerten hier ihre Proteste. Die
Majorität beschloß indessen, den veränderten Umständen Rechnung
zu tragen, und erteilte den Bürgermeistern der Vorderstädte die
für ihre Mitgliedschaft im Engeren Ausschuß erforderlichen Vollmachten und Weisungen.

Die Krisis war beendet, die letzte Spur des konstitutionellen Zwischenstadiums verwischt, die alte Verfassung wie-
derhergestellt und — was das Wichtigste war — im
Wege Rechtens hergestellt. Die Einwände, welche die liberale
Partei dagegen erhob, konnten einer unbefangenen Prüfung nicht
standhalten. Sie hatten selbst für diejenigen keine überzeugende
Kraft, welchen die Anfechtbarkeit des Schiedsspruchs im hohen
Grade erwünscht gewesen wäre. Es ist der liberalen Presse trotz
wiederholter Versuche auch später nie gelungen, die Zulässigkeit
jener Kompromißinstanz und die Rechtmäßigkeit des Schiedsspruch
selbst ernstlich in Frage zu stellen. Die Thatsache, daß die ständischen Vorbehalte nicht erfüllt waren, ließ sich eben nicht hinweg
disputieren. Sollte gegen die Regierung ein Vorwurf erhoben
werden, so konnte dieser nur die Einführung des Staatsgrundgesetzes, nicht die Aufhebung desselben treffen. Soviel ist unbe-
streitbar: nach dem 14. September 1851 befand sich die Regierung wieder auf völlig legalem Boden. Friedrich Franz empfand
mit tiefer Befriedigung die wiedergewonnene Klarheit der Lage,
allein er hielt sich seines einmal gegebenen Versprechens nicht für
entbunden. Der Reformgedanke war nicht aufgegeben; es galt
nur, ihn in andere Bahnen zu leiten. Wir werden gleich sehen,
wie der Fürst sich dieser neuen Aufgabe unterzog.

Elftes Kapitel.

Wiederaufnahme der Verfassungsreform. Die Dresdener Konferenzen.

Man pflegt den Zeitraum von der Olmützer Zusammenkunft bis zum nächsten preußischen Thronwechsel in der modernen deutschen Geschichtschreibung als die Ära der Reaktion zu bezeichnen. Dieses Wort hat bei den Anhängern der deutschen Einheitsbestrebungen seitdem einen übeln Klang. Auch sonst verbindet sich damit gern die unklare Vorstellung von Staatsstreichen und Verfassungsbrüchen, von Beamtenwillkür, Junkerherrschaft und polizeilicher Bedrückung. Der Vorwurf, den die freisinnigen Parteien damit gegen die Regierungen der 50er Jahre erheben, wird hier und da gerechtfertigt sein. Es liegt in der Natur der Dinge, daß eine Partei, wenn sie nach harten Demütigungen und schweren Kämpfen wieder zur Macht gelangt ist, in der Verfolgung politischer Gegner weiter geht, als notwendig wäre, daß Rachsucht und persönliche Erbitterung zum Mißbrauch der Gewalt führen. Oft aber wird von dem niedergeworfenen Teil das als Übermut des Siegers und Eingriff in die persönliche Freiheit empfunden, was nur die notwendige Folge des politischen Umschwungs ist. Man vergißt dann allzuschnell, daß die Revolution in der Wahl ihrer Mittel noch weniger bedenklich, ihre Herrschaft ungleich gewaltthätiger war als später die Reaktion.

Wenn wir dieſem Wort ſeine einfache, urſprüngliche Bedeu=
tung zurückgeben und es des gehäſſigen Beiwerks entkleiden, ſo
können wir auch für Mecklenburg von einer Reaktion reden. In
der That fand hier die Wiederherſtellung der vormärzlichen Zu=
ſtände ſo vollſtändig ſtatt, daß ein Beſtreben, zu jenen Zuſtänden
zurückzugelangen, welches ſich in den Regierungsakten der anderen
deutſchen Kabinette verriet, hier gegenſtandslos wurde. Die alte
Verfaſſung wurde in ihrem vollen Umfange und ohne irgend
welche Modifikation wiederhergeſtellt, ebenſo die Bundesverfaſſung.
Was die großherzogliche Regierung von der Einführung des nun=
mehr aufgehobenen Staatsgrundgeſetzes an Freiheiten auf dem
Gebiet des Preß= und Vereinsweſens freiwillig gewährt hatte,
mußte nach den Bundesbeſchlüſſen ſpäter wieder zurückgenommen
werden. Im Grunde überlebten die Epoche der Reaktion —
denn nur von einer Epoche, nicht von einer Ära kann hier die
Rede ſein — nur drei Inſtitutionen des Jahres 1849: die neue
Kirchenverfaſſung, die Trennung des Hausguts vom Doma=
nium und die veränderte Organiſation des Miniſteriums. Die
Kirchenverfaſſung wird ſpäter noch beſonders beſprochen werden.
Die geſonderte Verwaltung des Hausguts blieb eine interne An=
gelegenheit der Regierung. Die alte Verfaſſung kannte nur ein
ungeteiltes Domanium. Den Ständen gegenüber konnte daher
auch jetzt jene Abſonderung nicht von ſtaatsrechtlicher Wirkung
ſein. Für die dem Landesherrn aus dem Domanialbeſitz erwach=
ſenden Laſten blieb auch das Hausgut nach wie vor haftbar.
Der gleiche Geſichtspunkt wurde für den 1849 eingeſetzten Staats=
rat aufgeſtellt, der aus drei Miniſterialvorſtandſchaften und einem
präſidierenden Miniſter beſtand. Konſequent hätte nach der Um=
kehr 1850 auch er zurückgehen und die alte Kollegialregierung
wieder eintreten müſſen. Es wechſelten indeſſen nur die Per=
ſonen; der Staatsrat ſelbſt als Inſtitution blieb beſtehen auch
ohne den bezüglichen neuen Staat. Späteren landtägigen Auffor=
derungen auf Herſtellung der gewohnten Kollegialität begegnete
der Großherzog mit der Erklärung, daß die Verfaſſungsverträge
ihm in der Einrichtung ſeiner Regierung keine Schranken ſetzten,

und die Ritterschaft gewann bald die Überzeugung, daß die neue
Form nicht mehr Machtvollkommenheit in Anspruch nehme, als
die alte Kollegialregierung besessen hatte.

Reaktionär in dem sonst üblichen Sinne des Worts brauchte
also, wie gesagt, die großherzogliche Regierung nicht zu sein.
Sie war sogar sowenig reaktionär, daß sie unmittelbar nach Wiederherstellung der alten Landesverfassung die Bahn des Fort-
schritts und der Reform wieder betrat. Hatte doch der Großherzog bei der Publikation des Freienwalder Schiedsspruchs am
14. September zugleich erklärt, daß er „ungesäumt die erforderlichen Einleitungen treffen werde, um das Werk der Reform der
ständischen Vertretung wieder aufzunehmen". So bot sich den
Zeitgenossen das eigentümliche Schauspiel, daß, während die
meisten deutschen Regierungen der Volksvertretung die zugestan-
benen Rechte wieder zu entziehen oder zu beschneiden strebten, der
Regent eines als ultrafeudal verschrieenen Bundesstaats diese
Rechte zu erweitern trachtete und dabei auch nicht vor den Opfern
zurückschreckte, welche die Verfassungsreform von ihm persönlich
forderte.

Auch in den Kreisen der Ritterschaft war man anfangs noch
zu solchen Opfern bereit. Daß die alte Verfassung unverändert
zu erhalten sei, hielt man damals für unmöglich. Ihre Reform-
bedürftigkeit wurde ziemlich allgemein anerkannt. Nur über das
Maß dessen, wieviel aufzugeben, wieviel beizubehalten sei, gingen
die Meinungen auseinander. Am 12. Juni 1850 — also noch
ehe der Freienwalder Schiedsspruch gefällt war — traten die
Landräte in Rostock zu einer Konferenz zusammen, um sich über
diejenigen Mobifikationen zu einigen, welche für den Fall, daß
jene Entscheidung zu Gunsten der Ritterschaft ausfiele, den Regierungen bei der Wiederaufnahme der Reformfrage zu empfehlen
wären. Eine Abschrift des Protokolls dieser Sitzung wurde
demnächst nach Schwerin und Strelitz übersandt. Die Landräte
sprachen darin die Ansicht aus, daß, da die Proklamation vom
März 1848 eine Vertretung durch Wahlen verheißen habe, diese
dem Lande zu gewähren sei, aber nicht auf Grundlage direkter,

sondern korporativer Wahlen. Sie empfahlen 50 Stimmen für die Landschaft (je eine für jede Stadt, je zwei für Rostock, Schwerin und Wismar) und 50 für die Ritterschaft und den dritten Stand, so daß eine Parität in der Vertretung der städtischen und ländlichen Bewohner hergestellt wäre. Die Ernennung von 16 Vertretern der letzteren sollte den Landesherren zufallen und der große Grundbesitz begünstigt werden. Das Institut der Landräte wäre beizubehalten unter Aufgeben der Adelsprivilegien. Das Recht der Klosternutzungen wurde ungeschmälert beansprucht, doch sollten die Klosterangelegenheiten nicht auf dem Landtag, sondern auf besonderen Klostertagen verhandelt werden.

Ähnliche Gesichtspunkte traten in einer Beratung zu Tage, zu welcher sich mehrere besonders rührige Mitglieder der Ritterschaft vereinigt hatten. Der Zweck war hier gleichfalls, die divergierenden Ansichten zu klären und zu gruppieren. Die Konferenzen fanden im Hause des damals in Doberan wohnenden Freiherrn Julius von Maltzan—Kl. Lukow statt und zwar am 17., 18., 31. Juli und am 1. August. Der zum Gebrauch des Seebades am Heiligen Damm weilende Herzog Georg von Mecklenburg-Strelitz hatte die erste Anregung zu denselben gegeben und führte den Vorsitz. Die anderen Teilnehmer waren: Graf von Bassewitz—Schwießel, Major von Graevenitz—Zühr, von der Kettenburg—Matgendorf, von Oertzen—Woltow, von Plüskow—Kowalz, von Müller—Rankendorf, Graf von Bernstorff—Wedendorf, Maue—Gr. Siemen, Warncke—Detershagen, Dreves—Hoikendorf, von Restorff—Rosenhagen und Advokat Friedrich Maassen.

Man einigte sich in der Hauptsache über folgende Punkte: die Union bleibt aufrechterhalten, mit ihr die Gemeinsamkeit der Gesetzgebung und des Steuersystems für beide Landesteile. Auch die gemeinsamen Landtage werden regelmäßig berufen, jedoch in größeren Zwischenräumen, alle 2—3 Jahre. Ein Teil der bisherigen Landtagsarbeiten fällt dafür den Konvokationstagen zu, welche separatim in jedem Landesteil zusammentreten. Auch besteht für jeden Landesteil ein Engerer Ausschuß. Die ständische

Repräsentation auf Land- und Konvokationstagen findet statt nach
der Dreiteilung in Ritterschaft, Landschaft und Bauernschaft. Die
Ritterschaft wählt nach Ämtern auf mehrere Jahre je zwei Deputierte, die Landschaft erscheint in der bisherigen Weise, bis eine
Städteordnung einen andern Modus bietet. Die Bauernschaft ist
teils vorhanden, teils zu schaffen.

Ob dieser dritte Stand mit den vorhandenen Elementen schon
sofort an der Vertretung beteiligt sein sollte, blieb unentschieden,
ebenso auch die Frage wegen Trennung des Domaniums vom
Hausgut. Die itio in partes sollte auf gewisse Fälle beschränkt,
die passive Wahlfähigkeit in den ritterschaftlichen Ämtern auf das
ganze Corps ausgedehnt, die Bauernschaft nur durch eigene Mitglieder vertreten sein. (Ein ähnlicher Entwurf wurde später 1872
den Verhandlungen der Regierung mit den Ständen zu Grunde
gelegt. Der Umstand, daß der Minister, Graf Bassewitz, welcher
diese Verhandlungen im Auftrag des Großherzogs einleitete, auch
an den Doberaner Konferenzen von 1850 persönlich teilgenommen
hatte, mag für das Anknüpfen an jene Vorschläge nicht ohne
Einwirkung gewesen sein.)

Wie man sieht, gingen im Sommer 1850 die Koncessionen
ziemlich weit. In einem Artikel des „Norddeutschen Korrespondenten" vom 8. Dezember wurden dieselben noch ausführlicher
erörtert. „Wir halten es nicht für zeitgemäß" — hieß es darin —, „daß jeder einzelne Gutsbesitzer als solcher auch Landes-
vertreter bleibt, ebensowenig als ein eingeborener oder recipierter
Adeliger als solcher verfassungsmäßige Prärogative besitzen darf,
die er nicht haben würde, wenn er kein Gutsbesitzer wäre." Aber
an den ständischen Korporationen meint der Autor festhalten zu
müssen, und hierbei erscheint ihm als größte Schwierigkeit eine
geeignete Vertretung des Domaniums. Es werden nun Vorschläge gemacht und entwickelt, wie ein freier Bauernstand zu
schaffen wäre. Die bisherigen Hintersassen des Landesherrn
könnten ebensowenig wie die der Gutsherren einen Verfassungs-
stand bilden. Der Großherzog müsse die Bauern des Domaniums unter gewissen Bedingungen an das Land abtreten. Auch

für die Vertretung der Kirche in dem neuen Ständehaus erhoben sich Stimmen. Es wurde auf die Verfassung des benachbarten Holstein hingewiesen. Ähnlich wie dort sollte ein Prälatenstand begründet werden, wobei die Ernennung der Vertreter dem Landesherrn als Oberbischof zufiele.

Vorläufig indessen blieb es bei der Aufstellung von Plänen. Auch die beiden Regierungen mußten sich erst über eine dem Landtag zu machende Vorlage einigen. Die Verständigung darüber war schon im Lauf des Sommers durch einen Schriftwechsel zwischen den Ministerien angebahnt, allein, wenn auch das Einvernehmen zwischen den beiden Höfen wieder völlig hergestellt und die letzte Spur einer Verstimmung über den vorjährigen Konflikt längst beseitigt war, so traten doch in der Auffassung über den Umfang der Reform Meinungsverschiedenheiten zu Tage, welche eine Vereinbarung verzögerten. Der wesentlichste Differenzpunkt betraf die itio in partes, welche Strelitz aufrechtzuerhalten wünschte, um eine Majorisierung des einen Standes durch den andern zu verhindern. In allen Fällen, wo es sich um eine Minderung oder Abänderung von wohlerworbenen privativen Rechten eines Standes (eventuell auch des neu zu bildenden dritten) handelte, sollte der einzelne Stand wie bisher berechtigt sein, durch die itio in partes einem Mehrheitsbeschluß der Versammlung vorzubeugen. In Schwerin dagegen wünschte man der neuen Ständeversammlung einen mehr einheitlichen Charakter zu geben und das Votieren nach Ständen auf wenige genau bestimmte Fälle zu beschränken. Herr von Schröter, welcher sich im Oktober nach Strelitz begab, um dort mündlich zu verhandeln, machte darauf aufmerksam, daß bei einer allgemeineren Zulassung der itio in partes eine große Anzahl wünschenswerter Reformen verhindert werden könnte und bei der gerade herrschenden Stimmung voraussichtlich verhindert werden würde. Als solche, der Reform bedürftigen Gebiete bezeichnete er die Patrimonialgerichtsbarkeit, das Recht der Ritterschaft über Entscheidung von Niederlassung und Verheiratung, die Befreiung von indirekten Steuern, die ständische Verwaltung des Landkastens,

die ständische Mitwirkung bei der Besetzung des Oberappellations=
gerichts, bei der Revision des Kriminalkollegiums, beim Wegebau
und vieles andere mehr. In Strelitz gab man die Berechtigung des
Schröterschen Einwands nicht völlig zu, doch kam eine gewisse An=
näherung zu stande. Wenigstens einigte man sich darüber, daß die
Stände nicht mehr wie bisher durch Virilstimmen, sondern durch
Kollektivstimmen vertreten sein sollten und zu diesem Behuf Depu=
tierte nach Maßgabe eines Wahlgesetzes, dessen Entwurf bereits
vorlag, zu wählen hätten. Im ganzen war man aber in Stre=
litz zu Neuerungen weniger geneigt als in Schwerin.

Um sich über die in ständischen Kreisen herrschenden Ansichten
Klarheit zu verschaffen und daraus weiter entnehmen zu können,
welche Zugeständnisse von dort zu erwarten seien, berief Groß=
herzog Friedrich Franz die Landräte seines Landesteils zu einer
Beratung nach Schwerin. Dieselbe fand am 27. November 1850 statt.
Graf Bülow erklärte, daß die Regierung nur eine Fortentwicke=
lung der bestehenden Landesverfassung., nicht ein neues Staats=
grundgesetz im Sinne des modernen Konstitutionalismus, im Auge
habe und daher die Modifikationen der Verfassung in ein Gesetz
einkleiden werde, welches als eine Art Nachtrag zu dem Erbver=
gleich von 1755 zu betrachten wäre. Es bestünde indessen nicht
die Absicht, einen dahin zielenden Gesetzentwurf schon dem nächsten
Landtag vorzulegen, sondern denselben erst mit Deputierten der
Stände zu beraten, um auch die Anträge der letzteren dabei be=
rücksichtigen zu können. Mit Strelitz sei man einig, daß die
Union aufrechtzuerhalten sei, dieselbe werde sich auf 3 Gebiete
erstrecken: 1. die gemeinsame Verfassung und deren Garantie,
2. das Gerichtswesen und 3. die gemeinsamen Institute. Die
hierher gehörigen Materien würden auf einem gemeinsamen Land=
tage behandelt werden, während die privativen Angelegenheiten
jedes Landesteils der Kompetenz besonderer Landtage zuzuweisen
wären. (Die Abhaltung von Separatlandtagen war ein Wunsch
des Strelitzer Hofes; in Schwerin hätte man die Beibehaltung
eines einzigen, gemeinsamen Landtages vorgezogen.) Weiter
machte Graf Bülow Vorschläge wegen der zu bildenden Wahl=

körper. Er wies darauf hin, daß die Stände an ihr auf dem Frühjahrslandtage 1848 gemachtes Zugeständnis gebunden seien und deshalb nur die Art in Frage komme, wie eine Vertretung durch Wahlen zu organisieren sei. Diese Vertretung müsse sich aber auf alle Staatsangehörige ausdehnen. Auch der Schaffung eines dritten Standes wurde dabei gedacht. Die Landräte pflichteten den Auslassungen des Ministers in der Hauptsache bei, neigten überhaupt mehr zu der weitergehenden Schweriner Auffassung als zu der Strelitzer. Namentlich in betreff der itio in partes waren sie der Ansicht, daß dieselbe nur in einem bestimmt begrenzten Umfange ausnahmsweise beizubehalten sei, daß aber in der Regel die Mehrheit der ganzen Versammlung entscheiden müsse. Darüber, ob im konkreten Fall eine Abstimmung nach Ständen zu erfolgen habe, solle sofort auf dem Landtage durch ein Schiedsgericht entschieden werden. Die Zahl der zu wählenden Abgeordneten wurde auf 100 festgesetzt. In der Landschaft sollten neben den Bürgermeistern auch Deputierte der Bürgerausschüsse vertreten sein und zu diesem Behuf neue Städteverfassungen ins Leben treten, welche Bürgschaft dafür böten, daß die konservativen Elemente der städtischen Bevölkerung nicht majorisiert würden. Überhaupt gingen die Landräte in ihren Zugeständnissen zu der Umbildung damals im Herbst 1850 noch ziemlich weit. Die Mehrzahl von ihnen wollte das ständische Direktorium aufgehoben und durch einen Präsidenten ersetzt sehen, den die Landesherren zu ernennen hätten. Das Institut der Landräte selbst sollte aufhören und auch der Engere Ausschuß nach anderen Prinzipien aus der Mitte der Versammlung gewählt werden. Ob eine Landtagsordnung einzuführen sei, nach welcher auch die Kommissarien bei den Sitzungen zugegen wären, blieb vorläufig noch unentschieden.

Im ganzen war das Resultat der Verhandlung für die Regierung ein durchaus befriedigendes. Sie wußte sich in ihren Bestrebungen eins mit den berufenen Führern der Stände und fand hierin eine wesentliche Unterstützung für die Unterhandlungen mit Strelitz. Von den 6 Schweriner Landräten hatte nur e i n e r

eine von seinen Kollegen wesentlich abweichende Anschauung be=
kundet. Es war dies der Freiherr von Maltzan auf Rothen=
moor. Er war von jeher ein treuer Anhänger des altständischen
Prinzips gewesen, und seine politischen Ansichten waren mit den
religiösen Überzeugungen so verwachsen, daß er in der ständischen
Gliederung nicht nur eine historisch begründete Rechtsordnung,
sondern auch die korrekteste Verwirklichung der christlichen Lehre
von der Obrigkeit erblickte. Von diesem Gesichtspunkt ausgehend,
mußte ihm jede Neuerung, welche das ständische Prinzip alterieren
konnte, verwerflich erscheinen. Viele seiner Standesgenossen teilten
diese Anschauung, gaben aber doch gewisse Mängel des bisherigen
Systems zu oder waren aus Besorgnis vor der möglichen Wie=
derkehr einer politischen Erschütterung zu Koncessionen bereit. Von
solchen Koncessionen aber wollte Maltzan nichts wissen. Die For=
derungen der Regierung gingen ihm viel zu weit. Er war den=
selben bei der soeben besprochenen Beratung mit Entschiedenheit
entgegengetreten und hatte seine abweichende Ansicht zu Protokoll
gegeben. Er vertrat im wesentlichen den Strelitzer Standpunkt,
war für Beibehaltung der alten Institutionen, namentlich des
Direktoriums, der Landräte, der Amtsdeputierten, und suchte
überhaupt die Reform wenn nicht ganz zu verhindern, so doch
auf ein Minimum zu beschränken. Diese Bestrebungen machten
ihn und seine Gesinnungsgenossen, wie von Plüskow—Kowalz,
von Oertzen—Woltow u. a., zu Führern einer kleinen, aber ein=
flußreichen Partei, welche man als äußerste Rechte innerhalb der
Ritterschaft bezeichnen konnte. Dieselbe gewann in den nächsten
Monaten immer mehr Anhänger. Dem Ansehen jener Männer,
ihren ausgedehnten Verbindungen im Lande, dem Eifer, den sie
für die Sache bethätigten, ist der Umschwung wesentlich zuzu=
schreiben, der sich in den ständischen Kreisen demnächst vollzog.
War die Mehrheit der Ritterschaft, wie wir nach den Äußerungen
der Landräte schließen dürfen, noch im Herbst 1850 von der
Unvermeidlichkeit einer Verfassungsreform überzeugt gewesen, so
trat doch auf dem Frühjahrslandtag des nächsten Jahres die Ab=
neigung gegen diese Reform bereits deutlich zu Tage. Auch die

Bürgermeister waren mit dem neuen Wahlmodus, der nur einem Teil von ihnen die Vertretung auf dem Landtage gewährte, unzufrieden, befürchteten außerdem von der Konkurrenz der Bürgerdeputierten eine Schmälerung ihrer Befugnisse. So erstarkte denn überall das Gefühl des Widerstands, und nachdem die Schweriner Regierung sich endlich nach langwierigen Verhandlungen mit der Strelitzer soweit geeinigt, daß auf dem nächsten Landtag die Reformfrage wenigstens prinzipiell angeregt werden konnte, ließ die Aufnahme der landesherrlichen Propositionen bereits deutlich erkennen, daß eine Verständigung über das Reformwerk große Schwierigkeiten haben werde.

Die Einigung mit Strelitz war durch erneute mündliche Konferenzen erzielt worden, welche im Dezember 1850 die Herren von Schröter und von Kardorff in Schwerin abhielten. Man hatte verabredet, den Weg kommissarisch-deputatischer Verhandlungen zu betreten. Die Strelitzer Wünsche gaben dabei den Ausschlag. Dort befürchtete man für den Fall, daß der Landtag sich schon jetzt mit der Frage beschäftige, noch ein Übergewicht der bürgerlichen Partei in der Ritterschaft und die Abhängigkeit der meisten Bürgermeister von den demokratischen Bürgerausschüssen. Man wollte der adeligen Partei Zeit lassen, sich fester zusammenzuschließen und vor allem eine Wiederkehr der stürmischen Landtage vermeiden, welche in den 40er Jahren einen so übeln Eindruck hinterlassen hatten. Die vierte Schweriner Proposition, welche dem Frühjahrslandtag von 1851 vorgelegt wurde, besagte daher nur im allgemeinen, daß die Mängel der alten Verfassung durch deren unveränderte Wiedereinführung noch beständen, mithin das Bedürfnis einer Verbesserung und Ergänzung vorhanden sei. Vor allem bedürfe die Landesvertretung einer durchgreifenden Änderung, wie dies ja auch von den Ständen in deren Erklärung vom 16. Mai 1848 ausdrücklich anerkannt sei. Es wurden dann kommissarisch-deputatische Verhandlungen vorgeschlagen, welche die Vorarbeiten der Verfassungsänderung zu übernehmen hätten, deren Ergebnis aber für die Stände noch nicht bindend sein sollte. Der Großherzog behielt sich vor, noch außer den Kommissaren

und Deputierten andere einfichtsvolle Männer zu den Beratungen
heranzuziehen, doch fand dieser Plan bei den Ständen wenig An=
klang und wurde später wieder aufgegeben.

Die Verhandlungen selbst fanden vom 1. bis 9. Oktober 1851
in Schwerin statt. Kommissare waren wieder die Herren von
Schröter und von Kardorff. Unter den ritterschaftlichen Depu=
tierten befanden sich mehrere, welche 1849 als Vertrauensmänner
von dem Rostocker Konvent mit der Wahrung der ständischen
Rechte betraut worden waren, so die Herren von Detwitz—Mil=
zow, Graf Bassewitz—Schwießel, Graf Bernstorff—Webendorf,
alles Männer von erprobter altständischer Gesinnung. Daß kein
Bürgerlicher darunter war, bewies das Erstarken der Abelspartei.
Auch die Landschaft hatte mehrere ständischgesinnte Mitglieder
entsendet. Weitgehende Zugeständnisse waren von einer solchen
Deputation nicht zu erhoffen. Daß aber die Ablehnung eine so
vollständige sein werde, hatten die Regierungen doch nicht erwar=
tet. Diese Ablehnung erfolgte teils durch Stimmenmehrheit, teils
einstimmig, und es war bemerkenswert, wie die Deputierten der
beiden Stände sich dabei gegenseitig unterstützten. Sie erklärten
sich prinzipiell gegen die ganze Grundlage der Regierungsvor=
schläge, gegen die Vertretung durch Wahl, gegen die Beschränk=
kung der itio in partes, der Patrimonialgerichtsbarkeit und der
standschaftlichen Rechte, bezeichneten die Elemente zur Bildung
eines dritten Standes als zur Zeit nicht vorhanden und deuteten
bei der Begründung ihres Votums sogar an, daß sie vielmehr
die Eingriffe der Regierungen in die Kommunalverwaltung ge=
mindert, deren Forderung auf Erhöhung der Steuern besser moti=
viert zu sehen wünschten. Schon nach den ersten Sitzungen war
es klar, daß eine Einigung nicht erzielt werden würde, und so
war denn die Verhandlung über den Rest der Vorlage, über die
Klöster, die Kirchenverfassung, die Landtagsordnung ꝛc. gegen=
standslos. Die Abneigung gegen die Reform überhaupt und die
ganze Verschiedenheit der Standpunkte sprach sich am deutlichsten
in einer Erklärung aus, welche der Landrat Graf Bassewitz na=
mens der ritterschaftlichen Deputierten in der letzten Sitzung ver=

laß. In derselben hieß es, daß man eine Beseitigung der bestehenden Mängel nicht von den seitens der Regierungen vorgeschlagenen Mitteln erwarten könne. Als Ursache dieser Mängel müsse man die angewachsene Zahl der zur Landstandschaft berechtigten Grundbesitzer und die in der Ritterschaft dadurch eingetretene innere Umbildung betrachten. Der Kern des Übels sei die Flüssigkeit des ritterschaftlichen Grundbesitzes und die Lockerung des korporativen Bandes. Dem müsse entgegengewirkt werden: 1. durch Maßregeln, welche der Zersplitterung des Grundbesitzes vorbeugten, 2. dadurch, daß mit dem Ankauf eines Ritterguts nicht sofort die Landstandschaft erworben werde, und 3. durch die Ausbildung solcher Eigenschaften bei den Mitgliedern, welche eine treue Berufserfüllung sicherten. Als solche wurden bezeichnet eine ungeschwächte obrigkeitliche Stellung, äußere Selbständigkeit, Sinn für gesundes korporatives Leben u. s. w. Von irgend einem Eingehen auf die Vorschläge der Regierung, selbst unter wesentlichen Modifikationen war nicht die Rede. Wie weit entfernt lag dieser Standpunkt von demjenigen, den die Ritterschaft auf dem Frühjahrslandtag 1848 eingenommen, ja selbst von dem, welchen die Landräte noch vor einem Jahr vertreten hatten!

Der Großherzog war schmerzlich enttäuscht durch die völlige Resultatlosigkeit der Oktoberkonferenz. Wieder war der unversöhnliche Gegensatz zwischen seinen Bestrebungen und den altständischen Überlieferungen klar zu Tage getreten. Aber es lag nicht in seiner Art, sich durch Schwierigkeiten entmutigen zu lassen. Den Strelitzer Vorschlag, daß man sich mit dem Erreichbaren begnügen und vorläufig auf die Gegenanträge der Ritterschaft eingehen möge, vermochte er nicht zuzustimmen. Herr von Bernstorff hatte in einem Schreiben vom 18. Oktober erklärt, man bedaure zwar auch in Strelitz die Zurückhaltung der Stände, indessen wären die von der Ritterschaft angeführten Gründe gegen die Regierungsvorlagen nicht ohne Gewicht, und jedenfalls sei zur Zeit keine Aussicht, von den Ständen mehr zu erreichen. Er schlug vor, auf dieser Basis die Verhandlung wieder aufzunehmen und den Schwerpunkt in die Modifikation des Steuersystems zu

verlegen. Graf Bülow antwortete am 10. November, der Großherzog könne sich nicht entschließen, die auf eine Beschränkung der
Landstandschaft abzielenden Anträge der Ritterschaft als alleiniges
Resultat der Verhandlung zu betrachten, welche auf eine Reform
in viel umfassenderem Sinne gerichtet gewesen sei und Erwartungen in dieser Hinsicht geweckt habe.

Auch in diesen beiden Schreiben spiegelte sich die verschiedenartige Anschauung der Landesherren wieder. Die altständische
Partei wußte recht wohl, daß Differenzen in dieser Hinsicht
zwischen den Höfen bestanden und daß sie wie früher während
des Konflikts, so auch jetzt und ferner in Strelitz einen Rückhalt
finden würde. Der bald darauf zusammentretende Landtag entschied
sich in diesem Sinne. Er genehmigte die Ablehnung seiner Deputierten in allen Teilen und erklärte sich mit den in der ritterschaftlichen Erklärung niedergelegten Grundsätzen völlig einverstanden.
Obwohl der Großherzog auch jetzt noch seinen entschiedenen Willen
bekundete, die Verhandlungen fortzusetzen und den Landtag auffordern ließ, zu diesem Behuf das Mandat seiner Deputierten zu
verlängern, so schwand doch die Hoffnung, auf diesem Wege irgend ein Resultat zu erzielen, immer mehr. Es sollten 20 Jahre
vergehen, bevor Friedrich Franz mit seinen Ständen wieder
direkt über die Verfassungsfrage verhandelte.

Ebenso unbefriedigend wie der Gang der Verfassungsfrage
war auch der Verlauf der Verhandlungen über die deutsche Bundesreform. Seitdem die Union zerfallen, befand sich Mecklenburg
ohne irgend welchen föderativen Zusammenhang mit anderen Bundesstaaten. Den im Herbst 1850 nach Schwerin berufenen Landräten hatte Graf Bülow eröffnet, daß man sich durch eine in
Berlin abgegebene positive Erklärung von allen Verpflichtungen
frei gemacht habe, welche aus dem Bündnis vom 26. Mai 1849
und dessen späteren Entwickelungen abgeleitet werden könnten.
Auch zu einer gemeinsamen Kriegführung mit Preußen sei man
durch keinen Vertrag verbunden. Die Militärkonvention enthalte
darüber nichts. Diese Erklärung befriedigte sehr, denn Befürchtungen im letztgedachten Sinne waren im Lande bereits rege ge-

worden und hatten erft kürzlich in einer Eingabe des Engeren
Ausschusses Ausdruck gefunden. Auf eine Bemerkung des Land=
rats von Blücher, daß die Garantie der mecklenburgischen Landes=
verfassung in dem Bundestage wurzele, und daß Öfterreichs Be=
ftrebungen, den letzteren zu reaktivieren, demnach zu unterftützen
feien, erwiderte Graf Bülow, daß die freien Konferenzen, welche
demnächft eröffnet werden follten, über die Lage Klarheit schaffen
würden. Mecklenburg würde dabei vertreten fein und das Inte=
reffe feiner Inftitutionen wahren.

Diefe in der Olmützer Punktation verabredeten Konferenzen
kamen nunmehr in Dresden zu ftande. Die Sitzungen wurden
am 23. Dezember eröffnet. Die diesfeitigen Bevollmächtigten,
Minifter Graf Bülow und Legationsrat Bernhard von Bülow,
trafen erft nach dem Weihnachtsfeft, am 28., dort ein. Stre=
litzerfeits war Herr von Oertzen—Leppin entfendet. Schon in
der erften Sitzung machte fich der Mangel eines Programms,
welches den Beratungen zu Grunde gelegen hätte, fehr fühlbar.
Keine der beiden Großmächte hatte eine Vorlage eingebracht, und
fo wurde der Vorschlag des Fürften Schwarzenberg angenommen,
wonach die ganze alte Bundesverfaffung Satz für Satz durchbe=
raten, revidiert und diefe Arbeit unter vier Kommiffionen folgen=
dermaßen verteilt werden follte: 1. Organifation der oberften
Bundesbehörde, 2. Wirkungskreis derfelben, 3. Handel, Zoll 2c.,
4. Bundesgericht. Graf Bülow war hiervon wenig befriedigt.

„Aus der Beratung der einzelnen Teile in den Kommif=
fionen"—fo berichtete er gleich nach feiner Ankunft am 29. —
„follen die Vorschläge zur Reform der Bundesverfaffung, zu
denen man fich a priori nicht im ftande fand, gleichfam von
felbft und nach und nach hervorgehen, und man will dann
herausnehmen, was brauchbar erscheint für die Abfichten, die
man fürs erfte in petto behält. Zweckmäßig an fich und hoff=
nungsvoll für die Sache erscheint mir diefer Plan allerdings
nicht. Auch fehe ich noch nicht ein, wie die Einzelberatung
der abgefonderten Teile der Bundesverfaffung, aphoriftisch wie
das Schema fie hinftellt, und bei der Konnexität der Gegen=

stände, zu einem positiven Resultate der Arbeiten der einzelnen
Kommissionen führen soll. Betreffs der Ansichten der leitenden
Mächte möge es mir erlaubt sein, meine freilich nur auf Mut-
maßungen gegründete Anschauung hier anzudeuten.

Beide Mächte, sowohl Preußen als Österreich, scheinen
zunächst auf die Bildung einer Exekutivmacht des Bundes,
welche vielleicht sogleich als Provisorium ins Leben zu führen
wäre, hinauszuwollen. Preußen möchte sie am liebsten auf
der Basis des Dualismus konstruieren, tritt aber damit nicht
entschieden hervor und scheint bei den vertraulichen Versuchen,
diese Idee auf die Bahn zu bringen, weder bei Österreich noch
sonst bis jetzt Erfolg gehabt zu haben. Österreich scheint der
Exekutive in Form eines Direktoriums den Vorzug geben zu
wollen. Daß es an der Forderung des Eintritts seiner Gesamtmonarchie in den Bund festhält, ist gewiß, doch scheint
es bis jetzt noch nicht damit hervortreten zu wollen. Ebenso
hat es auch die Gruppierungsidee noch nicht aufgegeben. Im
übrigen ist zwischen Preußen und Österreich noch keineswegs
ein solches Verhältnis des Vertrauens und offenen Entgegen-
kommens wahrzunehmen, wie man es für die Sache wünschen
muß. Preußischerseits wenigstens hat man noch großes Mißtrauen gegen die Redlichkeit der Absichten des österreichischen
Kabinetts und des Fürsten Schwarzenberg persönlich. Es ist
bemerkt worden, daß die österreichischen Organe hierselbst die
Bevollmächtigten der kleineren Staaten zu sondieren versucht
haben, auf welche Seite ihre Regierung sich stellen würde,
wenn es dennoch zum Konflikt käme, — was allerdings kein
gutes Symptom ist. Die Königreiche wollen entschieden ihre
Teilnahme an der Exekutive, also ein Direktorium. Die
gruppenweise Unterordnung der Kleinen wünschen sie, wagen
es aber noch nicht offen auszusprechen. Eine Übereinstimmung
ist bis jetzt nur erkennbar in der entschiedenen Abneigung aller,
mit irgend einem positiven Vorschlag hervorzugehen."

„1. Januar 1851. Es stellt sich immer entschiedener
heraus, daß der Dualismus nicht zur Basis genommen, son-

bern baß irgenb eine Direktorialform proponiert werben wirb. Preußen zweifelt an ber Möglichkeit, eine nur von ihm unb Österreich gemeinschaftlich gehanbhabte. Exekutivgewalt zur Annahme zu bringen, unb fürchtet, baß an einer solchen Proposition die Verhanblungen von vornherein scheitern würben. Dies beweist, baß man mit Österreich barüber nicht hat einig werben können, unb läßt vermuten, baß letzteres ben Königreichen Zusicherungen über ihre birekte Teilnahme an ber obersten Bunbesgewalt gemacht hat ober baß es selbst eine Form vorzieht, welche Preußen weniger ihm gleichstellt unb es mehr ben übrigen Königreichen assimiliert."

Diese Vermutung sollte sich balb bestätigen. Fürst Schwarzenberg, welcher inzwischen einen Besuch in Berlin gemacht hatte, — wohl eine Höflichkeitserwiberung für Olmütz, — stellte in ber ersten Sitzung ber 1. Kommission folgenbe Anträge: ber bisherige Engere Rat ber Bunbesversammlung sollte aufhören, an seine Stelle eine Exekutivbehörbe von neun Stimmen mit ausgebehnteren Befugnissen treten, ber Rest ber bem Engeren Rat früher zugewiesenen Attributionen aber an bas Plenum übergehen, für welches eine zweckmäßigere, bie Machtverhältnisse mehr berücksichtigenbe Verteilung ber Stimmen vorbehalten war. Innerhalb ber Exekutivbehörbe wurben für Österreich zwei, für Preußen zwei Stimmen beansprucht. Über bie Verteilung ber übrigen fünf Stimmen möge sich bie Kommission äußern. Nachbem jebes ber vier Königreiche rasch zugegriffen unb je eine Stimme angesprochen hatte, beeilten sich bie beiben Hessen, bie letzte noch verfügbare zu belegen, so baß alle anberen Bunbesstaaten bamit von ber Exekutivgewalt ausgeschlossen gewesen wären. Die Vertreter von Sachsen-Weimar unb Frankfurt, welche außer ben vorgenannten Staaten noch in ber Kommission saßen, waren über biesen Vorgang sehr betroffen, zumal sie sich anscheinenb einem Einverstänbnis sämtlicher größeren Staaten gegenüber befanben. Auch bie Zumutung bes Fürsten Schwarzenberg, sich sofort über bas ganze Projekt zu erklären, hatte fast ben Charakter ber Überrumpelung. Die beiben Kommissionsmitglieber erhoben zwar kei-

nen sofortigen Widerspruch, verschoben aber ihr Votum bis zur
nächsten Sitzung.

„Ew. Königl. Hoheit werden ermessen" — so berichtete
Graf Bülow —, „welche Aufregung das Resultat dieser Konferenz unter die Vertreter der mindermächtigen und kleinen
Staaten geworfen hat. Es läßt sich auch nicht leugnen, daß
man allen Grund hätte, sich darüber zu beunruhigen, wenn
ernstlich zu befürchten stände, daß das Projekt, so wie es in
der Konferenz zu Tage kam, angenommen oder dessen Durchführung auch nur ernstlich versucht werden könnte. Denn in
der That würden nach jenem Plane alle diejenigen Staaten,
welche keinen Platz in der neuen Exekutivbehörde fänden, sogut wie ausgeschlossen sein von jeder wirklichen, aktiven Teilnahme an den Bundesangelegenheiten. Überdies würde eine
solche Gestaltung des Bundes das Prinzip der Gleichberechtigung, die wesentliche Grundlage des Föderalismus, auf das
entschiedenste verletzen, dabei aber schwerlich den Zweck erreichen, dem zu Gunsten man die Rechte einzelner Bundes-
glieder konfiszieren möchte, denn es läßt sich nicht annehmen,
daß ein Centralorgan aus 7 oder 9 Stimmen sehr viel wirksamer und belebender für die Bundeszwecke sein werde als
ein solches aus 17 Stimmen. Dies alles würde die mittleren
und kleinen Staaten, die bei dieser Güterverteilung übergangen
werden, an sich schon bestimmen müssen, dem Vorschlage eine
entschiedene Negative entgegenzustellen. Die Sache wird jedoch
diesen Weg fürs erste wohl nicht gehen, sondern der Plan zunächst noch im Schoße der Kommission Widerspruch finden
und eventualiter Abänderungen erleiden."

Dies geschah. Sachsen-Weimar und Frankfurt erklärten in
der nächsten Sitzung, daß sie die österreichische Proposition wie
jeden Vorschlag, der nicht auf der Gleichberechtigung aller Staaten
fuße, ablehnen müßten. Es wurden nun vom Präsidium fünf
verschiedene Tableaux für die Bildung der Exekutive vorgelegt.
Drei davon gingen von Österreich, zwei von Preußen aus. Alle
stimmten darin überein, daß von den neun Stimmen die Haupt-

mächte je zwei und Bayern eine Stimme erhalten sollten. Während aber bei der Verteilung der restlichen vier Stimmen Preußen sämtliche Staaten bedacht und analog den bisherigen Kurien zu Stimmenverbänden vereinigt sehen wollte, waren in den österreichischen Vorschlägen die Königreiche auffallend begünstigt, die kleinen Staaten ganz, die Großherzogtümer zum Teil ausgeschlossen. Nur in einem derselben waren auch die beiden Mecklenburg und Oldenburg, Braunschweig und Nassau an der neunten Stimme beteiligt. Da man sich auch über diese Vorschläge begreiflicherweise nicht zu einigen vermochte, so beschloß man, die Arbeiten der ersten Kommission zu vertagen und dagegen die zweite zu berufen, welche denn auch durch Revision der Bundes- und Schlußakte die Kompetenz der Bundesbehörden vorläufig in der Weise festsetzte, daß sie die Befugnisse zwischen der Exekutive und dem Plenum verteilte.

„Natürlicherweise" — heißt es in einem weiteren Bülowschen Bericht — „trat man in die Beratung von allen Seiten nur unter der Voraussetzung ein, daß die endliche Organisation der Exekutive, deren Kompetenz man solchergestalt vorläufig cirkumskribierte, den Ansichten und Forderungen einigermaßen entsprechen werde, welche jeder zuletzt geltend zu machen sich vorbehielt. Das Resultat ist also ein ganz hypothetisches, und die Konferenzen der Kommissionen haben im wesentlichen nur den Wert vorläufiger Besprechungen gehabt, bei denen man die Ansichten der Beteiligten nach den verschiedenen Richtungen hin zu erforschen sucht, um darnach zu bestimmen, was man etwa ferner proponieren und durchbringen könnte. — Um diesem Systeme gemäß nach allen Seiten hin das Terrain zu rekognoszieren, hat man nun gestern auch die dritte Kommission zusammentreten lassen, welche sich mit den materiellen Fragen zu beschäftigen hat. In derselben ist von seiten Bayerns und Sachsens die Initiative ergriffen worden durch Vorlegung von Denkschriften, welche die Anbahnung eines allgemeinen österreichisch-deutschen Zoll- und Handelsvereins zum Gegenstande haben und bestimmte Anträge in Bezug auf die nächsten vorbe-

reitenden Schritte enthalten. Zu bestimmten Resultaten ist es
natürlich auch auf diesem Gebiete nicht gekommen, nicht einmal
zu einer Annäherung. Der königlich preußische Bevollmächtigte
hat sich jeder näheren Einlassung enthalten wegen Mangels an
Instruktionen und eines technischen Beistandes für diese ganz
speciellen und technischen Fragen. Darauf hat die Kommission,
um hierzu Frist zu lassen, sich bis auf den 22. d. M. vertagt.
— Auf diesem Wege ist man nun vorläufig zu einem Still-
stande gelangt. Die vorgelegten Pläne zur Bildung einer Exekutivbehörde stoßen auf Widerstand, sowohl bei Preußen, als
bei den Vertretern fast aller Regierungen, mit Ausnahme der
Königreiche und der beiden Hessen. Man weiß diesen Widerstand, dem zu viel Recht und Gewicht zur Seite steht, um ihn
ohne weiteres überzurennen, fürs erste nicht zu überwinden,
und man tastet daher umher, hier und in Berlin, wie man
ihn schwäche und beseitige, während man sich andererseits vergeblich bemüht, noch irgend welche vermittelnden Vorschläge aus-
zuklügeln. Die nächsten Tage müssen zeigen, ob Österreich im
Verein mit den Königreichen einen ernstlichen Versuch machen
wird, seinen Plan in dieser oder jener Modifikation durchzusetzen. Geschieht dies, so wird auch der Widerspruch sich bestimmter und formeller aussprechen müssen. Die nichtkönig-
lichen Regierungen mit Ausnahme beider Hessen, aber ein-
schließlich Badens, werden in diesem Widerspruche ziemlich
einstimmig sein. Zuerst scheint man noch den Versuch machen
zu wollen, wie weit man mit Preußen kommt."

Der Gang, den die Verhandlungen nahmen, entsprach in
keiner Weise den Wünschen des Großherzogs. Nachdem die
Reichsidee aufgegeben und jede Hoffnung geschwunden war,
Preußen mit der Führerschaft in Deutschland betraut zu sehen,
gingen diese Wünsche auf eine möglichst kräftige Exekutive. In
diesem Sinne hätte er dem reinen Dualismus, d. h. einer gleichmäßigen Verteilung der Gewalten an die beiden Hauptmächte,
unbedingt den Vorzug gegeben. Am 4. Januar schrieb er an
Graf Bülow:

„Ihre Wahrnehmungen in Dresden lassen mich immer mehr zu der Überzeugung gelangen, daß außer dem Wiedererstehen des Bundestags nichts wesentliches zu stande kommen wird, ausgenommen, was Österreich etwa in seinem Interesse für gut hält. Eine Versöhnung der Nation mit ihren Institutionen und dadurch mit ihren Regierungen thut not, wenn wir nicht einer zweiten Revolution in die Hände arbeiten wollen, und es gilt den Beweis zu führen, daß die Regierungen können, was dem Volke mißlang. Aber wenn die Gefahr vorüber ist, hat mancher ein erstaunlich kurzes Gedächtnis. Mich erfüllt eine solche Aussicht wirklich mit Betrübnis, und mir scheinen die Dresdener Konferenzen ziemlich unnütz. Vielleicht bringen Sie münblich bessere Nachrichten, und will ich den Mut noch nicht sinken lassen. Desto thätiger muß man nun im Innern sein, und das wollen wir redlich im neuen Jahr thun."

In einem anderen Brief vom 7. heißt es:

„Daß das Gefecht endlich begonnen, habe ich aus dem letzten Bericht ersehen. Ich freue mich, daß man wenigstens so weit ist, doch beklage ich, daß Preußen durch sein Eingehen auf die neun Stimmen sogleich die Erreichung des eigentlich wünschenswerten Ziels, Ausübung der Exekutive durch die beiden Großmächte, unmöglich gemacht hat. Dadurch ist ihm keine hervorragende Stellung geworden, und die Konsequenz hiervon zeigt sich in der Besitznahme einer besonderen Stimme durch Bayern. Dies erscheint mir nicht zulässig, denn da man jenes Prinzip verlassen, bleibt nur das der Gleichberechtigung zu jener verhältnismäßigen Teilnahme am Bundesregiment übrig, und dem muß auch Bayern sich unterziehen. Die Vorgänge in der ersten Sitzung der 1. Kommission sind komisch und betrübend, zeigen aber, wie wenig man geneigt ist, sich auf einen anderen Standpunkt als den des Egoismus zu stellen. Durch den Major von Bülow habe ich bei Ihnen die Militärfrage anregen lassen, indem es ja im allgemeinen Interesse, ganz besonders aber im unsrigen, namentlich in Bezug auf den

bevorstehenden Landtag und das Schicksal unseres Rekrutierungs=
gesetzes ist, daß eine Bundesbestimmung darüber erfolge, wie=
viel Prozent bundesmäßig aufgestellt werden sollen. Es scheint
Dresden der Ort, wo dies zur Sprache gebracht werden kann,
und auch keine Anmaßung, wenn gerade Mecklenburg diesen
Gegenstand zur Sprache bringt. Wenn man auch dort noch
nicht zur definitiven Bestimmung kommt, so läßt sich doch viel=
leicht eine vorläufige Verabredung treffen, und würde uns schon
das bloße Dort=zur=Sprache=Gebrachtsein des Gegenstandes in
unseren späteren Verhandlungen nützen."

Ein anderer Vorgang, welcher in diese Tage fiel, kam dem
Großherzog sehr ungelegen. Schwarzenberg hatte während seines
letzten Aufenthalts in Berlin über die schleswig=holsteinsche An=
gelegenheit verhandelt. Die Aufstellung eines kombinierten Exe=
kutionscorps war beschlossen worden. Graf Bülow berichtete
darüber am 1. Januar:

„Der Fürst Schwarzenberg hat mir heute folgende münd=
liche Mitteilung gemacht: Man habe sich in Berlin über den
Marsch des österreichischen Exekutionscorps nach Holstein ver=
ständigt. Dasselbe werde über Hannover auf Lüneburg gehen,
und den Übergang über die Elbe wolle man bei Boizenburg als
dem besten Trajektpunkte machen. Da die Truppen sonach das
großherzogliche Gebiet berühren würden, so werde er dieserhalb,
womöglich noch heute, an Ew. Königlichen Hoheit Regierung das
desfallsige schriftliche Ersuchen richten, wolle mich aber zugleich
ersuchen, bei Ew. Königlichen Hoheit zu befürworten, daß dem
Übergange und Durchmarsche der Truppen die möglichste Be=
förderung zu teil werde. Die königlich preußische Regierung
habe sich bereit erklärt, von Magdeburg aus Trajektmittel zur
Disposition zu stellen, und wünsche er, daß man mecklenbur=
gischerseits ebenfalls zur Herbeischaffung des etwa noch Fehlenden
behülflich sein wolle."

Der Großherzog antwortete darauf:

„Heute erhielt ich durch die preußische Regierung das An=
suchen des österreichischen Gouvernements, daß die nach Holstein
bestimmten Truppen die Elbe bei Boizenburg überschreiten

möchten. Ich konnte trotz der mir sehr unangenehmen Sache nur ja sagen, habe jedoch nachdrücklich darauf aufmerksam machen lassen, daß dieser Punkt viel ungeeigneter sei als Artlen= burg und es auch mehr in meinem Wunsche läge, wenn man jene Route wähle. Über Artlenburg führt die große Straße; bei Boizenburg sind keine geeigneten Verkehrswege und keine Transportmittel. Vielleicht können Sie noch etwas zur Änderung der Marschroute beitragen. Immerhin werde ich das Nötige auch für den andern Fall ergehen lassen."

Indessen gelang es nicht, die Entlastung des Landes von der Einquartierung zu bewirken. Die österreichischen Truppen rückten am 17. Januar bei Boizenburg ein und bezogen längs der ganzen westlichen Grenze bis weit in das Innere hinein Cantonnements. Letztere reichten bis dicht vor Schwerin. Das österreichische Ober= kommando ging dabei so eigenmächtig und rücksichtslos vor, daß die Schweriner Regierung sich sogar veranlaßt sah, gegen die nicht ordnungsmäßig angemeldete Verlegung der Truppen zu protestieren. Oberstlieutenant von Bülow überbrachte am 25. Januar diesen Protest dem Feldmarschall=Lieutenant von Legeditsch, dessen Haupt= quartier sich in Lüneburg befand. Es erfolgten Entschuldigungen, doch bedurfte es einer zweiten Sendung Bülows nach Hamburg, um wenigstens die Entfernung eines Teils der fremden Truppen zu erwirken. Diese rückten nunmehr ins Lauenburgische, doch blieben noch mehrere Ortschaften wochenlang mit der öster= reichischen Reserve belegt, obwohl anfangs nur von einem Durch= marsche die Rede gewesen war. Mitte März endete die holsteinische Occupation, und der Rücktransport der österreichischen Brigade sowie der meisten preußischen Regimenter erfolgte dann von Lübeck und Hamburg aus auf der Eisenbahn.

Graf Bülow verließ Dresden am 12. Januar. Er kehrte nur noch einmal für einige Tage im Februar dorthin zurück. Während der ganzen übrigen Zeit bis zum Schluß der Konferenz, welcher am 15. Mai stattfand, blieb die Vertretung und Bericht= erstattung dem zweiten Bevollmächtigten, Legationsrat von Bülow, übertragen. Derselbe entwickelte dabei viel Umsicht und Ent=

schiedenheit, arbeitete in mehreren Kommission n und verdiente sich
dort seine ersten diplomatischen Sporen. Seine Instruktion ging
dahin, die preußischen Vorschläge thunlichst zu unterstützen,
Neuerungen in der Organisation des Bundes aber nur dann zu=
zustimmen, wenn damit eine Vereinfachung und Kräftigung der
Exekutivgewalt verbunden wäre. Eine solche konnte indessen von
dem neuesten Vorschlag nicht erwartet werden, mit welchem die
beiden Vormächte in einer kombinierten Sitzung der ersten und
zweiten Kommission am 12. Januar hervortraten. Nach diesem
sollten nicht neun, sondern elf Stimmen zur Verteilung kommen
und davon je 2 auf Österreich und Preußen, je eine auf die vier
Königreiche und drei Staatengruppen entfallen. Dadurch wäre
zwar dem Größenverhältnis entsprechend allen mindermächtigen
Staaten der Anteil an der Exekutive gesichert, das bisherige
Stimmenverhältnis aber sehr zum Vorteil der Mittelstaaten ver=
schoben worden. Beide mecklenburgische Vertreter widersprachen
und suchten, da viele kleinere Regierungen sich eingeschüchtert oder
mutlos zeigten, eine geschlossene Oppositionsgruppe zu bilden.
Holstein und die Hansestädte schlossen sich derselben sogleich an.
Im weiteren Verlauf der Beratungen traten die meisten minder=
mächtigen Staaten der Gruppe bei. Ohne eine führende Rolle zu
beanspruchen, waren doch Bülow und Oertzen dabei besonders
thätig. Allmählich wurde in den Sitzungen der 1. und 2. Kom=
mission die Revision der Bundesverfassung soweit gefördert, daß
am 23. Februar diese Kommissionsvorschläge dem Plenum der
Konferenz vorgelegt werden konnten. Die ersten Bevollmächtigten
der größeren Staaten, so Fürst Schwarzenberg, die Herren von
Manteuffel und von der Pfordten, welche Dresden um die Mitte
Januar verlassen hatten, wohnten dieser Plenarsitzung wieder bei[1].
Der neue Entwurf, welcher wesentlich unter österreichischem Ein=
fluß zu stande gekommen war, lief in der Hauptsache auf eine
Trennung der obersten Bundesbehörde in Exekutive und Legis=

---

[1] In der Zwischenzeit war Österreich durch Graf Buol, Preußen durch
Graf Alvensleben vertreten gewesen.

lative hinaus. Während die erstere einem Ausschuß nach dem oben bezeichneten Stimmenverhältnis zufiel, waren die legislativen Befugnisse des bisherigen Engeren Rats der weit schwerfälligeren Körperschaft des Plenums überwiesen. Eine Verbesserung konnte darin nicht erblickt werden. Durch die Teilung der Gewalten war eine einheitliche Direktive erschwert, die Gefahr von Kompetenzkonflikten noch vermehrt worden. In dieser Hinsicht hatte sich der Engere Rat während seines dreißigjährigen Bestehens als zweckmäßiger oder wenigstens unschädlicher erwiesen. Daneben war das neue Stimmenverhältnis des Plenums so angeordnet, daß ein Übergewicht der größeren, aber auch der Mittelstaaten, über die kleinen unverkennbar war. Mit Recht konnte Bülow die Besorgnis äußern, daß die Schöpfer des Entwurfs von der Absicht geleitet wären, neben die Exekutive eine möglichst unbeholfene, von jener abhängige Versammlung zu stellen und daß, wie die Exekutive auf dem Machtverhältnis begründet sei, so auch die Macht und nicht das Recht im Bunde herrschen solle.

Auch Preußen hatte sich diesen von Österreich inspirierten Vorschlägen nur widerwillig und mit Vorbehalten angeschlossen. Zu entschiedenerem Widerspruch konnte sich das Berliner Kabinett aber nicht aufraffen. Die Unselbständigkeit der Manteuffelschen Politik trat immer deutlicher hervor. Ob es Fürst Schwarzenberg mit seinen Reformvorschlägen wirklich ernst war oder ob er seinen preußischen Kollegen nur auf ein geheimes Ziel, die unveränderte Wiederherstellung der alten Bundesverfassung, hinführen wollte, ist bis jetzt noch nicht festgestellt. Thatsächlich nahmen die Dresdener Verhandlungen einen Verlauf, welcher in den Augen des Berliner Kabinetts das einfache Zurückgehen auf die Bundesakte als das kleinere Übel erscheinen ließ. In diesem Sinne äußerte sich denn auch Herr von Manteuffel in der Plenarsitzung vom 23. Februar. Bayern, Sachsen, Württemberg, Braunschweig, Nassau erklärten sich unbedingt für den Kommissionsvorschlag, Hannover äußerte Bedenken, die es aber später fallen ließ, einige Bevollmächtigte stellten Bedingungen. Neunzehn Staaten von Baden abwärts, darunter die beiden Mecklenburg, sprachen sich für

unbedingte Ablehnung aus. In der Erklärung, welche Herr von
Bülow, zugleich im Namen seines Strelißer Kollegen, verlas,
wurde diese Ablehnung eingehend motiviert. Eine Teilung der
Gewalten in exekutive und legislative, hieß es darin, finde weder
im Bundesrechte einen Anknüpfungspunkt, noch habe sie sich nach
dem Zeugnis der neueren Geschichte anderweitig bewährt. Jeder
staatliche Organismus könne nur dann eine kräftige Thätigkeit entwickeln, wenn Wollen und Handeln in einer Hand läge. Durch
das Trennen dieser Funktionen werde nicht nur die erstrebte
Kräftigung vereitelt, sondern der Keim zu bedenklichen Kompetenzkonflikten gelegt. Eine unbefangene Prüfung ergebe, daß die bisherige Schwäche Deutschlands nicht in der Unzulänglichkeit der
Verfassungsbestimmungen ihren Grund gehabt, sondern in der
Mangelhaftigkeit der Handhabung. Nicht diejenigen Staaten, deren
partikularen Einfluß man jetzt zu verringern trachte, trügen an
dieser ungenügenden Handhabung die Schuld. Wolle man dem
Ziel näher kommen, so dürfe man nicht damit beginnen, den Par-
tikularismus auf der einen Seite zu befriedigen, auf der andern
Seite dagegen zu verletzen, denn das Werk der deutschen Einigung
bedürfe gleichmäßiger Aufopferungen von allen Seiten. Den geplanten Veränderungen gegenüber sei die alte Verfassung, die sich
in mancher Hinsicht bewährt habe, noch vorzuziehen. Viele ihrer
Bestimmungen seien noch gar nicht zur Ausführung gelangt oder
doch durch partikulare Gegenströmungen beengt worden. Die Bevollmächtigten erkannten zum Schluß die Verpflichtung der Bundes-
glieder an, nicht in der bloßen Negation zu verharren. Sie seien
der Ansicht, daß Österreich und Preußen ein verstärkter Einfluß
auf die Bundesangelegenheiten und beim Vollzug der Bundes-
beschlüsse eingeräumt werde, im übrigen aber die Bundesversammlung, mit Festhaltung des bisherigen Stimmenverhältnisses,
das alleinige Organ des Willens und Handelns im Deutschen
Bunde bleibe. Jedem auf dieser Grundlage beruhenden Vorschlage würden sie mit Unterordnung minder wesentlicher Meinungsverschiedenheiten die Zustimmung ihrer Regierungen zu verschaffen
bemüht sein.

Die mecklenburgische Erklärung machte einen sichtlichen Eindruck auf die Versammlung. Man hatte einen so bestimmten Widerstand augenscheinlich nicht erwartet. Fürst Schwarzenberg zeigte sich sehr verstimmt. Er suchte noch durch Sammlung der zustimmenden Erklärungen eine Art von Majoritätsvotum zu erzielen, aber auch diese Pression blieb wirkungslos. Herrn von Manteuffel war die Opposition der Mindermächtigen nicht unwillkommen. In seiner Schlußerklärung wies er unzweideutig auf eine Rückkehr zur alten Verfassung hin.

„Wenn Österreich" — schrieb Bülow am 24. Februar — „den Kommissionsantrag trotz seiner unverkennbaren Lückenhaftigkeit annimmt, auf die sofortige Einsetzung des neugeschaffenen Organs bringt und dieses dem Bundestage vorzieht, so scheint mir der Schlüssel für solche Entschließung darin zu liegen, daß Österreich einmal die Macht Preußens im Bundestage fürchtet und dann einen völlig legalen Zustand in Deutschland nicht herstellen, sondern lieber eine unvollkommene Gestaltung einführen will, welche Raum giebt zum freieren Schalten und zum Verfolgen der eigenen Zwecke. Eben dies aber mahnt, in der Annahme von Vorschlägen äußerst vorsichtig zu sein und das einstweilige Zurückgehen auf die alten Formen einem Eingehen in neue Institutionen, deren Tragweite man nicht genau kennt, vorzuziehen. Allgemein glaubt man aber, daß der Kommissionsvorschlag nicht zur Ausführung kommen wird, indem man sich darüber nicht täuscht, daß der Widerspruch mehrerer Staaten, so der der beiden Mecklenburg, nicht zu beseitigen ist. Ob alle übrigen Staaten festhalten werden, steht freilich dahin, doch ist in diesem Augenblick bei keinem derselben ein Nachgeben zu vermuten."

Wirklich blieb die Opposition fest. Österreich beschloß nun, sich zunächst mit Preußen zu verständigen und zwar auf Grundlage eines Entwurfs, welcher mehr das bestehende rechtliche und faktische Verhältnis berücksichtigte. Sicher war dies der einzige Weg, aus der arg verfahrenen Lage herauszukommen. Freilich galt es dabei, einen Plan aufzugeben, der vom Beginn der Ver-

handlungen an für die Politik des Kaiserhofs bestimmend gewesen
war. Schon in einer der ersten Sitzungen hatte Österreich als
eine Bedingung seines Wiedereintritts in den Bund die Aufnahme
seiner außerdeutschen Provinzen in das Bundesgebiet bezeichnet.
Am 14. Januar hatte Graf Buol erläuternd erklärt, daß die
Kalamität der letzten Jahre in Österreich vorzugsweise durch das
schroffe Gegenüberstehen der verschiedenen Nationalitäten innerhalb
der Monarchie hervorgerufen sei und daß, um dieses zu beseitigen,
man zu einer größeren Centralisierung hätte schreiten müssen,
wovon abzustehen nunmehr unmöglich sei. Österreich böte die
Gesamtheit seiner Staaten und seiner Macht dem Deutschen Bunde
und glaube, daß die Aufnahme jener nur im Interesse des letzteren
sein könne. Würde dieselbe nicht geschehen, so müsse Österreich
sich vorbehalten zu entscheiden, in welche Stellung es sodann zum
Deutschen Bund zu treten gedenke. Eine Einsprache der fremden
Mächte, welche die Wiener Kongreßakte unterzeichnet hätten, wäre
unstatthaft und übrigens nicht zu besorgen. Graf Alvensleben
bemerkte hierzu, Preußen würde der Aufnahme des gesamten
österreichischen Staatenkomplexes nicht entgegen sein, müsse dann
aber gleichfalls beanspruchen, mit dem letzten Rest seiner außer=
deutschen Besitzungen in den Bund einzutreten. Die Mittelstaaten
und die meisten kleineren Staaten waren für die Aufnahme.
Sachsen befürwortete dieselbe noch ganz besonders mit dem Hin=
weis auf die Möglichkeit einer Zolleinigung mit der österreichischen
Gesamtmonarchie, während Hannover gerade hierin eine Gefahr
für die Handelsinteressen der Einzelstaaten erblicken wollte. Die
mecklenburgischen Bevollmächtigten teilten die Bedenken Hannovers,
erklärten sich aber prinzipiell mit der Erweiterung des Bundes=
gebiets einverstanden. Dabei hatte Herr von Bülow darauf hin=
gewiesen, daß die Entscheidung über diese Frage auch die Gestaltung
des Bundes und seiner Verfassung notwendigerweise beeinflussen
werde.

Dem österreichischen Wunsch hielt Preußen seinerseits die
Forderung eines Alternats im Präsidium entgegen, da die Auf=
nahme seines außerdeutschen Gebiets ihm als ein zu geringes

Äquivalent erschien. War schon eine Verständigung auf dieser Basis höchst unwahrscheinlich, so wurde dieselbe noch durch den Einspruch fremder Mächte erschwert. Der französische Gesandte in Dresden teilte den Konferenzmitgliedern eine sehr scharfe Depesche seiner Regierung vom 23. Februar mit. Frankreich protestierte darin auf das entschiedenste gegen die beabsichtigte Erweiterung des Bundesgebiets, in welcher es einen Vertragsbruch (violation flagrante des traités), eine unzulässige Verschiebung des europäischen Gleichgewichts und eine Gefahr für den Frieden erblickte. Gerade jetzt, wo die europäischen Regierungen geschlossen den Umsturzbestrebungen entgegentreten müßten, sehe es mit Bedauern, wie Österreich den Versuch mache, die Schranken zu beseitigen, welche in den internationalen Verträgen noch den einzigen Schutz gegen die Bedroher der öffentlichen Ruhe und des Friedens gewährten. Übrigens führten die Separatverhandlungen zwischen Wien und Berlin zu keinem Abschluß, und die Territorialfrage versandete vollends in dem sich immer mehr anhäufenden Material unerledigter Entwürfe, welches die Kommissionssitzungen der nächsten Monate zu Tage förderten. In einer Instruktion vom 18. März war Herr von Bülow angewiesen, sich unaufgefordert über diese Angelegenheit nicht zu äußern. Der Großherzog sei zwar nicht gesonnen, demjenigen entgegenzutreten, worüber sich die leitenden Mächte einigen möchten, werde sich aber erst positiv erklären, sobald es bestimmter ausgesprochen sei, welchen Umfang von Pflichten und Leistungen Österreich infolge eines vergrößerten Teilnahmeverhältnisses zu übernehmen bereit sei.

Dieser Vorbehalt bezog sich namentlich auf das Projekt einer deutsch=österreichischen Zolleinigung, welche für die mecklenburgischen Steuer= und Zollverhältnisse von tief einschneidender Wirkung gewesen wäre. Die dritte Kommission hatte sich unter Heranziehung von technischen Sachverständigen eingehend mit dieser Frage beschäftigt und endlich den Entwurf einer Übereinkunft zu stande gebracht, welcher der Konferenz am 15. März vorgelegt wurde. Die Entscheidung der Regierungen sollte binnen 14 Tagen erfolgen; da aber einige wichtige Anlagen fehlten, wie z. B. das Verzeichnis

der zollfrei innerhalb des Zollgebiets versendbaren Gegenstände,
so nahmen verschiedene Regierungen, unter ihnen auch die mecklenburgische, daraus Veranlassung, ihre Erklärung zu vertagen.
Obwohl das neue Zollsystem der Regierung eine umständliche
Auseinandersetzung mit den Ständen auferlegt hätte, war der
Großherzog doch für das ganze Projekt günstig gestimmt, da er
in der wirtschaftlichen Einigung Deutschlands mit Recht einen
weiteren Schritt zur Erreichung einer gefestigteren Bundesorganisation erblickte. Übrigens wurde diese Angelegenheit in
Dresden nicht erledigt, sondern nach Frankfurt übertragen, wo
der alte Interessenkampf zwischen Österreich und Preußen auch auf
diesem Gebiet wieder neu entbrannte.

Von den zahlreichen anderen Entwürfen, welche das gleiche
Schicksal hatten, erregt noch einer, nämlich der die Volksvertretung
betreffende, unser besonderes Interesse. Wir finden hier noch einmal ein Eingehen auf die Wünsche der Nation, einen wenn auch
nur schwachen Zusammenhang mit der 48er Bewegung. Der
Gedanke, neben die Bundesversammlung ein Volkshaus zu setzen,
taucht hier zum letztenmal in schwachen Umrissen auf. Später in
Frankfurt verflüchtigt er sich vollständig, um erst nach 12 Jahren
in den Beratungen des Fürstenkongresses vorübergehend wieder
zum Ausdruck zu gelangen. Damals, 1851, waren es die Königreiche,
namentlich Bayern und Württemberg, welche die Volksvertretung
in Anregung brachten. Bereits in der Sitzung vom 13. Januar
hatte Herr von der Pfordten dies damit motiviert, daß die Regierungen dahingehende Versprechungen früher gemacht und diesen
Gegenstand in die meisten Ministerprogramme aufgenommen hätten,
daß eine solche Einrichtung sehr zur Beruhigung der Gemüter
beitragen, eine Übereinstimmung in der Gesetzgebung der einzelnen
Länder ermöglichen und namentlich den Widerspruch beseitigen
werde, der darin liege, daß in den Einzelstaaten eine Teilung der
Gewalten bestände, während in der höchsten Gewalt, der des
Bundes, die Monarchie unbedingt herrsche. Er schlug demnach
vor, eine Volksvertretung nach Art des sogenannten Münchener
Projekts zu schaffen, welche durch den Zusammentritt von Depu-

tierten der Stände aller Einzelstaaten gebildet würde. Obwohl
Österreich sich gleich anfangs entschieden gegen jede Volksvertretung
aussprach, da die Tragweite einer solchen, der Grundidee des
Bundes nicht entsprechenden Neugestaltung nicht zu berechnen wäre,
und Preußen durch diese Ablehnung die Angelegenheit für erledigt
ansah, wurde dieselbe auf Wunsch der Mittelstaaten dennoch einer
Subkommission überwiesen. Sie bestand aus den Bevollmächtigten
von Württemberg, Baden und Mecklenburg-Schwerin. Herr von
Bülow hatte in jener ersten Debatte den Standpunkt seiner Regierung dahin präcisiert — und der Großherzog dies später
genehmigt —, daß es sich bei den jetzigen Konferenzen nur um
eine Revision der Bundesgesetze unter Beibehaltung des Wesens
und Zwecks des Bundes handle. Die Bildung eines Repräsen-
tativkörpers falle nicht in den Rahmen dieser Aufgabe. Ein Bedürfnis dafür liege eigentlich nur bei materiellen Fragen vor
(Handels- und Zollgesetze), und dieses lasse sich auch durch den
Zusammentritt von Sachverständigen befriedigen. Die großherzogliche Regierung halte es nicht für wünschenswert, daß das konstitutionelle Prinzip durch seine Einführung beim Bunde noch
weiter in Deutschland verbreitet werde, zumal in Mecklenburg
weder eine konstitutionelle Verfassung noch auch die Absicht bestehe,
bei den geplanten Veränderungen die ständische Basis zu verlassen.
Die Gültigkeit der Bundesgesetze sei in Mecklenburg den Ständen
gegenüber stets aufrechterhalten worden. Dies fortzuführen, sei
aber nur möglich, wenn der föderative Charakter des Bundes
nicht alteriert werde. Seine Regierung sei übrigens bereit, bei
einem Nachweis der Ausführbarkeit ihre Ansichten zu ändern,
vorläufig erblicke sie in dem Antrage ein schwer zu lösendes Problem.

Diese Bedenken fanden noch ihre ausführliche Begründung
in dem gutachtlichen Bericht, den Bülow in der Subkommission
anfangs März vorlegte. Die Zusammenstellung der Gründe,
welche für die Volksvertretung sprachen, hatte dagegen der württem-
bergische Bevollmächtigte, Herr von Neurath, übernommen. Von
dem dritten (badischen) Delegierten endlich, Herrn von Meysen-
bug, rührte ein Vermittelungsvorschlag her, dem seine Kollegen

schließlich zustimmten und der darin bestand, daß die Ausschüsse
der Landesvertretungen nur zu denjenigen Gesetzen herangezogen
werden sollten, welche auch bisher den Kammern oder Landständen
der Einzelstaaten zur Genehmigung vorgelegen hatten. Durch
Erweiterung der Bundesgesetzgebung sollten diese Materien vermehrt werden. Es handelte sich also nicht um ein Parlament,
welches regelmäßig tagen und selbständig an der Bundesgesetzgebung teilnehmen sollte, sondern nur um die Vereinfachung eines
bestehenden schwerfälligen Geschäftsganges. Von einer Periodicität
des Zusammentritts war nicht die Rede. Auch nicht von einer
schärferen Umgrenzung des Kompetenzgebiets.

In dieser schwächlichen Verdünnung wäre der Vorschlag selbst
für die Gegner der Volksvertretung annehmbar gewesen. Indessen
Österreich beharrte auch jetzt auf der strikten Ablehnung. Graf
Buol meinte, das Projekt entspreche weder den Wünschen der
Nation, noch werde es dem Versuch entgehen, von der Bewegungs-
partei für ihre Zwecke ausgenutzt zu werden. Preußen verhielt
sich passiv und erklärte, keinen besonderen Wert auf eine derartige
Institution zu legen. Graf Alvensleben bemerkte dabei, daß er
persönlich die direkte Wahl zu der Vertretung im Volkshause derjenigen durch die Stände der einzelnen Staaten vorziehe, ein Gedanke, den die preußische Regierung bekanntlich später ihren Reformvorschlägen am Bunde zu Grunde legte. Die Vorarbeiten
dieser wie die aller anderen Kommissionen wanderten zunächst als
„schätzbares Material" nach Frankfurt, wo sie in den Archiven des
Bundespalais alsbald dem Staub und der Vergessenheit anheim-
fielen.

Inzwischen war eine allgemeine Ermattung in Dresden eingetreten. Die Überzeugung, daß die Konferenz resultatlos verlaufen
werde, wirkte lähmend auf die Teilnehmer. Die Pausen zwischen
den Sitzungen verlängerten sich, die Verhandlungen zwischen Berlin
und Wien, deren Ergebnis abgewartet werden mußte, rückten nicht
vom Fleck. Wie eine Art Erlösung wurde es daher betrachtet,
als Preußen in seiner Note vom 27. März den Unionsregierungen
die Wiederherstellung des alten Bundestags empfahl und seiner-

seits dessen Beschickung zusagte. In Wien erregte dieser Schritt
lebhafte Befriedigung. Herr von Bülow berichtete darüber am
11. April:

„Graf Buol hat uns gestern Kenntnis gegeben von dem
Inhalt eines Privatschreibens, welches er vom Fürsten Schwarzenberg erhalten hat. Nach demselben äußerte sich dieser über
die beabsichtigte allseitige Anerkennung und Beschickung des
Bundestags dahin, daß die Kaiserliche Regierung diesen Entschluß nur mit der größten Befriedigung vernehmen könne und
daß sie aus der Bereitwilligkeit, mit welcher die einzelnen Regierungen darauf eingehen würden, ersehen werde, ob es mit
der Anerkennung des Bundestages ernstlich gemeint wäre.
Diese Anerkennung hat den besonderen Wert, daß sämtliche
Regierungen wiederum auf demselben Boden stehen, und daß
die bisherige Spaltung, deren Erhaltung die öffentlichen Blätter
und gewisse Parteien sich dauernd sehr angelegen sein lassen,
völlig verschwindet."

In Dresden waren die Ansichten darüber geteilt, ob man die
Beratungen sogleich abbrechen und nach Frankfurt übersiedeln solle
oder ob die Konferenz solange fortzusetzen sei, bis wenigstens
über einige der schwebenden Fragen Einverständnis erzielt wäre.
In Wien neigte man der letzteren Auffassung zu. Das dortige
Stichwort lautete: Die Konferenz dürfe nicht auseinandergehen,
wenn nicht etwas erreicht sei. Nachdem der Reorganisationsvor-
schlag gescheitert war, schob das Wiener Kabinett die Zolleinigung
in den Vordergrund. Eine Übereinkunft auf diesem Gebiet wäre
dem Kaiserhof deshalb sehr erwünscht gewesen, weil man im Begriff stand, den neuen Zolltarif für die österreichischen Staaten zu
publizieren und die gegen denselben zu gewärtigenden Angriffe
durch den Hinweis auf ein Zollbündnis mit Deutschland besser
abzuwehren hoffte. Fürst Schwarzenberg schlug daher vor, die
Konferenzen bis Mitte Mai fortzusetzen, und die anderen Regierungen mußten, wenngleich ungern, darein willigen. Am
15. Mai fand unter Anwesenheit der leitenden Staatsmänner von
Österreich und Preußen die Schlußsitzung statt. Durch erneute

Anstrengung der vier Kommissionen in den letzten Wochen waren
deren Berichte noch fertig gestellt und der Konferenz vorgelegt
worden. Die Erklärungen, welche nunmehr darüber abgegeben
wurden und deren Wortlaut das Schlußprotokoll verzeichnete,
ließen deutlich erkennen, daß eine Einigung in Dresden nicht erzielt
war und diese den ferneren Beratungen in Frankfurt vorbehalten
blieb. Während Fürst Schwarzenberg den meisten Kommissions-
vorschlägen prinzipiell zustimmte, die Handelseinigung besonders
lebhaft befürwortete und nur die Frage der Volksvertretung als
ungelöst bezeichnete[1], beschränkte sich Herr von Manteuffel darauf,
in ziemlich allgemein gehaltenen Redewendungen die Geneigtheit
Preußens für eine Fortsetzung der Arbeiten in der Bundesversammlung zu bekunden. Er enthielt sich einer Kritik der einzelnen
Punkte und empfahl nur zwei derselben, nämlich die Vorschläge
wegen Instruktionseinholung und Bereithaltung des Bundeskontingents, einer beschleunigten Behandlung. Die Erklärungen der
Mittelstaaten schlossen sich im wesentlichen den österreichischen an
und wiederholten dabei die speciellen Wünsche, welche schon in den
Kommissionssitzungen geltend gemacht waren. Auch bei den mindermächtigen Staaten traten Wünsche und Bedenken mehr oder weniger
deutlich hervor.

Die beiden Großherzogtümer Mecklenburg gaben eine über-
einstimmende Erklärung ab. Ihre volle Zustimmung erteilten sie
nur zu den beiden Vorschlägen, welche auch Preußen zur schleunigen
Erledigung empfohlen hatte. Wegen der übrigen Punkte wurde

---

[1] Wörtlich bemerkte er: „Die Stärkung der Regierungsgewalt in
Deutschland, sowohl in den einzelnen Staaten wie im Mittelpunkt des
Bundes, ist nach des kaiserlichen Hofs Überzeugung die dringendste Aufgabe
der Gegenwart, während ein Blick auf die Lage der deutschen Angelegenheiten erkennen läßt und die in der Kommission angestellten Erörterungen
bestätigen, wie wenig es unter den bis jetzt thatsächlich und rechtlich gegebenen Bedingungen gelingen könnte, die Beteiligung einer ständischen Vertretung an den legislativen Befugnissen des Bundes auf so geordneten und
haltbaren Grundlagen zu stande zu bringen, daß dadurch die Kraft und das
Ansehen des Bundes und seiner Mitglieder erhöht und nicht vielmehr
geschwächt und gefährdet würde."

Prüfung und Entscheidung in Frankfurt vorbehalten. Betreffs der Handelsübereinkunft hieß es wörtlich: „Dieselbe setzt einen Komplex von kompaciszierenden Staaten voraus, welche mit einem gleichartigen Zollsystem, dem indirekten Abgabensystem mit Grenzschutz, versehen sind, im Innern dagegen dem Betriebe von Handel und Gewerbe eine nicht geringe Ungebundenheit gestatten. Daß eine solche Grundlage gewählt wurde, ist vollkommen erklärlich, denn in fast allen deutschen Staaten findet sich jenes System und der ihm entsprechende Organismus wieder. Mecklenburg gehört in dieser Beziehung zu den wenigen Ausnahmen; in beiden Großherzogtümern fehlen alle Bedingungen, welche bei der Übereinkunft als existent angenommen sind. Es ist dort ein Abgabensystem, eine Gesetzgebung über Handel- und Gewerbebetrieb in Anwendung und aufs engste mit der bestehenden Verfassung verwachsen, welche den der Übereinkunft zu Grunde liegenden Prinzipien gewissermaßen diametral entgegensteht. Wenn hiernach die großherzoglichen Regierungen sich zur Zeit außer stande sehen, zu der entworfenen Übereinkunft ihren Beitritt zu erklären, so sind sie nicht gemeint, sich gegen das Ziel, welches durch die Übereinkunft angebahnt werden soll, gegen eine Handels- und Zolleinigung unter allen deutschen Staaten, aussprechen zu wollen, sondern sie erkennen vielmehr in letzterer etwas Wünschenswertes an und werden, indem sie erwarten, daß dieselbe in einer die verschiedenartigen Interessen der deutschen Volksstämme berücksichtigenden Weise erreicht wird, ihrerseits einem solchen Werke gern ihre Kräfte leihen."

Die Konferenz war vorüber, das Ergebnis in Anbetracht der aufgewendeten Zeit und Mühe jedenfalls ein sehr dürftiges. „Man hat sich in Dresden" — so lautete das drastische Urteil eines Mecklenburgers — „fünf Monate lang damit beschäftigt, leeres Stroh zu dreschen. Jetzt mag es als Unterstreu für die Lagerstätte des guten, alten Bundestags verwendet werden. Er wird sanft darauf schlafen." Die erste Plenarsitzung in Frankfurt fand am 30. Mai statt. Zum Gesandten für beide Mecklenburg war der bisherige Geheime Justizrat von Oertzen—Leppin ernannt worden. Diese Wahl war durchaus angezeigt. Herr von Oertzen genoß seit

langem großes Ansehen in den ständischen Kreisen, war wiederholt
öffentlich als Vertreter der konservativen Richtung aufgetreten, jetzt
hatte er sich in Dresden auch mit den Bundesangelegenheiten näher
bekannt gemacht. Jedweder Schroffheit abhold, von vermittelndem
versöhnlichen Charakter, dabei fest in seinen politischen und kirch=
lichen Überzeugungen, war er für diese Stellung besonders geeignet.
In Frankfurt erwarb er sich durch Sachlichkeit und Geschäfts=
kenntnis sehr bald die Achtung seiner Kollegen und das volle Zu=
trauen seines Fürsten, so daß ihn dieser später nach dem Rücktritt
des Grafen Bülow an die Spitze des Ministeriums berief.

Die Vertretung des 10. Armeecorps in der Frankfurter Militär=
kommission fiel nunmehr Mecklenburg zu. Der Großherzog über=
trug dieselbe seinem Flügeladjutanten, Oberstlieutenant von Zülow.
Als dieser später zur Übernahme des Militärdepartements nach
Schwerin zurückkehrte — der bisherige Inhaber dieser Stellung,
Generalmajor von Hopffgarten, war zum Gesandten in Berlin er=
nannt —, trat Major von Bilguer an seine Stelle. Wie der
Großherzog die Funktionen seines militärischen Delegierten am
Bundestage aufgefaßt zu sehen wünschte, darüber besitzen wir in
einem unter dem 21. Oktober 1851 an Zülow gerichteten Hand=
schreiben ein sehr interessantes Dokument. Es lautet:

„Lieber Zülow! Obgleich Sie eine schriftliche Instruktion
haben und ich Ihnen auch mündlich meine Ansichten gesagt
habe, so wird es Ihnen doch lieb sein, wenn ich diese hier
noch einmal kurz zusammenstelle, damit es Ihnen als Anhalt
diene.

Was die Frage betrifft, ob eine energische Thätigkeit des
Bundes in militärischen Dingen nötig ist, so bejahe ich dieselbe
unbedingt, vorausgesetzt, daß sie rein militärische, keine poli=
tischen Zwecke verfolgt. Sehen Sie sich also die Dinge genau
an, und sind sie zur Erzielung ausgebildeter und schlagfertiger
Truppen geeignet, so unterstützen Sie solche Bemühungen. Was
den Maßstab anbetrifft, den ich angelegt zu sehen wünsche, so
ist es der möglichster Unabhängigkeit darin, wie ich mein
Bundeskontingent formieren will. Sollen hier Normen über

Dienstzeit, Präsenzzeit bei der Fahne, Reserveverhältnis aufgestellt werden, so müssen es möglichst preußische sein, da ich
meine Truppen preußisch formiert haben will, wenn auch das
Landwehrsystem mobilisiert werden muß und sich mehr reserve-
artig gestalten wird. Was eine preußische Formation und Ausbildung unmöglich macht, dem widerstrebe ich. Dagegen halte
ich unbedingte Verwendbarkeit der Truppen seitens des Bundes
für notwendig und stimme allem zu, was die Rechte des Bundes
in dieser Richtung hin befestigt. Alles, was den Armeecorps-
verband stärkt, als Inspektionen, stehendes Corpskommando,
Zusammenziehungen, ist nützlich. Die ersten Einleitungen,
um meine Konvention mit Preußen in diesem Sinne zu mobi-
lisieren, habe ich getroffen. Wenn im vorstehenden der direkte
Zweck Ihrer Sendung nach Frankfurt bezeichnet ist, so wird
die Bekanntschaft aller dortigen hervorragenden Persönlichkeiten
ebenfalls sehr ins Auge zu fassen sein. Diese kann sowohl für
den Augenblick als für die Ereignisse einer drohenden Zukunft
von Wichtigkeit sein. Die Kenntnis des Verhältnisses der
Festungen und der Flotte wird sich Ihnen wohl von selbst
eröffnen."

Die altständische Partei, bei welcher das Ministerium Bülow
während der nächsten Jahre seinen Rückhalt suchte und fand,
erblickte die Berufung Oertzens auf den Frankfurter Posten mit
Befriedigung. Sie erhoffte von der Mitwirkung eines der Ihrigen
an den Geschäften der Bundespolitik ein nützliches Gegengewicht
gegen eine allzugroße Hinneigung zu Preußen, welche sie bei dem
leitenden Minister voraussetzte. In diesen Kreisen herrschte noch
immer ein starkes Mißtrauen gegen Preußen, eine Abneigung, die
sich oft bis zur Feindseligkeit schärfte und weder durch die Alte
der preußischen Regierung noch durch die Gesinnungen des Königs
gerechtfertigt war. Hatte doch der letztere offen Partei für die
mecklenburgische Ritterschaft genommen, vor der Aufhebung der
alten Verfassung aufs eindringlichste gewarnt, ihre Wiedereinführung
entschieden gefördert. Von dieser Seite drohte den ständischen
Rechten keine Gefahr. Was den mecklenburgischen Adel veranlaßte,

in seinem Organ, dem Norddeutschen Korrespondenten, eine gegen Preußen feindselige Sprache zu führen, in jedem Akt seiner Bundespolitik den Versuch einer Vergewaltigung des schwächeren Nachbars zu erblicken, sich wirtschaftlich zu isolieren und seine Söhne mit Vorliebe im österreichischen Heer dienen zu lassen, wo sie als Ausländer und Protestanten doch von der höheren Militärcarriere ausgeschlossen blieben, — dies alles ist uns heute schwer verständlich und kann seine Erklärung wohl nur in der Besorgnis finden, mit welcher die kleineren Staaten das Erstarken der preußischen Monarchie zu verfolgen sich nun einmal gewöhnt hatten. Soweit diese Besorgnisse sich auch an die Ernennung des Grafen Bülow knüpften, schwand indessen das Mißtrauen bald. Der Minister faßte seine Aufgabe keineswegs in dem Sinne auf, in Schwerin eine Filiale der preußischen Staatskanzlei zu errichten, für einen Anschluß an den Zollverein zu werben oder was sonst noch an geheimen Plänen geargwöhnt wurde. Sein Augenmerk war lediglich auf Befestigung der inneren Verhältnisse gerichtet. In den deutschen Angelegenheiten bewahrte er eine objektive, den Verhältnissen eines kleineren Bundesstaats angemessene Haltung. Die Vota des Bundestagsgesandten wurden nach selbständigen Erwägungen abgegeben. Im ganzen schloß sich Mecklenburg mehr an die Gruppe der Mittelstaaten an und konnte nicht zur Gefolgschaft einer der beiden rivalisierenden Großmächte gerechnet werden. Graf Bülow besaß das volle Zutrauen des Großherzogs. Am 2. Januar 1851 schrieb ihm dieser nach Dresden:

„Die kurze Zeit, welche wir bisher zusammen verlebten, hat hingereicht, mich immer mehr zu überzeugen, wie gerechtfertigt das Vertrauen war, das Ihr erstes Erscheinen mir eingeflößt hatte. Ich muß es Ihnen beim Beginn des neuen Jahres noch einmal recht von Herzen danken, daß Sie sich mit mancher Selbstverleugnung der schweren Aufgabe unterzogen haben. Möge das neue Jahr Ihren Schritt fest und Ihren Willen stark finden, wie Sie mein Vertrauen finden werden, und möge Mecklenburg, mein teures Land, Ursache haben, auf diese Zeit mit segnenden Gedanken zurückzublicken!"

Ebenso günstig gestalteten sich die Beziehungen des Ministers zu den Ständen. Nach dem Schluß des Herbstlandtages von 1851 schrieb der „Norddeutsche Korrespondent", dessen Redaktion seit dem März des genannten Jahres nach Maassens Ausscheiden von C. Kayser geleitet wurde:

„Nicht wenig hat zur Förderung der Verhandlungen die von den Landesherren getroffene Wahl der Kommissare bei= getragen. Man hatte nicht ohne Spannung der Stellung ent= gegengesehen, welche Minister Graf Bülow in dem neuen Ver= hältnis einnehmen werde. Es herrscht jetzt nur eine Stimme darüber, daß derselbe seine Aufgabe auf das glücklichste zu lösen wußte. Sein offenes Wesen überzeugte bald jedermann, daß der Kommissar das Beste des Landes wolle und sein Blick durch keine Parteiungen oder persönliche Rücksichten befangen sei. Die Entschiedenheit, mit welcher er sich für die Berech= tigung des ständischen Wesens aussprach, erwarb ihm bald das volle Vertrauen von Ritter= und Landschaft."

Dies gute Einvernehmen befestigte sich immer mehr in den nächsten Jahren. Die Regierung kam den Ständen thunlichst ent= gegen, suchte die Ritterschaft durch festere Begründung des Lehns= verbandes zu stützen, zeigte sich nachgiebig gegen die Wünsche der städtischen Vertreter in kommunalen Angelegenheiten und erhielt als Gegenkoncession die Zustimmung der Stände auf anderen Gebieten. Die Landtagsverhandlungen selbst verliefen ruhig und ohne lärmenden Streit. Die Partei der bürgerlichen Gutsbesitzer trat weniger geschlossen auf als in den 40 er Jahren. Die alten Führer hatten sich entmutigt zurückgezogen, die neuen besaßen noch nicht den nötigen Einfluß. Zwar gelang es dieser Gruppe, die neuen Bestimmungen im Lehnswesen zu Falle zu bringen, aber in der wichtigeren Frage der Verfassungsreform vermochte sie nicht durchzudringen. Der in jedem Jahr regelmäßig wieder vor= gebrachte Antrag des Gutsbesitzers Manecke—Vogelsang (bezw. Duggenkoppel) erregte schließlich nur Heiterkeit; die Gewohnheit einiger Herren, die Worte „feudaler Adel" so auszusprechen, daß sie wie „fataler Adel" klangen, konnte nicht ernsthaft genommen werden; auch ein peinlicher Zwischenfall, der zur Herausforderung eines Mitglieds durch einen der Landmarschälle führte, blieb ohne Folgen, da die Forderung nicht angenommen wurde.

Herzog Georg von Mecklenburg-Strelitz, welcher durch den Besitz des Ritterguts Remplin die Landstandschaft erworben hatte und auf dem Landtag von 1852 erschienen war, schrieb über seine dortigen Eindrücke an den Großherzog Friedrich Franz:

„Ich bin hauptsächlich nach Malchin gegangen, weil ich mir dachte, es könnten einmal Zeiten kommen, wo es den Landesherren erwünscht wäre, wenn auch Glieder aus dem fürstlichen Hause sich an den öffentlichen Angelegenheiten beteiligten. Hierfür würde ein unbestrittener Präcedenzfall von Nutzen sein. Da mir nun außerdem von den verschiedensten Seiten nicht allein die Erwartung, sondern auch der Wunsch dazu ausgesprochen wurde, so bin ich am 7. Dezember zuerst in der Versammlung erschienen und bin später noch zweimal hingegangen. Der vorsitzende Landrat von Blücher hatte die Attention, bei dem ersten vorkommenden Beschluß meinen Namen (fürs Herzogtum Güstrow) vorzusetzen; somit ist es aktenmäßig konstatiert, und beeile ich mich daher, Dir anzuzeigen, daß der betreffende Präcedenzfall von nun ab existiert. — Der Anblick dieser Versammlung hat mich in hohem Grade interessiert und — überrascht. Es werden keine Reden gehalten, es geht sehr wenig Zeit hiermit verloren, langweilige und mit der Sache nicht genau vertraute Redner werden nicht angehört, und in dieser Beziehung muß ich unseren Landtag für diejenige Versammlung erklären, in der sich die aktenmäßige Sachkenntnis und geschäft= liche Intelligenz am meisten, und eigentlich allein, Bahn bricht."

Wir sind an einem Wendepunkt im Leben des Großherzogs Friedrich Franz angelangt. Zehn Jahre waren seit seinem Re= gierungsantritt verstrichen. Manche Erfahrung hatte er in diesem Zeitraum gesammelt, manchen Kampf bestanden, manche Ent= täuschung erlebt. Eine kritische Periode lag hinter ihm. Jetzt sollten friedlichere Jahre folgen. Mecklenburg befand sich sowohl in seiner inneren Verfassung als in seinem Verhältnis zum Bunde wieder in dem Zustand, der den Stürmen der Revolutionszeit vorangegangen war. Dies mochte je nach dem Standpunkt der Parteien als unheilvoll beklagt, als ein unverhofftes Glück gepriesen werden, — ein Vorteil war jedenfalls damit verbunden. Wenn während der nächsten Jahre in fast allen deutschen Bundesstaaten die Politik der Regierungen dahin ging, die Verhältnisse auf den vormärzlichen Zustand zurückzuschrauben, das Ansehen der Krone wieder zu befestigen und aus den abgerungenen oder gewährten Verfassungen die unbequemen Artikel auszuscheiden, wenn die Kabinette dabei zu Maßregeln schritten, welche bei der Opposition stets neue Erbitterung hervorriefen und den Vorwurf ungesetzlicher Willkür oder verletzender Härte häufig rechtfertigten, — so blieben diese Friktionen dem mecklenburgischen Staatsleben erspart.

Wie Friedrich Franz II. damals die politische Lage auffaßte, welche Eindrücke die Stürme der letzten Jahre bei ihm hinterlassen hatten, das ersehen wir am besten aus einer rückschauenden Betrachtung, welche er am 7. März 1852, dem zehnten Jahrestag seines Regierungsantritts, niederschrieb:

"Per aspera ad astra! — Joh. 15, 5. „Wer in mir bleibet, und ich in ihm, der bringet viele Frucht; denn ohne mich könnt ihr nichts thun." Dieser Spruch hat sich in dem jetzt zurückgelegten Abschnitt meines Lebens bewahrheitet. Was ich mit Gott begonnen, das ist emporgeblüht, was ohne ihn, ist zerronnen. Er hat nicht zugegeben, daß ich von Jesu fortgerissen worden. Er ist mein Licht für und für, und wenn ich ihn auch oft verlassen und betrübt habe, wenn ich schwach in meiner Liebe zu ihm gewesen, — er hat sich doch nicht von mir gewendet. Um seines Sohnes willen flehe ich ihn an, mich nicht verloren gehen zu lassen; er muß helfen, denn mit unserer Macht ist nichts gethan, wir sind gar bald verloren! Das habe ich erkannt und baue nicht mehr auf mich selbst, sondern allein auf Gott! — Das selige Glück in meiner Familie, die Prüfungen und Demütigungen in meinem öffentlichen Wirken sind seine weisen Fügungen und sind mir sehr heilsam gewesen. Glaube und Liebe sind gewachsen; mein Privatleben ist reich gesegnet. In meiner Auguste, in meiner Jugendliebe, hat Gott

mir das Ideal einer Lebensgefährtin, wie ich es mir ersehnt,
gegeben. Auf gleichem Glaubensgrunde erwachsen, Gottes Jüngerin
in Leben und Tod, mich mit ganzer Liebe umfassend, von mir
nächst Gott über alles geliebt, Mutter eines blühenden Knaben,
eines Thronerben — wenn Gott es will! Nach außen hin hat
mich Gott schwer geprüft, doch wird es so für mich und mein
Land richtig gewesen sein. Den Zeitgedanken habe ich mich
zum Teil gegen meine innere Überzeugung gebeugt (z. B. dem
konstitutionellen Prinzip), zum Teil mit ihnen übereingestimmt
(z. B. mit der größeren Einigung Deutschlands und freieren
Bewegung auf manchen Gebieten des Staatslebens). Dem Auf-
ruhr bin ich nicht gewichen, und ich glaube, daß ich es mit
Gottes Hülfe auch nie thun werde. Dem fortreißenden Gange
der politischen Ereignisse mit seinen Scyllen und Charybden
bin ich aber nicht widerstanden und habe, falsch verstandener
Treue folgend, des Irrtums Weg bis nahe an den Abgrund
verfolgt. Gott hat mein Wort durch das Recht gelöst, mich
und mein Land vom Verderben gerettet. Dank sei ihm dafür!
Meine Seele hat schwer gerungen und gelitten in diesen Kämpfen.
Der Sieg ist nicht ohne tiefe Wunden errungen, die erst jetzt
zu heilen beginnen. Doch war diese gewaltsame Lösung vielleicht notwendig. Es ist in mir und in meinem Lande ein
neuer Anfang sicherer Überzeugung, größerer Selbständigkeit und
Energie gemacht worden. Möge Gott dies Wirken segnen, die
Herzen lenken, die Augen öffnen und meinen Schritt sicher und
fest machen! Ihm sei die kommende Zeit mit ihrem Sturm
und Sonnenschein anempfohlen! Möge Gott seine Kirche, die
im Aufblühen begriffen ist, segnen, sie in seinem Geiste halten
und mich treu in meinem Beruf sein lassen! Auch die Liebe
derer meiner Unterthanen möge er mir zuwenden, die seine
Wege wandeln, und mir Liebe zu denen eingeben, die mich hassen
oder beleidigen wollen. Möge Gott seinen Segen legen auf
mein Wirken und mich nicht irren oder wanken lassen, wenn
eine Zeit der Prüfung wiederkehren sollte!" —